军队"2110工程"三期建设教材

联合作战指挥与控制技术概论

刘高峰 孙胜春 郭予并 编著

国防工业出版社

·北京·

内容简介

本书是一部以信息化时代新军事变革为牵引，从联合作战的概念和特征出发，突出指挥与控制的理论和方法，系统阐述联合作战及其指挥与控制技术的专业教材。全书分为8章，介绍了联合作战的定义和发展过程，联合作战的力量体系及其编成、指挥体系、作战思想和原则等基本知识，重点阐述了指挥与控制的基本概念、理论基础、基本原理和描述模型，联合作战指挥与控制系统的体系、功能、组成、发展与建设，以及体系结构技术、系统关键技术、系统对抗技术、作战保障技术、系统效能评估和建模与仿真方法等专业知识，并简要介绍了典型局部战争的联合作战案例及其指挥与控制特点。

本书结构层次清晰、内容丰富新颖，各章配有思考题，可为读者提供全面理解和系统认知联合作战及其指挥与控制技术的综合知识，适合于指挥与控制专业及其相关专业领域的学生和教师使用，亦可作为从事指挥与控制系统装备相关研究、管理与使用等人员的技术参考书。

图书在版编目（CIP）数据

联合作战指挥与控制技术概论/刘高峰，孙胜春，郭予并编著．—北京：国防工业出版社，2025.1重印
军队"2110工程"三期建设教材
ISBN 978-7-118-10890-3

Ⅰ.①联… Ⅱ.①刘… ②孙… ③郭… Ⅲ.①联合作战–作战指挥–指挥控制–教材 Ⅳ.①E837

中国版本图书馆 CIP 数据核字（2016）第 171873 号

※

*国防工业出版社*出版发行
（北京市海淀区紫竹院南路23号 邮政编码100048）
北京凌奇印刷有限责任公司印刷
新华书店经售

*

开本 787×1092 1/16 印张 23 字数 530 千字
2025 年 1 月第 1 版第 3 次印刷 印数 2501—3000 册 定价 88.00 元

（本书如有印装错误，我社负责调换）

国防书店：(010) 88540777　　发行邮购：(010) 88540776
发行传真：(010) 88540755　　发行业务：(010) 88540717

前　言

20世纪90年代初爆发的海湾战争，标志着以信息技术为核心的新军事变革正式拉开，催生了信息化时代战争形态的重大变化，使人们认识到现代战争正由机械化向信息化方向发展，作战方式日益呈现出从合同作战到联合作战、从线式作战到非线式作战、从接触作战向非接触作战、从粗放作战向精确作战、从火力打击向信息打击、从武器平台支撑向作战体系支撑、从传统领域向网络和太空等领域快速演变的趋势，并逐步向一体化联合作战方向发展，信息主导、体系支撑、精兵作战和联合制胜等已成为现代战争的基本特点，先进的自动化、网络化、智能化、精确化、可视化等联合作战指挥与控制技术将在未来战争中发挥重大作用。

信息化时代联合作战的核心是破击对方的作战体系，其关键是要有高效的联合作战指挥体系及其网络式指挥与控制系统的强力支撑。运用联合作战指挥与控制系统，能将多维战场空间、多种作战力量、多种武器装备等相互粘合与聚合，共享作战空间的态势信息和作战资源，灵活运用各种战法和多种手段，快速一致地协同遂行各种作战行动，充分发挥主观能动性，实现最佳的整体联动作战，确保夺取联合作战的最终胜利。因此，紧紧围绕提高军队的信息力、结构力和战斗力这一根本目的，树立联合制胜的作战理念和价值观，全面系统地理解和掌握现代联合作战及其指挥与控制的基本知识和专业技术知识，是从事指挥与控制专业领域研究、管理和使用工作的各级各类人员的必备要求。

联合作战指挥与控制技术涵盖指挥、控制、通信、计算机、情报、监视和侦察等多元要素，涉及众多的理论方法和交叉技术领域。目前，从已公开出版的一些著作、译著和相关教材来看，主要论述联合作战、指挥与控制、指挥与控制系统、指挥信息系统、军事信息系统、信息战、网络中心战等方面的一般知识，尚缺乏从联合作战的概念和特征出发，突出指挥与控制的理论和方法，将联合作战及其指挥与控制技术等基础知识和专业知识有机融合而系统阐述的专业书籍。为适应信息化时代新军事变革和军队院校转型需求，加强指挥与控制学科专业特色建设，深入地理解联合作战指挥体系和系统地认知联合作战指挥与控制技术，满足新型联合作战指挥与控制人才的培养需求，特编写本书。全书分为8章，第1章联合作战引论，介绍联合作战的定义、类型、基本行动、形成与发展、基本特征、力量体系及其编成，联合作战指挥体系和联合作战理论；第2章指挥与控制的基本原理及描述模型，重点阐述指挥与控制的基本概念、理论基础、基本原理和描述模型；第3章联合作战指挥与控制系统的功能与构成，主要介绍指挥与控制系统的发展与建设、分类、功能、组成、主要硬件和典型软件，国家、战区联合作战指挥与控制系统的体系、任务、功能与组成，美军联合作战指挥与控制系统建设与发展情况；第4章联合作战指挥与控制的体系结构技术，主要阐述体系结构的定义、描述和框架，信息栅格体系结构、通用操作环境体系结构框架、DoD AF 体系结构框架、面向服务体系结构框架、联合技术体系结构和技术参考模型；第5章联合作战指挥与控制的关键技术，介绍指挥与控制技术分类，重点阐述联合作战指挥与控制系统的信息传输技术、信息融合技术、文电处理技术、辅助决策技术和作战协同技术等关键技术；第6章联合作战指挥与控制对抗的主要技术，主要阐述指挥与控制对抗的基本概念、对抗攻防技术、系统抗毁再生技术和作战保障技术等主要技术；第7章联合作战指挥与控制评估及仿真技术，介绍指挥与控制系统效能评估的基本概念、内容和过程，重点阐述系统指标体系、主要评估方法和基本思路，指挥与控制系统建模与仿真的概念、特点、模型体系、主要方法和典型系统示例；第8章联合作战案例及其指挥与控制分析，主要介绍海湾战争、伊拉克战争、一江山岛登陆作战等局部战争的联合作战特征及其指挥与控制特点。

  本书由海军工程大学刘高峰副教授担任主编，孙胜春研究员和91404部队郭予并高工参加了部分章节的编写和校对，廖晶录入了书稿的部分文本，马秀君和孙宇祥绘制了全部插图。海军工程大学邢昌风教授审阅了初稿，并提出了许多宝贵而富有建设性的意见。在此，谨向在本书编写、审校和出版过程中付出了辛勤工作和支持帮助的人们表示衷心感谢，向撰写过程中引用和参考了有关著作、论文、资料等文献的原作者们表示诚挚谢意！

  指挥与控制理论方法和技术范畴非常宽广，鉴于编者的学术水平有限和实践经验不足等，书中章节设计、内容取舍和叙述方面难免有不妥或错误之处，恳请专家和读者不吝指正。

作　者
2015 年 12 月

目　录

第1章　联合作战引论 ·· 1

1.1　联合作战的基本概念 ·· 1
　　1.1.1　联合作战的定义 ·· 1
　　1.1.2　联合作战的类型 ·· 3
　　1.1.3　联合作战的基本行动 ·· 5
1.2　联合作战的形成发展与基本特征 ·· 6
　　1.2.1　联合作战的形成与发展 ·· 6
　　1.2.2　联合作战的基本特征 ·· 8
　　1.2.3　现代联合作战的新概念 ··· 10
1.3　联合作战力量体系及编成 ·· 14
　　1.3.1　联合作战力量体系 ·· 14
　　1.3.2　联合作战力量编成 ·· 17
1.4　联合作战指挥体系 ·· 21
　　1.4.1　联合作战指挥体系的基本结构 ··································· 22
　　1.4.2　联合作战指挥机构 ·· 23
　　1.4.3　联合作战指挥关系 ·· 25
　　1.4.4　联合作战指挥手段与方式 ·· 27
　　1.4.5　联合作战指挥流程 ·· 30
1.5　美军联合作战理论 ·· 34
　　1.5.1　联合作战思想 ··· 34
　　1.5.2　联合作战原则 ··· 38
　　1.5.3　联合作战条令 ··· 41
思考题 ·· 44

第2章　指挥与控制的基本原理及描述模型 ···································· 46

2.1　指挥与控制的基本概念 ··· 46
　　2.1.1　指挥 ·· 46
　　2.1.2　控制 ·· 47
　　2.1.3　指挥与控制 ·· 48
　　2.1.4　指挥与控制系统 ·· 49
　　2.1.5　指挥与控制过程 ·· 50

2.2 指挥与控制的理论基础 ······ 54
2.2.1 SCI 理论 ······ 55
2.2.2 DSC 理论 ······ 59
2.2.3 运筹学 ······ 65
2.2.4 自同步理论 ······ 67
2.2.5 复杂系统理论 ······ 71
2.3 指挥与控制基本原理 ······ 76
2.3.1 系统整合原理 ······ 76
2.3.2 适应性原理 ······ 78
2.3.3 时空转换原理 ······ 79
2.3.4 测不准原理 ······ 80
2.4 指挥与控制描述模型 ······ 81
2.4.1 LAWSON 指挥与控制模型 ······ 81
2.4.2 Wohl's SHOR 指挥与控制模型 ······ 82
2.4.3 OODA 环指挥与控制模型 ······ 83
2.4.4 RPD 指挥与控制模型 ······ 84
2.4.5 HEAT 指挥与控制模型 ······ 84
2.4.6 IMISEC 指挥与控制模型 ······ 85
思考题 ······ 86

第3章 联合作战指挥与控制系统的功能与构成 ······ 88
3.1 指挥与控制系统的发展与建设 ······ 88
3.1.1 指挥与控制系统的发展 ······ 88
3.1.2 指挥与控制系统的建设 ······ 92
3.1.3 指挥与控制系统的作用 ······ 94
3.2 指挥与控制系统的功能与组成 ······ 96
3.2.1 系统分类 ······ 96
3.2.2 系统基本功能 ······ 97
3.2.3 系统基本组成 ······ 99
3.2.4 系统硬件和软件 ······ 101
3.2.5 系统信息流及对外接口 ······ 110
3.3 联合作战指挥与控制系统的功能与组成 ······ 111
3.3.1 国家作战指挥与控制系统体系及任务 ······ 111
3.3.2 战区联合作战指挥与控制系统的任务和组成 ······ 113
3.3.3 战区军兵种作战指挥中心的任务和组成 ······ 116
3.4 美军指挥与控制系统简介 ······ 119
3.4.1 战略指挥与控制系统 ······ 120
3.4.2 陆军战术指挥与控制系统 ······ 131
3.4.3 海军战术指挥与控制系统 ······ 134

3.4.4　空军战术指挥与控制系统 143
　思考题 144

第4章　联合作战指挥与控制的体系结构技术 145
　4.1　体系结构的基本概念 145
　　4.1.1　体系结构定义 145
　　4.1.2　体系结构描述 147
　　4.1.3　体系结构框架 148
　　4.1.4　信息栅格体系结构 149
　4.2　通用操作环境体系结构框架 151
　　4.2.1　通用操作环境 151
　　4.2.2　共享数据环境 153
　4.3　DoD AF 体系结构框架 154
　　4.3.1　DoD AF 1.0 154
　　4.3.2　DoD AF 2.0 155
　4.4　面向服务体系结构框架 157
　　4.4.1　面向服务体系结构的概念 157
　　4.4.2　面向服务体系结构的层次框架与技术 160
　　4.4.3　网络中心企业服务的服务发现体系结构 163
　4.5　联合技术体系结构和技术参考模型 168
　　4.5.1　联合技术体系结构 168
　　4.5.2　技术参考模型 170
　思考题 173

第5章　联合作战指挥与控制的关键技术 174
　5.1　指挥与控制技术分类 174
　5.2　信息传输技术 175
　　5.2.1　通信系统的构成要素 175
　　5.2.2　通信分类与网络划分 177
　　5.2.3　信息传输网系与技术 181
　　5.2.4　移动通信网络技术分析 187
　5.3　信息融合技术 191
　　5.3.1　信息转化过程与处理技术 191
　　5.3.2　信息融合的模型与结构 196
　　5.3.3　信息融合方法 202
　　5.3.4　智能信息融合技术分析 206
　5.4　文电处理技术 210
　　5.4.1　文电处理 210
　　5.4.2　目录服务 213

5.5 辅助决策技术 ··················· 215
5.5.1 决策与辅助决策的概念 ··················· 215
5.5.2 辅助决策支持技术 ··················· 221
5.5.3 作战辅助决策系统的组成与结构 ··················· 224
5.5.4 基于MAS的作战辅助决策系统架构 ··················· 230
5.6 指挥与控制协同技术 ··················· 236
5.6.1 联合作战协同的内容与要求 ··················· 237
5.6.2 联合作战协同的关系与方式 ··················· 240
5.6.3 多平台协同互操作性 ··················· 242
5.6.4 多平台协同火控技术 ··················· 247
思考题 ··················· 254

第6章 联合作战指挥与控制对抗的主要技术 ··················· 255
6.1 指挥与控制对抗的基本概念 ··················· 255
6.1.1 指挥与控制对抗的内涵 ··················· 255
6.1.2 指挥与控制对抗的作战样式 ··················· 257
6.2 指挥与控制对抗的攻防技术 ··················· 258
6.2.1 电子进攻与防护 ··················· 258
6.2.2 信息攻击与防御 ··················· 261
6.2.3 网络攻击与防御 ··················· 263
6.2.4 对软件的攻击与保护 ··················· 273
6.3 指挥与控制系统抗毁再生技术 ··················· 275
6.3.1 基于路由冗余的抗毁再生技术 ··················· 275
6.3.2 基于SOA的系统抗毁再生技术 ··················· 278
6.4 指挥与控制的作战保障技术 ··················· 280
6.4.1 作战保障的主要任务与内容 ··················· 281
6.4.2 综合保障信息系统的基本构成 ··················· 285
6.4.3 海湾战争中美军作战保障技术 ··················· 290
思考题 ··················· 292

第7章 联合作战指挥与控制评估及仿真技术 ··················· 293
7.1 指挥与控制系统效能评估的基本概念 ··················· 293
7.1.1 指挥与控制系统效能评估的含义 ··················· 293
7.1.2 指挥与控制系统效能评估的内容 ··················· 294
7.1.3 指挥与控制系统效能评估的过程 ··················· 295
7.2 指挥与控制系统效能评估的指标体系 ··················· 297
7.2.1 建立系统效能评估指标体系的基本原则 ··················· 297
7.2.2 指挥与控制系统效能评估指标体系结构 ··················· 298
7.3 指挥与控制系统效能评估的方法和思路 ··················· 302

  7.3.1 系统效能评估的主要方法 ·· 302
  7.3.2 指挥与控制系统效能评估的思路与计算方法 ······················ 308
 7.4 指挥与控制系统建模与仿真 ·· 311
  7.4.1 指挥与控制系统建模与仿真的概念 ···································· 311
  7.4.2 指挥与控制系统建模与仿真的方法 ···································· 315
  7.4.3 基于 Agent 的指挥与控制决策建模 ···································· 321
 7.5 联合作战建模与仿真系统示例 ··· 324
  7.5.1 一种典型的指挥与控制仿真系统 ······································· 324
  7.5.2 JWARS 联合作战仿真系统 ·· 329
 思考题 ··· 338

第 8 章 联合作战案例及其指挥与控制分析 ·· 339

 8.1 海湾战争及其指挥与控制分析 ··· 339
  8.1.1 海湾战争简况 ·· 339
  8.1.2 海湾战争中联合作战指挥与控制分析 ································ 341
 8.2 伊拉克战争及其指挥与控制分析 ·· 343
  8.2.1 伊拉克战争简况 ··· 343
  8.2.2 伊拉克战争中联合作战指挥与控制分析 ···························· 344
 8.3 一江山岛登陆作战及其指挥与控制分析 ···································· 350
  8.3.1 一江山岛登陆作战简况 ·· 350
  8.3.2 一江山岛登陆作战中指挥与控制分析 ······························· 351
 思考题 ··· 354

参考文献 ··· 355

第 1 章　联合作战引论

以信息技术为核心的新军事变革推动下，现代战争形态和作战方式发生了重大变化，人类战争正从机械化向信息化转型，信息化条件下的联合作战已成为现代战争的基本作战形式。

本章从联合作战的基本概念入手，介绍联合作战的形成与发展、基本特征、力量体系和编成，在此基础上重点阐述联合作战的指挥体系以及联合作战理论等基本知识。

1.1　联合作战的基本概念

1.1.1　联合作战的定义

联合作战是军事需求、技术推动和战争自身规律的发展与作用的必然结果，其思想和理论内涵非常丰富。由于世界各国的政治、经济、文化以及军队的体制编制、武器装备和作战理论等有较大差异，因而对联合作战的概念的认识和理解也不尽相同。

1. 联合作战的基本定义

1991 年 11 月，美军颁发了联合出版物第 1 号《美国武装部队的联合作战》，标志着联合作战理论的形成，之后出版了一系列以联合作战条令为主体的联合出版物。美军 1993 年版《联合作战纲要》中，联合作战的定义是："联合作战是美国军队两个或两个以上军种——陆军、海军、空军、海军陆战队——的统一军事行动。"美军所强调的联合作战是多军种以多种形式参与的统一军事活动，主要是指美国武装部队协调一致的行动，是整体作战。

1993 年，北约提出了"多国联合特遣部队"的概念，以表述北约军事集团联合作战的思想。该概念的简要内容包括：由军事能力、人员和装备组成不同规模编制部队；为执行特定任务组成特遣集群，该集群在任务完成后即行解散；联合特遣部队由来自两个或两个以上军种的部队组成；多国联合特遣部队由两个或两个以上国家的部队组成。该概念除了贯穿"多国"的含义外，并未脱离美国的联合作战的内涵。由于多国联合作战的临时性，北约联合作战强调统一的指挥与控制体系的建设。

2011 版《中国人民解放军军语》对联合作战的定义是："两个以上的军种或两支以上军队的作战力量，在联合指挥机构的统一指挥下共同实施的作战。"该定义从作战力量、指挥、行动三个要素揭示了联合作战的内涵：力量要素上，由两个以上的军种或两支以上军队（包括两个以上国家、地区、政治集团的军队）的作战力量构成；指挥要素上，由联合指挥机构统一计划与指挥；行动要素上，各参战力量密切配合、优势互补、协调一致地行动。例如，"上海合作组织"开展的军事演习是由成员国的不同军种实施的联合作战。

联合作战的实质是多军种共同实施的整体作战,即在个体融合和相互支撑基础上的联合作战,其高级形式是一体化作战。从作战主体角度看,联合即连接整合在一起,彼此加强,共同生长,行动上协调一致,是协同之协同,"合"是一种结构合理、空间合一、行动合拍的统一集合体,是一种信息的"合"、力量的"合"、效能的"合"。

2. 一体化联合作战的概念

一体化联合作战指依托网络化信息系统,使用信息化武器装备及其相应作战方法,在陆、海、空、天和网络、电磁等空间及认知领域进行整体联动作战。这里的一体化是指作战系统中各要素相互联系、相互作用,为达成整体效果而凝聚的程度,也是各种作战力量、作战要素、作战样式、作战行动、作战手段等相互配合和协调进而形成一体的状态。一体化既是整体作战的手段,更是整体作战的目标。一体化联合作战强调对诸军兵种部队的指挥更加统一高效,强调上下级及协同单位行动计划的更加协调统一,强调各参战实体的行动更加密切协调。

2000 年,美军《2020 联合构想》中首次提出了"一体化联合作战"的概念。美军认为:一体化联合作战是指以全维战场空间的智能化战场传感和探测设备为基础,依靠基于网格技术为支撑的现代传输手段,在 C^4KISR 系统中,融合陆、海、空、天、电多种作战力量,在多维一体的作战空间内,运用机动、火力、防护、指挥和信息等作战要素实施的全方位、整体性作战。美军强调,一体化联合作战是基于系统集成与整体效应的作战,是作战双方体系与体系、系统与系统的对抗,其核心思想是指通过军事网络,将广域分散部署的情报侦察、指挥控制、火力打击、综合保障等作战要素,互联为无缝链接和无碍操作的作战体系。

一体化联合作战是信息化战争时代联合作战的表现形式。联合和一体化联系紧密,相辅相成。联合是一体化的手段和基础,一体化是指联合的程度,是联合的目标和结果。这一概念的内涵可以归纳为作战力量一体化,作战空间一体化,行动样式一体化,作战指挥一体化,各类保障一体化。在力量构成上,信息网络保障了不同军种之间各个层次作战力量的信息共享,并根据联合作战的需要,进行横向的、灵活的作战编组,实施自我联动、自我同步的作战,共同完成任务;在作战空间上,信息化条件下的联合作战空间,由于网络技术的运用,解决了战场识别、精确定位、精确打击等问题,实现了多维空间的高度融合;在作战行动上,能够根据战场的变化,实时采取多种作战行动和样式,在所需的时间和空间内实施整体联动作战,协调一致地达成作战目的;在作战指挥上,由于先进的数据链、指挥与控制网络使信息的获取、传输、处理、利用到判断、决策、下达指令,再到部队行动、武器平台做出反应,整个活动融为一体,实现了作战指挥的一体化;在各类保障上,依托战场信息网络系统,建立信息主导、统一指挥、模块组合的保障体系,使保障渠道的选择、保障力量的使用、保障资源的分配,发挥出最佳效益,使各类保障实现了一体化。一体化联合作战的实质表现在以下几个方面:

(1) 一体化联合作战是以知识为中心的作战。"以知识为中心的作战"是美军提出的强调"知识"优势的新概念。所谓"知识"是指对敌方、己方、作战空间以及它们之间相互关系的全面掌握与透彻了解,而以"知识为中心"则是指从数据到信息、从信息到知识、从知识到决策的转化过程,是把信息优势经由知识优势和决策优势转化为战斗力的过程。一体化联合作战依托无缝链接的信息系统,对整个战场态势进行全维实时感知，各参战实体实现信息高度共享，能够透视战场态势发展，掌握信息优势。通过一体化的指挥活动，将信息优势转化为知识优势和决策优势，最终转化为行动上的优势。在作战行动上，能够先敌发现、先敌决断、先敌行动，使战场主动权牢牢掌握在自己手中。

（2）一体化联合作战是基于效果的作战。基于效果作战是追求高效的作战，即以控制战场态势和对方的信息流为主导达到作战目的，而不是以消灭对方的物质为目标。美军2001年公布的《快速决定性作战》中指出："基于效果作战是通过在战略、战役和战术层次，以协调、增效和累积的方式使用全部军事和非军事能力，获得所期望的战略结果，或对敌人造成所期望的'效果'的过程。"基于效果作战包括制敌机动、精确打击、信息作战三个部分和打击敌之重心、关键脆弱点、因果链三个对象。

注重效果是一体化联合作战的内在要求，是一体化联合作战中判断、计划、决定和行动的出发点和着眼点。在一体化联合作战中，通过集中效果而不是集中兵力，并利用时间优势抑制对手的空间优势，直接打击敌抵抗意志，用"平行作战"同时打击敌作战系统多个关键点以快速达成预期效果。从思想指导和实际操作两方面来讲，一体化联合作战都是基于效果的精确化作战。

（3）一体化联合作战是内融式联合作战。内融式联合是一种本质上的联合，具有整体性强的特点。通过内融式联合，能够从各种作战能力中选择最适当的能力，在最适当的时机使用，达到最佳效果。

一体化联合作战是内融式联合作战，主要体现在：联合层次向下延伸，可以拓展到战术层次，即在战斗层次将是各军兵种共同遂行的一体化联合战斗；指挥机构设置上将常态化，以进一步强化"联"与"合"的问题，而且这种常设联合指挥机构还可能拓展到战术层级；作战编成上更为融合，作战编组将打破军种间界限，根据需要进行混编成若干功能作战实体，每个实体都是由诸军兵种部队组成的联合单位，这种编成本身就是一个深度联合的大系统。

3. 其他相关概念

联合战役指两个以上军种作战力量共同组成的战役军团，在联合战役指挥机构的统一指挥下进行的战役。按类型，联合战役分为联合进攻战役和联合防御战役；按规模，联合战役分为战区联合战役（大型）、战区方向联合战役（中型）、集团军级联合战役（小型）。

军种战役指单一军种或以某一军种为主，在其他军兵种支援、配合下进行的战役。包括陆军战役、海军战役、空军战役等。

联合战斗指两个以上军种的战术兵团、部队和分队在联合指挥机构的统一指挥下共同进行的战斗。

合同战斗指单一军种内两个以上兵种部队协同进行的战斗，可分为陆军合同战斗、海军合同战斗、空军合同战斗等。或指以某一军种部队为主，在其他军种部队、分队支援、配合下进行的战斗。

1.1.2 联合作战的类型

联合作战的分类方法各异。根据联合作战的作战性质、作战等级、作战手段、作战力量构成、作战空间等，联合作战可划分为不同的作战类型，如图1-1所示。

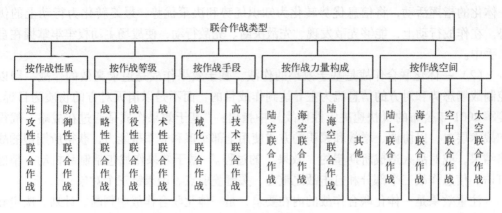

图1-1 联合作战的分类

进攻性联合作战是现代进攻作战的主要作战形式，指联合作战部队为实现一定的作战目的，按照统一的计划，在一定的空间和时间内所进行的以进攻为主的一系列联合作战行动。防御性联合作战是联合作战的一种重要作战类型，是联合作战指挥员为达到一定的作战目的，运用联合作战部队在一定的时间、方向或地区内进行的一系列以防守为主要目的的作战行动。

战略性联合作战也可称作高级联合作战，在统帅部统一筹划下以诸军种作战力量为主，直接达成战略目的大规模联合作战，如海湾战争中以美军为首的多国部队对伊拉克的作战，从整体上就是一次战略性联合作战。战役性联合作战也可称作中级联合作战，在战役指挥员统一指挥下，由诸军兵种实施的直接达成战役或战略目的的较大规模联合作战行动，可以区分为战区战役性联合作战、战区方向战役性联合作战等，如海湾战争中的"沙漠风暴"、"沙漠军刀"等阶段的作战行动，可看作战役性联合作战。战术性联合作战也可称作低级联合作战，是以战术级军种力量组合为主，为达成一定的战役战术企图，或直接达成战略目的而实施的较小规模联合作战行动。

机械化联合作战是指诸军种使用的武器装备还处于机械化条件下的联合作战行动，如第一次世界大战和第二次世界大战中的陆、海、空三军协同作战，都属于机械化的联合作战。高技术联合作战是指诸军种使用现代高技术武器装备，尤其是信息技术装备所实施的联合作战行动，如英阿马岛战争、海湾战争和科索沃战争中的联合作战。

陆空联合作战指由陆军和空军参加的作战行动，既可以同时进行，也可以相继进行，具有系列性作战特点，如海湾战争中的"沙漠军刀"行动，就是以陆空为主的联合作战行动。海空联合作战指由海军和空军参加的作战行动，如英阿马岛战争中英军对马岛实施的海空封锁，就是以海空为主的联合作战行动。陆海空联合作战指由陆军、海军和空军参加的作战行动，如海湾战争中以美军为首的多国部队实施的就是典型的陆、海、空三军联合作战行动，1955年的一江山岛登陆作战是我军陆、海、空三军首次对近海敌占岛屿进行的联合登陆作战。陆海联合作战指由陆军（海军陆战队）和海军参加的作战行动。火箭军参加的联合作战指由火箭军和其他军种参加的作战行动。

陆上联合作战指以陆地空间为主进行的联合作战行动。海上联合作战指以海上空间为主进行的联合作战行动，作战样式主要有联合海空封锁作战、联合登陆作战、联合海上拦截作战、联合近海防御作战等。空中联合作战指以空中为主进行的联合作战行动，其作战样式主要有联合空中进攻作战、联合空中防御作战、联合空袭作战、联合支援陆（海）上作战、建立联合空中"禁飞区"等。太空联合作战指在外层空间进行的联合作战行动，主要指通过地面作战指挥系统对部署在太空的侦察、探测、气象、导航、地面定位卫星及空间站进行调整，使其更有效地支援陆、海、空、火箭军等作战行动。

1.1.3 联合作战的基本行动

联合作战基本行动是一种新概念。信息化条件下，联合作战基本行动是指在陆、海、空、天、电磁、网络、心理等多维一体化联合作战中具有共性特征的主要作战行动，存在于所有的作战类型和作战样式之中，对信息化条件下联合作战胜负具有重大影响。而联合作战样式是指对联合作战基本类型所作的具体划分，如联合进攻作战的主要样式可能包括联合火力打击、岛屿封锁作战、大型岛屿进攻作战、边境防卫作战等，联合防御作战的主要样式可能包括防空作战、抗登陆作战等。联合作战基本行动则是联合作战样式的具体化，它"存在于所有作战类型和作战样式之中"，具有明显的共融性和共性特征，主要包括信息作战、夺取制空权作战、太空作战和特种作战等行动。

1. 信息作战

随着武器装备信息化程度的不断提高，信息化条件下的联合作战战场形态发生了巨大变化，信息作战应运而生，已成为夺取和保持联合作战胜利的关键。

信息作战是指综合运用电子战、网络战、心理战等形式打击和抗击敌方的行动。目的是在网络电磁空间干扰、破坏敌方的信息和信息系统，影响、削弱敌方信息获取、传输、处理、利用和决策能力，保证己方信息系统稳定运行、信息安全和正确决策。

信息作战的主要任务是保护己方作战信息和信息系统的安全，破坏敌方作战信息和信息系统，削弱其信息的获取、处理、传递和使用能力。它分为信息进攻和信息防御行动，具有先导性、全程性、高效性、全维性、复杂性和多元性等特点。

2. 夺取制空权作战

随着航空技术飞速发展，空中战场对陆战场、海战场等影响和作用越来越大，夺取制空权作战已成为信息化条件下联合作战的基本行动和重要内容。

夺取制空权作战是为在一定时间内夺取对一定空域的控制权而实施的作战，突出地表现在它对陆战场、海战场和空中力量行动的支援和保障上，其前提和条件是夺取制信息权。

夺取制空权的主要方式有以空制空、以地制空、电磁制空和以导制空四种，具有全程性、相对性、整体性等特点。

3. 太空作战

太空作战是一种崭新的军事活动，是现代航天技术发展的产物，是太空军事化发展的必然结果，在信息化条件下联合作战中发挥着重要的支援和保障作用。

太空作战是指以军事航天力量为主，在外层空间进行对抗的作战活动，包括外层空间的攻防行动，以及外层空间与空中、地面、海上之间的攻防行动。从作战目的看，太空作战包括战略太空作战、战役太空作战和战术太空作战；从作战手段与表现形式看，太空作战还包括间接对抗性太空作战和直接对抗性太空作战。

根据太空作战的目的、任务和主要表现形式，着眼于太空作战的可能发展，未来太空作战可能包括太空封锁作战、太空破击作战、太空突袭作战、太空防御作战和太空信息支援作战，具有战场空间广阔、作战手段多样、作战行动速决、装备与后勤保障艰巨等特点。

4. 特种作战

特种作战是一个一般性概念，指为达成特定的作战目的，使用特种部队或临时赋予特殊任务的其他部队进行的非正规作战，按照作战性质可分为战役特种作战和特种战斗。

特种作战的主要行动包括：实施特种侦察、引导打击、破袭作战、夺控要点、捕歼要员、营救作战、反恐打击和特种心理战等，具有作战目的全局性、作战任务的广泛性、作战行动的进攻性、作战方法的保密性等特点。

1.2 联合作战的形成发展与基本特征

1.2.1 联合作战的形成与发展

联合作战的产生与发展，不是人类战争发展过程中的偶然现象，而是随着科学技术进步及其军事运用、战争活动的具体实践、军事理论的研究创新、国家战略的总体需求等逐步演进的必然结果。联合作战自产生以来，已经历了一个由松散向紧密、低级到高级、简单到复杂、从属地位到主要地位的历史发展过程。

1. 联合作战的形成过程

联合作战古已有之，公元前 6 世纪以后，在地中海地区，舰队已成为许多国家武装力量的重要组成部分，大规模的海上冲突已成为战争的常见形式，其中波斯帝国对希腊的攻击标志着有组织的海上战争出现，并形成了历史上第一次海陆协同作战；中国三国时期的孙权、刘备两军联合抗击曹操军队的进攻，就出现了陆上、水上的两种力量共同实施的作战。18 世纪中期爆发了第一次工业革命——蒸汽机革命，催生了工业时代的海军，海军装备由风帆加冷兵器向蒸汽机加大炮发展，使单一的陆地作战向陆海联合作战发展，是联合作战的萌芽阶段。1781 年 8 月初发生在美国独立战争后期的约克敦战役，标志着陆海联合作战的产生，这次战役美法联军在陆海军联合作战方面取得了许多成功经验。19 世纪中期以后，又爆发了以电力工业和电子工业发展为代表的第二次工业革命——电力工业革命，给军事领域带来了巨大的变化，引发了机械化军事革命。

现代意义上的联合作战，从第一次世界大战产生以来，随着科学技术的不断发展，经历了协同性联合作战向一体化联合作战转变的过程。第一次世界大战期间，许多国家军队都相继使用中波、长波电台，用于指挥陆军、海军、空军的联合作战，从而极大地促进了联合作战的发展。以第一次世界大战结束为标志，机械化战争形态基本形成。第二次世界大战期间，联合作战指挥机构诞生，为联合作战的广泛应用提供了指挥保障，苏德战场、欧洲战场盟军实施的西西里岛登陆战役和诺曼底登陆战役，以及美日太平洋上的逐岛争夺战等一系列大规模作战实践，使联合作战逐步走向成熟，并迅速达到机械化战争时期发展的高峰。这一时期是联合作战思想发展成熟的时期，产生了"空军制胜论"、"坦克制胜论"和"机械化战争论"等著名的机械化战争理论，特别是德国的"闪电战"理论和苏联与之向对应的"大纵深战役"理论，揭示了多军种协同作战的原理。20世纪70年代末，西方发达国家各类武器装备的机械化性能指标接近物理极限，以微电子信息技术为核心的高新技术飞速发展，并在军事领域得到广泛应用，推动了军事工程革命向军事信息革命，诞生与发展了C^4I系统，精确制导武器、电子战武器、指挥与控制系统以及侦察与监视技术、夜视技术、伪装技术、隐身技术、作战模拟技术等迅速发展，使联合作战具备了一定的信息化含量。在作战理论方面，苏军发展"大纵深战役"理论为"大纵深立体战役"理论，美军相继提出了"空地一体"、"空地海天一体"、"网络中心战"、"基于效果作战"等作战理论，为信息化条件下的联合作战实践奠定了基础。

进入21世纪，以信息技术为核心的新军事变革，将联合作战推进到了一个崭新的发展阶段，信息化战争成为主要战争形态，联合作战将以信息化的武器装备和数字化部队为骨干力量，其他作战力量广泛参与，综合采取指挥与控制战、心理战、情报战、电子战、黑客战、网络战等手段，运用信息威慑、信息遮断、信息渗透、信息欺骗、信息封锁等主要战法，并与其他作战行动密切配合，通过夺取制信息权，以较小的损耗和代价达成作战目的。通过几场局部战争的实践，尤其是伊拉克战争，可以说是真正意义上第一场陆地、海洋、空中、太空与电磁领域高度一体化的军事行动，掀开了信息化时代联合作战的新篇章。未来信息化战争将演变为双方作战体系的整体对抗，联合作战将是高度融合的一体化作战，更加强调作战空间的多维性和立体性、作战力量的多元性和实用性、作战行动的整体性和快速性、作战指挥的统一性和可控性、作战保障的实时性和精准性，全面实现信息、力量、战场、指挥、行动和保障的融合，从而形成强大的作战能力，以整体威力克敌制胜。联合作战开始迈入高级发展阶段。

2. 联合作战的发展阶段划分

联合作战是一个动态发展的过程，其形成和发展可以从战争形态演变、人类社会发展、重大战争实践和作战要素的发展变化等不同角度加以认识。从战争形态演变的角度，可以将联合作战发展划分为机械化战争时代、机械化战争形态向信息化战争形态过渡时期、信息化战争时代的联合作战。从人类社会发展的角度，可以将联合作战发展划分为古代、近代、现代和当代的联合作战。从重大战争实践的角度，可以将联合作战发展划分为第一次世界大战以前、第一次世界大战中、两次世界大战之间、第二次世界大战中、战后局部战争中的联合作战。从作战力量与作战空间的角度，可以将联合作战发展划分为陆海平面联合作战、陆海空立体联合作战和多军种多维一体化联合作战。

根据联合作战指挥体系的建立、发展和完善情况，从联合作战内在机制表现的角度，可以将联合作战的发展划分为三个阶段：过渡阶段——外联式联合作战；初级阶段——内联式联合作战；成熟阶段——内融式联合作战。

外联式联合作战指不同军种之间通过外在的信息网络进行联系的联合作战。该阶段是现代联合作战的萌芽阶段，基本实现了"联得上"、"合得成"，体现了协同性联合作战的本质。虽然已建立起集中统一的联合指挥机构，也可以组成若干方向或任务集团，但由于信息共享程度低，协调沟通能力差，军兵种力量之间、作战部队与保障部队之间实际上仍相对独立，作战编成多为临时配属，部队转隶频繁，指挥、协同层次较多，无法充分发挥整体作战的巨大潜能，是一种"形联力合"的力量结构，其作战能量释放是各个局部能量的叠加。

内联式联合作战指不同军种之间通过自身信息网络进行联系的联合作战。该阶段是现代联合作战的初级阶段，各种专用网和局域网大量涌现，在不改变作战体制的前提下，将信息化指挥与控制技术嵌入现有的指挥体制中，各层、各级、各军兵种都建立了指挥与控制系统，信息链路已将各作战单元联接起来，形成了各个部队、军兵种、战场和具备综合功能的局部网络系统，提高部队在一定范围内联合作战的一体化水平，基本摆脱了协同性联合作战。但网络化信息系统的集成度还不高，无法完全弥补军兵种之间的"缝隙"，还需要强化达成"形联力聚"的力量结构。

内融式联合作战指基于信息网络系统将诸军兵种作战力量融为一体的联合作战。该阶段，众多作战子系统实现了综合集成，从传感器到射手之间，各武器系统之间、各军兵种作战部队之间和各类战场之间实现了无缝链接，形成了网络化联合作战系统，已完全具备了信息化战争条件下联合作战的所有内涵和特征。成熟阶段的联合作战，网络化信息系统高度发达，可实现军兵种间的信息实时共享，作战力量的融合无需再强调形式上的重组和空间上的集中，能够按照"部署分散、效能聚焦"的原则，依托网络化指挥与控制系统，实时地实现不同空间作战力量单元和保障单元的行动衔接与效能聚合，达到"如心使臂、如臂使指"的自由程度，是联合作战追求的最高境界。在这种"神联力融"的力量结构中，是哪个军兵种、什么类型的部队已经不重要了，在联合部队指挥员和参谋员眼中，他们都是一体化战场上可以根据需要随时调配和使用的资源。从"形联力合"到"形联力聚"，再到"神联力融"，鲜明地反映出联合部队结构形态的发展主线和历史趋势。在此基础上形成的"联合环境"和"联合文化"，必将彻底扫清影响联合作战的各种障碍，使体系化的作战能力呈指数级增长。由此可见，联合作战体系一体化的发展起点是"联起来"、目标和方向是"一体化"、核心是实现各军兵种作战功能的高度融合。这时的联合作战，将彻底改变传统的作战力量运用方式，真正实现诸军兵种力量高度融合，陆、海、空、天、电等多维战场的浑然一体，侦—控—打—评—保的整体联动，从而最大限度地发挥所有作战力量的整体效能。

我军联合作战的实践与发展，也经历了一个从无到有、从简单到复杂的变革过程，主要包括：联合作战尝试阶段、合同作战理论指导的联合作战实践阶段、合同作战到联合作战认识的转变阶段、联合作战理论形成的联合作战实践与发展阶段。目前，随着新军事革命的冲击波一路汹涌而来，以信息技术为主导的先进技术和武器装备发展、军事理论尤其是作战理论创新、以创新军事理论为指导的军事体系重塑，已全面覆盖了从军事技术到武器装备、军事理论、作战方式、组织体制等各层面和领域，持续推进联合作战指挥体制改革和军事转型已成为重中之重的艰巨任务，从而实现提升军队"能打仗、打胜仗"的整体性飞跃。

1.2.2 联合作战的基本特征

联合作战特点是联合作战本质和客观规律的反映，不同时期的联合作战有其不同的特点，准确揭示和把握联合作战的时代特点，是正确实施联合作战指导的基础。

1. 联合作战的主要特征

对联合作战特征的认识有很多种，但主要特征可归纳为以下几个方面：

（1）作战力量多元。联合作战的力量组成包括陆军、海军、空军、火箭军等诸军兵种力量和武警力量，太空力量、战略层级的信息作战和特种作战力量，并视情动员地方的政治、经济、科技、文化等力量参战，力量构成呈现多元一体特征。另外，各参战军种力量由于独立作战能力增强，在总体上表现出的平等关系，更加突出了力量结构的多元性。

（2）战场空间多维。由于联合作战的各军种参战力量总体上地位平等，使得各军种所在的陆、海、空有形作战空间地位同等重要，有形战场要实现相互融合，既对无形的电磁、网络空间依赖更大，又使作战的相关空间向太空乃至全球更大范围扩展。如阿富汗战争虽然主战场限制在65万平方千米的阿富汗境内，但相关空间延伸到美国本土，遍及全球。美军使用B-2隐身战略轰炸机从本土起飞实施作战，航程上万千米；在世界范围内有89个国家向美军用飞机授予领空飞越权，76个国家授予美军飞机着陆权，23个国家同意接纳美军部队；在外层空间部署数十颗卫星保障作战。

（3）作战行动多样。由于联合作战是多军种在多领域共同实施的一系列作战，将视情综合运用多种作战类型和作战样式：既可能有进攻，也可能有防御，且攻防作战转换频繁；既有空中作战和海上作战，也有陆上作战，甚至还可能有太空作战；既有空袭与反空袭、封锁与反封锁、登陆与反登陆、机动与反机动、空降与反空降作战，也有信息战、火力战、特种战和心理战等。如果实施大型联合作战，参战各军种还将可能先后或同时展开不同样式的作战，且各种作战类型和样式紧密结合，频繁转换。因此，联合作战行动将呈现出多样性特征。

（4）指挥协同复杂。联合作战的作战力量多元、战场空间多维广阔、作战行动多样、作战体系构成复杂，使指挥与协同对象多、内容全、范围广。同时，由于信息获取能力和远程精确打击能力的提高，作战双方发现、摧毁对方指挥机构以及破坏对方协同的能力大大增强，围绕指挥与协同的对抗更加激烈，保持作战指挥与协同的不间断性、可靠性更加困难。因此，联合作战的指挥与协同具有复杂性特征。

（5）保障任务艰巨。联合作战既要对不同军种的作战力量实施保障，也要对不同战场领域的各类作战行动实施保障，加之武器装备的技术含量增大，保障的技术性增强，保障内容繁多；作战消耗量大，如海湾战争中，美军仅空袭作战就消耗了39万吨弹药，平均日消耗达2100吨，是朝鲜战争时的20倍、越南战争时的4.6倍；同时，综合保障系统往往是对方打击的重点，受威胁严重，且非常脆弱，双方将力求通过破坏对方的各类保障系统，造成对方保障无力，从而使整个作战体系瘫痪。因此，联合作战的作战保障任务将呈现出艰巨性特征。

2. 联合作战的阶段性特征

联合作战的阶段性特征是指将信息化条件下的联合作战与机械化时期的联合作战相比较，从联合作战的纵向发展看其呈现的特征。

（1）战场空间由多维走向全维、全域、全谱。"维"（表现空间方位的变量）、"域"（领域、范围）、"谱"（频谱、系列），是描述信息化战场空间的三个概念。信息化条件下联合作战的空间范围，是"七维"（陆、海、空、天、电、网、心）、"三域"

或"四域"(物理域、信息域、认知域、社会域)、"全频谱"。战场空间越来越具有整体性、统一性和不可分割性。特别是太空、电磁、计算机网络空间,再也无法像以往那样,按其物理特性在军种间加以分割,它本身就是公共的和不可分割的。对战场空间的统一认识和合力建构,已成为信息化条件下联合作战必不可少的前提。

(2) 作战力量由协作、合作走向功能的"耦合"和融合。机械化战争时代的联合作战,战役编成内各军种部队仍是一个个相对独立的作战系统,联合是通过系统间的协作、合作实现的。信息化条件下联合作战,力量整合方式是一体化,即突破各军种传统的分工协作方式,在建设上追求与生俱来的联合能力,在作战编组上强调功能的"耦合"。耦合和融合的物质技术基础是网络,如果说,没有无线电通信,就不会有机械化战争时代的联合作战,那么同样可以说,没有网络化的信息系统,没有共同战场态势图和通用数据链,就没有信息化条件下的联合作战。

(3) 作战行动由相对固定的程式化顺序作战走向整体联动、自主适应的同步并行作战。机械化战争时代联合作战具有一种相对固定的程式,作战行动是线式的,由前往后、由外往内、由前沿往纵深,按一定先后顺序逐次展开。而信息化条件下联合作战,其行动方式则是非线式的,虽然作战进程仍要遵守一定的顺序,但其固定程式已被打破。在单位时间和战场全纵深内,在战略、战役、战术各个级别上,各军种同时或相继展开行动,形成同步并行作战的态势和效果。协同的组织也是近实时的,具有自主随机协调性。如伊拉克战争与海湾战争不同的是,没有一个独立的空袭阶段,战争一发起就基本是空地一体的联合突击,不是剥洋葱式的层层突破,而是直取纵深要害巴格达。

(4) 作战控制由粗放、概略走向集约和精确。机械化战争时代联合作战的指挥与控制,由于技术条件制约,还是宏观、粗放和概略的,它以计划协同为主,一旦计划遭到破坏或战场情况发生急剧变化,往往造成指挥上的反应滞后甚至作战行动失调、失控。而信息化条件下联合作战则越来越具有精确作战的特点。作战行动由粗放走向集约,作战控制由宏观、定性和计划的概略控制发展为宏观与微观相结合、定性与定量相结合、计划协同与近实时的自主协同相结合的集约化控制。

(5) 作战层次由战役级上升下延,扩展到更大范围和更高水平。在战略层面,由军队作战延伸扩展为军队与国家、社会其他力量共同实施的多样性统一行动。在战术层面,由战役级联合作战发展为战术级联合作战。有一种说法,即联合的层级越低,则联合的水平越高,如以色列军队已在旅级实现了联合,所以被认为联合的水平最高。由战役级联合作战发展到战术级联合作战,由联合战役发展到联合战斗,是联合水平提高的显著标志。

1.2.3 现代联合作战的新概念

机械化战争时代,强调"集中优势兵力",聚集优势的物质和能量各个击破敌人,消灭敌人的有生力量。而现代联合作战以整体效应为目标,分布于相同或不同作战空间中的多个作战实体(平台、系统、人等)在广泛的空间范围既相互独立,又在总体上相互配合,以整体效能打击敌人。现代网络技术、隐身技术、远程精确打击技术等,为战争提供了先进的物质技术条件,改变了兵力空间的作战概念,缩短了打击时间,加快了作战节奏,扩大了战术选择多样性和复杂性,同时也带来了战争的非线性、指挥与控制过程的复杂性和结果的不确定性。为了适应不断变化的环境，进一步提高作战效能，联合作战在指导思想、战法、指挥与控制的组织和打击方式等方面具有一些新的特点。

1. 瞄准效果

联合作战的精髓就是联合快速制胜。因此，联合作战不是消耗战、歼灭战、纵深逐步推进，而是在态势共享、信息交换基础上全维的信息战、功能战和非线性聚焦。这注定联合作战最主要的追求之一就是作战效果。

作为现代战争的准则，效果是运用军事或非军事力量产生的结果或影响，可分为直接效果和间接效果，或分为直接效果和连锁效果，如使无效、抵消、失能、预防、限制、削减、停止等。按不同的效应，效果又分为正面效果和负面效果、整体效果和局部效果、长期效果和短期效果。自古以来，战略上讲"不战而屈人之兵"，就作战目的来说，以最小代价或最少时间获得所期望的结果或对敌造成所期望的效果是作战追求的最高境界。预期的效果决定交战的方法，利用此"效果"取得彼"效果"是决策或行动的目标，决策者可自由地创造并在适应环境中选择任何满足需求的方案。因此，必须依据如何施加最大影响达成联合作战的最高目标进行最后的决策。

瞄准效果的意义和价值在于把敌我双方当作一个大系统对待，从复杂系统反应的角度考察作战行动过程中各种因素对整体作战效果的影响，以态势共享、信息增值应用和实现目标的装备、系统、方式、手段组合的多样性和选择性追求可实现的最佳战斗效果。特别是有预见性地动态谋划，根据作战目标和阶段的需要进行目标管理和相应的资源调度。在信息共享基础上，以作战任务和预计行动的后果控制行动的策略，在可能的作战空间使结果趋向某种确定的方向；围绕寻求适当的目标，对过程进行控制，使收益最大化。包括传感器协调、信息分发、武器分配、平台机动、战场资源管理等，并将人因作为网络中心战（NCW）的中心加以考虑。这就涉及双方指挥员如何分析和理解战场态势、如何判断对方的行动意图、如何选择目标、如何行动实现己方的作战意图等问题。

作为一个复杂系统，敌方军事系统通常由"五环"组成，如图1-2所示。第一环是指挥与控制环，即敌方的指挥体系，包括军政首脑、各类指挥与控制中心及其通信系统；第二环是有机必需品环，战略层次上指石油、电力系统、粮棉、药品及相关工业，战役层次上指弹药、油料和食品等；第三环是军民用基础结构环，战略层次上有卫星系统、机场、港口、铁路、桥梁、电信设施及相关工厂企业，战役层次上有空中航线、海上航道、机场、港口及各种观通设施；第四环为单体群环，战略层次上指一国的人口，战役层次上指与作战有关的军事、非军事单位和人员；第五环是作战部队环，其唯一功能是保护己方系统的内部各环，攻击对方系统的各环。在五环中，作战部队环是最难消灭的。海湾战争中，美军首选空袭的目标是攻击伊拉克的指挥与控制系统（第一环），然后是机场、港口、铁路等目标（第三环），最后才是共和国卫队（第五环）。伊拉克战争期间，美军改变了过去先从海上发起空袭，再出动地面部队的做法，一方面通过空中精确打击实施非接触作战，另一方面同时在地面遂行非线式并行作战。地面作战也是在南方战场多路展开的同时，及时开辟北方战场，而所有行动的重心是将效能聚焦于巴格达。

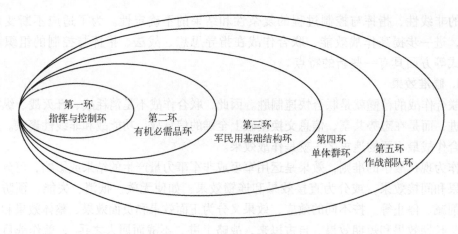

图 1-2 "五环"目标系统

可见,效果是作战行动的标的。其中心是以任务为纽带,一切作战行为都围绕效果进行组织和调整,所有作战体系需要进行适应性构建,在关键的时机和地点灵活地使用兵力和火力,在决定性的作战空间、主要方向和决定性的地点上,有效地集中尽可能占优势的兵力和火力,在关键和有决定意义的时机进行决定性的打击。同时,对于一个行动,敌方究竟如何反应可能在情理之中,也可能在预料之外。

2. 全维、快速与精确、灵活

现代战争是体系对抗,对于打击所产生的作战效果不只是简单地取决于毁伤敌方目标的数量,还在于快速地破坏或抑制敌方的整个作战体系,准确选择目标进行打击。由于战场上平台分布、兵力多样、有多个或多层次的指挥与控制中心,来自各方面的信息不断变化,作战目标可能随时调整,敌我态势中确定与不确定因素并存,因此,对于参战的任何一方来说,必须在不断变化的态势中把握全局,进行全维作战,在正确的时间内对正确的目标进行打击。以快速、精确、灵活的行动夺取战争主动权和控制权;随时应变环境、资源和条件的变化,以及己方预期收益的调整等多种情况。

联合作战的一个重要概念就是从全局着手,从敌方作战体系的构成和作战能力生成的机理方面寻求高效快速地击败敌人。其全维概念包括:在海、陆、空、天、电、网和思维的所有空间作战;同时打击敌方的情报信息系统、作战指挥系统、武器控制系统和兵力系统等,重点破坏对方作战体系的结构和重心,从而迅速瓦解敌方的作战能力;在牵涉战争胜负的所有领域进行作战,如情报战、电子战、火力战、指挥与控制战、心理战、网络战等;全谱、所有手段的联合作战,即在所有频谱的电磁网络空间进行一体化作战。

快速与精确是现代联合作战的一个核心要素。快速不但指速度,更重要的是指巧妙的节奏,包括作战活动"起承转合"的步调、打击的强度和行动速度。2003年,美军出版的《作战纲要》指出:"节奏是给敌人造成压力的速度与集中的结合物,而单纯速度并不是正确战术产生的集中的替代物。"反馈控制的速度必须达到客体所面临环境变化的速度,否则就不能达到有效行动的目的。在"感知(Perception)—认知(Cognition)—协同(Synergetic)—评估(Evaluation)"环四个域中,谁能在对方的"PCSE"环周期内完成自己的"PCSE"环,或打乱对方的"PCSE"环,谁就能以己方的先制、预制或后制行动控制对方的作战行动，"掌控"对方的"PCSE"环，从而剥夺对方做出有效反应的能力，赢得决策优势和行动优势。从传统的三维几何空间到ISR的所有空间，越来越多的时敏目标和机动目标要求作战系统更敏捷、打击目标速度更快、决策周期更短，从发现目标到打击目标的决策链更加智能高效，避免延误和重复打击。与快速概念相关的一个概念是精确。精确首先在于准确选择关键目标或选择敌方的弱点。对于精确打击来说，只有选择目标准确，才是真正意义上的精确。当精确选择目标之后，就是精确打击目标。这是火控意义上的概念，即将对敌打击的力量置于对方有限的关键空间上，包括任务规划、兵力和兵器的使用、战场态势和打击效果的评估等，表现在精确定位、准确识别、精确引导（兵力引导和火力引导）、精确适时攻击和准确及时评估等方面。随着信息技术和制导技术的发展，两者有机结合在一起的时候，会产生一种战术上的精确性。当战术上的精确性在正确的时间、空间出现，打击正确目标的时候，就会产生战役或战略上的震慑效果，即精确的目标、精确的时间、精确的地点、精确的火力、精确的效果。现代联合作战以同步和并行的方式使整个交战链加速运行，其作战行动的快速性和精确性——作战节奏表现在三个方面：快速获取相关信息，并由信息融合和相关联合行动形成对作战空间的正确理解，准确选择目标，而不仅仅是局限于理解更多的原始数据；快速构建交战链，迅速将交战能力（特别是远距离交战能力）投入作战行动；快速阻止敌方的可能行动，及时排除敌人打击所造成的影响。作战行动保持精确和快节奏，特别是对时敏目标的打击，表现出控制一次有效打击的时间，闯进对手的决策环，截断甚至预先估算对手的决策及行动，将其压制在"PCSE"环中。

灵活是现代联合作战适应和应对外界变化的一个显著特征。面对任务变化，联合作战体系的灵活性表现在：基于能力选择作战实体和资源；相对于环境和对手的变化，在对敌行动的多样选择上，能为作战信息提供自由和高效流动的空间，构建和重构作战组织的流程，在空间自组织灵活的交战链。

3. 控制性打击

作战结果除了与作战环境的复杂性有关，还与人的认知和行为的复杂性有关。决策中的失误和迟缓，行动的不精确和不及时，不能控制作战节奏和协调行动，都可能改变作战进程和运行结果。联合作战是基于效果的作战，基于效果的焦点是控制使用某种形式的目标打击作为其后产生期望效果的动因。在作战指挥上，选择控制作用及其系统响应机制使系统达到目的是一个重要问题。同样，如果没有目标和/或任务的适当的先后次序，行动也是没有意义的。如攻防中的"火力侦察"、"饱和攻击"、"设伏"等，均需要进行目标管理、限制选择权并对作战过程进行控制。此时，信息的汇集和管理是打击力量变革的重点。

在几何空间、电磁空间和网络空间等，围绕预期目标，选择打击各有关目标，各种打击力量的相互协同突现总体作战企图。根据总体作战意图，达成施加最大影响实现联合作战的最高目标就是把对方当作一个复杂系统来对待。即从复杂系统的角度，考察影响作战效果的各种可能和必然的因素，控制火力打击的方法策略或调整目标，使预计可能的后果控制所得的结果，以己方的先制、预制或后制行动左右对方的作战行动。但在控制信息流以控制物质流和能量流的过程中，究竟选择什么样的行动及怎么行动才能最大程度上产生预期的效果呢？要想达到目的，必须寻找正确的刺激。这种刺激已不限于物理行动，而包含所有有能力影响结果的全部行动。其主要内容是：以实现火力打击的预期效果为控制前提；以战斗需要、态势允许为控制基础；以能力任务匹配、计划方案最佳为控制关键；以准确的力量投放和打击效果评估为控制核心。它具体包括控制的内容、程度、形式等，以及被控制对象的响应机制等方面。最重要的是对结果的准确预测和控制，包括对态势的精准把握、对作战时间和空间的掌握和精确控制、对作战节奏的合理控制，使用精确制导武器等。

1.3 联合作战力量体系及编成

1.3.1 联合作战力量体系

联合作战力量体系是实施联合作战和夺取联合作战胜利的主要物质基础和先决条件，也是联合作战诸要素中最能动的要素。作为物质基础，联合作战力量体系的强弱及结构方式，影响着作战双方主动与被动的地位，规定着联合作战的攻防形态，决定着联合作战的效果，制约着联合作战的指挥决策，对联合作战的进程和结局产生着全面而深刻的影响。因此，力量体系可称为现代联合作战的基石。

联合作战力量是指各种参战力量的总和，具有高度的综合性和不断发展的特点。联合作战力量构成是指遂行联合作战所需的总体力量在来源、性质、结构、功能等方面的基本要素。对于不同时代、不同国家、不同军队，其概念内涵不尽相同，可从不同角度加以认识。

1. 按作战空间构成的联合作战力量

联合作战力量通常由诸军种部队构成。由于世界各国的政治、经济、文化、民族、地理位置等条件的差异，以及国家战略、军事战略的不同，导致其军队力量的结构不尽相同，但陆军、海军和空军这三种力量则是最基本、最普遍的军种力量，他们是联合作战力量体系不可或缺的组成部分。如美军主要由陆军、海军、空军和海军陆战队等组成；俄军主要由陆军、海军、空军、国土防空军和战略火箭军等组成；我军主要包括陆军、海军、空军、火箭军、战略支援部队、武装警察部队和民兵力量等，如图1-3所示。

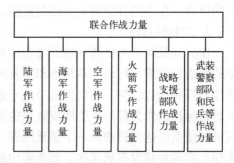

图1-3 军兵种构成的联合作战力量

随着新型作战力量航天部队（天军）的建立，联合作战力量构成将增添新的空间力量要素，他们紧密联系、统一计划、统一部署、统一指挥、统一行动，构成联合作战的力量整体。

按照参战力量的作战任务及作战空间分布，可以将联合作战力量划分为陆上作战力量、海上作战力量、空中作战力量、太空作战力量、信息作战力量和核力量六个主要部分，如图1-4所示。

陆上作战力量主要用于地面作战，包括地面进攻作战和地面防御作战以及地面防空作战。陆军是在陆地上遂行各种作战任务的最古老、最普遍的军种力量，是联合作战力量的重要组成部分，通常由步兵、装甲兵、炮兵、陆军航空兵、工程兵、通信兵、防化兵等兵种和各种专业勤务部队组成，可单独作战或与其他军种协同作战。现代陆军已经成为一个多兵种、多层次、多功能的合成军种。

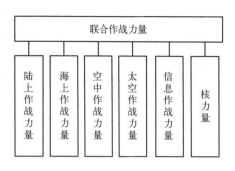

图1-4 作战空间构成的联合作战力量

海上作战力量主要用于海上作战，包括海上进攻作战、保交破交作战、海上封锁作战等。海军是濒海国家拥有的、在海上遂行作战任务的军种力量，具有较强的海上突击力和机动力，由水面舰艇部队、潜艇部队、航空兵、岸防兵、陆战队等兵种和各种专业勤务部队组成，主要装备作战舰艇、辅助舰船和飞机，配备有战略导弹、战术导弹、火炮、水中兵器、战斗车辆等，具有在水面、水下、空中及对岸上实施攻防作战的能力，有的还具有实施战略袭击的能力，可独立或与其他军种协同遂行海洋机动作战。

空中作战力量主要用于空中作战和支援陆（海）上作战，包括空中进攻作战、空中防御作战、空袭作战和支援地（海）面作战等。空军是各国普遍拥有的、主要在空中遂行作战任务的军种力量，具有高速机动、远程作战、猛烈突击和全天候防空作战的能力，由航空兵、地空导弹兵、高射炮兵、空降兵、雷达兵、通信兵等兵种和各种专业勤务部队组成。通常，空军装备有歼击机、轰炸机、强击机、侦察机、运输机、直升机及其他特种飞机，担负国土防空，支援陆军和海军作战，对敌后实施空袭，进行空运和航空侦察等任务。空军既能协同其他军种作战，又能独立遂行战役、战略任务。

太空作战力量是进行空间作战、夺取制天权的联合作战力量，主要指部署在太空的各种侦察、导航、通信、定位、探测卫星或空间站等，通常用于支援和保障地球上的陆、海、空和火箭军的作战行动。在未来的战争中，太空力量将作为联合作战中的一支重要力量，军事航天系统将成为提高军队战斗力的重要支柱。

信息作战力量是指能够影响和破坏敌方信息和信息系统，同时能够保护己方信息和信息系统安全的部（分）队的统称。主要用于支援陆、海、空和火箭军的作战，也可以直接进行独立的信息作战。信息作战力量主要包括信息进攻力量、信息防御力量和信息保障力量。其中，信息进攻力量主要由心理进攻力量、电子进攻力量、网络进攻力量、欺骗伪装力量和实体摧毁力量等构成；信息防御力量一般由心理防御力量、电子防御力量、网络防御力量、情报防护力量和实体防护力量构成；信息保障力量主要包括信息获取、信息传输和信息处理力量，即通常所指的情报、通信、指挥自动化等力量。在未来联合作战中，信息力量将在联合作战指挥员的统一指挥下，除了完成支援、保障任务外，还将实施独立的信息作战，为联合作战的胜利将起到决定性作用。

核力量是一种战略性武装力量，主要用于核条件下的战争，包括核打击和核反击等。核力量通常分为战略性核力量和战役战术性核力量。核武器具有杀伤范围大、作用时间长、威力巨大等特点，因此称其为大规模杀伤性武器。自世界上有核武器以来，只有美国将核武器用于实战，并产生了巨大的威慑效应。核力量是联合作战中的一支重要力量，核导弹部队担负着战略核威慑与核反击作战的重要任务。

2. 按作战要素和系统功能构成的联合作战力量

把联合作战力量作为一个整体来认识，能全面、系统地反映联合作战力量的整体结构和功能，反映联合作战力量运用的特有方式，反映联合作战的发展水平。按作战要素和系统功能，联合作战力量是由不同层次的各种功能不同的系统所构成，即联合作战力量可由情报侦察、指挥控制对抗、联合打击、全维防护、综合保障等功能不同的力量系统及其要素构成，如图 1-5 所示。

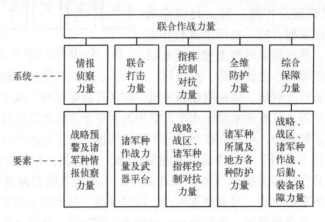

图 1-5　作战要素和系统功能构成的联合作战力量

情报侦察力量包括战略侦察、预警和战场监视力量以及参战诸军种的空间、空中、海上、陆上等情报侦察力量。这些不同军种、不同层次的情报侦察力量是实施情报侦察的主体，将它们有机地联系起来，形成由天基、空基、海基和陆基侦察预警监视平台构成的战场情报信息感知网络，组成了联合作战的情报侦察系统。其主要功能是有效地进行战场侦察监视，实时获取、传输、处理、分发情报信息，为其他系统最大限度地发挥效能创造条件。它是整个联合作战体系的"触觉"和"耳目"，是整个作战体系高速运转的基础和前提，对体系运行起着牵引和主导作用。

联合打击力量包括参战诸军种的各类作战力量及其作战平台和武器系统等，如火力打击力量、兵力突击力量，是遂行联合作战任务的主体力量。根据战时作战需要，进行科学合理的编组，组成各作战集团（群），形成强有力的联合打击系统。其主要功能是根据信息网络和指挥与控制系统提供的情报和作战指令，对敌实施兵力突击、火力毁伤等打击行动，摧毁、破坏敌作战体系，以达成作战目的。

指挥控制对抗力量包括参战的各军种以及战略电子侦察与干扰力量、网络战力量及其他能够遂行信息侦察与攻防的力量等，是实施联合作战信息对抗的主体。在战场上，具体表现为各型电子侦察与干扰飞机、各型电子侦察与干扰舰船、各型电子侦察与干扰车辆、网络战分队、心理战分队、通信维护分队及其他作战系统中的网络战分队、心理战分队、火力打击兵力等。将这些力量有机组合起来，就构成了联合作战信息对抗系统。其功能是干扰、压制或摧毁敌方信息系统，同时保护己方信息和信息系统的安全。指挥控制对抗力量是信息化条件下联合作战不可或缺的重要作战力量，不仅能独立遂行信息作战达成相应的作战目的，还能有力地支援、配合其他作战行动，其地位作用日益重要。

全维防护力量包括参战诸军种所属及地方的防侦察监视、防空袭、防核生化等各种防护力量及装备等，是构成全维防护系统的主体。战时根据受敌威胁情况，对所属防护力量进行科学编组和合理配置，形成分区负责、重点防护、高中低空衔接、多手段并用的严密防护系统，以抵御敌方对我全方位打击与破坏，确保联合作战体系中其他系统有效运转。在"发现即意味着摧毁"的今天，联合作战战场防护面临革命性挑战。在防护范围上，不仅要进行物理域防护，还要进行信息域、电磁领域和认知域防护。在防护类型上，不仅要防"硬"摧毁，还要防"软"打击；不仅要防高技术的常规打击，还要防可能的核生化袭击和次生核生化危害，具有明显的全领域、全过程特点。全维防护系统是作战体系极其重要的组成部分。

综合保障力量包括参战诸军种的作战和后勤、装备保障机关及部（分）队以及地方支援力量等，可分为作战保障力量、后勤保障力量和装备保障力量等，是构成联合作战综合保障系统的主体。根据战时作战需要，对各保障力量进行统一编组，分别建立作战保障分系统、后勤和装备保障分系统。综合保障系统是联合作战体系的"支撑"，是确保联合作战体系顺利运行并始终保持强大作战能力的基本物质条件，是联合作战体系不可缺少的重要组成部分。未来随着联合作战的不断发展和武器装备信息化程度的不断提升，各保障力量将不断融合，通过建立一体化的综合保障系统，以提高保障的效率。

以上五种力量要素及组成的系统，最终通过网络化指挥与控制系统有机地联接起来，由联合指挥机构实施统一指挥，对整个战场上的诸军兵种作战力量、各种武器平台和保障系统进行实时精确的控制，实现整个作战体系的高效运转和作战行动的高度一致。

1.3.2 联合作战力量编成

联合作战力量编成是指参战的各种作战力量的类型和规模。确定联合作战力量编成是联合作战指挥员筹划作战的重要内容，必须充分考虑众多因素，具体编成应依据作战的目的、任务、对手、战场环境、功能等因素来确定。

1. 联合作战力量编成的特点

联合作战力量编成主要具有层次性、综合性、针对性、灵活性等特点。

层次性指联合作战力量编成具有不同的规模和层级。联合作战的规模和层级可分为战略、战役、战术级的联合作战，但主要表现在战役层级上。联合作战力量编成应与之相对应，也应当有战略、战役、战术三个基本层级。战役层级以上的联合作战力量编成，还可分为战区（含）以上规模（大型）联合战役军团、战区方向（中型）联合战役军团、集团军级（小型）联合战役军团三个层次。战区（含）以上规模（大型）联合战役军团由一个或一个以上战区的军兵种力量为主和配属的武装警察部队、民兵编成，是一种规模较大的编成形式，也是未来联合作战力量编成的基本类型之一，通常用于大型联合战役中，如岛屿进攻战役、首都防空战役、连锁反应下的边境反击战役。战区方向（中型）联合战役军团是以一个战区的大部或部分诸军兵种力量为主和配属的武装警察部队、民兵编成的联合战役军团，是联合战役军团编成的基本类型之一，通常用于在战区某一方向进行的联合战役。集团军级（小型）联合战役军团由两个以上军种的若干战术兵团和配属的武装警察部队、民兵编成，是联合战役军团编成的特殊类型，通常用于遂行相对独立的联合战役任务，如维护国家海洋权益、边境地区反击敌小规模入侵、夺取敌占外岛等。

综合性指联合作战力量编成由多种参战力量构成，具有多元合一的综合作战能力。这种综合性，首先是由联合作战政治性、战略性强的特点决定的。现代联合作战特别是大型联合战役，直接为战略目的和国家的政治、外交斗争服务，打的是政治军事仗，战略性极强，不容有失，因此，通常表现为双方综合国力和军力在局部地区的整体较量。在力量投入上，双方都尽可能有裕如而无不及。综合性要求联合作战力量编成具有多元性，以获得综合的作战功能。其次，联合作战力量编成的综合性是由联合作战本质以及整体制胜的内在要求决定的。联合作战之所以称其为联合作战，就是由于参战力量的多军种性，这自然就带来了其力量编成的综合性，同时这种综合性也是联合作战内在的必然要求。信息化条件下联合作战，作战行动将在陆、海、空、天、电磁、网络等多个战场领域同时或先后展开，是体系之间的整体对抗，任何单一军种都难以单独行动达成联合作战目的。只有多军种力量共同参战，组成一个有机整体，相互间取长补短、相辅相成，充分发挥空中、地面、海上和太空力量各自能力和特长，从不同层次、方向和领域实施打击，以震慑、摧毁、打乱、瘫痪对手，才能加快作战进程并最终夺取联合作战胜利。

针对性指联合作战编成应根据不同的作战任务和样式、战场环境和作战对手，选择不同的力量规模和军兵种力量构成。联合作战力量编成的任务和作战样式不同，力量总体规模就会不同，同时对各作战力量的能力要求也不同，需要有侧重地选配相应的作战力量，有的可能侧重于空中力量，有的可能侧重于海上力量，因此其编配的军种及其比例就会有所不同。战场环境不同，可能会制约某些军种的使用，应选择与环境相匹配、能够充分发挥其特长和效能的部队参战。作战对手不同，编成的力量也会不同。对强敌，总体力量就要配大配强，特别是要多配能有效克敌的"撒手锏"力量；对弱敌，可能要求稍低，但同样要注意瞄准其强弱点，按照扬长避短的原则来编成。

灵活性指联合作战力量编成，就其力量调配选用、规模比例等有较大自由度，可以根据作战任务需要灵活确定。一方面这是由于联合作战通常以局部战争为背景，战略性强，为确保打赢，作战力量通常可以从全国全军范围内选用，以组成精锐之师，这就给力量的取舍和实际编成提供了更大的空间；另一方面，由于联合作战是多军种参战，力量构成复杂，战前作战编成中的各军种力量结构比例很难与作战需求相吻合，很可能开战后要进行一定的调整，加之战场情况复杂多变，战局发展具有很大的不确定性，各军种力量消耗的程度不同，需要在作战中不断地进行充实调配。因此，从完成作战任务的需要看，联合作战力量编成必须是灵活可变的，这种改变包括编成的规模和军种比例结构。

2. 目的和任务、对手、战场环境与联合作战力量编成

联合作战力量编成分为联合战役力量编成和联合战斗力量编成。不同的作战对象、规模和目的，以及不同的战场环境和作战样式，其力量编成也不尽相同。如美军实施联合作战的主要力量是联合部队，联合作战力量编成是建立在联合部队的基础上临时抽调而成的，联合部队分为作战司令部、下属联合司令部和联合特遣部队三级，人员和机构则根据命令分派或配属，其可能编组如图1-6所示。

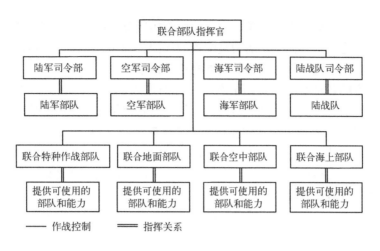

图1-6 美军联合部队的可能编组

在联合作战力量编成过程中，目的和任务、对手、战场环境是确定联合作战力量编成的主要依据，联合作战力量编成应与其相适应。

目的是作战要达到的预期结果，是作战的目标和方向。任务是对作战目的的具体化。目的的实现是通过一系列任务的完成来达成。目的大小、任务轻重不同，对联合作战能力的要求不同，联合作战编成的规模和各军种力量的构成也不同。比如，对敌占岛屿实施全面封锁和局部封锁，其目的和任务是不同的，局部封锁任务相对较轻，很可能是封锁敌主要港口和海上航线，使用的总体力量相对较小，参战力量以海、空军为主且偏重于海军；而实施全面封锁，联合作战的任务较重，达成的目的较为坚决，参战的力量规模较大，既可能有海、空军参战，也可能有火箭军和陆军远程火力参加，力量的构成较为复杂。因此，在确定联合作战力量的编成时，一定要认真领会上级意图，正确把握任务性质，结合当时的国际斗争环境，根据国家的政治、外交斗争需要，合理确定作战目的，将任务细化为数量、范围、时间、强度等指标，据此合理确定联合作战的力量编成，使其在满足联合作战基本需求标准的前提下，适当留有余地。

联合作战是交战双方多个军兵种在多个领域展开的激烈对抗活动。对手的各种情况，包括其战略和作战企图、进攻或防御态势、可能的行动样式，特别是其作战力量的军种结构、数量规模、武器装备、作战特点、作战能力等，都是组织作战准备、实施作战行动的前提和依据。这就自然要求在确定力量编成时，必须充分考虑对手的情况。如果作战对象是高技术强敌且作战力量编成规模较大，就应尽量投入精兵利器，并采用规模较大的联合作战力量编成；当我攻敌守时，应在作战力量的总体对比上，力求对敌形成较大优势。

战场环境主要是指联合作战涉及的空间领域、范围、电磁环境以及自然地理和社会条件等因素，这些因素对联合作战力量编成均有直接影响。通常情况下，战场空间构成直接影响作战力量的军种构成。例如，由陆上、海上、空中战场构成的一体化战场，要求作战力量必须由陆、海、空和火箭军作战力量编成；交战空间的大小，对作战力量的规模有较大影响；电磁环境因素，如在主要战略方向面临强敌介入的条件下实施作战，电磁环境将十分复杂，作战力量的编成应尽可能增大信息作战力量的比重；战场自然地理和社会条件因素，如地形、气象、水文、民族构成及社情等，不仅对各种作战力量的能力和特点有特定要求，而且影响力量配置的比例。例如，如果作战地区的民族宗教社情比较复杂，就应适当增加用于维护后方稳定的力量。

此外，己方的各种情况，如国情军情，特别是武装力量体制、军队的装备技术水平、战备水平、训练素质、保障能力等，也是影响联合作战力量编成的重要因素。

3. 按功能模块化临时编组的联合作战力量编成

临时编成联合部队是指根据现代联合作战的需要，从诸军兵种部队中临时抽集精锐力量，编成具有联合指挥与控制、联合情报获取与信息作战、联合火力打击、联合兵力突击、联合制空制海、联合特种作战、联合防护、综合保障等能力的联合作战部队。在目前及未来一定时期，临时编成联合部队将是应对中、大规模局部战争一体化联合作战力量编成的基本模式。

通常，临时编成联合部队应按照形成现代联合作战需要的高度融合的作战体系要求，对抽集的诸军兵种力量按功能进行编组，即将诸军兵种中功能相同或相近的力量组合在一起，形成若干具有联合特征和更加强大功能的力量系统或单元，在网络化信息系统的支持下，实施整体联动作战。一种按功能编组的临时编成的联合作战力量如图1-7所示。

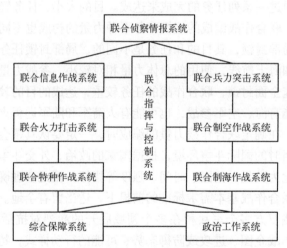

图1-7 按功能编组的临时编成的联合作战力量

（1）联合指挥与控制系统。由最高联合指挥机构、各军种的各级指挥机构、连接各指挥机构和作战系统及平台的网络化信息系统等构成。在一体化联合作战战场上，联合指挥与控制系统将具体表现为基于预警指挥飞机、侦察指挥直升机、旗舰、装甲指挥车等为平台的移动式指挥所与固定的野战指挥所、地下指挥所等，通过网络化信息系统与诸作战系统和平台所构成的一个整体。联合指挥与控制系统在临时编成的联合部队力量体系中处于核心地位，各种作战力量的协调及效能发挥，直接依赖于该系统功能的发挥。

（2）联合侦察情报系统。由各军种的侦察与战场监视力量、网络化信息系统等构成。在一体化联合作战战场上，具体表现为各种天基、空基、海基和陆基等侦察平台构成的侦察监视网络，主要功能是有效实施战场侦察监视，实时获取与传输、处理、分发情报信息，为其他系统最大限度发挥效能创造条件。

（3）联合信息作战系统。由各军种电子侦察与干扰力量、网络战力量及与其他作战系统中能够遂行信息侦察与攻防任务的力量等构成。在一体化联合作战战场上，具体表现为各型电子侦察与干扰飞机、电子侦察与干扰舰船、电子侦察与干扰车辆、网络战分队、通信维护分队及与其他作战系统中的侦察分队、心理战分队、火力打击兵力等构成的整体。主要遂行侦察、干扰、摧毁敌各种电子设备，破坏敌信息网络，攻击敌心理意志等任务，对联合作战主动权的争夺具有决定性作用。

（4）联合火力打击系统。由各军种的火力打击力量等构成。在一体化联合作战战场上，具体表现为各种射程的常规导弹、各型作战飞机、各种射程的火炮、各种舰艇火力等构成的火力系统，主要遂行对敌全纵深精确火力打击任务，是达成一体化联合作战目的的主要手段。

（5）联合兵力突击系统。由陆、海、空等军种的各种装甲机械化部队、两栖作战部队、空降部队等构成，具有快速机动和部署能力、猛烈的火力打击能力、一定的防护和自我保障能力、较强的夺占与控制能力，主要遂行与敌直接接触作战任务，对陆上实施的一体化联合作战最终目的的实现具有决定性作用。

（6）联合制空作战系统。由空军的航空兵部队和防空导弹部队、陆军航空兵部队和防空部队、联合火力打击系统中的常规导弹部队等构成，主要遂行空中进攻、夺取制空权、防空作战和支援海上作战、地面作战的任务。

（7）联合制海作战系统。由海军各种舰艇部队和航空兵部队、空军航空兵部队、陆军航空兵部队和地面炮兵部队等构成，主要遂行海上封锁、进攻敌海上兵力集团、夺取制海权、支援濒海陆上作战等任务。

（8）联合特种作战系统。由各军种特种作战力量等构成，主要遂行特种侦察、引导打击、特种破袭、特种袭扰和特种夺控任务。

（9）综合保障系统。由各军种作战和后装保障机关及部（分）队等组成。在统一指挥下，遂行联合作战的战斗、后勤、装备等保障任务。

（10）政治工作系统。这是一体化联合作战不可缺少的重要组成部分。主要由政治机关及相关专业分队组成。作战中适时通过心理攻击与防护、舆论宣传、法律保障等手段，配合作战实施，提高作战效能。

1.4 联合作战指挥体系

指挥体系是一个既简单又复杂、既宏观又具体的问题，其建立视各国的情况而异，是一个渐进发展、改革、创新的过程。通常，指挥体系指为实现指挥职能而构成的稳定和完整的多层次、多系统的组织形式，由指挥主体（指挥机构）、指挥对象（下级指挥机构、部队、武器系统）和指挥手段（指挥与控制系统）等共同组成。图1-8所示为美军指挥体系示意图。

联合作战指挥体系则是指军队为指挥联合作战而建立的组织体系及相应制度，包括指挥机构的设置、职能划分和指挥关系等，是由联合作战编成内各级各类指挥机构和指

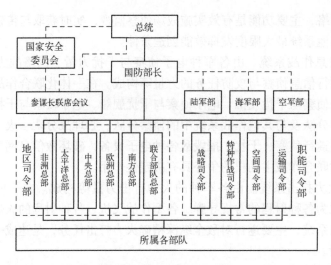

图1-8 美军指挥体系示意

挥单位按照指挥关系构成的有机整体,是发挥联合作战整体作战效能的组织基础。在信息化条件下,应以联合作战需求为牵引,根据军队的体制编制、指挥手段状况和军事斗争准备要求,建立整体布局、结构优化、层次合理、精干高效、统分结合、上下一体、平战结合、责权明晰、关系顺畅、运行稳定的诸军兵种联合作战指挥体系,组织实施联合作战行动。

联合作战指挥体系的建立主要分为三个步骤:首先,明确各级指挥机构的编成和任务;其次,要理顺各类指挥关系;最后,要通过指挥与控制系统联成一体。

1.4.1 联合作战指挥体系的基本结构

联合作战指挥体系的基本结构经历了一个由"树状式"层级结构到"网状式"扁平结构的演进过程。

传统上,世界大多数国家的指挥体系通常按军种、兵种建制从上到下构成,呈现出纵向的"树状式"或"宝塔式"层次结构的指挥体系,如图1-9所示。其基本特征是不同指挥机构和指挥对象之间一般只建有单一的纵向指挥与控制关系,横向之间的联系少,形不成联合,聚不成合力。这种指挥体系指挥链路单一,信息负荷较小,便于实施高度集中式指挥,由于其信息流表现为纵向的顺序交换和传递,指挥层级多,信息流程长,信息传输慢,易遭受干扰破坏导致切断,因此指挥效率低,且稳定性差。

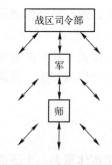

图1-9 "树状式"层级结构的指挥体系示意

信息化条件下,战场信息量剧增,作战节奏加快,指挥与控制对抗激烈,对信息的快速获取、处理、传输要求更高,传统的"树状式"层级结构容易造成信息流的阻塞,指挥与控制易遭破坏,进而导致部队作战行动的严重混乱。为了满足各军种近实时联合行动的需要,必须实现信息的实时共享,客观上要求指挥体系应具有自主式横向沟通和协调的功能,并充分利用网络信息技术,实现指挥体系的纵横向一体化。信息技术的迅猛发展及其在指挥领域的广泛应用，为指挥体系由"树状式"层级结构向"网状式"扁平结构发展提供了物质基础。特别是现代通信与网络技术的发展，形成了通信网络多层次、全方位、立体覆盖的能力，互联、互通和信息资源共享的能力，高速、宽带传递与交换的能力，声、文、图等多业务的综合处理能力等，为减少指挥层次、提高指挥可靠性、建立"网状式"扁平结构的指挥体系提供了技术支撑。

"网状式"扁平结构的指挥体系如图1-10所示，采用网络化连接方式，所有指挥机构都是指挥与控制网上的一个节点，可以通过上下左右贯通的网络，便捷地与其他指挥机构、重要信息网络节点相连。横向各军兵种指挥机构实现互联互通，纵向可直接延伸至所属部（分）队、重要武器发射平台、信息中转站点等，指挥体系中的各指挥机构，在统一的网络化信息系统支持下，按照信息流程灵活实施作战指挥，达成信息的有效传递。它的最大优点就是信息传递路径多、速度快、反应灵敏、生存能力强，适应了信息化条件下联合作战指挥的需求。

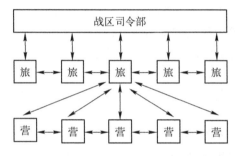

图1-10 "网状式"扁平结构的指挥体系示意

在一定的历史条件下，采取何种指挥体系，不是指挥员随意决定的，而是以战争的需求为牵引，根据军队的体制编制和指挥手段状况，既要立足现实基础，又要着眼长远发展，并考虑到军事斗争准备的需要，针对不同的作战任务、作战规模、作战时间、作战编成，构建相应模式的联合作战指挥体系，以满足现代联合作战指挥的需要。

1.4.2 联合作战指挥机构

联合作战指挥机构是指为满足联合作战指挥需要，以联合作战指挥员及其指挥机构人员为主体建立的独立于诸军兵种指挥机构之上的更具权威性、统筹性和联合性的指挥实体。它是各种武装力量的"首脑"和"中枢"，基本任务是根据战略意图，统一筹划组织联合作战，正确使用诸军种和其他作战力量，灵活运用各种战法和多种斗争手段，在客观物质基础上，充分发挥主观能动性，夺取联合作战的最终胜利。

联合作战指挥机构应根据联合作战任务需要，着眼战略战役战斗各层级指挥的特点和要求，采取不同的组建方式。目前，世界各国因政治体制、国防领导体制、军事传统等各不相同，联合作战指挥机构的类型也不尽相同，大致可以分为三种类型：在总部一级建立常设联合作战指挥机构，如德军、意军等，其联合参谋部或参联会均为常设联合作战指挥机构；在战区一级建立常设联合作战指挥机构，如俄军的战略方向司令部（即军区司令部），已形成了国家和战区两级联合作战指挥机构；建立多层常设联合作战指挥机构，如美军、英军、法军等，美军联合作战指挥机构主要由国家和战区两级构成，其国家联合作战指挥机构由总统、国防部长、参联会和联合参谋部组成，战区联合作战指挥机构由九大联合作战司令部构成，分为太平洋、欧洲、北方、南方、中央、非洲六个战区司令部，再加上特种作战、战略、运输等不受地理责任区限制、可在全球范围内行动的职能司令部，在西太平洋等重要方向还有常设的联合特遣部队司令部。美国联合作战条令有五个指挥级别，即国家指挥权威（NCA）、联合特遣部队总司令（CINC）、联合特遣部队（JTF）、联合部队分指挥员（JFCC）、作战单元。

可见，联合作战指挥机构没有固定的和统一的模式，只有适应本国国情、军情，才具有生命力。由于联合指挥机构是联合作战中处于诸军兵种指挥机构之上的最高层次的指挥机构，因此，应从联合作战指挥的需要出发，按照诸军种联合、精干、高效、有权威的要求进行编成与编组。

指挥所是指挥机构的一种形式，指军队中由指挥员及其指挥机构组成的具有组织指挥职能的临时性指挥机构，是担负作战值班任务的常设指挥机构。通常，从性质和指挥任务角度，应开设基本指挥所、预备指挥所、后方指挥所、前进（方向）指挥所等。

（1）基本指挥所是联合作战的基本指挥机构，负责统一指挥部队的一切作战行动，领导和指挥其他指挥所的工作，通常以上级指定的指挥员和指挥机构为主，与参战各军种指挥员以及有关人员等组成。

（2）预备指挥所是准备接替基本指挥所实施指挥的预备指挥机构，在基本指挥所遭受破坏或转移时，接替基本指挥所实施指挥，通常由副职指挥员及诸军种指挥机构和参谋员等组成，与基本指挥所同时进入情况，但不实施指挥。

（3）后方指挥所是组织指挥后勤保障、装备保障和后方防卫的指挥机构，负责对后勤保障、装备保障和后方防卫实施统一组织和指挥，通常由战役副职指挥员兼任指挥员，由参战各军种后勤、装备部门以及地方支前机构等有关人员组成。

（4）前进指挥所是为加强主要作战方向的指挥而设立的辅助指挥机构，负责加强主要作战方向的指挥，沟通主要方向上部队与基本指挥所之间的联系，确保指挥顺畅，通常由副职指挥员和参谋员等组成。其他指挥所的组成，由联合作战指挥员根据作战指挥的需要和实际情况确定。

各指挥所的编组，应当根据指挥任务和可能的条件合理确定。基本指挥所通常由指挥中心、情报中心、通信中心、信息作战中心、火力中心等构成。指挥中心是联合作战指挥的核心，与其他几个中心是指挥与被指挥、领导与被领导的关系；其他四个中心之间则是平行的分工协作的关系。这四个中心，除直接隶属于基本指挥所外，还负责后方指挥所、前方指挥所的侦察情报、通信保障、信息作战、火力协调，后方指挥所、前方指挥所不再设置相同机构。四个中心既是基本指挥所指挥员的参谋机关，又是联合战役军团的情报、通信、信息作战、火力运用方面的指挥机构，有权按照联合战役军团最高指挥员的决心意图，统一组织指挥所属部队的侦察情报、通信保障、信息作战、火力打击等行动。而指挥中心下设的各个部门，主要是基本指挥所指挥员的参谋机关，一般不负责向前方指挥所、后方指挥所指挥员提供情况、报告工作，对所属部队的指挥通常通过下级基本指挥所实施。

联合作战指挥机构的人员组成具体包括哪几个军种的人员，各军种的人员数量比例是多少，应视作战指挥任务、指挥员素质等情况而定，关键要形成能指挥各军种作战的功能，使各军种优势互补，发挥最佳的整体作战效能。在联合作战出现之前的合同作战或军种作战，指挥机构人员通常由某一军种或以某一军种为主的指挥员组成，即便是有其他军种参战的合同作战，指挥机构中的人员比例仍然是以主战军种的相应指挥员为主，即指挥机构的人员组成表现为"倾斜式"。随着战争形态的演变、军事技术的进步，作战指挥机构人员构成也越来越由以单一军种指挥员和指挥机构人员为主的"倾斜式"，发展为诸军种指挥员和指挥机构人员共同组成的"均衡式"。联合作战是两个以上军种共同进行的作战，军种之间的地位作用应是平等的，无主次之别。这一特点，要求指挥机构在人员构成上与之相适应。当前，在一些发达国家军队中，建立有平时与战时相一致的常设联合作战指挥机构，各军种人员比例相对均衡和固定。以联合作战实践较为丰富的美军为例，其联合作战指挥机构的主要指挥员均来自参战各军种，参谋员也是由参战军种共同派出，且人员名额大体各占三分之一。

1.4.3 联合作战指挥关系

根据2011版《军语》，联合作战指挥定义是："联合作战指挥员及其指挥机构对所属诸军兵种部队及其他作战力量联合作战进行的指挥"。该定义认为，指挥客体既包括力量也包括行动，而且揭示了指挥客体是由诸军兵种力量构成的，反映了联合作战指挥客体的特征。根据联合作战指挥的不同定义，可以认为联合作战指挥是联合作战指挥员及其指挥机构对所属诸军兵种部队及其他力量共同作战进行的组织领导活动。而指挥关系是指挥权限、职能以及相关各方之间建立起来的某种联系形式。联合作战指挥关系则是联合作战指挥者与指挥对象之间、平行指挥机构之间、同一指挥机构内部各部门之间，按照联合作战指挥职能规定和指挥权限划分所形成的相互关系。它是作战指挥体系的重要组成部分，是作战过程中指挥员行使职权、运用指挥方式的基本依据，是各级各类指挥机构之间保持协调一致行动的重要保证。

1. 美军联合作战指挥关系

美军联合作战指挥关系如图1-11所示。根据《联合指挥计划》，区分责任区域，分配主要任务，明确指挥员的权力，建立指挥关系，并对实施作战指挥给予指导。

美军建立的各种指挥关系主要有作战指挥、作战控制、战术控制和支援关系，以及存在的行政控制权、协调权和直接联络权。

作战指挥是作战司令部指挥员对隶属部队履行指挥职能的权力，包括组建和使用司令部与部队、分配任务、指定目标以及对后勤行动进行指导。该指挥权力不可委托和转让。作战司令部指挥员通过下属联合部队、军种部队或职能部队指挥员行使作战指挥权。作战指挥权涉及范围广，主要包括作战、训练、人事、后勤、装备以及政策、战略、预算等方面。

作战控制是作战司令部指挥员及以下指挥员对下属部队行使的权力，可被委托或转让。它是作战指挥固有的指挥下级部队的权力，通常提供组建和使用司令部与部队的全部权力，包括对军事行动和完成任务所必需的联合训练的所有方面进行权威性指导，通过下属联合部队、军种部队或职能部队指挥员得以实施，但在后勤、行政管理、纪律、内部编组、部队训练等方面没有指挥权。作战控制与作战指挥相比，其职责主要局限在

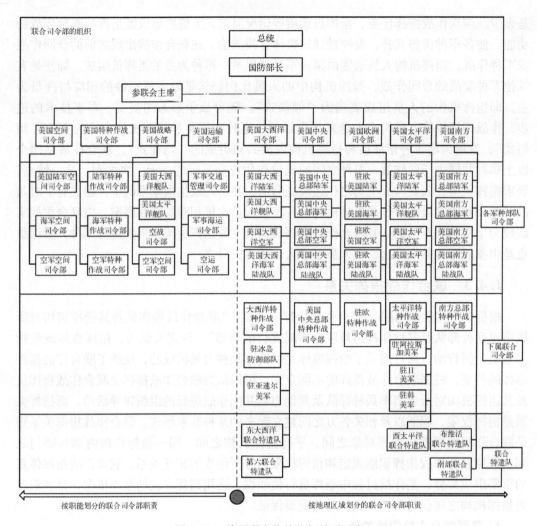

图1-11 美军联合作战指挥关系示意

作战领域,基本不涉及行政管理事务。

战术控制是对隶属或配属部队、指挥机构、军事力量的调遣和机动所进行的具体和局部的指导与控制。战区作战司令部及以下各级指挥员均可委托和行使战术控制权。当部队在战区作战司令部之间调动时,常常建立战术控制关系,但这种关系必须由国防部长批准。战术控制没有组建部队的权力,也没有指挥行政与后勤支援的权力。联合海上部队指挥员对下属其他军种部队一般行使战术控制权。

支援是一支部队在援助、保护、加强或保障另一支部队时,由上级指挥员在两个下属指挥员之间建立的一种关系。战区作战司令部及以下各级指挥员行使支援权。国家指挥当局确定作战司令之间的支援关系。通常应发布建立支援关系的命令,说明支援关系的目的、所期望的效果和行动范围等,一般包括:用于支援行动的部队和其他资源;支援活动的时间、地点、水平和持续时间;支援行动的相对优先顺序;支援指挥员在特殊情况或紧急情况下改变支援行动的权力;被支援指挥员对支援行动所拥有的权力。如果建立支援关系的命令未对被支援指挥员的权力加以限定,他对支援行动拥有一般指挥权,即他可以确定目标及其优先顺序、支援的时机、支援行动的持续时间等。支援指挥员通常决定提供支援所使用的部队、战术、方法、程序和通信手段,有责任查明被援部队的需求并采取行动去满足那些需求。

2. 联合战役指挥关系

现代联合作战中,各级各类指挥机构及作战单元之间的关系非常复杂。为了将各种作战要素融为一体,更好地形成整体合力,就必须理顺各种指挥关系,根据战场情况和作战需求,灵活选择指挥层次,形成相应的指挥关系。尤其是不相隶属的作战单元及指挥机构之间的协调关系,对于能否形成一体化作战能力显得更为重要。

在联合战役中,指挥关系是随着联合指挥机构及其下属各种指挥机构的建立和作战需要逐步加以明确的,基本类型主要有隶属关系、配属关系、支援关系、协调关系等四种,此外为适应一体化联合作战的需要,还可能形成临时指挥关系。

隶属关系是按编制或命令所构成的下级对上级的从属关系,通常以纵向联系的形式出现,也称为纵向指挥关系。联合作战指挥机构一经建立,联合作战指挥员与所属诸军兵种指挥员及部队之间便建立了隶属关系。诸军兵种指挥及部队必须服从联合作战指挥员及其指挥机构的指挥,必须在联合作战指挥员的意图下开展自己的指挥与作战活动。

配属关系是指某一军兵种建制内的某些兵力武器,临时调归另一军种指挥与使用时所出现的联系形式,具有短暂性、指挥权有限、配属部队受双重控制等特点。

支援关系原指作战中以兵力、火力对所属部队或友邻援助时所形成的一种联系方式。在联合作战中,不仅联合作战作战指挥员会令参战的诸军兵种部队支援某些重要战役方向上的作战行动,而且各军种部队之间也会根据作战需要主动地相互支援,这种支援关系变成了具有多向交叉的联系形式,也可称为交叉式指挥关系,通常有预先确定、临时确定、随机确定三种确定方式。

协调关系是两个以上的平行单位,为了达成共同的作战目的,所建立起的一种平等、和谐的横向联系,又可称为横向指挥关系。这是最常见的一种指挥关系,贯穿于联合战役的全过程,通常分为主动协调与被动协调两种。主动协调是指诸军种间或各参战部队之间,在无外部条件干预的情况下,互相之间所建立起的协调一致行动的关系;被动协调是在外部条件干预情况下,各军兵种或参战部队间所建立起来的协调一致行动的关系。

临时指挥关系是一种有限的作战指挥权力,主要是对部队作战行动实施指导与控制的权力,多用于临时进入战区的部队。当一支部队进入战区后,必须按照联合部队指挥员的指令开展行动,离开战区后则指挥关系自动解除。临时指挥关系不包括对部队的编组、行政管理、后勤装备保障的领导和指挥权。

1.4.4 联合作战指挥手段与方式

1. 联合作战指挥手段

联合作战指挥手段是指联合作战指挥员为有效指挥诸军种部队等作战力量实施联合作战所使用的工具、器材及其方法的总称,包括联合作战指挥与控制系统以及指挥作业工具、指挥信息传递工具和通信方法等。它是联结联合作战指挥员与参战力量的纽带,能辅助指挥员进行决策活动,是贯穿于整个指挥与控制活动中必不可少的物质条件和影响指挥与控制方式的基本因素，对于联合作战指挥与控制效能具有重要影响。

联合作战指挥手段有不同的内涵，按照技术发展进程，可分为手工指挥手段、机械化指挥手段和自动化指挥手段；按照功能和作用不同，可分为信息获取手段、信息传输手段、信息处理手段、指挥决策手段和作战文书生成手段等，如图1-12所示。

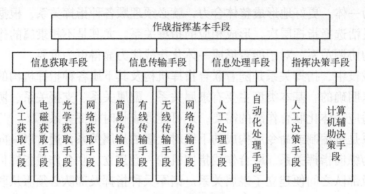

图1-12 联合作战指挥手段分类

作战指挥手段是随科学技术的进步而不断创新和发展，从最早使用的简单视听信号，发展到指挥文书、有线、无线电通信，直到现在的指挥与控制系统，其主要发展趋势是：情报信息获取手段"多样化"、指挥与控制信息处理手段"自动化"、指挥与控制信息传递手段"网络化"、指挥决策手段"智能化"、指挥与控制操作使用"可视化"。

2. 联合作战指挥方式

作战指挥方式是一种宏观的、在各级指挥员和指挥机构之间进行职权分配的方法和形式，实质是如何分配和使用指挥权的问题，是指挥员对指挥对象作用的方法和形式。联合作战指挥方式就是指联合作战指挥员及其指挥机构利用指挥权指挥所属部队，使其完成作战任务的方法与形式。

指挥方式有多种类型，如德国提出的"委托式"指挥，美军强调的"交代任务式"指挥，中国刘伯承提出的"训令式"指挥等。按指挥员对指挥对象行使职权的程度，可分为集中指挥和分散指挥；按指挥员对指挥对象行使指挥职权的层次，又可分为按级指挥和越级指挥；信息化条件下，联合作战指挥方式可分为按级指挥与多级同步式指挥、预先计划式指挥与近实时动态式指挥。随着信息技术的高度发展，基于网格节点的游动互访式指挥、基于效果控制和全域精确协调于一体的联合作战指挥与控制方式将成为未来联合作战的主要指挥方式。

（1）集中指挥与分散指挥。集中指挥与分散指挥是两种最基本的指挥方式，采取集中指挥方式还是分散指挥方式，要根据客观实际，灵活运用。集中指挥又称集权式指挥，是指挥员及其指挥机构对所属部队进行集中控制、统一协调的指挥，通常在部队集中遂行任务时采用；分散指挥又称分权式指挥，是部队在分散行动时，根据上级意图和原则指示，结合具体情况所进行的独立自主的指挥，通常在部队分散行动、独立遂行任务或缺乏可靠通信联络手段时采用。

集中指挥是统一掌握指挥权，在统一的联合作战指导思想下，对各种作战力量实施统一指挥、统一行动的指挥方式。这种指挥方式的表现形式在于联合作战指挥员直接给下级明确规定作战任务、作战行动方法和手段。通常，集中指挥的主要方法是：联合作战指挥员应适时不间断地指导下级的作战行动，并采取以下措施：亲自筹划作战，保持与下级指挥员的亲自接触；司令部派遣联络员监督部队活动，并使他们协调一致；联合作战指挥员亲自询问有关情况，必要时亲自巡视战场；联合作战指挥所、观察所接近所属主要作战部队和主要战场，以便及时、全面地了解战场情况，坚定、灵活、不间断地指挥所属部队；必要时实施越级指挥。

分散指挥是一种把指挥职权适当下放的指挥方式，是联合作战指挥的辅助方式。它是在上级明确基本任务的前提下，由下级指挥员独立自主地计划和指挥本级部队行动，基本特征是"示任务而不示手段"。上级只给下级明确任务，下达原则性指示及完成任务的时限，提供完成任务所需兵力、兵器，而不规定完成任务的具体方法、步骤和行动计划，下级可根据上级总的意图及战场实际情况，独立实施指挥控制。分散指挥是集中领导下的分散指挥，是集中指挥的必要补充，成功有效的指挥方式则是两者的有机结合。

（2）按级指挥和越级指挥。按级指挥和越级指挥主要是从履行指挥职权的层次来区分，而不是从指挥职权分配的角度来区分。联合作战中的隶属关系，客观地给联合作战指挥带来了层次性，又由于指挥对象不是唯一的，这就使联合作战指挥同时具有按级指挥和越级指挥两种方式。联合作战指挥员可以对有些部队实施按级指挥，对另一些部队则实施越级指挥。

按级指挥是按照指挥关系和指挥权限逐级进行的指挥，即按照作战编制序列，从上至下、一级一级地实施分层式指挥。通常情况下，联合作战指挥员应当采取按级指挥方式。这种指挥方式保证了联合作战指挥按照隶属关系逐级向下传递，直至一线作战部队，便于明确指挥中责权利的关系，易于指挥的统一和畅通，从而发挥指挥与控制系统的最佳整体功能，有利于圆满实现上级意图。这一指挥方式，较适应于现代复杂多变的战场环境条件下作战，提高联合作战指挥的时效性。

越级指挥是按照指挥关系对下超越一级或数级进行的指挥，是一种临时性指挥方式。从作战指挥的实践看，越级指挥通常在必要时才予以临时明确，并构成越级指挥关系。联合作战指挥员在来不及实施按级指挥，或被越过的指挥层次通信联络中断等时机，都应当实施越级指挥。当临机实施越级指挥时，为了不使指挥关系发生混乱，上级应将自己的意图和越级指挥的内容及时告知被越级指挥员的上级指挥员。实施越级指挥的指挥员，应首先向被超越指挥的指挥员明确自己的身份或代号，情况允许时，还应向其说明实施超越指挥的原因。情况紧急时，则直接明确身份并下达命令和指示，令其执行。

（3）命令式指挥和委托式指挥。命令式指挥也称指令性指挥和程序式指挥，是指挥员直接掌握指挥职权，履行指挥职能的一种指挥方式。这种指挥方式的基本特点是：有明确的具体命令，在实施指挥中，上级不仅给下级详细地规定任务，而且明确完成任务的具体方法、起止时限和有关协同事项；有可行的计划，包括作战计划、协同动作计划、作战保障计划等，各军兵种部队可按照统一的命令和计划遂行作战任务。由于它是用命令和计划的形式来下达的，具有强制性和一定的约束力。因此，命令式指挥是由联合战役指挥员直接掌握和控制的指挥。这种指挥方式有利于保持作战全局上的平衡和作战行动上的协调一致，能有效地保证作战意图和作战计划的贯彻实施。

委托式指挥也称指导性指挥或适应性指挥，是指挥员将指挥权委托给副职或下级指挥员对某一作战或其他行动进行的指挥。这种指挥方式的基本特点是：上级对下级只用概略性指令实施指挥，赋予任务时，只说明基本意图，规定作战方向、完成任务的计划指标，提供完成任务所需的兵力、兵器。至于完成任务的具体方法步骤，则由指挥对象独立自主地决策。由于它是用概略性指令来下达任务，联合作战指挥员主要运用作战计划的杠杆作用来保证总体意图的实现。这种指挥方式，有利于适应各种错综复杂的客观情况，使主观指导更加符合客观实际。实施委托式指挥，给予下级指挥员决策的自主权，可以有较大的灵活性，有利于充分发挥下级指挥员的主动性、灵活性、创造性和聪明才智，但客观地要求各级指挥员具备较高的指挥素养和指挥技能。

（4）按级指挥与多级同步式指挥。按级指挥是常用的指挥方式，其不足主要是：指挥环节多，层层上情下达，容易影响指挥时效，不利于处置紧急情况；指挥员的主动性和灵活性不易发挥；不利于直接掌握一线部队情况。在信息化条件下联合作战中，由于战场信息高度共享，各级都能利用通用态势图共同感知战场态势，作战集团指挥机构与战区级联指、战术兵团指挥机构与作战集团指挥机构，均可依托指挥与控制系统平台，提出意见建议。在这种情况下，高级指挥员可以率先、全面、准确地获得整个战场情况，并可以直接对位于战斗层面上的作战单元下达指令；而战斗层面上的作战单元，也可以通过网络化指挥与控制系统平台，把战斗情况直接报告给高级指挥员。这种多级同步式的指挥方式，不仅加强了各级应付战场突发情况的应变能力，而且提高了信息传递的时效性，增强了指挥的稳定性，提升了作战指挥的效能。

（5）预先计划式指挥与近实时动态式指挥。针对联合作战的特点，联合作战指挥员和指挥机构应尽可能地制定多种行动预案，对参战的诸军兵种力量实施有准备的预先计划式指挥。在联合作战发起后，应依托指挥与控制系统平台实施动态指挥，根据战场变化及时调整计划，提高联合作战指挥的综合效益。选择未来联合作战的指挥方式，应将计划式指挥与动态式指挥结合起来，二者不可偏废。

1.4.5 联合作战指挥流程

概括起来看，作战活动就是"对方行动—己方决定—做出反应"，而指挥活动就是"掌握情况—做出决策—控制行动"。联合作战指挥过程就是"掌握情况—做出决策—控制行动"这一指挥流程的周而复始。

1. 战场信息流分类

联合作战中的战场信息流如图1-13所示，按其功能可分为作战共享信息流和指挥与控制信息流两大类。作战共享信息流主要指为保障作战指挥和作战行动的共享战场信息流，如敌方、我方、友方、中立方、战场环境情况等，包括情报信息收集链和情报信息分发链；指挥与控制信息流主要指作战指挥活动中用来指挥控制部队行动的信息流，如各种命令、指示、指令及协调信息等，包括指挥与控制信息链和行动协调信息链。

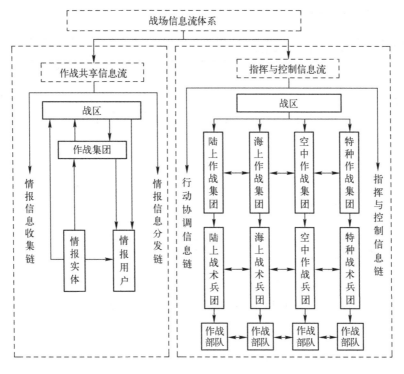

图 1-13 战场信息流体系示意

2. 联合作战指挥阶段与流程

联合作战指挥流程包括联合作战指挥信息的流动、联合作战指挥工作的程序两方面，具有规范联合作战指挥活动、提供联合作战指挥方法、反映联合作战指挥内容、影响联合作战指挥与控制系统建设等作用。联合作战指挥流程可以表述为：联合作战指挥员及其指挥机构，依托网络化作战指挥与控制系统，以信息快速高效地获取、传输、处理、利用和共享为核心，完成一系列联合作战指挥工作的逻辑顺序和基本步骤，可以划分为作战准备和作战实施两个阶段。

1）作战准备阶段的指挥流程

作战准备阶段的指挥流程主要体现为指挥员及其指挥机构对一系列作战问题的决策和筹划。

传统作战中，作战准备阶段的指挥流程是顺序化的工作程序，通常由"受领任务—判断情况—定下决心—修订计划—组织临战准备"等步骤组成，一般采取单一层级封闭性的集中决策，每步之间有严密的内在逻辑关系，通过逐级决策完成整个作战的筹划和准备。

信息化条件下的联合作战，由于信息化手段的运用和战场信息的高度共享，作战准备阶段的指挥流程是异地同步的工作程序，可分为"理解任务—态势判断—定下决心—制定计划—检查准备"五个连续步骤。如图 1-14 所示。上下级指挥机构之间可以展开同一步骤的工作，不同作战集团之间在异地同步协作展开同一指挥工作，同级指挥机构由不同部门完成的工作可以同时展开，具有集散性、群体性和同时性等特点。

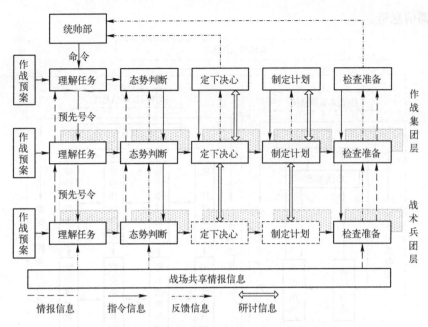

图 1-14 作战准备阶段的指挥流程示意

理解任务是作战准备阶段指挥流程的起点。传统的指挥流程中，上级定下决心后，下级才能受领和理解任务。信息化条件下的联合作战，由于战场态势的高度共享，下级可以在熟悉作战预案的基础上，依据上级的预先号令，同步理解任务。战区级联指在受领统帅部命令后，指挥员和决策筹划中心要依据战场共享信息分析战略形势，领会上级意图，按作战预案形成预先号令，向作战集团概略明确作战任务及总体企图。作战集团和战术兵团指挥员及决策中心人员在理解任务的基础上，也要依据作战预案和对战场态势的理解，下达预先号令。

态势判断在传统指挥流程中，是在理解任务的基础上，情报部门按作战任务的要求组织情报搜集，然后才能进行态势判断。信息化条件下的联合作战，由于网络和情报信息共享，在同一指挥层次，态势判断可以和理解任务同步展开。下级在上级做出部分判断结论的基础上，也可展开本级的态势判断。依据通用态势图提供的动态信息，分类进行相关内容的分析，做出判断结论，逐级向下明确，作为各级定下决心的依据。从而使上下级之间、平行单位之间实现了共享判断结论，进行信息相互咨询。

定下决心是作战准备阶段指挥员的核心工作，在本级理解任务和判断结论的基础上进行。传统指挥流程中，定下决心通常是通过召开一系列的会议逐级展开。信息化条件下的联合作战，战区级联指和作战集团指挥层可采取异地同步作业的方法展开。在战区级联指定下决心的过程中，作战集团指挥层利用"网上联合作战室"，以研讨形式参与战区级联指的决策，同时依据战区级联指决策的相关信息，逐步展开本级定下决心的工作。战术兵团指挥层以研讨形式全程参与作战集团的决策过程。在定下决心过程中，任务相关的平行单位之间也可利用"网上联合作战室"就有关内容进行研讨。战区级联指定下决心后，作战集团指挥层也要及时定下本级决心，并报上级审批。

制定计划是对本级作战决心的进一步细化，核心是对作战任务的规划。定下决心后，战区级联指和作战集团指挥层同步展开联合作战计划的拟制工作。拟制计划的方法与定下决心相同，上下级、任务相关的平行单位之间要进行交互作业。联合作战计划拟制完毕后，应适时拟制和下达任务简令，以便所属作战部队及时展开相关工作。

检查准备工作的主要内容包括集结作战力量和检查作战部队完成临战准备情况。通常情况下，本级定下决心后，在拟制作战计划的同时，组织作战力量向集结待机地域机动。各级指挥员和指挥机构应及时检查所属部队完成作战准备情况，并逐级上报。

2）作战实施阶段的指挥流程

通常，作战实施阶段的指挥流程围绕着发起作战，推动作战发展，进行作战转换，暂停、结束作战等行动进程展开。指挥的核心功能是对行动的决策和对作战过程的控制与协调，对各种情况构成的战场态势进行实时判断是行动决策和控制协调的基础，对行动结果的实时评估又是对下一轮作战行动进行态势判断和行动决策的前提。

作战实施阶段的各行动进程均通过指挥员对参战力量一系列相互独立、前后相继的指挥步骤来完成，基本指挥流程可概括为由四个环节组成的循环往复的过程，即"态势判断—行动决策—控制协调—作战评估"，如图1-15所示。其中，作战评估既是上一次作战实施指挥流程的终点，也是下一次作战实施指挥流程的起点。这一指挥流程是现代联合作战实施阶段指挥活动的基本工作程序，具有一定普遍性。信息化条件下的现代联合作战，由于各军、兵种作战力量的高度融合，战略、战役、战术各层次的指挥相互交融，联系紧密，从而使各级指挥机构在指挥流程中各环节工作的方式方法均会发生重大变化。

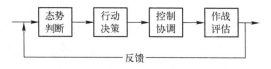

图1-15 作战实施阶段的指挥流程示意

态势判断过程中，上级下级指挥机构之间、横向的作战集团指挥机构之间，甚至各战术兵团指挥机构之间，可以利用战场共享信息，同时进行情况判断，并交互态势判断的信息，以使本级的判断结论更为准确、可靠。

行动决策可采取分布式联合决策的方式。决策过程中，战区级联指、各作战集团及战术兵团指挥机构通过对态势的判断，同步进行行动决策。同时，依托指挥与控制系统实时交互有关决策信息，形成最终行动决策方案。

控制协调依据指挥关系进行，是将决策变为行动的关键。在决策信息的交互过程中，战区级联指向作战集团指挥机构、作战集团指挥机构向战术兵团指挥机构交互的是控制协调的指令信息，这些控制协调的指令又成为下一指挥层次决策和控制协调的依据。对战区级联指和作战集团指挥层来说，实际上就已经完成了自身控制协调的职能。

作战评估在传统作战中是逐级进行、层层上报。信息化条件下的联合作战中，由于各种情报信息力量组网后覆盖了整个战场空间，战区级联指、各级军兵种指挥机构，甚至作战部队对战场空间的共同感知和信息的高度共享，使得作战效果的反馈信息在下级上报之前或同时，上级指挥机构已经获取了相关信息，并依据战场态势异地同步地判断和预测进行新的决策。这种新的指挥与控制模式用连续的指挥过程取代循环往复的指挥过程，极大地提高了作战指挥的速度，适应了现代联合作战的"快"节奏要求。

1.5 美军联合作战理论

联合作战理论体系主要由联合作战基础理论和应用理论等构成。联合作战基础理论反映联合作战行动的基本规律，影响和决定应用理论，联合作战应用理论反映各类联合作战形式、样式的特殊规律。联合作战思想、联合作战指导思想和联合作战原则是联合作战理论体系的核心。联合作战的理论和实践是发展的，其理论体系也是不断完善的。随着作战形态由单一军种作战向多军种联合作战演变，联合作战思想逐步成为基本作战思想，并在不同时期呈现出鲜明的时代特征。

美军联合作战理论是为指导联合作战的计划和实施而建立的理论，主要体现和反映在美军参联会制定的一系列联合作战条令中，这些条令是联合作战必须遵循的理论依据。

1.5.1 联合作战思想

1. 联合作战思想的阶段发展

联合作战思想是随着国家战略方针转变、战争实践需要和武器装备发展逐步确立起来的。联合作战思想从萌芽、产生到发展再到较为成熟，大体经历了四个阶段：

（1）"海权论"理论和"制空权"理论催生了联合作战思想的萌芽。19世纪末，美国海军军事学院教官马汉将《海权对历史的影响》讲稿整理成书，简称《海权论》。其主要观点有：海上力量是海上国家形成的基础；控制海洋和海上交通线是国家海洋政策和海军战略的核心；控制海上交通线必须拥有发达的基地网和强大的海军舰队；与敌海军舰队决战是夺取制海权的主要方法；确保制海权必须采取有效的海军战略。从历史角度看，这一理论对于现代作战向多军种联合作战方向发展起到了不可忽视的促进与预见作用。

1909年，意大利军事理论家杜黑提出了"制空权"的概念，1921年正式出版了《制空权》著作。其主要观点有：空中战场是未来战争的决定性战场；获得制空权就意味着胜利；空中作战的主要目的是夺取制空权；空中力量夺取制空权以后，应将其进攻指向地面目标，以粉碎敌人物质上和精神上的抵抗；空中作战不允许采取守势，只能采取攻势；等等。这一理论在呼吁空军力量大发展的同时，并未抹杀陆军、海军的作用，而是强调三军"平起平坐"、"协同作战"，甚至从目的、力量和行动等要素上，对联合作战做出了朴素的解释。

（2）"闪击战"和"大纵深战役"理论标志着联合作战思想的产生。"闪击战"和"大纵深战役"理论是总结大规模作战实践的产物，并在第一次世界大战和第二次世界大战中得到实战检验。这两种理论都强调在扩大了的战场内密切陆空协同，可以看成是联合作战思想产生的标志。

20世纪初，德军总参谋长施利芬元帅最早提出了"闪击战"理论，德国军事理论家、《总体战》作者鲁登道夫提出以坦克装甲车部队在空军协同下远程奔袭、实施高速进攻的新式作战理念,从而发展了"闪击战"思想。该思想认为,联合作战要"在空军突击行动的密切协同下,实施以装甲部队为先导的快速突进,并伴之以空降作战;另外,还包括空军早期实施的反敌航空兵作战和在以后的地面进攻中提供直接支援"。"闪击战"理论的突出特点是突然性、速决性、进攻性、不对称性和冒险性等。"闪击战"理论虽然没有直接强调多种力量联合,而是追求快速进攻,但必须通过空中力量和地面快速突击力量相配合才能实现,实际上它的基本观点就是联合作战。

20世纪20年代末,图哈切夫斯基等苏军将领提出了"大纵深战役"理论,并在苏联卫国战争期间得到全面检验,被认为是军事学术史上一次质的飞跃。它规定大纵深战役必须包括三个阶段,即突破战术防御阶段、将战术胜利发展为战役胜利阶段和发展战役胜利阶段。"大纵深战役"理论在力量运用和战役行动上具有鲜明的联合作战特点。在力量运用上,大纵深战役不仅可以由一个方面军,而且可以由几个相互协同的方面军级军团,在大量空军兵力参加下实施,在濒海方向上还可以在海军兵力参加下联合实施;在战役行动上,其基本作战思想是合围和歼灭敌重兵集团,通过消灭敌有生力量来占领大纵深地域。

(3)"空地一体战"理论标志着联合作战思想的发展。与之前的联合作战理论相比,"空地一体战"理论的技术含量和联合程度明显提高,可以看成是联合作战思想发展的标志。"空地一体战"理论是在冷战时期美军针对苏军提出来的,不是真正意义上的联合作战理论,但它却包含了很多联合作战的要素,为海湾战争之后美军正式提出联合作战概念奠定了基础。

1982年,美国陆军在颁发的《作战纲要》中第一次正式提出"空地一体战"理论,称为"陆军的基本作战思想"。《作战纲要》指出,"空地一体战"理论概述了一种旨在充分发挥美军潜力的基本作战方法。该理论认为,未来作战中,敌我之间无明显战线,前线和后方的区别将变得模糊不清,战场范围将明显扩大;强调用火力和机动打击敌人的全纵深,所有可以动用的军事力量必须协调一致地行动,以求达到统一的目标。空中和地面机动部队,常规、核和化学武器火力,非正规战,积极的侦察、监视和目标搜索活动以及电子战,均将用于作战双方的前方和后方地区。谁能保持主动权,并以纵深攻击和决定性的机动破坏对方的作战能力,谁就能左右作战的进程。简言之,"空地一体战"就是指合成军队指挥员在扩大的战场上,利用各种观察与侦察器材观察敌人全纵深,并利用空军和地面部队的各种作战手段,综合运用各种作战方法,在全纵深内打击敌军。1986年版《作战纲要》进一步强调了"空地一体战"的重要性,指出"空地一体战"理论"是向陆军各级指挥员提供在更广阔的军事战略范畴内指挥战局和大规模战役,以及遂行交战和小规模战斗的理论指南"。《作战纲要》认为:"一切大于最小的战斗的地面作战行动,均将受到交战一方或双方支援性空中作战行动的强烈影响"。

"空地一体战"理论的联合作战的因素主要表现在:作战力量的联合,主要是陆军和空军的联合,空军既可能为陆军的地面作战行动提供侦察、监视等保障和空中火力支援,也可能在地面行动的配合下直接达成作战目的;作战空间的联合,认为空中战场和地面战场同样重要;作战行动的联合,要求以防御挫败敌之进攻,为己方转入进攻创造机会,以进攻夺取主动,打败敌军,取得决定性胜利,但它同样重视攻防行动的转化,将是否即将达到作战顶点视为这种转化的关键。

（4）"快速决定性作战"理论提升与完善了联合作战思想。"千年挑战2002"实战演习和伊拉克战争等实践证明，"快速决定性作战"理论的问世，将联合作战思想提升到了一个较为完善的新阶段，在美军联合作战理论体系中占有重要地位。

2001年，美军在《快速决定性作战构想（白皮书2.0版最终草案）》中指出："快速决定性作战"是一个应用于未来作战的联合作战概念。为取得预期的政治、军事效果，快速决定性作战将整合知识、指挥控制和基于效果的作战，配合并利用其他国家力量手段，认清和削弱敌人的重要能力和内融性，从敌人无法反击的方向和维度上发动不对称攻击，以决定作战的形式和节奏，迫使敌人失去内融性，无法达成目标，从而停止危害美国的利益，或者被消灭。可以看出，美军提出"速决定性作战"理论的初衷之一，就是"开发新的联合作战构想和能力"。

可以认为"快速决定性作战"理论的实质是：以信息优势为前提，以全面网络化为支撑，以知识为中心，以"天生"的联合部队与能力为依托，以效果为指向，以打击敌抵抗意志和能力为着力点，以平行计划为保障，是一种新型的联合作战思想。从联合作战的角度看，"快速决定性作战"理论的实践应用，实现了作战手段和指挥权限从战略级向战役级的过渡。一方面，把以往在战略级才能运用的国家能力和手段扩展到战役级，实现机构间在战役层次上更密切的协调与合作；另一方面，把战区级实现的联合向下扩展到联合特遣部队，从而实现了两种联合。这种转变，为快速决定性作战的可行性创造了基本条件。

（5）"空海一体战"是美军新的联合作战思想。"空海一体战"理论无论是联合的广度还是深度，都具有较强的超前性。它不仅强调空军与海军的联合作战、两大军种与侦察、预警、太空、电磁、网络等其他作战力量的联合，同时也包括与日本、韩国、澳大利亚等盟国军队之间的联军作战。该理论集中反映了美军联合作战的新思想，可以看成是美军联合作战思想发展的新阶段。

2010年，美国智库"战略与预算评估中心"发表了《空海一体战——战役构想的起点》研究报告，为巩固其在西太平洋地区的霸权出谋划策。随后，美国空军、海军签署机密备忘录，共同开发"空海一体战"新的作战概念。这一理论构想出台的真正目的是整合美国海空军军力，联合亚太地区盟友，直接针对"潜在的区域性对手"在西太平洋地区日益增强的"反介入/区域拒止能力""对美国构成的'无端挑战'"。这一理论就像20世纪80年代所提出的"空地一体战"理论那样，具有很强的针对性和指向性。

"空海一体战"理论设想将联合作战分成两个阶段：第一阶段，从爆发实际的敌对行动开始，由四部分行动组成：顶住敌方的初期攻击，疏散并转移驻日本冲绳县嘉手纳等地美军部队和航母，有效降低敌方首轮打击的毁伤效果；对敌方侦察预警网络实施"致盲"攻击，使其丧失态势感知和精确制导能力；使用隐形打击力量对敌方陆基导弹发射装置发起压制性进攻；夺取空中、海上、太空和网络空间的主动权。这些行动将按计划同时或先后展开，有些行动则依据战役中其他行动的进展情况而适时发起。第二阶段，由一系列行动和措施组成，将从战略层面使持久的常规战向有利于美国的方向发展，主要包括：实施持久作战，维持和拓展在各领域的主动权；实施"远程封锁"作战，封锁敌方海上交通线；保持作战后勤能力；扩大精确制导武器的工业生产和装备规模。

2. 美军联合作战思想

美军联合作战思想主要体现在 0－6 系列联合出版物中，阐述了《2020 联合构想》所提出的信息优势、制敌机动、精确打击、全维防护、聚焦后勤、全谱优势等六大思想。

信息优势指以无线通信技术、数据压缩技术、先进网络技术、机动式小型卫星收发讯机、多级保密装置等技术为基础，以全球指挥与控制系统、互通的战略战役与战术传感器及 C^4I 系统、传感器与武器的连接、信息作战空间的连接与管理等为手段，进行不间断的实时战场情报准备，破坏敌方的信息活动，保护和隐蔽己方的 C^4I 系统等基础设施和信息活动，实现无间隙的保密动态通信，确保指挥员对战场态势的掌握。信息优势通过进攻信息战和防御信息战来取得。进攻信息战旨在削弱和破坏敌人对信息的搜集和利用能力，既包括传统的硬摧毁手段，如对敌指挥与控制系统实施精确打击，也包括非传统的软杀伤手段，如对敌信息和控制网络实施电子干扰和网络攻击，以达到误导、迷惑和欺骗敌人之目的。防御信息战旨在保护友方作战意图和信息系统的安全，通过综合运用心理战、伪装防护、欺骗行动在内的各种手段，确保各级信息系统的安全以及战役、战术行动的顺利实施。

制敌机动指联合部队在完成所受领的军事任务过程中，以决定性的速度和压倒性的行动节奏夺取位置优势的能力。在广阔空间展开的联合空中、陆上、海上、两栖、特种太空作战部队，能够调整和集结战争行动与非战争行动所需的一支或多支部队的兵力和火力效果，通过运用信息、欺骗、战斗、机动以及反机动能力掌握各种军事行动的优势。获取信息优势是保障实施制敌机动的必要条件。拥有制信息权可保障及时制定计划或随时调整计划，协调分散配置的部队的行动，及时获取下属的态势和行动信息，预见相关事件的发展趋势。美军认为，拥有制敌机动能力的联合部队，将以无与伦比的速度和灵活性来部署或重新部署其规模适当和疏散配置的部队，以便迅速并决定性地达成作战目的。制敌机动还可用于对作战对手施加精神影响。在冲突中，决定性力量的出现可导致敌人在略作抵抗后投降；在维和行动中，机动力量的存在可保障谈判的顺利进行或慑止民间骚乱。

精确打击指联合部队在所有军事行动中发现、监视、识别并跟踪目标，选择、组织并运用适当的系统，产生预想的打击效果，评估效果，并在必要时以决定性的速度和作战节奏再次实施打击的能力。其概念不仅仅限于以爆炸性弹药准确打击目标，而且为确保打击取得理想效果，必须具备快速评估打击效果并根据需要实施再次打击的能力，从而塑造有利于己的作战空间。精确打击主要依靠美军当前在投射精度和隐身技术方面所具有的优势。精确打击运用的手段包括精确空中投射、高分辨率武器打击以及远程全天候精确打击。加强联合行动，将保证各军种的精确打击能力具有更多的通用性，使未来的联合部队指挥员拥有范围更广和更灵活的选择余地。

聚焦后勤指在所有军事行动中，在恰当的地点和恰当的时间向联合部队指挥员提供恰当数量的恰当人员、装备和补给的能力。为实现这一能力，必须建立实时的网络化信息系统。该系统把资源可视化作为通用的相关作战形势图的一部分，并将作战人员与各军种及各支援机构的后勤人员有效地联在一起。通过对组织体制和运转程序的改革，聚焦后勤将向部队作战人员提供全面的保障。聚焦后勤通过综合运用信息、后勤和运输手段，能够迅速对各种情况做出反应，跟踪和转移人员与物资，并在战略、战役和战术级军事行动中提供特编的后勤部队和不间断的直接保障。聚焦后勤将减小后勤支援的总体规模，同时有利于为灵活而精干的战斗部队提供补给，使其能在全球范围快速部署和持久行动。

全维防护指联合部队保护其坚决完成受领任务的人员和其他资产的能力。实现全维防护的途径是：以可接受的风险在所有军事行动的陆、海、空、天和信息等领域，恰当地选择与运用多层次的主动与被动防护手段。全维防护能力以信息优势为前提，涵盖进攻与防御行动中所有的战斗行动与非战斗行动。联合部队指挥员应拥有协调统一的保护体制，可有效地控制联合部队和其他资产所遭受的风险，均衡发挥己方各级部队和多国与跨部门伙伴的作用。其结果将提高己方部队的行动自由和为各级部队提供更好的保护。

全谱优势指在所有军事行动中美军都能单独地或者与多国及跨机构一起，协同击败任何对手，并控制局势。所有军事行动包括：保持战略威慑态势；战区内的军事参与和军事存在活动；使用战略部队和大规模毁伤性武器的冲突、大规模战区战争、地区冲突和小规模突发事件；介于和平与战争之间的模糊情况，如维持和平与强制和平行动，以及非战斗性人道主义援助行动和对国家当局的支援行动。要达成全谱优势，联合部队必须实现其主要目的，即成功遂行所有行动并夺取战争的胜利，但这并不意味着取得胜利不用付出代价，也不用克服困难。遂行全球作战，需要能够对付拥有大规模毁伤性武器的对手，以及能够改变冲突谱中各种低强度冲突的不确定状态，这些将是在获得全谱优势过程中必须面对的特殊挑战。

美军认为，综合运用信息优势、制敌机动、精确作战、全维防护和聚焦后勤等，不仅能提高分散部署的联合部队遂行高强度常规军事行动的整体作战能力，而且能使其出色地实施人道主义援助与维和行动等非战争军事行动。

1.5.2　联合作战原则

1991年，美军参联会颁发的第1号联合出版物《美国武装部队的联合作战》，是对美国武装部队的联合行动的指南，提出了将武装部队塑造成最有效作战力量的原则性理念。

1. 基本军事原则

美军认为，军事原则指导战略、战役和战术级作战行动，是美国军事条令的不朽基础。1921年，美军就在训练条令中提出九大军事原则，它适用于包括联合作战在内的所有军事行动，经修改后被确定为美国的基本军事原则。

（1）目标。其目的是为每次军事行动指明一个明确、决定性和可实现的目标。军事行动的目标是达成为实现冲突的全面政治目标提供支持的军事目标。这通常涉及对敌军部队战斗能力和意志的摧毁。非战争军事行动的目标可能更难确定，即便如此，其目标也必须从一开始就是明确的。目标必须直接、快速和经济地促成作战意图。每次行动必须有助于战略目标的实现。联合部队指挥员应该避免那些无助于直接实现目标的行动。

（2）进攻。其目的是夺取、保持和利用主动权。进攻是达成明确规定的目标的最有效和决定性途径。进攻行动是军队为保持行动自由和取得决定性战果而夺取并掌握主动权的手段。进攻行动的重要性对于战争的各级都是毋庸置疑的。指挥员实施防御只是一种临时的权宜之计，必须寻找每个机会以夺取或再夺取主动权。进攻精神必须根植于所有的防御行动之中。

（3）集中。其目的是在最有利的地点和时间集中战斗力效果，以取得决定性战果。实现集中，就是短时间内将联合部队的各种能力协调、综合运用于它们将产生决定性效果的地方。通常情况下，必须保持集中以达成预期效果。集中效果而不是部队，甚至能够在数量上处于劣势的情况下取得决定性战果，并最大限度地减少人员损失和资源浪费。

（4）节约兵力。其目的是向次要行动分配最少的必要战斗力。节约兵力是明确地运用和分配部队。为了在决定性的地点和时间集中战斗力，要慎重地向有限攻击、防御、迟滞、欺骗甚至撤退这类任务分配可用战斗力。

（5）机动。其目的是通过对战斗力的灵活运用，置敌人于不利的位置。机动通常是为了保护或夺取位置优势而进行的相对于敌人的部队运动，其结果使部队能够充分发挥直瞄和间瞄火力的威力或威慑作用。有效的机动能够使敌人失去平衡，因此也保护了己方部队。通过不断给敌人制造新麻烦，它极大地有助于扩张战果、保持行动自由和减少己方的薄弱点。

（6）统一指挥。其目的是确保为实现每个目标的统一行动都置于负责指挥员的指挥之下。统一指挥意味着所有部队都在一个指挥员的指挥下行动，这位指挥员应该拥有指挥所有参战部队实现共同目的的必要权力。然而，统一行动要求所有部队为了共同的目标而相互协调和合作，尽管他们未必属于同一个指挥系统。在多国和跨机构行动中，统一指挥也许不可能，但对统一行动的要求极为重要。统一行动，即由合作和共同利益产生的协调，是对统一指挥的必要补充。

（7）安全。其目的是决不允许敌人获得意外的好处。通过减少敌方利用己方薄弱点采取行动、施加影响或达成突然性的可能性，安全可增强行动自由。安全来自于指挥员为保护部队所采取的措施。参谋计划以及对敌人战略、战术和作战原则的理解能够加强安全。冒险是军事行动的固有特性。应用该原则包括谨慎地进行风险管理，但并非不恰当地谨小慎微。保护己方部队能够增强战斗力，并保持行动自由。

（8）突然性。其目的是在出其不意的时间、地点，或以出其不意的方式打击敌人。突然性能够帮助指挥员改变战斗力对比，取得事半功倍的胜利。有助于达成突然性的因素包括：定下决心、共享信息和快速调动部队，有效的情报、欺骗，运用敌人意想不到的战斗力，行动保密以及战术和作战方法的变换等。

（9）简明。其目的是制定明确而简单的计划和简练的命令，以确保透彻理解。简单的计划和明确简练的命令能够最大限度减少误解和混乱。在其他因素相同的情况下，应选取最简单的计划。计划的简明有利于各级部队更好地理解和执行计划。简单清楚的表述十分有利于在压力、疲劳和现代战斗的其他复杂条件下执行任务，对于多国行动的成功更是至关重要。

2. 联合作战基本原则

联合作战基本原则是在遵循"九大军事原则"基础上，根据联合作战的特点提出来的。该原则不能取代军事原则；相反，在实施联合作战时应该二者兼顾。

1）统一行动原则

统一行动要求将所有行动集中于实现共同目标，应贯彻于军事行动的战略、战役和战术各个层次。在战略级制定国家安全战略时，要把国家的武装力量放在整个国家力量（包括政治、经济和外交等）的大背景中进行权衡运用。制定军事战略时，军事力量的建设、发展与运用要符合整个国家的利益，并且要服从于国家安全战略的需要。在战役级进行战役筹划时，要充分考虑到各参战力量的特殊性，充分发挥各军种部队的优势，合理使用各种力量，统一安排作战行动。同时，各军种或职能部队必须以整个战役或战役性作战的大局为重，为共同的战役目标而努力。

2）集中原则

军事力量的集中是最基本的考虑，基本目的是力求以压倒优势的力量与敌人作战。美军的集中使用军事力量，既包括兵力和资源的数量优势，也包括高质量的作战计划和合理运用兵力的技能优势。正确选择战略和战役作战的重点是集中使用军事力量的前提，制定科学的作战计划是集中使用兵力的基本保证，在作战中对敌人施加合理的影响可以为己方集中使用兵力创造条件。

3）主动原则

夺取和保持主动是美国的军事传统，它有赖于军人的独立思考和明智地执行命令的能力。作战行动的实质是进攻，强调在联合作战中运用各军种部队的多种作战能力，主动对敌采取行动，削弱敌方的作战意志和士气，同时要大胆进攻，并在必要时冒一定的风险。

4）灵敏原则

快速和便于运动的能力，应该是美国的军事特点。灵活是相对的，目的是比敌人更加灵敏。美军的灵敏既包括行动速度迅速，也包括行动及时，情况判断、定下决心、制定作战计划、传递各种信息、部队运动和作战都要快于对方。以比敌人更快的节奏作战，能够扩大己方的行动自由并可在更大程度上剥夺敌人的选择自由。另外，空军、陆军和海军的相互配合有助于战役灵敏。

5）全纵深作战原则

在条件允许时，应尽可能把作战行动扩展至整个战场的全纵深作战。在联合作战中，美军的空中、地面、海上、特种作战和航天部队使联合部队具备了把作战行动扩展到整个作战地区的能力，各军种部队或职能部队间的优势和劣势得到相互弥补。

6）保持行动自由原则

保持行动自由极其重要。获取行动自由有许多手段。在国家一级，要有效地使用外交、经济、军事和情报手段来提供行动自由。充足的后勤支援是必要的，严格保密作战计划和尽可能达成最大突然性也是必要的，拥有能够保证应付意外情况或对付被低估了的敌人兵力结构同样重要。虽然现代信息技术和新闻报道使得确保作战保密和突然性的任务变得更为困难，往往影响行动自由，但"正义事业"、"沙漠盾牌"和"沙漠风暴"行动表明，严密的作战和信息保密能够达成有效的突然性。同时强调，不要低估欺骗在确保行动自由中的作用，欺骗能够提供强有力的手段迷惑敌人，使敌人误解己方的意图，这有助于保持行动自由。

7）持续原则

强调保持战略和战役作战的不间断性，以确保作战行动的灵敏、全纵深作战和行动自由。用美国海军少将亨利·埃克尔斯的话说，灵活的精髓存在于指挥员的心，灵活的实质则在于后勤保障。战略和战区后勤保障与部署方案是作战胜利的重要组成部分，后勤保障标准化将增强联合部队作战的持久。

8）简明原则

现代战争本身极其复杂，作战计划与作战行动应该尽可能简明。在联合作战中，因为多个具有不同背景的军种一同作战，使用共同的术语、程序和简洁明了的语言等显得非常重要。

9）知己知彼原则

有效地实施联合作战就必须知己知彼。知己首要的是对所有己方部队的作战能力和局限性做出充分而坦率的评价。其次，了解敌人是一项十分重要但又十分困难的任务。美军强调，以往总是注重了解敌人的作战能力，但搞清敌人意图同样重要，甚至更为重要，尤其要了解敌人重要的薄弱环节、能力、局限性、重心和重要的作战方案。

10）以强击弱原则

知己知彼就能以己之强击敌之弱，并避免暴露自己的弱点。这就意味着实行一种间接战略，如实施包围机动时避免进行正面攻击，就能更好地利用己方强点和敌方弱点。联合部队的多种作战能力和灵活性，能为指挥员提供更大的战役或战术选择范围。

1.5.3 联合作战条令

联合作战条令是美军联合作战的纲领性文件，由联合出版物 1《美国武装部队联合作战》和联合出版物 2《统一行动的武装部队》组成，以加强美军战斗效能为目的，对所有军事行动具有指导作用。

联合作战条令层次划分结构如图 1-16 所示。从职能上，美军联合作战条令分为：JP"拱顶石"（Capstone）系列、JP1 系列（人事）、JP2 系列（情报）、JP3 系列（作战）、JP4 系列（后勤）、JP5 系列（计划）和 JP6 系列（C^4 系统）。这种组织结构总体上是遵循了传统的联合参谋职责序列。除了 0 系列与 1 系列外，每个系列都以一个主旨手册作为该系列的第一号出版物，每个主旨出版物都是该系列的原则基础。

联合出版物由联合参谋部各处审定，适用于各军事部门、作战司令部和其他授权机构的以联合作战为目的出版物。它们由参联会主席会商参联会其他成员批准，经联合参谋部主任认证后，通过各军种渠道分发。只有经参联会主席批准的出版物方可称为"联合出版物"。涉及两个或两个以上军种，但未经参联会主席审阅批准的出版物称为"多军种出版物"，而且要注明参加的军种。联合参谋部主任（J-7）指定出版编号，编号由 3 个数字组组成：第一组标示所述功能范围的数字系列编号；第二组号码之前有一连字符，规定了该出版物在该功能系列内的位置，数字 0 表示该出版物为该功能系列的主旨手册，如联合出版物 6-0 的编号是指 C^4 系统系列出版物的主旨手册；第三组号码之前有一点号，表示该出版物为该功能系列的编号手册，提供支持或扩展条令以及联

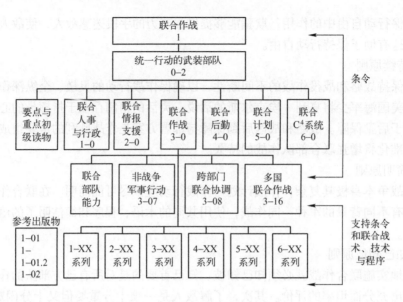

图 1-16 联合作战条令层次划分

合战术、技术与程序,如编号为 3-09.1 的联合出版物是联合激光指示目标程序,它是联合出版物 3-0 系列联合出版物 3-09,即《联合火力支援条令》的辅助出版物。

(1) 联合出版物 0 系列——顶层联合作战条令,把联合条令与国家战略和政府其他机构以及盟国的作用联系起来。

(2) 联合出版物 0-2——《统一行动的武装部队》,提供有效实施联合作战所需的基本组织和指挥与控制关系,阐述了美国武装力量在两个或两个以上军事部门的军种共同作战时,应遵循的行动原则和学说。它包括对战斗司令官和联合部队司令官实施指挥的指导,阐述了参联会主席和各军事部门在支援联合作战中的功能,为军事部门及其所属司令官制定各自的详细计划提供指导,并阐述了联合司令官的指挥功能。

(3) 联合出版物 1 系列——联合参考出版物,包括联合出版指南和索引以及一般参考出版物。其中:

联合出版物 1,《美国武装部队联合作战》是美国武装部队的联合行动的指南,提出了将这些武装部队塑造成最有效作战力量的原则性理念,需要领导者在运用时做出判断。该出版物也是美国实施多国联合作战时的指南。

联合出版物 1-01,《联合出版系统(联合条令和联合战术、技术、与程序研究规划)》是关于联合条令和联合战术、技术与程序出版物立项、编写、协调和批准的指南与程序。它包括一份现有和计划出版的所有出版物的索引,并指明每一出版物的牵头单位。

联合出版物 1-01.1,《联合出版物概览》列出了所有联合出版物及其概要,可供联合部队司令官及其参谋员和所属部队使用。它特别综述了联合条令的编写、已出版和正在编写的所有联合出版物,以及所有已经立项的联合条令规划。

联合出版物 1-01.2,《联合电子图书馆用户指南》是使用联合电子图书馆的实用指南。联合电子图书馆可供台式计算机通过调制解调器进行高速全文查询和检索。

联合出版物 1-02,《国防部军事及相关术语辞典》给出了常用的军事术语的定义。

军事术语的标准化使国防部内部、美国与盟国以及军民之间进行有效交流、获得共识。

联合出版物1-03,《联合报告结构概论》概述了联合报告结构,规定在全军使用。包括众多出版物,每一种论述一个具体的功能领域。

(4)联合出版物2系列——联合作战情报支援条令,涵盖了有关联合作战情报支援的联合条令以及战术、技术和程序,包括情报工作的指导、计划、收集、处理、成果与分发。联合出版物2-0,《联合作战情报支援条令》规定了联合或多国作战的情报支援原则。

(5)联合出版物3系列——统一和联合作战条令,涵盖了有关联合军事行动指导、计划与实施的联合条令和战术、技术与程序。其中:

联合出版物3-0,《联合作战条令》概述了如何将国家战略转化为任务区分、军事目标、军事能力以及联合作战中各军种部队使用原则和联合部队作战各方面指挥机构应遵循的原则。它包括指挥员判断、作战职责履行以及战役中联合部队使用的计划与实施等。

联合出版物3-33,《联合部队能力》作为一个顶层出版物,它将描述向联合部队司令官提供的各军种部队的能力,还将概述军种部队在支援联合部队司令官指挥的作战或战役中的主要职责。

联合出版物3-01.2,《战区防空作战》提供了防空作战各方面的基本原则和指导,包括诸军种进攻性、防御性防空作战和压制敌防空作战的指挥控制。

联合出版物3-02,《两栖作战联合条令》规定了两栖作战中联合部队计划与使用的原则。

联合出版物3-05,《联合特种作战条令》规定了特种作战部队联合使用的基本原则。它对特种作战作了定义,并叙述了特种作战部队的编制、任务、能力和局限性;联合特种作战部队的组织与学说;在各级别战争中,特种作战部队与常规部队的功能互补关系。

联合出版物3-07,《非战争军事行动联合条令》是准备与执行有选择的非战争军事行动的指导。这些有选择的非战争军事行动包括支持叛乱和反叛乱行动、反恐怖、和平行动、救援行动、反毒品行动、非战斗员撤离行动、国外人道主义援助行动、国内支援行动和后勤支援行动等。

联合出版物3-08,《联合作战中的部门协调》将阐述政府部门间协调的战略环境,确立联合部队指挥员为完成任务而获得部门之间协同时可以运用的基本原则。

联合出版物3-16,《多国部队作战联合条令》将阐述多国部队计划与作战的指导和原则。这些原则已包含在各种联合条令出版物之中。它将充分汲取近期多国部队作战和演习的经验教训,当然是在条令层次而非战术、技术和程序层次上适用的经验教训。

联合出版物3-52,《作战地域内联合空域控制条令》阐述了联合部队在作战地域内使用空域的指导原则。

联合出版物3-56,《联合作战指挥与控制》阐述了高层指挥与控制的指导原则,描述了典型的联合部队司令部和参谋机构的功能和部门,具体阐述了作战司令部、下级联合司令部、联合特遣队、下级军种部队司令部指挥员和参谋员所应遵循的联合指挥与控制原则。它包括组织、计划、协调和实施联合部队作战与训练时应当遵循的指导原则和程序。

(6) 联合出版物 4 系列——联合作战后勤支援条令，涵盖了有关联合作战后勤支援指导、计划与实施的联合条令和战术、技术与程序。其中：

联合出版物 4-0，《联合作战后勤支援条令》阐述了后勤所有方面的原则，包括联合作战后勤支援体系的框架，联合后勤计划的指导原则，后勤与战斗力之间的关系等。

联合出版物 4-01，《机动系统的政策、程序与考虑因素》阐述了提出通用机动请求的联合运输程序。它汇编了美国政府、国防部和军种各种指令中与机动有关的政策、程序和资料，供制定计划时参考。

联合出版物 4-05，《动员》阐述了动员过程中计划与实施的主要方面，包括一般职责的确定、动员计划协调的准则、除国防部之外各组织的计划责任等，并阐述了动员计划过程中使用的系统与程序。

(7) 联合出版物 5 系列——联合作战计划条令，涵盖了联合军事行动的联合计划过程，如预先计划与危机行动计划。其中：

联合出版物 5-0，《联合作战计划条令》阐述了联合作战计划过程中确定需求、责任和指导方针的主要原则，详细阐述了所有任务领域内计划联合作战的核心指导方针，包括动员、部署、供给、使用和任务分析等。它界定了威胁识别与评估、战略决策、行动发展过程与计划实施之间的相互依赖关系，阐明了人员、情报、后勤、C^3 系统以及其他参谋部门之间的相互关系，以便通过协调的联合计划与实施，最大限度地发挥战斗效能。

联合出版物 5-00.1，《计划联合战役的联合战术、技术和程序》用于指导战区和下级司令部计划与实施联合战役；阐明在战略与战役层次上战区与下级战役计划之间的关系；还将探讨在战区和下级战役计划制定过程中战役计划与联合战役计划和实施系统之间的关系。

联合出版物 5-00.2，《联合特遣队计划指导与程序》提供联合特遣队组建、人员配备和部署的计划指导与程序，包括对联合特遣队目的的总体评述；派遣机构、特遣队司令官以及特遣队各军种部队、支援与被支援部队指挥员的责任与权利；与特遣部队有关的其他指挥与控制因素。它把特遣队行动与危机行动计划的步骤联系在一起。

联合出版物 5-03 系列，《联合作战计划与实施系统》。该系列出版物包括预先计划与危机行动计划程序；完整格式的作战计划、方针格式的作战计划以及原则概要的制定；相关的自动数据处理支援。

(8) 联合出版物 6 系列——联合作战 C^4 系统支援条令，涵盖了 C^4 系统支援联合作战的联合条令和战术、技术与程序。联合出版物 6-0，《联合作战 C^4 系统支援条令》讨论的范围很宽，包括 C^4 系统支援指挥员的所有方面，适用于各级别冲突中的联合作战。

思 考 题

1. 解释联合作战的基本内涵。

2. 简述信息化条件下联合作战的基本特征和基本行动。
3. 信息化条件下如何划分和构建联合作战力量？
4. 分别说明"树状式"层级结构指挥体系与"网络式"扁平结构指挥体系的特点。
5. 联合作战指挥体系的建立分为哪几个步骤？
6. 简述联合作战指挥流程的基本步骤和主要内容。
7. 简述联合作战思想的阶段发展特点。
8. 简述美军联合作战原则的基本内容。

第 2 章　指挥与控制的基本原理及描述模型

指挥与控制理论包括指挥与控制的概念、原理、模型和方法等公共理论和分支理论构成的知识体系，用以描述和解释指挥与控制过程，揭示指挥与控制的性质和规律，服务于指挥与控制系统的研究、规划、工程以及评价等，以达到使兵力系统高效、优化的目标。指挥与控制具有宽广的理论基础，涉及哲学基础、数学基础、"老三论"（SCI 理论）、"新三论"（DSC 理论）、复杂系统理论、自同步理论等，尚未形成完整的理论体系和技术体系。系统科学为指挥与控制理论的研究与应用提供了具体支撑，不断地推动了系统体系结构优化理论、系统集成理论以及目标定位跟踪理论、信息融合理论、目标识别理论、指挥决策理论、系统控制理论、系统通信理论等指挥与控制理论的发展和完善。

本章先介绍指挥与控制的基本概念和理论基础，然后阐述指挥与控制基本原理、指挥与控制描述模型及其特点等基础知识。

2.1　指挥与控制的基本概念

2.1.1　指挥

基于不同的出发点和角度对"指挥"一词的解释各不相同。广义上，指挥是为了达到一定的目的而进行组织、协调人员行动的领导活动。军事行动中的指挥，即是指挥员及其指挥机构对所属部队的作战行动和其他行动的领导活动。指挥的核心是决策与对策，目的在于统一意志和行动，最大限度地发挥部队的战斗力，最有效地歼灭敌人、保存自己，夺取作战的胜利。

美国国防部（DoD）军事辞典中，指挥的定义是：军队中依军阶或指派决定的合法的调动下属的权威，指挥包括为完成分配的使命有效地使用资源、对兵力配置进行组织、协调的权威和职责。该定义指出了指挥的行为主体、行为本身和行为目的。

目的是指挥的动机所在，认知是指挥的基础。指挥的域"产品"如图 2-1 所示，将直接决定、影响或缓和指挥功能，主要包括：目的；任务与责任的分配；对行动的限制；对以上功能的晓知、可能的未来；参与人员之间交互的性质；资源分配，包括信息、人员和装备。

在承担具体任务的时候，演绎的指挥将影响初始条件。例如，这些初始条件包括可用的分配资源以及目前的信任、教育与训练级别。运用指挥的能力（完成与指挥相关的功能）受可用信息质量的影响。指挥随着时间的流逝影响着指挥能力；指挥为正在执行的指挥与控制设定条件。简言之，指挥规定了指挥与控制的过程。因此，指挥承延了一组初始条件，它们是以前的长期指挥决策的结果，并反过来为当前作战设定了初始条件，包括确定条件以及控制规则。

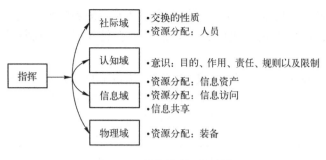

图 2-1 指挥的域"产品"

可见,指挥是依据某种目的,通过对任务、责任和资源(包括人员、装备和信息)的分配,对一定范围内的人和事产生一定的限制。指挥将目的(任务)、责任和资源等有机地结合了起来。在针对某一具体任务进行指挥时,可利用的资源和被指挥对象的能力与素质将对指挥行为产生较大的影响。另外,可用信息的质量也将影响指挥能力的发挥。

指挥既表现了人的主观能动性,又决定着作战行动的后果,因此具有主观性和客观性,同时也体现了它的科学性和艺术性。在作战过程中,指挥员只有做到指挥行为科学合理、指挥艺术高超卓越、指挥手段不断创新,才能有效地使用作战力量、高效利用战场资源、科学协调作战行动、充分发挥己方优势、恰当利用敌方弱点,最终夺取战场主动和赢得战争胜利。

2.1.2 控制

"控制"有许多解释,随着领域的不同而变化。《辞海》对"控制"一词的定义是:掌握住不使其任意活动或超出范围,操纵使其处于自己占有、管理或影响之下。

"控制"普遍地存在于工程系统、社会科学和自然界等领域。在工程系统领域,控制可定义为所使用的算法和反馈,控制功能由具体的物理装置完成,反馈是控制的关键要素。1948年,美籍奥地利数学家 N·维纳创立了"控制论",其研究对象是自动控制系统。自动控制是相对于人工控制而言的,指的是在没有人参与的情况下,利用控制装置或控制系统使被控对象或过程自动地按预定规律运行。

"控制"在作战领域首先用于武器系统的火力控制,如各种类型的火炮、导弹、飞机、舰艇中的火力控制等。控制在作战领域的第二次重大应用是将自动控制技术引入指挥领域。众所周知,"反馈"是控制论的基础和核心。一切有目的的行为控制都需要反馈,只有分类反馈控制才能精确地达到目的,军事指挥行动也不例外。但是,由于技术条件限制,较早的军事指挥活动中反馈的功能是十分有限的。这是因为将帅下达命令后,常常不知道或无法及时知道命令的执行结果,就会对部队行动的后续指挥造成极大的困难,这种指挥相当于一种"开环控制"式指挥。随着自动控制技术在指挥领域的广泛应用,不仅使作战指挥朝着"自动化"的方向发展,而且使建立"闭环控制"式指挥成为可能。

可见,控制是基于一定的目标,通过调整与达成目标有关的行动元素,保证当前和/或计划的行动在设定的范围内进行,且调整是在确立的控制范围内开展。控制的本质是保证某种环境内的具体元素的值在指挥意图所确定的界限范围之内。控制可以是个体或组织的行为，也可以是物化的行为。这一点在维纳的"控制论"中体现得最为明显。

控制可以通过多种方式实施，可能的控制方法包括直接方法、间接方法以及基于不同精度或特征的方法。为了最有效，控制方法需要与指挥方法相一致。控制的输入由指挥确定的初始条件组成，包括采取的方法以及当前作战的目的。控制的输出反映了除目的以外的指挥功能。控制功能用于说明或表达目的，其程度由指挥决定。图 2-2 描述了控制与指挥之间的关系，以及两者如何共同有机地构成指挥与控制，指挥为控制确立指导，并致力于控制。指挥与控制设定并改变着信息共享以及参与人员交互的条件，也就是说指挥与控制将影响各种行为。行为既包括完成指挥与控制相关功能（如确定目的、传达目的）的人与组织之间的行动与交互，也包括与理解或感知态势以及如何做出反应相关的行动与交互，还包括与反应（即产生期望结果，如机动与交战）相关的行动与交互。前两个行为集合构成指挥与控制，第二个行为集合是称为觉知的指挥与控制的子集，第三个行为集合可称为行动或执行。

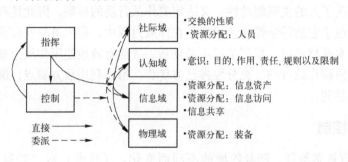

图 2-2 作为域功能的指挥与控制

与指挥概念相比，控制概念的技术性和科学性更加突出，也更具有客观性。因此，作战过程的自动化程度越高，作战反应就更加快速，作战行动就更加高效，作战优势就更加显著。

2.1.3 指挥与控制

"指挥与控制"一词来自于英文 Command and Control，又称为指挥控制。指挥与控制是不可分离的，作为一个整体出现是社会发展和技术进步的产物。从 20 世纪 50 年代开始，计算机逐渐成为功能强大的运算工具之后，西方军队才将计算机及控制技术引入到军事领域，将工程系统领域的控制技术和战争中的指挥艺术相结合，便产生了军事领域的指挥与控制。自美军将自动控制技术引入指挥领域后，创造了"指挥与控制"概念词汇，国内也一直在引用该词汇。

"指挥与控制"是指挥员在完成作战任务过程中，在指挥与控制手段的支持下，对所属的作战人员、武器装备和其他战场资源所实施的计划、组织、协调和控制等一系列活动的统称。可见，指挥与控制的目的是为了完成作战任务，其本身具有很强的目的性，所有的活动都围绕这一主题展开。

美国国防部（DoD）军事辞典中，对指挥与控制的定义是：在完成作战任务过程中，选派的指挥员对所分配和所属作战力量的权利和命令的行使。其功能是指挥员在计划、指导、协调和控制作战力量和作战行动的过程中，通过对所属人员、装备、通信、设施和过程的配置来完成的。

指挥与控制是人类社会的活动，也可以是类人系统的活动，是达成个体或群体共同目标的一种手段。指挥与控制的基本要素主要包括：指挥与控制主体、指挥与控制对象、指挥与控制活动和指挥与控制手段。这四大基本要素存在于作战活动之中，是指挥与控制存在和发挥效能的客观基础。其中：

（1）指挥与控制主体包含各级指挥员及其指挥机构。指挥员可能是高层次的指挥员，也可以是战术或战斗级的指挥员。指挥与控制主体的职能是依据指挥与控制信息，采用适当的指挥与控制系统，通过决策，组织和协调指挥与控制对象完成作战任务。指挥与控制主体经历了从最早的统帅直接指挥，发展到谋士和谋士群体辅助出谋划策，再到司令部时期的专门指挥机构，其机构日益庞大，职能不断增加，地位更加重要。其发展方向是机构联合化、行动协作化、决策实时化、人员更聪慧。

（2）指挥与控制对象是指挥与控制的客体，包括所属的作战人员、武器装备和其他战场资源，具有一定的有限性。显然，指挥与控制对象既包括"人"，又包括"物"。其主要职能是以执行者的身份，按照指挥与控制主体的意图、命令和指示去完成作战任务。武器装备是指挥与控制对象之一，它经历了冷兵器、热兵器、机械化兵器等发展阶段，目前已经发展为信息化兵器。新出现的指挥与控制装备已成为主战装备，作战人员既是上级的指挥与控制对象，又是下级的指挥与控制主体，或武器装备的操作员。指挥与控制对象的发展方向是平台数字化、功能综合化、打击精确化、地域分散化、人员专业化。

（3）指挥与控制活动主要是计划、组织、协调和控制等。这些活动是指挥员工作的主要内容，是基于信息的"智力"活动。指挥与控制信息直接反映指挥与控制所需的各种客观情况及其发展变化，是使指挥与控制主体和指挥与控制对象利用指挥与控制手段进行沟通、交流和联系的"中介"，是进行指挥与控制活动的基本条件和必备要素之一。其发展方向是网络化、复杂化、精确化和强健化。

（4）指挥与控制手段是指完成指挥与控制活动所使用的工具及方法，是联系指挥与控制的主体和对象之间的桥梁和纽带，是贯穿于整个指挥与控制活动中必不可少的物质条件和影响指挥与控制方式的基本因素。指挥与控制手段随科学技术的进步而不断创新和发展，从最早的简单视听信号，发展到指挥文书，有线、无线电通信，一直到现在的自动化指挥与控制系统，其发展方向是自动化、网络化、智能化和可视化。

2.1.4 指挥与控制系统

任何系统的输入、处理和输出，都同时伴随有物质、信息和能量。信息是事物的运动状态和方式，物质和信息是不可分割的。因此，在强调系统的物质构成和特性时，可以认为系统是物质系统；如果要强调系统的信息特性，也可以认为系统是信息系统。然而，随着现代信息技术的产生和发展，把信息的处理能力提高到了空前的水平。这样，在客观系统中就出现了许多以对信息进行收集、整理、转换、存储、传输、加工和利用为主要目的和特征的系统。在这些系统中，虽然伴随着一定的物质活动，但物质活动总是处于从属和条件位置，系统的主体是信息，信息活动则是系统的主要特征。指挥与控制系统就是这样一类对信息进行收集、整理、转换、存储、传输、加工和利用为主要目的和特征的系统，其基本要素包括信息和物质，物质是信息系统中的条件性要素，而信息是功能性要素。

1983 年，美国 MIT 著名控制论专家 M. A Thans 教授从学科观点出发，给出了指挥与控制系统的一组相关定义是：

（1）指挥与控制过程：指挥员对资源和设备进行派遣或配置，以保证完成上级下达的任务的过程。

（2）指挥与控制职权：一个特定指挥员能够指示、下令、部署、移动和控制上级给予他的人员和物质的权利。

（3）指挥与控制责任：完成上级下达给一个特定指挥员的特定任务。

（4）指挥与控制组织：指层次关系和组织规则，指挥员通过它并利用在工作领域、地理区间上的指挥与控制职权和责任把它们自己组织起来。

（5）指挥与控制系统元素：指物理和技术上的硬件与软件，由它们产生、管理、传递和显示信息，如传感器、通信系统、计算机系统、武器系统等。

（6）指挥与控制系统：规定元素间联系的物理系统及其结构，为指挥与控制组织中的多个指挥员提供数据和信息，为指挥员之间协作提供一种手段。

指挥与控制系统作为实施指挥与控制的一类信息系统，是指根据分配的任务，指挥员对所属部队实施作战指挥、控制所必需的设备、软件和人员的总称，简称指控（C^2）系统。它是 C^4ISR 系统的核心组成部分，是实现指挥所各项作战业务和指挥与控制手段自动化的信息系统。

指挥与控制系统是指挥与控制的主要手段，它是以计算机为核心设备，利用通信网络把战场上的各类探测器材、各级指挥机构、各种武器系统、各类作战人员有机地联为一体，实现作战指挥与控制的自动化、实时化和精确化。通常，指挥与控制系统部署在指挥中心或指挥所内，自上而下逐级展开，左右相互贯通，形成一个有机整体。一般军以上指挥机构称为指挥中心，师以下的指挥机构称为指挥所。在很多情况下，指挥与控制系统也常常称为指挥所系统。

20 世纪 60 年代，我军积极吸收国外军事信息系统的建设经验，提出了"指挥自动化系统"的概念，并将其内涵与美军的 C^3I 系统相等同。由于信息技术和信息系统的不断发展，指挥自动化系统的内容不断丰富，又增加了预警探测、情报侦察、导航定位、综合保障等系统。因此，又将指挥自动化系统称为"综合电子信息系统"，而指挥与控制系统则是其核心系统。2003 年之后，"指挥自动化系统"逐步用"指挥信息系统"替换，但其内涵与美军的 C^4ISR 系统相似。根据《军语》2011 版，指挥信息系统是指"以计算机网络为核心，由指挥控制、情报、通信、信息对抗等分系统组成，可对作战信息进行实时的获取、传输、处理，用于保障各级指挥机构对所属部队和武器实施科学高效指挥控制的军事信息系统"，即美国习惯上讲的 C^4ISR 系统。

2.1.5　指挥与控制过程

过程是指有利于目标的一系列行为或作用。指挥与控制过程既是人类形成合力发挥群体效应的过程,也是信息与物质和能量有效结合的过程。基于指挥与控制概念模型的过程如图2-3所示。

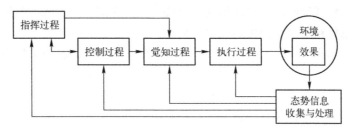

图 2-3 指挥与控制概念模型的过程

1. 传统 C⁴ISR 过程

传统指挥与控制过程是基于观测—定向—决策—行动（OODA）环模型,数十年来该作战思想一直都是开展指挥与控制分析与训练的基本原理,但它过于简化指挥与控制过程,同时又具体化了作战组织。从指挥与控制演变来看,C⁴ISR 系统更为强调通信、计算、情报、监视在指挥与控制过程中的互动和整合,并不断促进了指挥与控制理论和实践的发展。

在信息化条件下,C⁴ISR 系统被视为自适应控制系统,并得到众多信息系统的支持,这个 C⁴ISR 过程由作战环境、战场监视、晓知（认知）、理解、觉知（推断）、指挥意图、战场管理、同步和信息系统等几个部分组成,如图2-4所示。

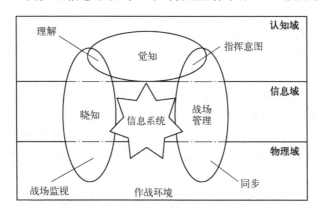

图 2-4 传统 C⁴ISR 过程的信息时代视图

（1）作战环境,指除了 C⁴ISR 过程以及支持 C⁴ISR 过程的系统以外的部分。主要包括物理环境（地域、水文、气象等）、敌方兵力情况、政治和社会与经济等众多因素,中立力量也是潜在的因素。此外,己方兵力不是 C⁴ISR 过程的一部分,也包括于作战环境之中,代表了作战环境中最可控的因素,但受战争迷雾与摩擦的影响,并非完全可控。作战任务与任务约束条件应是作战环境的一部分。任务陈述通常包括任务约束条件,如交战规则或地理限制,虽然指挥员通常会影响任务分配并能够处理任务约束条件,但作战环境是一个指挥员无法拥有最终决定权的领域。

（2）战场监视,作战空间是作战单位完成使命任务的环境,监视是获取作战空间中包括有关作战各方面的信息。这是 C^4ISR 过程的第一步，始于物理域的感知和报告，在信息域内进行存储、识别、恢复、融合、共享和传送，形成新的知识并结合先验知识，整合并显示作战空间的一致性描述和战场态势。作战空间监视质量反映了信息获取能力，可用信息优裕度、信息可达度等来刻画。

（3）晓知（认识），存在于认知域，与处境有关，是以前的知识与当前的现实感受综合作用的结果。它是通过感知、滤波等认知活动得到进入人脑的信息。作战空间晓知不是静态的，而是一个对作战态势及其驱动要素的全面动态理解，个体的教育、训练以及经验背景所获取的知识和系统信任度，将对作战态势晓知产生强烈影响。高质量的态势晓知具有完整性、现时性、正确性以及一致性等特征。良好的作战空间晓知应能预见可能的未来状况并确定不确定性因素，而后者是作战态势的一个关键要素。传统的 C^4ISR 过程包含的具有不同背景、经验、任务以及职责的个体很难获取共享晓知，这始终是指挥与控制的一个主要问题。

（4）理解，存在于认知域，是战场空间晓知的最后一个环节，同时也是觉知（推断）的最初环节。它是对作战态势全面知识的理解，从而预测未来的发展模式。对现实的作战决策制定及演习的经验性研究已经表明，有经验的指挥员常常依据认知直接进行决策。为了直接选择行动方案并开始计划编制，对态势知识高度信任的指挥员可以通过捷径，对来自作战空间监视、晓知以及理解的模式进行匹配，避免正式的决策过程。理解的质量是制定优良决策以及完成作战使命可能性的最佳"预报器"。显而易见，理解存在于认知域，但可通过在信息域以讨论、报告、计划、陈述指挥意图或通过文本的形式进行交互，实现共享理解。

（5）觉知（推断），由认知域以及社际域的一系列行为和过程组成，是实现态势理解的个体与组织所参与的过程。它是在态势理解基础上的深入认知活动，回答态势演化、己方对战场的控制力和所选行动的价值等问题，如图2-5所示。本质上，觉知是一种参谋活动过程，他们把对态势的理解与自身随时间演变的智力模型、控制进展能力以及驱动方案选择的价值联系起来。这些个体与组织需要完成三步相关活动：制定可选择性活动以控制态势；确定对可选择性活动进行比较的准则；对可选择性方案进行评估。由于许多作战问题的不确定性和异常特性，需要创造性思维贯穿于觉知的全过程。

（6）指挥意图，是觉知的最后一个环节，同时也是战场管理的最初环节。它发生在认知域，但通过信息域进行交流。OODA环是一个序列过程，它既没有反映出想象中专家制定决策的方式，也没有反映出协同决策的制定方式，最适用于直接行动。而 C^4ISR 过程可以被理解为产生信息优裕度更高的产品——指挥意图，这种方式描述 C^4ISR 过程有两个重要的指导性含意：一是较之在多个可选方案中择其一，该产品信息优裕度更高。在大多数的指挥中心内，觉知结果是高层的指导，与详细的作战计划有很大差别，而作战计划则细化期望实现的作战目标，涉及主要组织机构、各机构的职责、机动方案之间的联系以及各机构面临的约束条件。当开发与评估行动方案时，这些细节就构成觉知讨论的重点。二是有更多的个体参与形成指挥意图的过程。实际上，现在由多个层级指挥员和关键参谋部之间的对话交流所产生的指挥意图，已经取代传统意义上的指挥员意图。

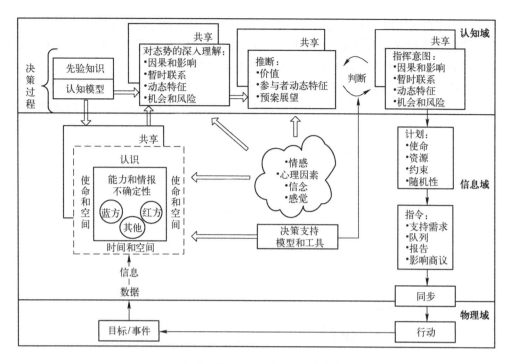

图 2-5 觉知（推断）的概念框架

（7）同步，发生在物理域，是在时间与空间方面对事物所做的有目的的协调，它是指挥与控制的输出特性。确立指挥意图后，开始实现同步的过程，其目标是反映作战计划中的指挥意图，迅速而准确地分发作战计划，同时监视执行情况，并及时识别需求以对计划进行调整和开始新的 C^4ISR 循环过程。作战计划具有口头指示、文本计划等多种形式，其核心内容应包括：要完成的使命或目标；可使用的资源等；时间进度和作战序列；边界（作战地域和功能域）；随机事件的应对。作战计划转换为指示，指示必须明确并及时分发，使下属部队能够制定自身作战计划并组织工作。这些计划通常还包括特定要素，用以确保计划执行时的作战空间晓知，并随着时间变化以及态势发展对计划进行调整。

（8）信息系统，在传统的自适应控制、循环决策周期中，信息系统的作用相对独立和有限，如考虑安全性和有限的处理能力，情报系统和指挥与控制系统相互影响的带宽有限，后勤、人事以及其他作战支援功能由专门系统完成，无法构成一个指挥与控制网络。在图 2-4 中，这些不同的信息系统以不规则的锯齿状图案表示，扩散至作战环境、同步效果、决策制定以及战场空间晓知等功能域内。

2. 现代 C^4ISR 过程

现代 C^4ISR 系统与传统 C^4ISR 系统的最大区别在于信息系统的作用发生了巨大变化，信息系统已深深嵌入到 C^4ISR 过程之中，打破了"烟囱式"通信系统，存储能力、计算能力以及带宽的提高，实现了数据、信息以及图像的极大共享，新的传感器、信息收集平台以及信息融合算法相结合，既提高了战场空间晓知能力，又减少了不确定性。

虽然 C^4ISR 过程发展在很大程度上还受限于过去实践的线性扩展，但它已经开始发生变化。未来的 C^4ISR 过程将跨时间、跨空间、跨功能以及跨建制层级进行更大程度的整合,信息系统将嵌入 C^4ISR 过程之中,这种网络化 C^4ISR 过程不仅在程度上而且在类型上与过去不同,C^4ISR 过程的基本特性将会发生改变。

期望的 C^4ISR 过程的全面集成如图 2-6 所示。随着 C^4ISR 过程变成以网络为中心,C^4ISR 系统在地理空间、时间、功能域以及各级指挥单位之间高度整合,这将使 C^4ISR 系统结构和方法依赖于协同的能力,而且常常依赖于自同步能力。另外,除了开发和集成技术的需求外,必须实现系统要求的信息质量目标和具有充分的信息安全能力。

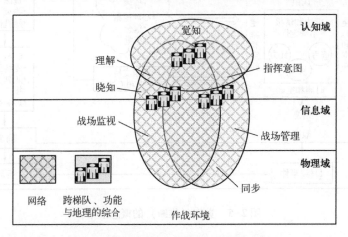

图 2-6 期望的 C^4ISR 过程全面集成视图

技术的潜力还不能保证消除不确定性因素和减少指挥员和参谋的角色,不确定性仍是可预见的未来战场的一部分。更加先进的信息技术和更加集成的指挥与控制过程应达到:减少不确定性;帮助指挥员和关键的参谋部感知并理解残余的不确定性;采取措施克服不确定性影响。相应地,改善 C^4ISR 应使指挥员和重要参谋集中其时间和精力于更复杂的问题,并更有效地使用其经验和判断能力,以提高指挥与控制的效率和效能。

2.2 指挥与控制的理论基础

联合作战的机理是通过各个分布的自治实体在物理域、信息域和认知域的有机协同、相互配合和相参共变产生整体的更高层级的战斗力。从大系统观点看,这个过程是作战体系形成和有效竞争优势组织的过程,也是整个体系适应环境的过程。

传统科学是以"事物"为主题研究特定物质运动形式中的特殊矛盾,而系统科学是以"关系"为主题研究宇宙间一切物质运动形式中的某些共性现象,即研究系统的结构关系。系统科学影响并改变着人类对世界的认识,是指挥与控制学及指挥与控制工程领域中重要的理论基础。我国著名科学家钱学森认为:系统是由相互作用和相互依赖的若干组成部分结合成具有特定功能的有机整体,而且这个有机整体又是它所从属的更大系统的组成部分。系统科学涵盖了系统哲学、系统基础科学、系统方法科学以及系统应用科学等内容。系统哲学创造性地运用哲学提供的世界观、方法论和认识论研究事物之间的普遍联系，揭示系统内部各元素之间、系统各层次之间、系统与环境之间及系统发展过程各阶段之间关系的本质。系统基础科学研究系统的功能、结构、系统与环境的关系，尤其是如何从无序状态形成系统的有序结构，即系统自组织理论等。系统方法科学是以系统科学基本理论为依据，针对各专业系统工程中存在的共性技术问题统一处理而形成的系统方法论，如"老三论"（SCI 理论）——系统论（System）、控制论（Cybernetics）和信息论（Information），以及三门系统理论的分支学科——耗散结构论（Dissipative）、协同论（Synergetic）、突变论（Catastrophe），合称"新三论"（DSC 理论）。系统应用科学是将系统科学的理论和方法应用于人们的实践活动中，也称作系统工程，包括系统分析、系统设计与系统管理，其理论主体由 SCI 理论、DSC 理论、运筹学（Operation Research，OR）、复杂适应系统理论（Complex Adaptive System，CAS）等理论体系构成。

指挥与控制是对控制论的丰富与发展，扩展了控制论的研究范围，它将智能决策指挥与对执行单元的控制作为一个整体来研究。揭示指挥与控制普遍规律的基础理论包括哲学、基础数学、控制论、系统论、信息论、运筹学等。随着现代系统科学的进步，以耗散结构理论、协同学、突变论、复杂性理论和自同步理论为代表的理论，逐渐充实到指挥与控制理论中来，成为现代指挥与控制理论的重要组成部分，使指挥与控制理论得到了长足的发展。

由于指挥与控制（C^2）是现代战争的神经中枢，无论在工业时代还是在信息化时代，都会对战争的进程起着至关重要的核心作用，因此，美军对指挥与控制理论的研究十分重视，不仅在国防部下设专门的研究机构 CCRP（Command and Control Research Program）来研究 C^2 理论，而且还吸引政府机构、学术机构甚至著名企业参与 C^2 理论的研究，有效地支撑和指导了美军联合作战指挥与控制系统的建设与发展。

2.2.1 SCI 理论

1. 系统论

系统的概念是信息系统基础概念之一，也是认识指挥与控制系统的前提。20 世纪 40 年代，美籍奥地利理论生物学家 L. V. 贝塔朗菲（L. Von. Bertalanffy）提出了一般系统论，定义系统是相互联系相互作用的诸元素的综合体。系统功能是系统要达到的目标或要发挥的作用，是系统的基本属性。系统内部相互作用的基本组成部分称为要素，它是完成系统某种功能无须再细分的最小单元，由系统的目的及所应具备的功能确定。系统要素及其要素之间的相互作用和相互依赖关系称为系统结构，它是系统要素在时间与空间上有机联系与相互作用的方式或秩序，是决定系统功能的内因。系统要素间的相互关联、制约和作用，是通过物质、能量和信息形式实现的。具有相同组成部分的系统，由于它们的制约、作用关系不同而可能具有不同的系统功能。与系统及系统要素相关联的其他外部要素的集合称为系统环境，系统与系统环境的分界称为系统边界。无论什么系统，一般都包括三个要素：一是实体，指组成系统的具体对象；二是属性，指实体所具有的每一项有效特性；三是活动，指随时间的推移，在系统内部由于各种原因而发生的变化过程。系统是否属于复杂系统，不取决于系统的组成成分的多少，而取决于其内部成分之间的行为是否具有非线性特征。虽然各种系统的组成与功能完全不同，但抛开它们的具体物质组成、运动形态和功能，从整体和部分间的关系与作用来看，则又存在着普遍的共性，而这些共性构成了一般系统论的研究基点。贝塔朗菲首创的一般系统论是以整体性概念为核心，同时获得"整体大于部分之和"、"涌现"或"突现"等表述，意味着反对把整体研究还原为对部分的研究。

系统论要求把事物当作一个整体或系统来研究，并用数学模型去描述和确定系统的结构和行为。贝塔朗菲提出了系统、动态和层次的观点，指出复杂事物功能远大于某组成因果链中各环节的简单总和，认为一切生命都处于积极运动状态，有机体作为一个系统能够保持动态稳定是系统向环境充分开放，获得物质、信息、能量交换的结果。系统论强调整体与局部、局部与局部、系统本身与外部环境之间相互依存、相互影响和制约的关系，具有整体性、层次性、动态性、目的性、适应性、有序性等基本特征。

系统论在指挥与控制中的应用主要包括以下几个方面：

（1）用系统论的整体性原则进行指挥与控制。系统的整体性是系统最基本、最核心的属性，指系统的各个组成元素和系统外部环境之间具有有机的联系，形成一个有机整体，使得系统具有各元素所没有的"新"的性质和行为方式，即作为整体一定具有各组成元素自身单独所不具备的某种特定功能。从系统构成环境的整体性来说，系统环境组成包括自然环境、社会环境、文化环境等。环境对指挥者和被指挥者都有影响和制约作用，同时人具有改造和利用环境的能动性。指挥者可以利用这一规律，通过营造良好的环境，对指挥对象产生影响，进而达到指挥与控制的目标。从系统功能的整体性来说，系统功能不等于元素功能的简单相加，而往往是希望整体功能大于各个部分功能的总和，即"整体要大于各个孤立部分的总和"。因此，系统整体性要求不能离开整体去考虑系统的构成元素及其联系，必须在实现系统目标的前提下，使系统的总体结合效果最佳。

（2）用系统论的层次性特点进行指挥与控制。由于组成系统诸要素的差异，使得系统组织在地位、结构与功能上表现出等级秩序性，形成了具有质的差异的系统等级。一个复杂系统通常包含许多层次，上下层次之间具有包含与被包含或控制与被控制的关系。系统的层次性结构表述了不同层次子系统之间的隶属关系或相互作用的关系，在不同层次结构中存在着不同的运动形式，构成了系统的整体运动特性。在指挥与控制中，不同层次的各系统之间难免出现不协调，逐层管理可以较好地解决这一问题。

（3）用系统论的动态性原则指导指挥与控制过程。系统的动态性是系统对外界输入响应所具有的特性，由系统的内部结构参数决定。动态性原则是系统科学方法的历时性原则，它说明了实际存在的系统，无论在其内部环境的各要素或子系统之间，还是在其内环境与外环境之间，都有物质、能量、信息的交换与流动。利用系统动态性原则研究指挥与控制过程中的动态规律，可以揭示指挥与控制过程的发展趋势，树立起超前观念，减少偏差，掌握主动，使指挥与控制过程向预期的目标发展。

2. 控制论

控制论由著名的美国数学家维纳（Nobert Weiner）为首的科学家共同创建，研究系统的状态、功能、行为方式及变动趋势，控制系统的稳定，揭示不同系统的共同控制规律，使系统按预定目标运行的技术科学。在控制论的科学源流中，自动化是基本的推动力量，理论上的启示主要来自生物学，技术奠基于微电流工程，科学方法论为人们提供了正确的指导。从 20 世纪 30 年代开始,"控制论"之父维纳就关注模拟计算机的研究,并和生理学家一起共同研究大脑对肢体的控制过程。第二次世界大战开始后,他参加了火力控制研究,从而使他进入到控制论的研究和创立过程中。1948 年,维纳发表了划时代的著作《控制论》,阐述了一切系统都是信息系统、一切系统都是控制系统的两个基本观点,完成了控制论的创建工作。控制论摆脱了牛顿经典力学和拉普拉斯机械决定论的束缚,使用新的统计理论研究系统运动状态、行为方式和变化趋势的各种可能性。一般认为,"控制的实质在于使系统实现稳定和有目的的行动"。"控制"是与"行为"密切相关、互为因果的。对任意一个控制系统,有目的才有控制,一般都是通过负反馈来达到控制的目的,这就是控制论的基本理论观点。

控制论是以研究各种系统共同存在控制规律为对象的一门科学,其发展大致经历了三个时期。从 20 世纪 40 年代至 50 年代是经典控制理论时期,主要研究对象是单因素控制系统,重点是反馈控制;20 世纪 60 年代是现代控制理论时期,主要研究对象是多因素控制系统,重点是最优控制;20 世纪 70 年代以后是大系统控制理论时期,主要研究对象是因素众多的大系统,重点是大系统多级递阶控制。控制任务分为定值控制、程序控制、随动控制、最优控制等类型,必须借助控制系统才能完成。常见的控制方式有简单控制、补偿控制、反馈控制、递阶控制等。

控制论广泛地使用模型进行模拟所研究的问题,大量地应用类比法说明问题。模型也是一个系统,它可以是想象的,也可以是现实存在的。之所以称为模型,是因为它与另一个原型系统有三种关系:模型与原型之间具有相似关系;模型在具体研究过程中能代表和代替原型;能得到原型的信息。控制论模拟方法的最显著特点是功能模拟,即用功能模型来模仿客体原型的功能和行为。功能模型就是只以功能行为相似为基础而建立的模型。功能模拟方法为仿生学、人工智能、价值工程提供了科学方法。类比法、黑箱方法、功能模拟法,它们之间存在着亲缘关系,这些方法常常相互联合,综合使用。

按照控制论的观点,指挥与控制系统是一类特殊的可控系统。指挥与控制的目的在于:通过对己方作战力量和装备的运用,影响和控制战场的作战态势,进而促成最终有利于己方的作战结果。在作战过程中,指挥与控制系统和武器装备体系分别对应于控制部分与执行部分。从总体上看,C^4ISR 中的 ISR 对应控制部分中的传感器,C^4 部分对应控制部分中的控制器,武器装备系统对应执行器,通过执行器影响受控对象(作战态势)。

目前,控制论在指挥与控制系统效能评估上的应用较为成熟。控制论的观点认为:在存在大量不确定性因素前提下,对指挥与控制系统进行全面、深刻的洞察,就需要站在体系和系统的高度上,在体系框架下,不仅要对指挥与控制系统本身进行评估,更要直接地、显式对攻防双方的探测器和控制器进行评估。从控制论观点对指挥与控制系统的效能进行评估时,需要围绕作战系统对象,分别对作战双方的探测器和控制器作战效能评估以及对武器作战潜能评估,在此基础上利用综合评估模型获得指挥与控制系统的效能指标。

3. 信息论

哲学家和科学家普遍认为,物质、能量和信息是物质世界的三大支柱,信息是物质的一种普遍属性。信息作为科学术语最早出现在哈特莱于 1928 年撰写的"信息传输一文中。信息一词在英文中为"information",在《牛津英文字典》里给出的解释是"某人被通知或告知的内容、情报或知识"。控制论创始人维纳认为"信息是人们在适应外部世界,并使用这种适应反作用于外部世界的过程中,同外部世界进行互相交换的内容和名称"。信息论由美国数学家香农(C. E. Shannon)创立,是研究信息的采集、度量、传输、识别和处理的一般规律的学科,属于系统工程的理论基础之一。信息论能够揭示人类认识活动产生飞跃的实质,有助于探索与研究人们的思维规律和推动与进化人们的思维活动。信息论与控制论密不可分,这是由二者发挥作用的内部逻辑所决定的。

信息论的研究始于1948年香农在贝尔系统技术杂志上发表的著名论文"通信的数学理论"及1949年发表的续篇"噪声下的通信",从而系统而完备地确立了通信系统的基本理论,为现代通信理论和技术发展做出了划时代的贡献。在香农的一系列研究中,他提出了信息的概念,证明了各种通信系统可能达到的最大信息传输率,即有关信道容量的一系列定理;证明了作为现代数字通信基石之一的采样定理,给出了为完全恢复原信号波形所需的最小采样频率。1949年,他发表的"保密通信理论"论文中建立了著名的完全保密定理、理想保密定理及其他一系列重要定理,提出了保密系统的数学结构模型、评价标准及"混乱"(Confusion)与"散布"(Diffusion)等重要概念,从而奠定了现代保密通信的理论基础。美国国家标准局于1977年颁布的《数据加密标准(DES)》就是基于上述原理以"混乱"与"散布"这两项指标为依据而设计的。

信息论分为狭义信息论与广义信息论。狭义信息论是关于通信技术的理论,是以数学方法研究通信技术中关于信息的传输和变换规律的一门科学;广义信息论超出了通信技术的范围来研究信息问题,它以各种系统、各门科学中的信息为对象,广泛地研究信息的本质和特点,以及信息的获取、加工、处理、传输、存储、控制和利用的一般规律,适用于各领域。信息论揭示人类认识活动产生飞跃的实质,有助于探索与研究人们的思维规律和推动与进化人们的思维活动。

信息论认为,系统正是通过获取、传递、加工与处理信息而实现其有目的的运动的。信息方法就是运用信息的观点,把系统的运动过程看作信息传递和信息转换的过程,通过对信息流程的分析和处理,获得对某一复杂系统运动过程的规律性认识的一种系统研究方法。信息方法中的信息处理过程如图2-7所示。

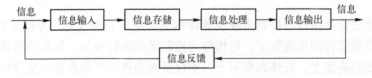

图2-7 信息方法中的信息处理过程

信息方法以信息为基础,把系统有目的的运动抽象为一个信息变换过程。这与传统方法不同,传统方法注重的是物质和能量在事物运动变化过程中的作用,而信息方法是以信息的运动作为分析和处理问题的基础,在分析和处理问题时,它完全撇开系统的具体运动形态,把系统的运作抽象为信息变换过程。信息方法的意义就在于它指示了系统的信息过程和信息联系,有利于系统的管理、沟通和决策科学化。

信息论的任务是用概率论和数理统计方法研究信息的度量、传递和变换规律，特别是研究通信和控制系统中普遍存在的信息活动共同规律，包括如何达成信息获取、度量、变换和传递的最佳效果，如何保证其准确性和可靠性等。

2.2.2 DSC 理论

耗散结构论、协同论、突变论是从 20 世纪 70 年代开始在一般系统论、控制论和信息论的基础上发展起来的现代控制理论。

1. 耗散结构理论

1969 年，比利时物理学家普利高津（I. Prigogine）研究非平衡态的不可逆过程时提出了耗散结构理论，这是一种探索非平衡系统行为的理论。一般，开放系统有三种可能的存在方式：热力学平衡态、近平衡态和远离平衡态。耗散结构论认为，系统只有在远离平衡的条件下，才有可能向着有秩序、有组织、多功能的方向进化，这就是普利高津提出的"非平衡是有序之源"的著名论断。

系统发展的否定之否定过程如图 2-8 所示。普利高津发现，当一个远离平衡态的开放系统，由于许多复杂因素的影响而出现非对称的涨落现象，当达到非线性区时，在不断与外界进行物质和能量交换的条件下，系统将可能发生突变，由原来的无序混沌状态自发地转变为一种在时空或功能上的有序结构。事物的这种在非平衡状态下新的稳定有序结构就称为耗散结构。有序的耗散结构与平衡结构不同，平衡结构虽稳定有序，但是是一种"死"结构，它不需要靠外界供应物质、能量来维持。而稳定有序的耗散结构是一种"活"结构，它要不断同外界交换物质、能量来维持其有序状态。正是因为它要通过这种有序状态去耗散物质和能量，所以称为耗散结构。

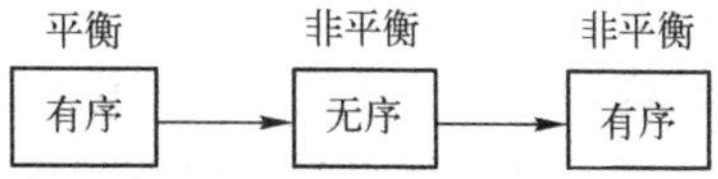

图 2-8 系统发展的否定之否定过程

耗散结构理论的意义在于它指出了化学、生态系统等许多复杂系统由无序转向有序的规律是一般的，建立了生命系统与非生命系统之间的联系。事物要寻求发展，就得保持其系统开放，与外界有能量、物质、信息的交换。耗散结构理论的提出结束了科学界对时间可逆与否、世界是进化了还是退化了的争论。它把经典力学与热力学以及热力学与生物进化论结合了起来。普利高津认为，时间不仅仅是力学方法中的一个运动参量，而且时间联系着事物的过去、现在和未来。通过对系统演化史的考察，时间不再是系统外界的参数，而成了非平衡系统内部进化的度量。时间观念能分为不同的层次，其中，与经典力学相联系的时间是可逆的，它仅仅是运动的几何参量；与热力学相联系的时间是不可逆的；与生物进化论层次相联系的时间是与历史相关的。这些不同层次的时间相互联系，并依据一定条件而过渡。普利高津的这种认识统一了可逆与不可逆、进化与退化之间的矛盾，为人类展现了一种全新、科学的自然观和系统的方法论。

系统达到耗散结构的四个条件是：非平衡、非线性、开放性以及存在涨落力。开放系统之所以能够形成耗散结构，主要是因为开放系统能够与外界进行熵交换。"熵"本来是热力学概念，随着信息论、控制论的发展，它已经和信息建立起了某种联系。控制论的创始人维纳指出：信息量实质上是负熵。一般系统论创始人贝塔朗菲也认为：信息量是一个用负熵形式完全相同的式子定义的。布里渊直接提出：信息起着负熵的作用，信息是由相应的负熵来规定的。在系统分析中,熵值越小,表明系统的有序性越强或越有序;相反,熵值越大,则说明系统无序性越强或有序性越弱。当系统达到平衡时,熵值最大,系统也最混乱、最无序。由热力学第二定律可知,孤立系统的熵只可能增加,而永不会减少。因为孤立系统总是随时间向平衡态转化,当最终达到平衡态时,熵值达到最大,此时系统变成一种最无序的死结构。可见,要形成一个有序的结构,只有想办法尽力克服熵的增加。这就要求系统必须是开放的,并且从外界获得负熵流来降低自己的熵值。在开放系统中,系统的熵 ds 由 des 和 dis 两部分组成,即 ds = des + dis。其中,des 是系统与外界相互进行熵交换时系统内部产生的熵。只要这个负熵流(des < 0)足够强,就能够抵消系统的熵增加(dis > 0),使系统的总熵减小,从而使系统进入相对有序的状态,形成耗散结构。由此可见,系统开放是耗散结构得以形成、维持和发展的首要条件。系统只有不断地与外界进行信息交换、引入负熵流,才能抵消自身熵的增加,才有可能实现从无序向有序的演变。也就是说,一个开放系统不断吸收外界能量,直到该系统能量大于内耗值后,系统便变成非平衡态。在某种"涨落"作用下,由原来的混沌无序状态变成一种新的有序结构状态。这种新的有序结构具有很强的生机与活力,同时也需不断吸收外界能量来补偿内部消耗,以维持有序的结构状态,这种结构便是"耗散结构"。

在指挥与控制系统的运行过程中,耗散结构理论的应用主要体现在以下几个方面:

(1) 首先是保持指挥与控制系统功能的有序状态,能够实现由较低级有序向高级有序的转化和发展。指挥与控制系统无论从其结构上还是功能上看,都是一个复杂的耗散结构。显然,耗散结构理论和方法完全可以有效地指导指挥与控制的理论与实践。

(2) 从耗散结构理论的负熵流概念看,开放是一切系统进化的前提。指挥与控制系统是开放系统,开放是指挥与控制系统不断发展的首要条件。只有开放,才能使指挥与控制系统内部以及与其他系统达成相互联系和相互作用,形成一种协同发展的优化结构。这样,当其他系统中某系统处于先进状态时,就能及时吸取其理论、方法和经验,促进指挥与控制系统的发展,使指挥与控制系统不断更新而富有活力。

(3) 系统形成耗散结构的另一个条件是系统内有复杂的非线性相互作用。指挥与控制系统的发展,只有远离平衡态时才能实现。引入非线性动力机制,保持指挥与控制系统内部各单元之间"远离平衡"状态,指挥与控制系统形成耗散结构框架后,才能充分激发指挥与控制系统各单元的内在动力。按耗散结构理论,要调动指挥与控制系统各单元的内在动力,就要引入非线性动力机制,即各单元不必"齐步走",使各单元之间拉开距离并保持非平衡状态。通过一定方式增加透明度,势必产生紧迫感、增强竞争意识、激发各单元的内在动力。

指挥与控制系统内部各单元之间保持"远离平衡"状态,产生一般强度较大的内在动力,经过一段时间的"量变",势必产生"质变",耗散结构论称为"涨落",至此,指挥与控制系统由不稳定状态跃迁到一个新的稳定有序状态。

2. 协同论

德国物理学家赫尔曼·哈肯(H. Haken)教授在研究激光的过程中,发现其内部有许多合作现象,从而在 20 世纪 70 年代初提出了协同学的概念,并于 1977 年正式形成理论框架。协同学又称协同论,是一种研究各种不同系统在一定外部条件下,系统内部各子系统之间通过非线性相互作用产生协同效应，使系统从混沌无序状态向有序状态，从低级有序状态向高级有序状态，以及从有序状态向混沌状态转化的机理和共同规律的理论。它以信息论、控制论、耗散结构理论、突变论等理论成果为基础，同时采用了统计学与动力学考察相结合的方法，通过类比对从无序到有序的现象建立了一整套数学模型和处理方案，并推广到广泛的领域。

协同系统是指由许多子系统组成的、能以自组织方式形成宏观的空间、时间或功能有序结构的开发系统。哈肯认为，系统由无序到有序的关键不在平衡、非平衡或离平衡态有多远，而在于组成系统的各子系统在一定条件下，它们之间的非线性作用、相互协同和合作，以及自发产生有序结构，强调了协同现象的普遍性和重要性。协同论着重研究系统中各元素间的合作，不仅研究开放系统从无序到有序的演化规律，而且也研究其从有序到无序的演化规律，真正统一了有序与无序。

协同论揭示了物态变化的普遍程式"旧结构－不稳定性－新结构"，即随机"力"和决定论性"力"之间的相互作用把系统从它们的旧状态驱动到新组态，并且确定应实现的那个新组件。它所阐述的基本原理主要是协同效应原理、支配效应原理和自组织效应原理。

(1) 协同效应原理即"协同导致有序"。系统的有序性是由系统要素的协同作用形成的，协同作用是任何复杂系统本身所固有的自组织能力，是形成系统有序结构的内部作用力。系统的这种自组织现象，只能在含有大量子系统的复杂系统中才能实现，只有在大量子系统之间才会存在十分复杂的联系，才能产生系统整体的有序运动。

(2) 支配效应原理。复杂系统在由不稳定点向新的有序时空结构转变时，通常受到序参量的决定。在复杂系统中有两类变量，即快变量与慢变量（序参量），它们的地位不同，起支配控制作用的变量是慢变量。快变量在系统受到干扰而偏离稳态时，总是倾向于使系统重新回到原来的稳态，这种变量起到类似阻尼的作用，并且衰减得也很快，称为快变量。慢变量在系统因涨落而偏离稳态时，总是倾向于使系统更加偏离原来的稳态而走向非稳态，这种变量在系统处于稳态与非稳态的临界区时，呈现出一种无阻尼特征，并且衰减得很慢，称为慢变量。利用绝热消去法，消去快变量，可以大大简化问题，使其易于求解。

(3) 自组织效应原理。系统在没有外部指令的条件下，其内部子系统之间能够按照某种规则自动形成一定的结构或功能，具有内在性和自生性。在外部能量和物质输入的情况下，系统会通过大量子系统间的协同作用在自身涨落力的推动下，形成新的时空结构。

协同论与一般系统论、耗散结构论之间既有联系又有区别。一般系统论提出了有序性、目的性和系统稳定性的关系，但没有回答形成这种稳定性的具体机制，而耗散结构论则指出非平衡态可以成为有序之源。协同论虽然来自于非平衡态系统有序结构的研究，但摆脱了经典力学的限制，明确了系统稳定性和目的性的具体机制，其概念和方法为建立系统学奠定了初步的基础。由于协同论研究和揭示了在一定条件下，不同系统通过子系统间的协同作用与自组织，从无序向有序转变的共同规律和特征，因而在自然科学和社会科学领域有着广阔的应用前景。

协同几乎在所有的指挥与控制方法中都起着重要的作用，成功的协同往往是多维的。选择指挥与控制方法时,恰当地定义协同的使用与限制是一个主要问题。图2-9描绘了协同对指挥与控制过程的重要影响,选择了协同的特性、速度以及成功度三个方面作为重点。其中,协同性质是描述指挥与控制方法的种种因素的复合变量;协同速度仅简单表明进行协同交互需要多少时间;协同成功度说明协同结果与指定协同目标之间的差异程度。

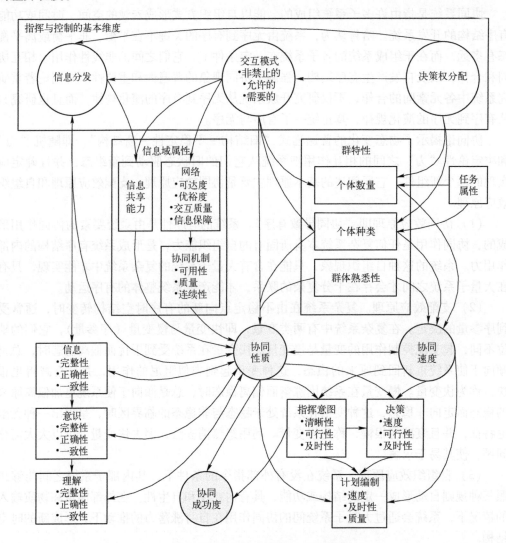

图2-9　协同对指挥与控制过程的影响

定义指挥与控制方法时,决策权分配、允许的交互以及信息分发是三个重要因素,它们可以看作是指挥与控制方法的变量。虽然指挥与控制方法的变量都彼此相互影响,但最强大的因果链却是从决策权分配到允许的交互集合,并从这两个因素到信息分发。信息分发受信息共享能力或实现信息共享所需的语言、格式以及语义一致性的直接影响。允许的交互对指挥与控制过程所使用的技术网络的特征也有强大影响。

"网络"分布信息结构特征包括:可达度(参与的广度)、优裕度(网络内容的质量)、交互质量(人员与系统在网络上进行交互的媒介的广度与深度)以及信息保障

（网络可用程度及网络内容安全程度）。这些网络特征（包含人员训练与质量等其他因素）决定着协同机制，协同机制可以采用可用性、实现的协同质量（数据、话音、图像等）以及协同的连续性进行描述。

对协同成功的其他重大影响是参与者（个体）的数量和种类、熟悉程度以及任务性质。参与者数量与协同速度之间关系简单。如果其他情况都一样，参与者越多，需要的协同时间就越长。参与者数量还对参与者的种类有影响，即参与个体的种类越多，涉及的观点数量与多样性也越丰富。参与者种类不仅减缓协同的速度，而且影响协同的性质，反过来又影响协同成功的可能性。除了非常简单的问题外，较多的参与者可以提供较大的成功可能性，因为这既可以减少"集体审议"的可能性，同时又增加吸取成功所需的相关经验与训练的机会。另外，至少还有两个因素也将影响协同：一是群体熟悉性不仅加快协同速度，而且影响协同的性质。当参与者多且不同观点需要统一时，熟悉性是克服协同速度降低的重要手段；熟悉性还能使团队改善性能，提高了人员一起工作的能力。二是人员以及节点之间的信息分发，如果其他情况都一样，信息分发越丰富，协同成功的可能性就越大，且（间接地）协同完成得也越快。

如果理解了指挥与控制中协同的多种作用，那么其作用就显而易见了。正如标明信息、意识和理解的方框以及连接它们与协同性质的双向箭头显示的，协同过程对主要行为有着丰富而深刻的影响。此外，这些相互影响是密切相关且同时发生的。它们也发生在个体与团队交往中，因此，这三个方框不仅包括任何一个人可用的东西，也包括共享的信息、共享的意识以及共享的理解。

从信息到意识再到理解，也有自然流动。成功协同的目的是通过协同使个体信息、意识与理解转化为共享的信息、意识与理解。实际上，这些因素是密切联系并同时发生的。受协同性质影响最大的几个变量特定参数是完整性、正确性与一致性，尽管其他因素也可能受到其影响。这些因素影响着个体与团队之间的连接以及信息、意识与理解。在指挥与控制稍后阶段，协同速度以及协同性质的最重要影响是它们对指挥意图、决策以及计划编制的影响。

总之，在指挥与控制中，协同的作用并非总是被理解或赏识的。协同是任何指挥与控制方法的基础之一，协同的程度与作用是明显区分工业时代指挥与控制方法及信息时代指挥与控制方法的因素之一。

3. 突变论

突变论是研究自然和人类社会中连续的渐变式如何引起突变的，并力求以统一的数学模型来描述、预测和控制这些突变的一门学科。运用的数学工具主要是拓扑学、奇点理论和结构稳定性理论。

1968年，法国著名数学家勒内·托姆（Rene Thom）提出了突变论，并在1972年出版的《结构稳定性和形态发生学》一书中系统地阐述了这一理论，标志着突变论的诞生。它被誉为是"微积分以后数学的一次革命"。

"突变"原意指灾难性的突然变化，强调变化过程的间断性。突变论研究的是客观系统的非连续性突然变化现象。具体来说，就是用数学方程描述某一特定事物从一种稳定组态突变到另一种稳定组态的现象和规律。托姆的突变论观点主要有以下三点：

（1）稳定机制是事物的普遍特性之一，是突变论阐述的主要内容，事物的变化发展是其稳定态与非稳定态交互运行的过程。

（2）质变可以通过渐变和突变两种途径来实现。质变到底是以哪种方式来进行的，关键是要看质变经历的中间过渡态是不是稳定的。如果是稳定的，那么质变就是通过渐变方式达到的；如果不稳定，就是通过突变方式达到的。

（3）在一种稳定态中的变化属于量变，在两种结构稳定态中的变化或在结构稳定态与不稳定态之间的变化则是质变。量变必然体现为渐变，突变必然导致质变，而质变则可以通过突变和渐变两种方式实现。

托姆经过严密的推导，证明了一个重要的数学定理：当导致突变的连续变化因素少于四个时，自然界形形色色的突变过程都可以用七种最基本的数学模型来把握。这七种突变模型为折叠形、尖顶形、燕尾形、蝴蝶形、双曲脐点形、椭圆脐点形和抛物脐点形。根据突变论，把那些作为突变原因的连续变化因素称为控制变量，而把那些可能出现突变的量称为状态变量，它从数学上证明了当控制变量和状态变量都为一个时，就会出现最简单、最基本的突变形式，即折叠形突变。当控制变量为两个、状态变量为一个时，就会出现尖顶形突变。当控制变量为三个、状态变量为一个时，就会出现燕尾形突变。当控制变量为四个、状态变量为一个时，就会出现五维突变，即蝴蝶形突变。五维突变又分为两种情形：当控制变量为三个、状态变量为两个时，称为双曲脐点形突变和椭圆脐点形突变；当控制变量为四个、状态变量为两个时，就会出现抛物脐点形突变。

突变论从量的角度研究各种事物的不连续变化问题，进行从量变到质变的研究。它采用形象而精确的数学模型来模拟突变过程，其要点在于考察这一过程从一种稳态到另一种稳态的跃迁。运用的数学工具主要为拓扑学、奇点理论、微分定性理论或稳定性数学理论。突变论以稳定性理论为基础，通过对系统稳定性的研究，阐明了稳定态与非稳定态、渐变与突变的特征及其相互关系，揭示了系统突变式质变的一般方式，说明了突变在系统自组织演化过程中的普遍意义。它突破了牛顿单质点的简单性思维，揭示出物质世界客观的复杂性。突变理论通过耗散结构论、协同论与系统论联系起来，并推动系统论的深化与发展。在现实中，突变论可以用数学模型来预测事物的连续中断并发生质变的过程。

突变论对指挥与控制研究的指导意义体现在以下几方面：

（1）保持指挥与控制的连续性和稳定性，避免决策和行动上的巨变。对于指挥与控制来说，当内外有利因素居于主导地位且对指挥与控制起主要作用时，指挥与控制的结果便向着有利于既定目标的方向发展。当内外不利因素居主导地位且对指挥与控制起主要作用时，结果便向着背离既定目标的方向发展。在指挥与控制过程中，结果出现一定的变化是正常的，应努力利用并创造有利条件使结果朝着有利于达到目标的方向发展，防止向相反方向发展。为了使指挥与控制过程稳定地达到目标，管理者应努力避免指挥与控制过程的失控，保持指挥与控制过程和结果的均衡性。

事物结构的稳定性是突变论的基础。突变论认为事物的运动规律以及事物之间的联系都是稳定的。事物的不同质态，从根本上说就是一些具有稳定性的状态。任何一个指挥与控制系统和过程都处在不断发展变化的环境中，如规模的扩大、人员的调整、技术的进步等。诸多的变化如果均以相近的速度向相似的方向发展，则事物的结构，即指挥与控制系统和过程，依然是稳定的。一旦其中某种因素停滞不前或发生剧烈变动，突变就会发生。

(2) 理清突变与渐变的关系，因势利导，化解突变危机。突变论认为：在严格控制的情况下，如果质变经历的中间过渡态是不稳定的，那么客观上就存在一个飞跃过程，也就是发生了突变。如果过渡的中间状态是稳定的，那么客观存在就是一个渐变的过程。在一定的条件下，只要改变控制条件，一个突变的飞跃过程就可以转化为渐变过程，而一个渐变过程也可以转化为突变的飞跃。所以，突变可能随时发生，同时突变也是可以避免的。只要指挥员能充分认识突变与渐变的相互关系并加以有效的引导，变化的状态就可以向着有利于既定目标的方向发展。

(3) 开展管理创新，实现反梯度推移。反梯度推移（渐进过程的中断）是突变理论中的一个重要思想。反梯度推移是非平衡发展的突变，即飞跃阶段。当边缘区积蓄了一定的力量，且又具备可利用的外部条件时，就可中断渐进过程并发生突变，也就是反梯度推移。在指挥与控制系统或过程中，实现从旧质转化为新质的爆发式飞跃，可最终彻底改变某些局部或过程的落后面貌。指挥员要实现反梯度推移，最需要做的就是进行指挥与控制系统或过程的创新。

2.2.3 运筹学

运筹学（Operation Research，OR）一词起源于 20 世纪 30 年代，原意是操作研究、作业研究、运用研究、作战研究。P. M. Morse 与 G. E. Kimball 给出的运筹学的定义是："运筹学是在实行管理的领域中，运用数学方法，对需要进行管理的问题统筹规划，作出决策的一门应用科学。"1980 年版《中国大百科全书》中运筹学的释义为：用数学方法研究经济、民政和国防等部门在内外环境的约束下合理分配人力、物力、财力等资源，使实际系统有效运行的技术科学，它可以用来预测发展趋势，制定行动规划或优选可行方案；1984 年版《中国企业管理百科全书》中运筹学的释义为：应用分析、试验和量化的方法，对系统中人力资源、资金资源、物质资源在有限的情况下进行统筹安排，为决策者提供有充分依据的最优方案，以实现最有效的管理。

一般认为，运筹学诞生来源于军事、管理和经济领域，它作为一门现代科学，是第二次世界大战期间首先在英、美两国发展起来的。运筹学成功地解决了许多重要作战问题，显示了科学的巨大威力。当战后的工业恢复繁荣时，由于组织内俱增的复杂性和专门化所产生的问题，使人们认识到这些问题基本上与战争中曾面临的问题类似，只是具有不同的现实环境而已，运筹学就这样运用到工商企业和其他部门，并在 20 世纪 50 年代后得到了广泛应用。对于系统配置、聚散、竞争运行机理的深入研究和应用，形成了比较完备的一套理论，如规划论、排队论、存储论、对策论、决策论等，并广泛应用于指挥与控制系统之中。

(1) 线性规划。这是运筹学中有关线性规划问题建模、求解和应用研究的一个分支。在管理活动中，如何有效地利用现有人力、物力去完成更多的任务，或在预定的任务目标下，如何耗用最少的人力、物力去实现目标。这类统筹规划的问题用数学语言表达，即先根据问题要达到的目标选取适当的变量，问题的目标用变量的函数形式表示（称为目标函数），对问题的限制条件用有关变量的等式或不等式表达（称为约束条件）。当变量连续取值，目标函数和约束条件均为线性时，称这类模型为线性规划的模型。线性规划建模相对简单，可通过算法和计算机软件进行计算，是运筹学中应用最为广泛的一个分支。用线性规划求解的典型问题有运输问题、生产计划问题、下料问题、混合配料问题等。有些规划问题的目标函数是非线性的，但往往可以采用分段线性化等方法，转化为线性规划问题。

（2）非线性规划。若线性规划模型中，目标函数或约束条件不全是线性的，对这类模型的研究就构成了运筹学的非线性规划分支。由于大多数工程物理量的表达式是非线性的，因此非线性规划在各类工程辅助优化设计中得到较多应用，它是优化设计的有力工具。

（3）动态规划。这是研究多阶段决策过程最优化的运筹学分支。有些管理活动由一系列相互关联的阶段组成，在每个阶段依次进行决策，而且上一阶段的输出状态就是下一阶段的输入状态，各阶段决策之间互相关联，由此构成一个多阶段的决策过程。动态规划研究的是多阶段决策过程的总体优化，即从系统总体出发，要求各阶段决策所构成的决策序列使目标函数值达到最优。

（4）图论与网络分析。在管理活动中，经常遇到工序间的合理衔接搭配问题，运筹学中把一些研究的对象用节点表示，对象之间的联系用连线（边）表示，用点、边的集合构成图。图论就是研究节点和边所组成图形的数学理论和方法。图是网络分析的基础，根据研究的具体网络对象（如通信网等），赋予图中各边某个具体的参数，如时间、流量、费用、距离等，规定图中各点表示具体网络中任何一种流动的起点、中转点或终点，然后利用图论方法研究各类网络结构和流程的优化分析。网络分析还包括利用网络图形来描述一项工程中各项作业的进度和结构关系，以便对工程进度进行优化控制。

（5）存储论。这是一种研究最优存储策略的理论和方法。存储策略研究的是在不同需求、供货及到达方式等情况下，在什么时间点及一次提出多大批量的订货，使用于订购、储存和可能发生短缺的费用的总和最少。

（6）排队论。这是研究服务机构排队现象的随机特性和规律的理论。它是20世纪初由丹麦工程师爱尔朗研究电话系统服务过程时，对发生的拥挤排队现象进行研究而提出来的，以后被广泛应用于军事领域。排队按一定规则进行，如分为等待制、损失制、混合制等。排队论研究顾客不同输入、各类服务时间分布、不同服务员数及不同排队规则情况下排队系统的工作性能和状态，为设计新的排队系统及改进现有系统性能提供数量依据。

（7）对策论。这是描述现实世界中包含矛盾、冲突、对抗、合作等因素在内的数学理论与方法。在这类模型中，参与对抗的各方称为局中人，每个局中人均有一组策略可供选择。当各局中人分别采取不同策略时，对应一个收益或需要支付的函数。对策论为局中人在高度不确定和充满竞争的环境中，提供了一套完整的、定量化和程序化的选择策略。对策论已应用于供求平衡分析、协商和谈判以及作战模型研究等。

（8）决策论。这是指为最优地达到目标，依据一定准则，对若干备选行动方案进行抉择，是关系整个决策过程中涉及的方案目标选取、度量、概率值确定、效用值计算，一直到最优方案和策略选取的科学理论。选择的基础由量化每个选择的相对后果和选择最好的方案去优化某一个目标函数来确定。决策的基本过程包括构造问题和分析问题两个阶段。构造问题包括定义问题、明确备选方案和制定确定方案的规则。分析问题阶段有定性分析和定量分析两种基本方式,定性分析主要依赖于管理者的主观判断和经验,靠的是管理者的直觉。在决策时,如果管理者有相似的经历,或遇到的问题比较简单,可以直接采用定性分析方法。但是,如果管理者缺乏经验或问题复杂,定量分析就显得非常重要。管理者在运用定量分析方法进行决策时,应从问题中提取出量化资料和数据,并对其进行分析,然后再运用数学表达式的形式把问题的目标、约束条件和其他关系表达出来,最后采用一种或多种定量方法,提出解决问题的方案,这种方案应是建立在定量分析的基础上。

2.2.4 自同步理论

随着信息技术和人工智能技术的发展,自同步理论在现代指挥与控制理论中的作用逐渐凸现出来。对其理论和实现方法的分析研究已成为现代指挥与控制理论的一个重要分支。

1. 基本概念

自同步是指两个或两个以上实体之间,不需要指挥与控制系统的作用,或在指挥与控制系统干预前就能对外部情况进行协调的一种交互反应模式。它是开放性指挥与控制系统的一种高级功能和形式,能对瞬息万变的情况做出自主的反应。自同步是在先进信息技术与指挥决策辅助手段基础上实现的指挥与控制的自组织、自适应的整体行为,是信息化时代所期待的解决层次结构扁平化问题的指挥方式,是分散指挥的进一步演化。

自同步指挥与控制理论是解决信息化条件下复杂系统指挥与控制的一种有效理论。与传统的指挥与控制方式相比较,它的先进性建立在更多的基础与平台之上。正如冷兵器时代的战争仅仅需要战士的体能,而机械化战争时代需要机械能、电能、原子能等,指挥与控制的自同步需要以下四个条件:

(1) 健壮的网络。健壮的网络是基础,保证任意指挥与控制单元间在需要建立链接关系时,能够通过指挥与控制网络进行持续不断的协作与交流。

(2) 详细的规则。规则是领域知识的体现,这里的规则与自同步所应用的范围有关。当自同步应用在工业指挥与控制方面时,就是指工业控制流程等方面的规则。当应用在作战指挥与控制方面时,这里的规则就是作战规则与战术思想的知识。详细的规则是指挥与控制单元在处理任务或事件时保证协调行为的指南。在自同步的指挥与控制过程中,指挥与控制人员在更多时候充当了规则制定者的角色。

(3) 先进的智能。自同步指挥与控制过程中,传统的指挥与控制系统及指挥机构被同步机制所取代。在自同步机制中,先进的智能库应该包含运筹领域的前沿技术成果,其智能库的先进性是自同步指挥与控制成效的衡量标准之一。先进的智能库不仅仅能替代指挥与控制系统与机构的运筹功能,还能实施谋略的判断与运用。先进的智能需要分布环境中计算资源的充分共享和合理调度,以达到决策、方案或指令产生的快速性。在条件允许时,还进行闭环的模拟,提示可能的事件与行为。

(4) 充分的互信。指挥与控制单元和指挥员之间的彼此信任是实现自同步指挥的保证。只有在互信基础上才能保证行为的自同步,否则就会适得其反,导致指挥与控制单元间在自同步机制上彼此行为失调。

2. 自同步的特点

同步是多个行动单元共同行动的协调行为，是指挥与控制能力的一种反映。传统的指挥与控制中，同步是通过高层指挥节点协调实施的，这适合工业革命时代的技术条件。信息时代随着网络和信息质量的不断改进，对指挥速度和灵活性要求更高，促使跨时空的行动单元同步更为必要和复杂。过去通过高层指挥节点进行的同步，在速度和灵活性方面已难以满足现代指挥与控制的需求，自同步则是一种自发的、自下而上的同步方式，在速度和灵活性方面与由高层协调的同步有质的差别。

为提高指挥速度和加速使命的完成，自同步是现代工业控制和信息化条件下军事组织内必不可少的过程。自同步过程被视为是自下而上的指挥方式，由掌握直接信息的基层单元和节点实施复杂的同步作战行动。自同步作用克服了常规的自上而下、直接指挥协调流程所固有的效能损失的缺点。这种协调方式提供了指挥与控制从周期性过渡到连续性的优势，实现了指挥意图和精密指挥规则的统一。

1）自同步联系

传统的指挥与控制联系由指挥权、指挥关系决定，这种联系构成的指挥链是固定、有限和静态的，是预先约定好的关系。指挥链和指挥节点等构成了指挥与控制网络，典型的指挥与控制网络是树型结构。而自同步由于是两个或多个作战组织或单元的自发协调行为，作为一种自下而上的指挥与控制方式，这种联系是动态、突发的联系。这种联系可能存在于同级之间、上下级之间、越级之间等。这种联系使作战行为具有速度、信息、互操作等方面的优势。只有在互联、互通、互操作能力的支持下，自同步才成为可能。自同步联系由态势、规则、环境、约定等因素决定，这种联系的典型结构是网络结构。

实现互操作需要自同步联系支持，互操作能达成服务的共享，能大幅度地提升资源的运用效率。自同步指挥与控制联系构成了分布式指挥与控制结构，这种结构在鲁棒性、灵活性上具有天然的优势。

2）指挥控制能力与自同步

指挥控制能力可用速度、范围、规模三个相互关联的指标进行评估，它取决于指挥控制能力要素：信息能力，即信息的丰度、广度、交互和共享的程度；互操作能力，即所达到的相互合作和利用（整合、耦合）的水平；指挥方法特征，即表征指挥控制的反应能力和灵活程度。

自同步能力是提升指挥控制能力要素的基础和条件。如实现指定使命指挥方式，需要系统中指挥控制权限的前移，需要底层节点的自主性，这是以自同步为条件的，如互操作能力的提升，也需要自同步作为任务操作链的协同轴线。

对于作战指挥与控制来说，作战能力发展的高级阶段依赖于自同步。态势认识开发程度和指挥与控制方式两个因素决定作战能力发展的各阶段，其认识共享和自同步是高级指挥控制能力的标志性能力。

3. 自同步的价值

自同步区别于传统的指挥与控制方法，在现代指挥与控制中具有巨大的潜能，它的价值主要体现在提升灵活性方面。

指挥与控制系统由两类单元或节点构成：一类是任务单元，负责执行完成系统和上一级单元或节点赋予的任务或行为；另一类是协调单元（或指挥节点），负责任务单元或下一级单元的指挥和协调。

指挥与控制系统是一个有特定目标函数的动态系统。为使目标函数极大化，一个重要的方法就是增加系统的灵活性。灵活性反映在多个任务单元协同运作时的沟通与协调方式上，当同层单元横向自协调时，协调路径变短，反应时间加快，但如果没有上一级单元的指挥协调，可能会出现任务冲突的局面，最终导致系统的死锁。但过于灵活，则系统的稳定性受影响，稳定性反映了系统克服冲突机制的性能优劣。在系统中，灵活性和稳定性是一对矛盾。

系统和组织的灵活性是信息时代的关键特征，是系统能力的主要要素，自同步则是提升系统和组织灵活性的主要手段。灵活性反映完成想定任务的各种方法、构思、到达目标的各种路径的能力，代表在适当的选择之间进行切换的能力，包含鲁棒性、创新性、可塑性、适应性、反应性等成分。鲁棒性表示在各种使命任务、环境、条件发生冲突的范围内保持系统效能的能力，特别是在系统受损和降功能条件下。创新性表示认识使命和作战环境、提出创造性的方法，以达到产生和保持竞争优势的能力。可塑性表示系统的自组织、自恢复能力。适应性表示面对变化的环境时，改进方法以提升效能的能力。反应性表示以适时的方法做出适当反应的能力。灵活的指挥与控制体现在能提供动态和详细的指挥意图和指令及实施自同步操作能力方面。灵活性最有效的体现是自同步，自同步是达到增加指挥与控制节拍和提升反应能力的根本途径。

4. 自同步方法

实现自同步可以使系统的效能得到最大程度地发挥。虽然自同步能使系统运作更灵活、更协调、反应时间更短等，但应注意避免权力冲突、关系矛盾、运作死锁等一系列问题。

1）结构

自同步指挥的两种典型结构如图2-10所示。一种是在烟囱型指挥与控制结构基础上增加自同步指挥联系而构成的，自同步方式仅作为原指挥与控制关系的补充，这样既增加了系统的灵活性，又保持了原系统的稳定关系。另一种是无指挥节点的自同步指挥结构，指挥权是动态配置的，代表了一种全新的指挥与控制方式，系统将更为灵活，更能适应复杂环境。不同指挥与控制方式的主要差别在于基本指挥与控制关系构成的联

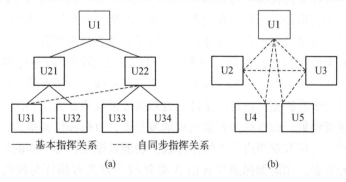

图2-10 指挥与控制结构的两种形式
(a)烟囱型自同步指挥结构；(b)无指挥节点自同步指挥结构。

系和自同步指挥与控制关系所构成的联系的多少不同。此外，指挥关系拓扑也有所区别。

自同步涉及纵向和横向协调，纵向协调保证高层战略目标的一致性，横向协调同步不同的组织、功能和动作。

2）条件

只有在互联、互通和互操作能力的支持下，才能实现自同步的指挥与控制方式。自同步的各兵力单元处于同等地位，依据一定的原则实时规定指挥与控制权限和配置指挥与控制关系。这可能存在如下问题：由于认识不统一，被动方在行动中可能存在疑虑，执行细节不到位，或具有盲目性，主动性不足，难以把握作战机会，这就要求作战任务清晰、指挥意图明确、态势统一、认识共享、指挥员之间相互信任等，这是实现自同步的软条件。

以指挥与控制的自同步为例，图2-11给出作战指挥与控制自同步结构的主要关键元素，包括鲁棒网络中的实体、共享认识能力、明确的指挥与控制规则集、增加价值的相互作用。

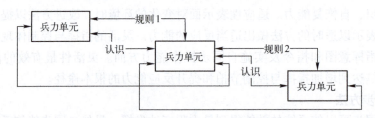

图2-11 自同步的相互作用

规则集和共享认识保证实体在缺少传统层级建制环境时实现指挥与控制。规则集描述的是在各种作战态势中的指挥与控制原则。共享认识提供正在进行的作战态势动力学的一种交互机制以及产生增加期望价值的相互作用。

3）规则

自同步的基础是互联、互通、互操作能力，这反映了技术层次的要求；自同步的运行结构是动态权力配置方式和指挥与控制关系规则，这是组织层次的内容。在传统的组织关系中，指挥与控制权在指挥与控制链内是预置的；在自组织结构中，要求指挥与控制权和指挥与控制关系是动态建立和配置的。为了既能实现自同步功能，又能保证系统有足够的稳定性，通常采用的方法是使用规则集进行动态权力配置。

规则集是界定指挥与控制权限、配置指挥与控制关系的一组条件和结果的关系集合，通常战前可作为预案确定。通过规则集，动态地明确各个节点的指挥与控制权和隶属关系，这是自同步能够正常运行的条件，也是保证系统稳定性需要的。几类可能的规则集包括：地域规则集，即指挥与控制权按地域分配，目标和任务落入作战单元的分配域内时，该单元自动获取对周边节点的指挥权；功能规则集，即不同的作战任务类型由不同的作战单元负责，如防御弹道导弹由A类作战平台拥有指挥与控制权，防御巡航导弹作战由B类作战平台拥有指挥与控制权；价值规则集，即当不同作战单元同时面对作战任务时，指挥与控制权应转移到承担军事价值大的作战任务的作战单元，评估任务价值应用定量指标；时间规则集，即指挥与控制权转移到正在执行临界时间任务的作战单元上。

2.2.5 复杂系统理论

复杂系统旨意为具有复杂性的系统。关于复杂性科学目前还无确切的定义，它的一些核心概念和研究方法来源于现代系统科学和非线性科学，这些理论主要包括非线性系统动力学、耗散结构理论、协同学、混沌理论、分形理论以及人工生命等，强调研究系统的复杂行为等方面。系统科学与非线性科学二者又从不同侧面、不同角度，深入地对系统的特征做了探讨。在系统科学中，对复杂系统并没有明确的提法，复杂系统被笼统地定义为是与牛顿力学与热力学中的简单系统相对的开放系统，即复杂系统被理解为开放系统。在非线性科学中，复杂系统被认为是一种由非线性作用而导致的具有不确定性行为的系统，即复杂系统是由大量的单元或子系统非线性地耦合在一起的时空组合或过程。进一步对复杂系统元素间的相互作用归纳可知：一般情况下，元素具有一定的智能性、抽象性与适应性，因此，也常常将该类元素称为主体（Agent）。主体可以按照各自的规则作出决策，随时准备根据接收到的信息修改自身的行为规则；对系统主体的理解是建立在主体的抽象性基础之上的，即抽取影响系统本质的特征进行描述，这也是主体得以存在的前提。在这些复杂系统中，主体往往只知道周围一部分主体的行为，但无法知道系统中全部主体的行为，所以复杂系统中的主体只能根据局部信息而非全局信息作出决策并修改自己的行为规则。

按照以上特征，可以归纳出复杂系统描述性的定义：复杂系统是由中等数目的主体构成，主体间具有较强的耦合作用，主体一般具有智能性、抽象性与适应性的特征。从系统的角度讲，复杂系统一般具有开放性、不确定性、非线性、涌现性以及不可预测性。在这些特征的综合作用下，在更高层次上表现出规律性。对复杂系统的预测是很困难的，往往存在"蝴蝶效应"。因此，系统本身的演化又常常表现出反直觉的特征。

1. 复杂适应系统理论

复杂适应系统（CAS）理论是美国霍兰（John Holland）教授于1994年正式提出的，是研究由主体之间及主体与环境之间的适应性产生系统复杂性的理论。CAS理论为认识、理解、控制和管理复杂系统提供了新的思路，将成为描述和模拟复杂系统的更有用的工具和手段。

1）复杂适应性理论的基本思想

传统的系统观点认为复杂性主要来自系统的外部，如系统结构的复杂性、系统内部的分工或分化常常归于外部力量的创造，系统行为之复杂和不可预测也总是被归因于外部的随机性干扰。而CAS理论的基本思想认为：在系统的生存和发展中，环境适应性是造成系统复杂性的重要根源，即适应性造就复杂性。系统成员的主动性及它与环境的反复、相互作用，才是系统发展和进化的基本动因，宏观的变化和个体分化都可以从个体的行为规律中找出根源。个体与环境之间的这种主动的、反复的交互作用及适应性，概括了一大批复杂系统的共同特点。

CAS理论的最基本概念是具有适应能力的、主动的个体，简称适应性主体（Adaptive Agent)。主体与环境的交互作用中，遵循的适应能力表现在它能够根据行为的效果修改自己的行为规则，以便更好地在客观环境中生存。主体在这种持续不断的交互作用过程中，不断地"学习"或"积累经验"，并且根据学到的经验改变自身的结构和行为方式。整个宏观系统的演变或进化，包括新层次的产生、分化和多样性的出现、新主体的出现等，都是在主体适应性的基础上逐步派生出来的。

2）复杂适应系统理论的基本特点

基于CAS的基本思想，CAS理论具有以下4个方面的特点：

（1）主体是主动的、活的个体。这是CAS和其他系统方法的关键区别。主体的概念把个体的主动性提高到了系统进化的基本动因位置，从而成为研究与考察宏观演化现象的出发点。复杂性正是在个体与其他个体之间主动交往、相互作用的过程中形成和产生的。既没有脱离整体、脱离环境的个体，也没有抽象的凌驾于"个体"们之上的整体。个体的主动性是关键，个体主动的程度决定了整个系统行为的复杂性程度。

（2）个体与环境（包括个体之间）的相互影响、相互作用，是系统演变和进化的主要动力。以往的建模方法一般把个体本身的内部属性放在主要位置，而没有对个体之间以及个体与环境之间的相互作用给予足够的重视。个体的相互作用是整体的基础，"整体大于它的各部分之和"指的正是这种相互作用带来的"增值"。复杂系统丰富多彩的行为正是来源于这种"增值"。这种相互作用越强，系统的进化过程就越加复杂多变。

（3）把宏观和微观有机地联系起来。它通过考察主体和环境的相互作用，使得个体的变化成为整个系统的变化的基础。在微观和宏观的相互关系问题上，CAS理论提供了区别于单纯的统计方法的新理解。

（4）引进了随机因素的作用，使它具有更强的描述和表达能力。考虑随机因素并不是CAS理论所独有的特征，然而CAS理论处理随机因素的方法是很特别的。简单地说，它从生物界的许多现象中吸取了有益的启示，如采用遗传算法（Genetic Algorithm，GA）处理随机因素。遗传算法的基本思想是：随机因素的影响不仅影响状态，而且影响组织结构和行为方式，"活的"、具有主动性的个体会接受教训、总结经验，并以某种方式把经历记住，使之固化在自己以后的行为方式中。正是因为这样，CAS理论提供了模拟生物、生态、经济、社会等复杂系统的巨大潜力，明显地超越了以往处理随机因素的一般随机方法。

3）复杂适应系统的基本模型

复杂适应系统的基本模型主要有：刺激—反应模型和回声模型。

（1）刺激—反应模型（SRM）。霍兰提出了建立主体模型的3步：

第1步，建立主体行为系统的模型。采用刺激—反应模型来表达各种系统中主体的最基本行为模式，如图2-12示。其中，输入是环境（包括其他个体）的刺激，输出是个体的反应（一般是动作），规则表示对各

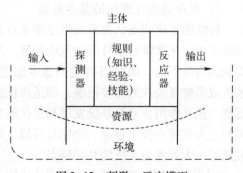

图2-12 刺激—反应模型

种刺激应做出怎样的反应，探测器是接受刺激的器官，反应器是做出反应的器官。

第 2 步，确立主体信用确认的机制。对规则进行比较和选择，首先要把假设的信用程度定量化，为此给每一条规则一个特定的数值，称为强度，或按照遗传算法的名称，称为适应度。每次需要使用规则的时候，系统按照一定的方法加以选择。选择的基本想法是：按照一定的概率选择，具有较大强度或适应度的规则有更多的机会被选用。在这个基本算法的基础上，还可以加入并行算法和缺省层次等思想，使得规则的选择更加灵活，更加符合现实的系统行为。信用确认的本质是向系统提供评价和比较规则的机制。当每次应用规则后，个体将根据应用的结果修改强度或适应度。这实际上就是"学习"或"经验积累"。

第 3 步，新规则的产生。经过与环境的对话与交流，已有的规则就能够得到不同的信用指数。在此基础上，下一步的要点就是如何发现或形成新的规则，从而提高个体适应环境的能力。这里的基本思想是，经过测试后在较成功的规则的基础上，通过交叉组合、突变等手段创造出新规则来。需注意的是，由于是基于经验来进行新规则的创造，所以比仅仅根据概率去查找和测试一切可能性要快得多，效率也要高得多。

（2）回声模型（ECHO）。在所定义的主体模型的基础上，可建立整个系统的宏观模型，霍兰称之为回声模型（ECHO）模型，模型的建立分为以下 3 步：

第 1 步，定义资源和位置。任何系统中，为了维持"活"的、有主动适应能力的主体的生存与发展，必定要消耗或使用某种资源。事实上，资源不仅是生存的条件，而且是生存质量的标志。资源太少，少到一定程度，主体就会"饿死"。而资源丰富到一定程度，主体就会"繁殖"，分出或产生出新的主体。另外，主体还具备加工资源的能力。位置是主体活动的"场所"，不同的场所对于主体的生存和活动来说，提供了若干基础条件，如资源的充裕程度、相邻的主体数量与情况，以及发展的空间与余地等。此外，主体的主动性还表现在它们可以在位置之间移动，即选择适合于自己生存的、更为适宜的位置。

第 2 步，ECHO 模型的基本框架。在 ECHO 模型中，主体的三个基本部分是主动标识、被动标识、资源库。主动标识用于主动地与其他主体联系和接触；被动标识用于其他主体与自己联系时决定应答与否；资源库用于存储加工资源。它们的功能包括：主动与其他主体接触，同时也对其他主体的接触进行应答；如果匹配成功，则进行资源交流；在自己内部存储与加工资源；如果资源足够，则繁殖新的主体。在此基础上，整个 ECHO 模型成为如下的情况：整个系统包括若干个位置；每个位置中有若干个主体；主体之间进行交往，以及交流资源和信息。

第 3 步，ECHO 模型的扩充。扩充"交换条件"的概念，即在主动标识与被动标识相符的条件下，还要加上某种交换条件的确认；扩充"资源转换"的概念，即主体具备加工、利用和重组资源的能力，为主体的分工和专门化打下了基础；扩充"黏合"的概念，即若干主体通过建立固定的联系，成为一个多主体的聚合体在系统中一起活动，显然它的来源是生物界的共生体及经济活动的企业集团；扩充"选择配合"的概念，即主体可以有选择地与其他主体结合，通过交叉组合形成新的更强的主体；扩充"条件复制"的功能，即主体在资源充裕，条件适宜的情况下，复制增加自身的功能。

2. 复杂系统网络动力学

网络是由节点集合 $V=\{v_1,v_2,\cdots,v_V\}$ 和边集合 $E=\{e_1,e_2,\cdots,e_E\}$ 所组成的集合 $N=\{V,E\}$。而网络科学是研究利用网络来描述物理、生物和社会现象，建立这些现象的预测模型的科学，主要包括基本概念、专用术语、理论、方法、度量指标体系、工具和技术等。从第二次世界大战结束至今，美国、俄罗斯和北约组织都竞相投入巨资发展庞大和复杂的联合作战指挥与控制网络。在此基础上，美国又提出了网络中心战，日益全球化、复杂化的指挥与控制网络对网络科学提出了重大需求。

Boccara 给出复杂网络的定义是：如果某些网络组成部分表现的行为已被了解，但是由于缺乏足够的科学知识而无法预测这些网络整体的行为，则称其为复杂网络。这种缺少中央控制的复杂网络具有"涌现"行为，即无法预测、无法用事先的设计来产生的行为。复杂网络的行为主要取决于各子系统在良好定义的路径集合上的交换和相互作用。换句话说，网络的行为主要取决于连接路径（结构）以及交换和相互作用（动力学）。概括地说，网络科学的核心内容是网络结构和网络动力学。目前，网络结构的研究比网络动力学研究进展大，网络动力学研究相对较慢的重要原因是网络动力学与结构相比更难描述，且网络动力学因应用领域不同而差异很大。

网络结构是关于链路、节点和连接规则的定义，基本属性是具有节点和连线（边）。节点是网络的基本元素，连线表示节点之间的连接关系。由节点和连线确定的网络通常用网络图来描述，还可用邻接矩阵来表示网络图中各节点之间的连接关系。描述网络结构常用的重要参数有：连接度（简称度）、度分布、度序列、距离、最短路径长度、平均路径长度、直径、聚集系数、子图和节点集群、谱、边的链接强度（简称权）。网络动力学主要研究节点之间的交换和相互作用，是实现网络化效能的机制，它取决于具体的应用领域。网络增长动力学或称为网络演进，是网络为适应竞争环境而发生的行为。在联合作战环境中，系统在使命任务（或事件）驱动下，各作战实体由战场感知、认知、协同到一致行动，相互之间及与环境之间围绕着感知和感知共享、认知和认知交互、协同行动和效果评估产生各种复杂的相互作用关系，产生各种连边，通过连边耦合和各种物质、能量、信息的交换产生各种复杂的系统动力学行为。由于节点之间复杂的关系及与环境之间的复杂关系，注定复杂系统网络动力学行为是极其丰富的。

研究网络需要采用从离散数学到统计学的多种分析方法，一些统计方法可以用于衡量网络的自适应性、鲁棒性、顽存性以及其他分布式网络化作战的特性。随机网络模型研究的历史很长，采用精确方法，包括图论、组合数学、概率论及随机过程。目前，采用平均场方法、变化率方程、主方程和生成函数等方法，能够定量分析并预测无尺度网络的度分布和其他特性变化。对于各种不同类型的网络，采用精确算法、动态系统理论、渗流理论可以取得定量分析结果。采用优化方法和遗传算法则可以生成优化的网络。为了研究网络中的节点集群，采用了多学科交叉的方法。

3. 指挥与控制的复杂性特征

系统的复杂性在于组成行为的复杂多样性、系统与其环境的相互作用等。根据对复杂性概念和复杂适应系统理论的认识，指挥与控制问题同样表现出复杂特征，如表2-1所示。

表 2-1 指挥与控制的复杂性特征

复杂性特征	信息时代的兵力因素
非线性	作战兵力和作战系统中由大量非线性的相互作用的规则、逻辑、设备等元素组成
分布控制	集中指挥与控制已无法适应时间、速度、精度和规模等方面的指挥与控制要求,分布控制已广泛应用
自组织	自下而上的指挥方式具有更快的反应速度,并对冲突源有更靠近的距离及更直接和详细的信息,局部行动看似"混沌",但在处理速度、获取信息方面有更多优势
非平衡态	军事冲突远离平衡态的环境,解决问题的关键是局部的努力结果
自适应	在变化的环境中,作战兵力产生连续适应的行为,同时指挥与控制机制、作战组织、战术原则等方面都应共同进化
群体动力学	在战斗人员的行为和控制结构中由连续反馈行为构成群体动力学体系
随机性	由于不能彻底消除战争中的无知和冲突,随机因素总是伴随战争的进程,并且由于系统对信息系统的依赖使问题更显突出
突变性	由于战争行为的对抗性和不确定性因素,突变随时可能出现

根据联合作战各作战主体之间的协作关系及整个体系与环境之间的关系,可以认为联合作战指挥与控制系统是复杂、非线性、大规模的人机系统,属于复杂适应系统。主要表现为:

(1) 复杂适应系统的主体具有智能性、抽象性与适应性。指挥与控制系统的主体(各级各类指挥与控制单元)同样具有智能性、抽象性和适应性。其中,指挥与控制系统的智能性是指各级指挥与控制单元可以按照各自的情况做出决策,并随时根据上级命令和下级情况调整决策,其基本决策模式、运行模式在抽象意义上来说具有同一性,且各级指挥与控制单元都是根据局部信息而非全局信息做出决策并确认自己当前所处态势。适应性是指系统在与环境的交流和互动中根据战场情况做出反应和不断学习的过程,并能够按照预测自行采取行动。随着环境和任务变化,复杂系统和环境相互作用、相互制约、相互影响,指挥与控制系统的组成和结构处于不断发展变化状态之中,并智能地反映任务和环境变化的影响。

(2) 复杂适应系统一般具有的开放性、不确定性、非线性、涌现性以及不可预测性,在指挥与控制系统中都能得到印证和体现。由于复杂性和非线性因素,很难找到作战决策、指挥控制解析解。从理论和实践上,人们在应对作战问题的复杂性中,从不同角度总结出各种经验和规则,如 Martin Van Creveld 在 1985 年出版的《战争中的指挥》一书中提出的应对复杂性的 Van Creveld 规则,Charles Perrow 在 1984 年出版的《高技术风险与生活》一书中提出了"四象限"理论(Perrow 规则)应对复杂非线性系统的控制问题,这些应对复杂性的思路和方法对于指挥与控制系统的高层设计具有方法论的意义。指挥与控制技术也是复杂性范畴的技术,主要表现为:系统各单元之间的联系构成了一个网络,每一单元的变化都会受到其他单元变化的影响,反之也会引起其他单元的变化;系统具有多层次、多功能结构,每一层次均是其上一层次的单元,同时也有助于系统的某一功能的实现;系统在发展过程中,能够不断地学习,并对其层次结构与功能结构进行重组及完善;系统是开放的,系统与环境有密切的联系,能与环境相互作用,并不断向更好的适应环境发展变化;系统是动态的,系统处于不断发展变化之中,且系统本身对未来的发展变化有一定的预测能力。

2.3 指挥与控制基本原理

指挥与控制基本原理涉及多学科领域，主要解决复杂人机系统中对抗和竞争的行为问题，是指挥与控制系统设计、指挥与控制方法应用的基础。研究指挥与控制基本原理的目的是揭示指挥与控制的内在性质，服务于指挥与控制系统的建设，开拓指挥与控制理论的应用，满足信息化条件下一体化联合作战的本质需求。

2.3.1 系统整合原理

系统的概念是信息系统的基础概念之一，也是认识指挥与控制系统的前提。一般系统论创始人贝塔朗菲定义：系统是相互联系相互作用的诸元素的综合体。我国著名科学家钱学森认为：系统是由相互作用和相互依赖的若干组成部分结合成具有特定功能的有机整体，而且这个有机整体又是它所从属的更大系统的组成部分。

系统功能是系统要达到的目标或要发挥的作用，是系统的基本属性。不同的系统一般具有不同的系统功能。系统内部相互作用的基本组成部分称为要素，它是完成系统某种功能无须再细分的最小单元。系统要素由系统的目的及所应具备的功能确定。系统要素及其要素之间的相互作用和相互依赖关系称为系统结构，系统结构是系统要素在时间与空间上有机联系与相互作用的方式或秩序，是决定系统功能的内因。系统要素间的相互关联、制约和作用，通过物质、能量和信息形式实现。具有相同组成部分的系统，由于它们的制约、作用关系不同而可能具有不同的系统功能。与系统及系统要素相关联的其他外部要素的集合称为系统环境。系统与系统环境的分界称为系统边界。大系统往往是复杂的，常常可按其复杂程度进行分解，系统中最小的即不需要再分的部分称为系统的元素或要素，还可以进一步分解的对象称为子系统。元素和子系统都是系统的组成部分，简称组分。组分及组分之间关联方式的总和，称为系统结构。无论什么系统，一般都包括三个要素：第一是实体，指组成系统的具体对象；第二是属性，指实体所具有的每一项有效特性；第三是活动，指随时间的推移，在系统内部由于各种原因而发生的变化过程。系统是否属于复杂系统，不取决于系统的组成成分的多少，而取决于其内部成分之间的行为是否具有非线性特征。

在系统体系中，任何组分都是和其他组分联系在一起而起作用的。有关部分按照一定的方式连接起来，组成具有特定功能的有机整体，产生空间、时间或功能上的有序结构，就产生整体的合力。这种合力源于组分之间的相互配合、相互协同、相互影响、相互制约的作用，其大小和属性取决于联合体系的规模和结构。因此，整体就是指任何物质系统都是由相互联系的物质要素构成的统一体。世界上一切事物和过程都可以分解为若干部分，整体依赖于部分且是部分的综合和一体化；部分融于整体之中，部分的能力是在整个体系支撑的基础上生发出来的，任何部分都离不开整体的支撑。可见，整体由部分彼此融合和相互支撑而形成，同时部分也是整体的一个部分，受整体的影响和制约，离开整体的部分只是特定的他物而不成其部分，没有整体也就无所谓部分。就层次而言，整体和部分是相对的，事物可以是整体包容着部分，同时，该事物也可以作为部分从属于更高层次的整体。

当若干个体依据一定的条件和原则整合起来，形成某种组织结构时，就会产生整体具有而部分或部分总和所没有的性质和功能，如整体的形态、特性、行为、功能等。根据系统理论，这种整体才具有孤立部分及其总和而不具备的特性，称为整体性或涌现性，即"整体大于部分之和"。整体性是相对于部分在整体行为上所涌现出来的新的特性，是系统科学意义上的质变，反映了整合系统在新的层次上新形成的功能。一旦整体分解为各个部分，这些特性便不复存在。

整体的效应或功能在于其内在的非线性联系，而表现内容、形式、特点又取决于外界环境，其大小或表现形式取决于整体的规模、结构方式和组成的特性。一般来说，组织的规模越大，整体效应就越显著。这种由规模大小不同所带来的整体效应的差异称为规模效应。同样的规模，但不同的结构方式会产生性能不同的、甚至迥异的"体系结构力"，即由于系统内部各组成要素之间相互补充、相互激励、相互作用而产生的不同于原组成要素能力的新能力。这种由不同结构方式所产生的整体效应的差异称为结构效应。恰当的结构方式产生正的整体效应，不恰当的结构方式产生负的整体效应。两者相比较，系统的整体效应不仅在于其组成数量的多少，更在于其组织结构的水平。在物质、能量和信息的流通和交换中，结构效应这一特殊的存在方式及损耗模式使其成为信息化条件下作战双方体系对抗的焦点。

在整体形成过程中，各个体如何关联起来形成一个特定的整体是各个整体区别于其他整体所特有的。当整体的组成元素很少，差异不大时，通常按单一模式对个体进行整合；当整体的组成元素较多、差异不可忽略时，通常相关个体先按照各自的模式组织起来形成若干分系统，分系统再进行整合成高一阶的系统。复杂系统一般都是多层次的，各个组成要素显示出不同的等级和地位。多种底层要素整合产生高一层的组成，涌现出新的性质；高一层的组成又催生更高一层的组成，产生更复杂的功能。同时，高层对低层又具有引导性和控制性，具有复杂的功能性、相对稳定性、适应性，因而具有生长性。西蒙（H. A. Simon）曾用数学形式证明，从已有的等级结构向上发展出更高一个层次的系统，要比从非等级结构发展出更高一个层次的系统快得多。拉兹洛（E. Laszlo）也说："我们都发现，容易存活下来的是那些按等级结构组织起来的系统。事实上，并没有保留下来任何其他类型的系统。"每次整合形成新的层次，涌现新的功能。作为整体的一部分，多数情况下各个组分以分系统的形式并依据一定的条件运动，相互配合，互为条件，以系统整体的形式而起作用。分系统是按照不同的功能组织的，按照各自的功能相互补充、相互激励、相互制约、相互关联，共同维持系统整体的生存发展。这时分系统又称为功能子系统，相应的结构称为功能结构。这样的个体相互作用决定了系统的总体特性，个体的运动和它们特定的性能取决于它们与整个系统的关系，而系统的总体反过来又制约各个体的行为。因此，个体只有和其他个体组织成体系才能发挥其作用并扩展其潜力。

在指挥与控制系统中，系统整合原理可表述为：指挥与控制系统的潜能与整合程度成正比，整合可以是跨建制、层级、功能、时间和空间的整合。整合的基本结构是网络结构。本质上，整合原理的理论基础是系统论中的涌现性原理。涌现性是指由元素构成的系统具有单个元素所不具有的功能，即整体大于部分之和。整合的系统具有规模效应和结构效应，当整体性消失时，规模效应和结构效应也随之消失。系统整合原理的另一种解释是网络法则。梅塔卡夫的网络法则指出网络的能力与节点数的平方成正比，整合的指挥与控制系统是网络系统，它从另一角度揭示出指挥与控制系统提升潜能的途径。可将各种资源整合为执行网络，再将执行网络加上有效的信息网络整合为整体力量，然后再将整合后的整体力量和指挥与控制单元整合为指挥与控制系统。这样层层整合，使高层系统具有了低层系统所不具备的功能，这已成为信息时代提升能力的有效途径。

系统整合理论充分利用了信息技术形成的互联、互通、互操作功能，将装备、人员、程序等资源整合为新的体系结构，以达到形成新能力的目的。新能力可以加快行动节拍，提高指挥与控制精度，增强打击力度。由于网络的支持，跨层级、功能、时间和空间的整合是可行的。由于跨建制，指挥与控制转化为磋商与协作。这种整合将功能操作链从平台扩展至编队，又从编队延伸到战区，典型的情况是跨平台或跨战区的传感器—射手线概念及其应用。

2.3.2　适应性原理

任何系统都是在一定的环境中产生的，又是在一定的环境中运行、发展和演化的。系统和环境之间物质、能量和信息的交换是系统存在和发展的基础和条件，不仅系统的结构、状态和属性与环境有关，而且系统体系的行为也与环境有关。系统的这种性质称为环境依赖性。

依据生命科学、系统论和复杂适应系统理论的观点，一个有生命力、适应环境、能够在激烈的竞争中胜出的系统应具有紧密黏合性、强鲁棒性、反应灵活性以及自学习、自组织、自适应、自修复能力等典型特征，这就是适应性原理。适应性原理要求打破以往的基于层级指挥、层级信息传递的指挥与控制模式。在作战过程中，采用扁平化的指挥与控制体系结构、同级化的信息框架，这对指挥与控制的信息传递、网络结构等提出了新的挑战。

指挥与控制系统作为一个有生命力的竞争系统，应体现系统论的原则，应具有生物进化和适应机制的属性。在指挥与控制系统中，作战资源、组织、互联、互通和互操作能力只表征各个要素的连接而使系统存在，它们的生命力则由指挥与控制决定。只有指挥与控制才能赋予系统反应能力、生存能力和竞争能力，如同社会的法律、法规等体制内容决定着社会对外部世界和内部事变的适应能力和应对能力一样。因此，指挥与控制机制是指挥与控制系统的生命之源，是行动单元的灵魂。指挥与控制是"力量放大器"的观点只指出了指挥与控制的表面作用，没有反映指挥与控制赋予行动单元的进化、适应机制。这种进化、适应机制使指挥与控制系统更具竞争性和更强的生命力。要使指挥与控制机制反映指挥与控制系统的生命特征，应满足适应性原理。简单地说，就是指挥与控制在系统中必须连续和分布地存在，且具有学习、适应和进化的能力。

从时间角度看，指挥与控制是一个连续的反馈调节过程，指挥与控制的节拍反映连续程度。节拍越快，连续性越好，向达成目标方向的收敛速度越快。而不是简单地任命指挥员、安排使命任务、执行给定工作等的开环指挥与控制方法。

从配置角度看，指挥与控制在系统中是分散配置的，需要群体的相互配合和参与，赋予群体的功能要维持权威的职责平衡。分布配置方式最大的优势是可最大限度地获取信息和以最快的速度解决问题。对于复杂问题，将控制前置，接近冲突源通常是常规的有利选择。

从运作角度看，指挥与控制是竞争适应机制，适应机制的进化是通过外部竞争和冲突发生的。依据对态势认识和使命任务的约束，通过推断而形成指挥意图和作战原则，而不是一个行动步骤。指挥意图一旦形成，便在更大的组织范围内传播，传播结果代表了指挥与控制机制的进化和更新。推断是高层的适应进化活动，决策则是冲突刺激的直接反应，决策过程包括构造方案、确定评估准则、方案选择等步骤。决策的结果是导出的计划或行动方案，决策是底层的指挥与控制活动。推断与决策作为指挥与控制活动的区别在于推断是决策概念的延伸，是更具鲁棒性和灵活性的决策。推断相当于形成政策法规，决策相当于落实政策法规，而决策结果是比较具体的，服务于冲突地点。

优良的指挥与控制机制促使着指挥与控制系统的发展进化。行动单元通过不断地冲突促使指挥意图和作战原则不断进行修正和更新，而新的指挥意图和作战原则又在行动单元中传播和扩散，从而使适应机制不断演化和改进。由适应性指挥与控制原理构建的指挥与控制系统，具有黏合力强、自适应、自组织、自修复、鲁棒性强等特征。因此，指挥与控制不仅是指挥与控制系统的工作手段，而且是系统的运作机制，这种机制赋予系统进化、适应以及自学习、自适应、自组织、自修复等功能。

2.3.3 时空转换原理

在指挥与控制中，时空转换原理可表述为：对于网络化的行动单元，执行任务所需的时间可通过指挥与控制的共享—合作—同步原则达到减少。这是一种作战行动的新的智力模型，主要关注共享与协同，以增强晓知、共享晓知以及协同，并因此而改进同步。它将使作战行动一体化，并为指挥与控制应用新的、反应更快的方法提供契机。

实际上，共享—合作—同步原则反映在执行任务中将涉及更大范围的作战资源，代表与执行任务的相关资源的空间扩大，这种空间的扩大可以换来时间的压缩。这里资源空间的扩大与增加力量投入是有区别的，扩大资源空间代表虚拟投入，虚拟资源的投入可以是远程资源的利用、大范围行动的优化、信息的全局使用等。通过指挥与控制的共享—合作—同步原则，利用网络可以使用更大范围内的资源。实际增加力量投入有时是不可行的，可能原因有工作面过窄、效费比过高等。

指挥与控制的共享—合作—同步原则，是一种典型的能力放大工作模式，如图 2-13 所示。

共享的对象可以是数据、信息、态势认识和物理资源等。在信息域中，共享的作用是信息融合，其结果是信息的品质更快达到推断、决策和控制的要求，从而缩短准备时间；在认知域中，共享的内容是态势认识，共享的结果是更快减少认识偏差；在物理域中，共享的典型方式是互操作，互操作是不同行动单元之间功能的互相利用，跨地理的功能运行所需的输入和输出可通过网络传送，共享的结果是行动单元节点、指挥与控制系统的缺损功能上的互补，从而提高系统的生命力。

合作反映在时间和空间的安排和配合上，可提高资源利用率。在信息域中涉及态势统一、态势传送问题，在认知域中涉及计划、方案、措施和指挥意图等问题，在物理域中涉及实现协同作战和达到精确配合。

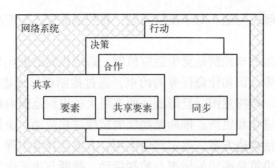

图 2-13　指挥与控制的共享—合作—同步原则示意图

同步体现指挥意图的全局一致性、信息分发的及时性、力量使用的同时性，同步效果是指挥精确、行动迅速、杀伤率高和损耗交换率低。同步的一种有效应用是自同步，自同步指不存在直接指挥隶属关系的多个作战单元之间直接沟通的协调方式。现代执行任务行动的时间窗口越来越多和越来越窄，时隐时现的时敏目标大量出现，对临界时间目标的临界时间打击的有效选择必须是自同步的。自同步可以缩短指挥周期、前置指挥节点、提高指挥与控制的有效性，避免混沌的出现。自同步的效果基于对指挥意图有清晰和一致的理解、高质量的信息和共享态势认识、指挥权威和职责的平衡，以及对信息、上级、下属、同事和设备的信任等约束条件。实施自同步的忧虑是自同步可能会引起对行动单元系统稳定性的削弱和指挥功能的流失，采取合适的指挥意图、共享态势认识、权威资源的配置、适当的行动规则，以及类似于指导而不是详细指示下属的措施，可以抑制这种削弱和流失。

共享—合作—同步原则在指出实现时空转换方法的同时，也揭示了力量放大的途径。传统的指挥与控制模式是线性和顺序模型，即信息收集、处理、显示、指挥员决策和行动。而共享—合作—同步原则对此做了修改，是一种综合模型，集中于共享和合作所产生的增强认识，通过合作达到改进同步的目的，从而提升竞争优势。共享—合作—同步原则提供了一种效率更高、速度更快、反应更灵活的指挥与控制模式。

2.3.4　测不准原理

人类对于客观对象的测量和把握，永远也无法摆脱认识主体自身能力和工具条件的限制。正如德国物理学家海森堡（Heisenberg）测不准原理指出：为了测量一个粒子的位置和速度，必须最少有一个光量子照射到这个粒子上，以确定粒子的位置，位置测量精度不可能优于光量子的波长，为提高位置测量精度，就要提高光波频率，由于光量子的能量随频率而增加，在测量粒子位置时，光量子以一种不能预见的方式改变了粒子的速度。光量子的能量越大，对粒子速度的扰动就越大。从而测量粒子的位置和速度是相互影响的，或物体的位置和速度不能同时精确测量。由此，海森堡得出结论：即使在理论上，客体的位置和速度也不能同时精确测定。换一种说法是对物体能量的测量误差与测量时间成反比。这一原理可扩展到宏观系统中，考虑到行动是需要能量的，因此对行动的测量类似于对能量的测量，这一原理适用于系统层级。

在指挥与控制中，反应速度和控制精度是矛盾的，提高反应速度限制了信息积累，而控制精度则是依赖于信息的积累。强调控制精度可能错失作战良机，而强调反应速度可能降低作战效应。指挥与控制系统的功能之一是通过观测，以最短的时间消除任何不定性。从统计角度方面，测量误差来自观测及其装置的误差，观测是需要时间的，要减少测量误差就必须增加观测时间，从而导致测量时间的增加，错失良机的风险增大。简单地说，就是测量的误差与测量时间成反比。

对指挥与控制系统来说，这种关系没有简单的解释，这与行动中能量的非线性关系有关。对指挥与控制中的主要作战行为，测不准原理描述如下：

（1）指挥不定性原理。指挥是依据目标需求而确定的资源配置行动的决策，它的最优解需要时间，通常取决于观测的速率。决策过早，可能因信息不足而使误差增大；推迟决策，可能错失良机。指挥不定性原理可陈述为指挥决策发生误差的概率与决策时间成反比。

（2）控制不定性原理。控制过程是使描述机动和传送设备的控制变量从当前状态转移到满足指挥目标的状态。如火炮的闭环控制，通过实时反馈校正可消除控制误差。控制不定性原理可表述为控制状态转移的误差概率与转移时间成反比。

（3）通信不定性原理。通信不定性原理本质上是香农（Shannon）的信道能力理论，误差概率恒定不变地与信噪比或能量与噪声的功率谱密度成反比。不定性原理可陈述为交换信息的误差概率与交换时间成反比。

（4）识别不定性原理。要减少识别误差，必须增加用于识别过程的独立观测数量及增加各次观测之间的时间间隔，因此识别不定性原理可表述为识别的误差与识别的时间成反比。

（5）对抗不定性原理。对抗的误差概率，取决于采用不可约的基本对抗行动的数量，行动越多，对抗越有效。但由于采取行动是需要时间的，对抗执行的数量越多，总的对抗时间就越长，但总的对抗时间可通过协调多个对抗计划而减少。对抗不定性可陈述为对抗的误差概率与对抗的总时间成反比。

指挥与控制中的测不准原理是海森堡测不准原理在系统层级的推广，用于描述指挥与控制的行为，反映了指挥与控制中的速度、时间、精度等状态参量的相互关系，理解这些状态参量的联系，对于把握战机，最有效地利用时间等具有重要意义，为临界时间打击目标的系统设计和方法应用提供了思路。

2.4 指挥与控制描述模型

指挥与控制是基于实际指挥与控制系统而实现的系统行为。为了全面系统地把握指挥与控制过程中的各环节作用以及各环节之间的联系，需要对指挥与控制过程进行建模，以便于将指挥与控制相关的概念、组织、要素、关系等组成一个内在协调一致的逻辑系统。根据指挥与控制过程发展情况，可以从不同角度出发，采用定性分析方法，对指挥与控制模型进行分类和描述。

2.4.1 LAWSON 指挥与控制模型

指挥与控制过程可用一个类似于非线性反馈控制系统进行描述。1981 年，Joel S. Lawson 提出了一种基于控制论的指挥与控制模型，由感知（Sense）、处理

(Process)、比较（Compare）、决策（Decide）和行动（Act）五个步骤组成，简称为 SPCDA 概念模型，如图 2-14 所示。该模型认为，指挥员会对环境进行"感知"和"比较"，然后将解决方案转换成所期望的状态并影响作战环境。

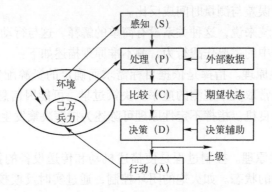

图 2-14 LAWSON 指挥与控制模型

该模型将多传感器数据处理为可行的知识，然后根据指挥员的意图、基本任务、任务陈述或作战命令等"期望状态"与当前环境状况进行"比较"，使指挥员做出决策，指定适当的行动过程，以改变战场环境状况，夺取决策优势，实现指挥员影响环境的愿望。其主要不足是对人的作用描述不够，在应用中不是很广泛。

2.4.2 Wohl's SHOR 指挥与控制模型

指挥与控制的认知活动包括感知、认识、理解和推断。在不断变化的战场环境下，指挥与控制过程处于高压力和有时限的条件下，从外部环境获取的信息不断变化，要求指挥员具备随时随地做出适时决策的能力，以达到指挥与控制的目的。其决策制定过程实质上是基于人类决策方式在过程、组织、设备、资源方面的一个扩展，将指挥与控制过程与 SHOR 模型相对应，1981 年 J. G. Wohl 提出了基于认知科学的 Wohl's SHOR 指挥与控制模型，如图 2-15 所示。

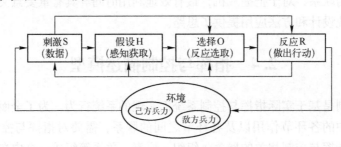

图 2-15 Wohl's SHOR 指挥与控制模型

该模型最早被应用于美国空军战术指挥与控制，使用了心理学领域的刺激（Stimulation）、假设（Hypothesis）、选择（Option）和反应（Response）框架（SHOR 决策过程模型），从指挥员感受到外在的情况变化（刺激）出发，获取新信息，针对新信息（刺激）和可选认识提出假设（感知获取），然后从可选反应中产生出若干个针对处理假设的可行行动选择（反应选取），最后对以上选择做出反应，即采取行动。在 Wohl's

SHOR 指挥与控制模型中，新的变化将引起新的决策过程，它突出了对指挥与控制过程中认知活动的解释，但对控制过程的特点反映不足。

2.4.3 OODA 环指挥与控制模型

1987 年，为了支持飞行员的战术级决策分析，美国空军上校 John R. Boyd 提出了一个经典作战过程的观测（Observe）—定向（Orient）—决策（Decide）—行动（Act）的模型，简称 OODA 环指挥与控制模型，如图 2-16 所示。这是信息化战争的基本指挥与控制模型，能系统地描述信息系统在物理域、信息域、认知域、社会域的基本行为方式和周期循环过程，是研究信息化条件下联合作战指挥与控制系统综合集成的有效方法论基础。

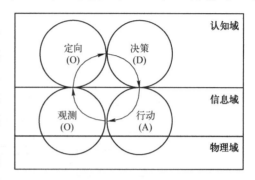

图 2-16 OODA 环指挥与控制模型

OODA 环以指挥与控制为核心，描述了复杂和动态环境中的观测、定向、决策、行动的作战过程环路。其中，观测始于物理域，从所处的战场环境中收集信息和数据；定向过程发生在认知域，是吸收观测信息的内容和在先前知识的背景环境中对战场态势进行评估和判断，并对与当前态势有关的数据进行处理，为决策提供依据；决策是认知域的行为，制定并选择一个行动方案，并通过信息域影响物理域；行动是实施选中的行动方案。该模型作为指挥与控制决策的认知模型，能够对己方和敌方的指挥与控制过程周期、力量对比进行简单和有效的阐述，同时强调了影响指挥员决策能力的不确定性和时间压力两个重要因素。

OODA 环也可称为决策环，实质上是反应时间问题。它具有周期性，周期大小与作战的兵力规模、空间范围、作战样式等有关，一个周期的结束是另一个周期的开始，OODA 环以嵌套的形式进行关联。例如，在舰艇编队作战系统中，最小的 OODA 环是单舰平台上近距离武器系统的火力闭环控制环；其次是单舰层次上的 OODA 环，即舰艇指挥与控制环；还有编队层次上的 OODA 环，即编队指挥与控制环。这些指挥与控制环相互嵌套，内环周期短，外环周期长。

OODA 环克服了 Wohl's SHOR、Joel S. Lawson 指挥与控制模型的不足，得到了广泛应用，它在解释指挥与控制战中敌我双方互动关系时比较成功。该模型存在的不足是：缺乏模型过程之间反馈或前馈环表示，不能有效地表示指挥与控制的动态决策性；过于简化指挥与控制过程，没有对观测、定向、决策和行动等作战活动提供进一步分析和描述；采用严格的线性模型，严格的时序性和单一的过程使其很难适应现代战场多任务环境。鉴于 OODA 环指挥与控制模型存在诸多问题，先后有许多研究者提出了很多的改进模型。Breton 和 Rousseau 于 2004 年提出了模块型 OODA 环指挥与控制模型，通过对经典 OODA 环指挥与控制模型的修改，为更好地描述指挥与控制过程动态复杂的本质提供了一种更好的方法。随后，Breton 又先后提出了认知型、团队型的 OODA 环指挥与控制模型，从认知层面和团队决策层面进行了改进。

2.4.4 RPD 指挥与控制模型

在指挥与控制过程中，指挥员在动态复杂环境和有时间压力的情况下，往往不会使用传统的方法进行决策。根据这一现象，Klein 于 1998 年提出了 RPD（识别决定）指挥与控制模型，如图 2-17 所示。

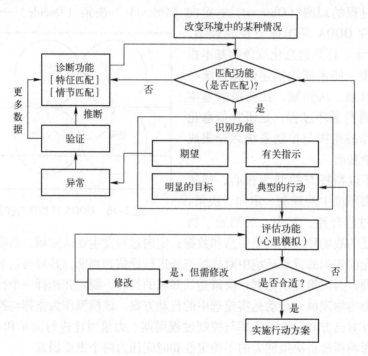

图 2-17 RPD 指挥与控制模型

该模型指出，在指挥过程中，指挥员会将当前遇到的问题环境与记忆中的某个情况相匹配，然后从记忆中获取一个存储的解决方案，最后对该方案的适合性进行评估，如果合适，则采取这一方案；如果不合适，则进行改进或重新选择另一个存储的方案，然后再进行评估。

该模型具有匹配功能、诊断功能和评估功能。匹配功能就是对当前的情境与记忆和经验存储中的某个情境进行简单直接的匹配，并做出反应。诊断功能多用于对当前本质难以确定时启用，包括特征匹配和情节构建两种诊断策略。评估功能是通过心里模拟对行为过程进行有意识的评估。评估结果要么采用这一过程，要么选择一个新的过程。

2.4.5 HEAT 指挥与控制模型

HEAT（司令部作战效能评估工具）指挥与控制模型由 Richard E. Hayes 博士提出，该模型包括监视、理解、计划准备、决策和指导（命令）五个步骤的循环，如图 2-18 所示。

在 HEAT 指挥与控制模型中，指挥与控制系统被理解为一个自适应系统，指挥员对所输入的信息做出反应，将系统转变成期望的状态，以达到控制战场环境的目的。为了

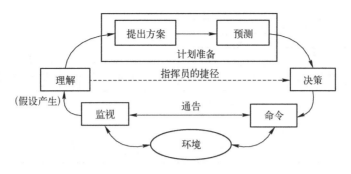

图 2-18 HEAT 指挥与控制模型

成功地履行任务,该系统负责监视作战环境,理解态势,提出行动方案并制定计划,预测方案的可行性,评估其是否具有达到期望状态和控制作战环境的可能性,从评估的可选行动方案中做出决策并形成作战命令和指示下发下级部门,然后为下级提供指导并监视下级的执行情况。行动与作战环境的改变使作战环境呈现出动态特征,意味着指挥与控制系统必须重新开始循环,以监视新的进展。

HEAT 与更加战术化的 OODA 环系出同门,其可用性在美国联军、陆海空以及盟军的联合作战实践中已经得到了成功的印证,但其在信息时代的作战中仍显得相对脆弱,以致无法支持信息时代的行动分析。此外,HEAT 往往只能反映周期性的指挥与控制过程,由于通过分层的指挥与控制系统传递信息与指令需要一定的时间,使得信息和指示命令具有相对滞后性,以致指挥与控制的灵活性不能得到很好的保证。

2.4.6 IMISEC 指挥与控制模型

在现代联合作战指挥与控制过程中,为适应瞬息万变的战场环境,基于计算机与信息技术的智能化知识获取工具,可为指挥员的决策分析提供智能化、自动化的辅助手段,提高系统的智能化程度及决策的科学性和时效性。信息挖掘技术为解决这个问题提供了一种行之有效的工具。

基于信息挖掘与主动感知的指挥与控制模型框架如图 2-19 所示。该模型以信息挖掘(Information Mining)、主动感知(Initiative Sensing)和作战协同(Engagement Cooperative)为特色,简称为 IMISEC 指挥与控制模型。

指挥与控制系统认知域中的态势分析被分解为态势感测、态势合成、态势发觉以及态势推演等,在 IMISEC 指挥与控制模型中,分别由信息收集环节、信息融合环节、信息挖掘环节、计划识别环节和主动感知环节实现,并构成闭环控制模式。信息收集环节的作用相当于指挥与控制系统闭环控制的探测装置;信息融合环节的功能是对信息收集环节探测到的作战环境信息进行融合处理以获得状态估计和目标属性,为信息挖掘环节、计划识别环节提供进一步融合的结果,为主动感知环节提供反馈的依据。这几个环节相互联系、相互作用、相互制约,形成了一个具有反馈机制的、实时调整的闭环指挥与控制系统。

指挥与控制系统中的态势感测属于战场感知的范畴,主动感知则体现了作战态势不断发展中的自适应调整过程,该过程直接导致态势合成、态势发觉以及态势推演过程的反复。对指挥员而言,态势合成、态势发觉以及态势推演是作战态势分析与决策所关注

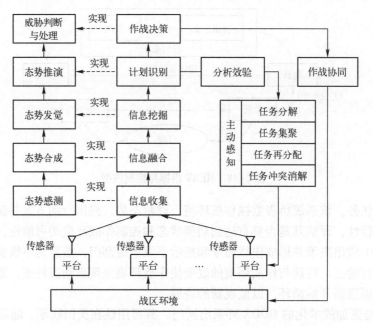

图 2-19 基于信息挖掘与主动感知的指挥与控制模型框架

的主要内容。

态势发觉是从态势合成图中获得作战实体、实体的聚类（群）、实体（或群）发出的行动（或行动序列）、实体之间、群之间体现的静态和动态关系的过程。

态势推演是从对态势发觉中获得的各种实体关系中体现的战术计划（目标的意图）到各子目标共同体现的递进的高层战役或战略计划（目标的意图）的识别过程。

从功能上而言，指挥与控制主要体现为"情报的收集与处理、态势的生成与共享、计划的制定与执行、行动的执行与结果"四个方面，部分人员认为指挥与控制主要就是一个反应式规划和计划识别的循环过程，认为战争博弈的关键是在对敌方的计划或意图进行准确的识别问题上，即如何根据已有的战场实体、实体的行动、实体之间的关系，判断其战术乃至战役、战略目的与意图。

信息化条件下的联合作战，从作战态势信息的融合过程出发，可以更清晰地体现指挥控制与融合体系、意图（计划）识别之间的关系，指挥员根据要实现的任务实施任务规划，实现计划制定，各级指挥员根据制定的计划来展开作战行动，行动的结果导致作战态势的演变，态势的变化进一步通过战场感知反馈给指挥员，并通过情报的收集处理、态势的多维表现与生成、作战视图的共享与交互等手段提供指挥员对当前态势的理解，之后指挥员根据信息的综合判断实现对敌方意图（计划）的识别，并进行敌方计划所带来的威胁估计，根据所受威胁进行我方作战规划的调整或修订（即"反应式规划"），如此循环，最终体现出一个完整的指挥与控制过程。

思 考 题

1. 简述系统的定义及其属性。

2. 简述指挥与控制、指挥与控制过程、指挥与控制系统的基本概念。
3. 归纳指挥与控制的理论基础有哪些?
4. 系统整合原理的理论依据和内涵是什么?
5. 根据适应性原理,分析联合作战指挥与控制系统的适应性内容和方法。
6. 共享—合作—同步工作模式的价值是什么?
7. 简述指挥与控制过程的控制论解释模型、认知论解释模型和 OODA 环模型的特点。
8. 简述 IMISEC 指挥与控制模型进行态势分析的闭环工作过程。
9. 在指挥与控制中,主要有哪些方法应对系统的复杂性?

第 3 章 联合作战指挥与控制系统的功能与构成

指挥与控制是组织与实施联合作战的关键神经中枢。联合作战指挥与控制系统用以将多维战场空间、多种作战力量、多类武器装备系统等有机融合成一个有机整体，最大限度地发挥出信息优势、决策优势和打击优势，使体系化整体作战能力呈指数级增长，已成为联合作战指挥与控制的重要手段。

本章在介绍指挥与控制系统发展与建设的基础上，阐述指挥与控制系统的分类、功能、组成、主要硬件和典型软件，以及国家、战区联合作战指挥与控制系统的体系、任务、功能与组成，并介绍美军指挥与控制系统建设与发展情况等基本知识。

3.1 指挥与控制系统的发展与建设

3.1.1 指挥与控制系统的发展

1. 指挥与控制系统的发展过程

人类战争在经过徒手作战、冷兵器战争、热兵器战争和机械化战争几个阶段后，正在进入信息化战争阶段。指挥与控制系统是伴随着战争时代的变迁而不断发展的，按时代特征，指挥与控制系统发展过程可以分为三个阶段：农业时代、机械化时代、信息化时代的指挥与控制系统。

1）农业时代的指挥与控制系统

农业时代的战争形态十分简单，主要是以人力及传统的声音、火光等现象相结合构成指挥与控制系统。如中国古代以烽火为基础的指挥与控制系统。我国长城上有很多烽火台，烽火台又称烽燧，俗称烽堠、烟墩，古代用于点燃烟火传递重要消息，是古代重要的军事防御设施，烽火的数量和形式是描述敌情、指挥兵力的重要手段。烽火的作用在古代文献中多有记载，如《塞上蓬火品约》规定：如果发现所报的信号有误，则应立即"下蓬灭火"，取消所发的信号，并写成书面报告，迅速传报上级。为了保证烽火制度的严格执行，汉代有一整套严密的制度。有的汉简还记录了某烽燧的守备器物和生活用品，其中有报警物布蓬、布表、苣、积薪、鼓；建筑器物椎，瞄准器械"深目"，防御武器弩、枪、羊头石等。宋代曾公亮等人编撰的《武经总要》中提到的古代烽火制度更为详细，分为烽燧的设置、烽火的种类、放烽火的程度、放烽火的方法、烽火报警规律、传警、密号和更番法等。

2）机械化时代的指挥与控制系统

机械化时代的战争规模发展为立体空间，实施以武器平台为中心的作战，指挥与控制系统通过信息上报、实地调查、卫星照相、雷达探测等方式构成信息采集子系统；采用通信装备构建信息传输子系统；采用现代化的交通工具构成运输保障子系统；采用计算机处理各种复杂的信息来源，获取第一手关键资料，为指挥机构的决策提供依据。机械化时代的指挥与控制系统的典型特征是：具有层次化的组织结构，指挥与控制命令和情报信息的上传下达均适于层次化的结构；采用平台为中心的作战方式，以适应机械化技术的特点，但同时会带来指挥与控制和信息传递的孤岛效应。

3）信息化时代的指挥与控制系统

信息化时代的战场范围由陆地、海洋、空中扩展到电磁空间和外层空间等，由于计算机和通信技术的迅猛发展和大规模应用，使指挥与控制系统逐步演化为一种信息平台。信息平台成为主导指挥与控制范畴内各种要素行动的关键。指挥与控制范畴内的一切要素都在信息平台的掌控之下。信息平台的主要特点是互联、互通、互操作。具体到特定的指挥与控制系统，信息技术、人工智能理论和指挥与控制系统的有机融合，使指挥与控制系统发生了重要变化：一是实现由"二维指挥与控制系统"到"多维指挥与控制系统"的转变。工业化时代的指挥与控制系统，其系统交联方式比较单一，表现为一种"二维平面结构"，能有效地保证指挥与控制系统的安全性、可靠性与有效性，但是难以做到具有更好的协同性。信息化时代的指挥与控制系统，则演变为一个"多维立体结构"，通过信息的融合来进行全方位的指挥与控制，即通过增强的信息获取与处理能力来提高集中式指挥与控制系统的功能，进而有效地融合各种力量。二是实现由"非实时指挥与控制系统"到"近实时指挥与控制系统"的转变。在指挥与控制过程中，系统的及时性对行动进程具有重要作用。由于机械化时代的信息技术落后，导致指挥与控制系统的实时性不强，总是落后于行动进程。在信息化时代，由于信息技术的极大利用，使近实时获取全局作战态势信息成为可能，从而提高了指挥与控制系统做出决策与实施决策的实时性，处于网络环境下的指挥与控制系统可以看作是一个近实时的指挥与控制系统。三是实现由人工指挥与控制系统到人机结合智能化、自动化指挥与控制系统的转变。在机械化作战形态中，各级指挥与控制系统的运作更多是依赖于指挥员的个人能力与经验，这种主要由人工决策的指挥与控制系统无法适应信息化条件下战争的多变性。随着信息技术与人工智能技术的发展，促进了智能指挥与控制系统的发展，能使各级各类指挥与控制系统形成一个完整的、自动化的智能指挥与控制系统。目前，这种人机结合的智能指挥与控制系统是研究发展的重点。

2. 指挥与控制技术的发展特征

对应指挥与控制系统的时代特征，指挥与控制技术的阶段发展特征是：

1）农业时代的指挥与控制技术

农业时代的指挥与控制技术主要特征是使用人力的技巧。指令传达主要依靠口传和书信传递；指挥与控制过程简单直观，作用范围有限，时效性差；指挥与控制的决策质量主要依靠指挥员对事物的判断能力。

2）机械化时代的指挥与控制技术

机械化时代的指挥与控制技术主要特征是通信技术和动力技术的应用。指令传递采用有线电话、无线通信设备等完成，实现了大范围的实时信息传输；机械化运输工具的应用，使人类的活动空间和活动能力得到了扩展。依靠这些技术，指挥与控制能够适应较为复杂的环境，作战时间和空间得到了极大拓展，指挥的时效性较好，指挥与控制的决策质量主要依靠通信技术和机械化技术的信息收集能力。

机械化时代的战争中,由于指挥与控制技术手段相对落后,因而形成了从最高统帅到基层分队,从上到下纵长横窄、横向不能连接的"树状式"层级结构的指挥体系,主要不足是:信息流程长;平级单位间、侦察系统与武器系统间不能横向沟通;抗毁能力差,被切断"一枝"就影响一片,切断"主干",则全部瘫痪等,因而使作战指挥与控制受到诸多限制。

3）信息化时代的指挥与控制技术

信息化时代的指挥与控制技术主要特征是计算机网络技术的应用。建立的信息传输网络,能实现指令的快速传递,使得指挥与控制信息能够快速地下达到执行单元;建立的信息收集网,使得信息收集的质量得到了很大提高;建立的计算机网络极大地提高了信息处理能力,使得基于网络的高质量信息能够经过充分的计算得到高质量的决策结果。由于计算机网络技术的飞速发展和应用,促进了智能化信息平台建设,使情报收集、信息处理、通信联络、态势控制等实现了网络化、自动化和实时化。

信息化时代的战争中,由于信息网络技术广泛运用于作战指挥与控制,促使信息采集、传递、处理、存储和使用一体化,信息流程更优化,信息流动实时化,信息决策智能化,致使作战指挥与控制体制及其机制发生了许多新的变化。在指挥与控制结构方式上,由"树状式"层级指挥结构向"网状式"扁平指挥结构转变;在指挥与控制信息保障方式上,由自我保障为主向战场信息共享为主转变;在指挥与控制决策方式上,从单级封闭式集中决策向多级开放式分布决策转变;在指挥与控制方式上,由预先计划控制为主向以作战行动为主的近实时动态调控转变;在指挥与控制效果评估方式上,由概略评估为主向精确评估为主转变。

3. 指挥与控制系统的发展趋势

信息化条件下联合作战客观上要求指挥控制与作战行动的整体性和一体性、指挥控制和作战行动过程的有机融合,以实现快速准确的自取所需信息、自适应协同和自同步交战。为适应信息化条件下联合作战的需要,指挥与控制系统将以网络中心战为主线,向一体化、网络化、智能化、全维化、服务化、自主化等方向发展,实现战略与战术指挥与控制系统一体化,形成快捷灵活的指挥决策和顺畅精准的武器控制能力。

1）指挥与控制系统的一体化

信息化条件下联合作战效能的发挥取决于指挥与控制系统的信息获取、处理及传输能力以及对突击、火力、综合保障等资源的一体化协调控制能力,即取决于指挥与控制系统的性能和一体化程度。在指挥与控制系统结构上,按照顶层设计统一、技术体制统一、标准规范统一、公共平台统一等思路和方法,通过一体化体系结构和综合集成途径,以战役和战术为主,将战略、战役和战术相互独立的各种系统逐步集成为一体,将实现各业务功能系统综合一体、各指挥层次系统综合一体、诸军兵种系统综合一体和与主战武器系统综合一体。战略/战役的指挥与控制系统将向战术指挥与控制系统和作战武器充分延伸、融合,构成高度一体化、扁平化的联合作战指挥与控制系统,有效提高作战指挥及作战协同的快速反应能力,进而实现从传感器到射手的快速摧毁或打击。

2）指挥与控制系统的智能化

信息化条件下联合作战的战场态势瞬息万变,情况错综复杂,战争空前激烈,指挥异常困难,为适应这一情况,指挥与控制系统必须向智能化方向发展。随着新型高性能计算机技术发展，基于人工智能、神经网络、专家系统、模糊理论、脑机接口的辅助决策系统，将为指挥员提供决策支持和作战协同等先进工具，使得作战计划能够快速生成、更改，并同步反映到相关指挥员的终端装备上，确保决策的正确性、指挥控制的准确性和灵活性及协同性，有效提高整体作战效能。

3）指挥与控制系统的网络化

未来联合作战指挥与控制系统将向技术数字化、综合一体化、配置多维化、业务多媒体化、功能多样化和用户全员化的网络化方向发展。应充分利用信息栅格技术、计算机网络技术和数据库技术，建设按需信息分发、按需信息服务、强化信息安全和支持即插即用的信息栅格，逐步把所有的武器系统、部队和指挥机构整合进入信息栅格，实现各网系设备的互联、数据信息的互通及各系统间的互操作，使所有作战单元都集成为具有一体化互通能力的有机整体，从而建成一体化联合作战指挥与控制系统，提高兵力协同和武器装备协同作战能力，实现由以武器平台为中心向以网络为中心的转变。

通信网络作为战场感知系统、指挥与控制系统、信息毁伤武器系统、综合保障系统、联合防护系统等之间互联互通的传输平台，其网络结构应采用多层分布式结构；能够无缝地集成地面和近地面、空中和太空的通信设备；平衡使用各种通信资源，形成有力、持续、可靠、开放的通信网络；能够适应联合作战的战场大纵深、全方位和高立体的特点；能满足联合作战的战场快速机动、非线式作战和战场态势变化的需求。随着信息技术的快速发展，未来通信网络系统的发展趋势将是：提高信息传递的有效性与可靠性，向标准化、系列化、模块化、小型化、数字化、自动化、智能化、多功能化和低功耗方向发展，进一步改善通信网络系统的互通性、生存性、安全性和可靠性。

4）指挥与控制系统的信息共享全维化和服务化

信息化条件下联合作战要求各种作战力量必须融合为一个有机的整体，并能够进行一体化的指挥与控制，即在信息传输、处理设备的基础上，将所有软硬件资源进行有机融合，形成一体化联合作战信息平台，先进的态势生成和信息分发技术，将为各类作战人员提供所需的完整态势和指挥信息，实现战场信息的高度共享和作战部队的全面协同，以充分发挥武器装备和作战部队的作战效能。因此，指挥与控制系统必须依照统一的作战原则，协调一致地组织各种传感器、指挥力量和武器系统，实现各作战单元间的互联互通互操作及最大程度的信息共享，提高战场感知、情报处理、信息传递、作战指挥、武器控制以及打击效果评估的自动化水平，形成整体指挥与控制作战体系。在未来的指挥与控制系统中，将采用面向服务的技术体制，使分布存储的战场信息通过"信息栅格"所提供的信息服务实现统一管理，使任意作战单元都可以按照既定的规则和协议纳入信息栅格中并获取信息服务。通过信息栅格的管理和调度机制，可实现各类信息的有效管理和信息在栅格中的有序流动。根据不同的服务需求，可以合理地利用系统的各种资源有效地处理、分发和管理信息，并能提供分布式数据存储能力、访问能力以及与其他系统的互操作能力，实现作战资源的高效综合利用。

5）指挥与控制系统的软硬件自主化

真正的军事核心技术买不来，只有通过自力更生、自主创新，才能确保自主地研制、生产、使用武器装备，也能防止陷入受制于人的窘境。因此，需要开发具有自主知识产权的作战应用软件集成环境、数据共享环境、信息处理与控制设备等，重点发展以嵌入式技术为核心的指挥控制设备和软件系统，包括新一代联合作战指挥所技术、新型指挥与控制技术、指挥与控制软件技术、公共作战视图生成技术、联合作战方案生成与评估技术等，可大幅提高系统的智能化指挥控制、态势可视化、数据融合再生、多种业务服务的水平，从根本上解决战场感知、情报处理、态势共享、指挥控制、精确保障、综合防护、信息对抗、战场评估、侦打一体等信息互操作问题，为赢得信息化条件下联合作战的胜利提供安全可靠的保障。

3.1.2 指挥与控制系统的建设

从系统角度看，指挥与控制系统经历了由简单到复杂、低级到高级的发展进程，是指挥（Command）、控制（Control）、通信（Communications）、计算机（Computers）、情报（Intelligence）、监视（Surveillance）和侦察（Reconnaissance）等概念逐步结合和系统综合集成建设的过程，如图 3-1 所示。

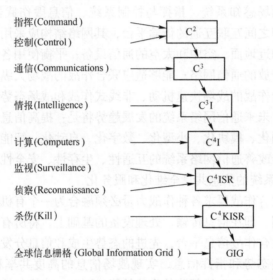

图 3-1 指挥与控制的术语演变

指挥与控制系统建设与发展中，美军先后提出了一系列具有指挥控制功能的指挥与控制系统，从 C^2、C^3、C^3I、C^4ISR、C^4KISR 到 GIG（全球信息栅格），代表了不同的年代、功能和用途的指挥与控制系统。从指挥与控制系统的装备建设与发展历程看，指挥与控制系统可分为单系统分散建设、平台式业务系统发展和一体化系统发展三个阶段。

1. 单系统分散建设阶段

20 世纪 50 年代末至 60 年代中期，是指挥与控制系统独立建设的初创阶段，主要为某个目标单独分散建设，具有自成体系和结构性能均较简单等系统特征。由于各军兵种的指挥与控制系统建设缺少标准、规范和理论支撑，致使各军兵种之间的指挥与控制系统不能够互联、互通、互操作。

20 世纪 50 年代初期，美国首先提出了指挥与控制（C^2）系统的概念，用以有效提高作战指挥和武器控制的效率与质量。1958 年美国最先建成并使用"赛其"（SAGE）半自动化防空指挥与控制系统，该系统是以第二次世界大战中英伦三岛防空系统为蓝本设计。几乎在美国建成"赛其"系统的同时，苏联也建成了本土防空半自动化的"天空一号"系统。C^2系统有效提高了作战指挥与武器控制的效率和质量，但同时也表现出系统信息传输慢、互通能力差等不足。

20世纪60年代，随着各种战略导弹和战略轰炸机等远程武器的发展和装备部队，出现指挥决策与作战执行单元之间可能彼此相隔数千千米甚至更远的局面，单一的指挥与控制系统已无法完成现代战争的指挥与控制任务，无法实时地进行大量情报信息的传输。苏联提出了"没有通信就没有指挥"的观点。因此，通信在军事上得到了前所未有的重视，作为新的要素首先被集成到指挥与控制要素中，将C^2系统扩展为C^3系统。针对当时美、苏两个超级大国在冷战对峙下执行核威胁、核报复战略的需要，美国首先建成并开始使用世界上第一批战略指挥与控制系统，如战略空军指挥与控制系统、弹道导弹预警系统、战略空军核攻击指挥与控制系统等。C^3的出现，表明在现代高技术战争中，指挥、控制与通信已逐渐融合为一体，其指挥控制是目的，通信是达到目的必不可少的手段。

2. 平台式业务系统发展阶段

20世纪60年代末到80年代，是指挥与控制系统的全面发展阶段，具有业务系统区域融合、提供某种业务的全面支持等特征，致力于实现独立开发的C^4I系统之间的互联、互通，建设共用的互操作信息平台。

由于当时处于美苏对峙的冷战时期，局部战争连绵不断，情报和信息处理的作用受到充分重视，成为C^3系统的新要素。1977年美国国防部在C^3系统中加入了情报的概念，提出了C^3I系统。随着超大规模集成电路的飞速发展，美国军用计算机发展到了第四代并得到广泛应用，计算机成为武器装备中的关键技术，于是1989年美军又把计算机加入到C^3I系统，形成了C^4I系统，体现了指挥与控制系统从工业时代到信息时代的演变过程。

20世纪60年代至70年代末，美国逐渐完善了准备打"两个半战争"（全球核战争、大规模常规战争和局部地区冲突）的灵活反应战略。其间，美国除建成国家级C^3I系统外，各军种的C^3I也有了较大的发展，主要体现是：改进完善早期的战略C^3I系统；更新以手工作业为主的指挥设施，如空军的战术控制系统等；研制机动式系统与诸军种联合作战通用系统，如E-3A空中预警机、EC-130战场空中控制中心等。

20世纪80年代以后，C^4I系统的发展主要是提高系统性能和系统之间的兼容性。该阶段，美、苏两国的战略性系统得到进一步的改进与更新，美国的原"赛其"系统已被新系统所取代，各军种的战术C^4I系统相继建成，并启用了先进的空中或地面机动式C^4I系统，连同空中与地下的C^4I设施，基本构成了全球性C^4I系统，其现代化水平有了明显的提高。

3. 一体化系统发展阶段

从20世纪80年代末至今，是指挥与控制系统的成熟与发展阶段。在作战需求及信息技术推动下，坚持理论先行、系统跟进的建设原则，将C^4ISR系统架构在全新的体系上，系统性能不断得到开拓，能力大大提高，逐渐向全球范围内的一体化系统方向发展。

20世纪80年代末、90年代初，以美国为代表的发达国家的指挥与控制系统已经成熟，进入了向综合性指挥与控制系统发展的阶段。受系统的发展规划、技术和其他条件的限制，包括美国在内的世界多数国家军队的指挥与控制系统，走的都是"烟囱式"的发展道路，致使建成的系统功能独立，互联、互通、互操作能力差，严重影响了整体效能的充分发挥，难以适应未来信息化条件下联合作战的需要。1992年美军提出了"武士"C^4I计划，旨在全球范围内建立无缝、保密、高性能的一体化C^4I系统，用以替代分立的"烟囱式"的C^4I系统。1993年美国国防部批准了"国防信息基础设施"（DII）建设计划，要求把全球指挥与控制系统（GCCS）和国防信息系统网（DISN）等系统共用部分统一起来，建设全军共用的信息基础平台。据不完全统计，美国国防部和陆、海、空三军的各级C^4I系统就有140多个。在一体化过程中，美国国防部首先将国防部所属的14个系统集成为一体化的大系统。美陆、海、空军也分别将本军种所属的若干系统向着一体化的方向集成，最终集成为本军种的一个大系统。与此同时，各军种的系统和国防部的系统还要进一步综合集成为一体化的更大系统，以实现互联、互通、互操作。国防信息系统网已于1993年实现了9个独立网的综合一体，1996年将170多个网络综合进了该网，对实现一体化产生了巨大作用。GCCS全部实现后，陆、海、空三军不仅能实现战场信息系统的无缝隙链接和信息资源的高度共享，而且陆军指挥员可用海军的平台指挥陆上作战。同样，海军的指挥员也可用陆军的指挥平台指挥海上作战，从而实现指挥平台的一体化。

为了能够实时地掌握战场态势，取得战场信息优势，情报与监视、侦察之间的关系越来越紧密，在战场上发挥着至关重要的作用，形成了"传感器就是战斗力"和"发现即摧毁"的重要思想。1997年美军将监视和侦察融合进了C^4I系统，形成了综合集成的指挥、控制、通信、计算机、情报、监视和侦察的C^4ISR系统，实现了侦察预警与指挥控制的一体化。与此同时，美军又提出了"网络中心战"思想，成为美军信息化作战的基本理论。为实现网络中心战的思想，1999年美国国防部提出了建设全球信息栅格（GIG）的战略构想。GIG由全球互联的端到端的信息能力、相关过程和人员构成，旨在收集、处理、存储、分发和管理信息，以满足作战人员、决策员和保障员的需要。GIG的建设，标志着美军C^4ISR系统的发展步入了全新的一体化系统建设阶段。

进入21世纪，随着新军事变革的推进和军队向信息化转型，未来C^4ISR系统正在向跨越时间、空间、功能以及组织的全面集成方向发展，使作战力量更加有效，实现最佳的作战效果。美国于2001年提出了C^4KISR概念，通过将陆、海、空、太空的各种传感器、指挥与控制中心和武器平台集成为一体化网络，实现侦察、监视、决策、杀伤、战损评估等过程一体化，从而产生新的作战能力。C^4KISR系统的一个重要特征就是减少指挥层次，增加指挥跨度，缩短指挥周期，以最快的速度协同诸军兵种作战行动，使复杂的作战协同变得易于组织和趋于简单，从而使联合作战的行动更加协调一致。

3.1.3 指挥与控制系统的作用

随着社会生产力的提高和科学技术的进步，加快了指挥与控制系统的发展和更新，促进了作战方法、指挥与控制方式的不断变革，指挥与控制系统在信息化战争和军队信息化建设中的地位和作用日益突出，充分利用人类智慧和信息技术结合的方式，将可以大大提高指挥与控制的质量和效率，更好地适应信息化条件下联合作战的需要。

（1）指挥与控制系统是联合作战力量的重要组成部分。任何一种在战场上起重大作用的武器装备或技术问世时，都会产生某种威慑效果。美国前国防部长温伯格曾经指出："美国威慑遏制核攻击领先的是：可靠的预警能力；强大而能保存下来的核力量；能保存下来并能充分发挥作用的指挥、控制、通信和情报支持等系统。"可见，美军早已将 C^4ISR 系统作为其威慑力量的一个重要组成部分。在信息化条件下的联合作战中，作战力量各要素之间的紧密协调和各种武器系统威力的发挥，越来越明显地表现在对 C^4ISR 系统的依赖上，信息优势已成为决定战争胜负的重要因素。充分运用信息化的联合作战指挥与控制系统，可以有效地指挥控制己方作战兵力，准确掌握敌方作战行动，有效发挥各种武器系统的威力，并通过信息对抗使敌方无法了解己方情况，从而掌握制信息权，确保打赢信息化战争。

（2）指挥与控制系统是联合作战体系的"黏合剂"。在信息化条件下的作战是一体化联合作战。20世纪90年代到21世纪初的第一场高技术的海湾战争、第一场以空战制胜的科索沃战争、第一场反恐怖的阿富汗战争、第一场初具信息化形态的伊拉克战争中，美军利用其高度信息化的 C^4ISR 系统，充分发挥指挥与控制系统的作用，将各种作战力量、作战行动聚为一体，成功实施了联合多维空间力量的信息化作战。作为承载联合作战各种指挥信息和保障指挥体制运行的基本依托，C^4ISR 系统能有效利用信息技术的渗透性、联通性，将战场各种作战力量、作战单元、作战要素融合为一个结构合理、协调运行的整体，实现各级指挥与控制系统的互联互通互操作，支持指挥关系的适时调整、指挥方式的动态变化、指挥信息的实时共享，达成从统帅部到作战部队、武器平台、数字化单兵的互联互通，从"传感器到射手"的直接交错，从而构建联合作战体系，并使之生成和发挥出最大整体作战效能。

（3）指挥与控制系统是联合作战能力的"倍增器"。有人把夺取战争胜利归结为军事实力和驾驭战争能力两个方面，军事实力包括优良的武器装备、英勇善战的部队和及时充足的后勤保障等因素，驾驭战争能力包括先进的军事思想、高超的指挥艺术和顶用的 C^4ISR 系统等因素。也就是说形成作战能力的两个因素是一种乘积关系，彼此有成倍的关系。在信息化条件下的一体化联合作战中，单一武器的决胜作用逐渐弱化，体系与体系的对抗已成为重中之重。虽然信息化武器装备的发展和运用，为赢得战争胜利提供了坚实的物质基础，但武器装备只有通过 C^4ISR 系统才能构成一个有机的整体，才能发挥出有效的作用。C^4ISR 系统对作战兵力兵器的快速、合理分配，可以最大限度地减少作战消耗，使作战行动更加直接有效，使有限的作战能力得到"倍增"。因此，C^4ISR 系统常被称为"兵力倍增器"。

（4）指挥与控制系统是联合作战指挥与控制的必备手段。在信息化条件下的联合作战中，参战军兵种多，武器装备复杂，作战空间扩大，节奏加快，信息量剧增，战场情况瞬息万变，仅依靠传统手段已无法实施有效的指挥与控制过程。在瞬息万变的战场情况下，C^4ISR 系统作为一种先进指挥与控制手段，既能充分发掘技术潜力体现现代科技的巨大优越性，又可有效地发挥指挥员的聪明才智和创造性，从而有效地提高指挥与控制效能。因此，在信息化条件下指挥与控制系统是联合作战指挥与控制的必备手段。

（5）指挥与控制系统是部队转型发展的"催化剂"。信息技术的产生和发展，实质上就是人类在认识自己、认识世界和驾驭世界的更高层次的发明和创造，其广泛应用特别是 C^4ISR 系统的建设与运用，对推动现代战争形态发展、联合作战理论研究和部队信息化建设都产生了有史以来最深刻的影响，对于促进部队转型发展，提高整体效能，表现出巨大的能力和潜力。随着信息化建设的全面发展，将不断提升 C^4ISR 系统与信息化武器装备整体建设与能力，深入推动军队体制、指挥方式、作战样式的变革和发展，催生新的作战理论和作战力量，逐步推动部队整体转型发展。

3.2 指挥与控制系统的功能与组成

3.2.1 系统分类

指挥与控制系统，又称指挥与控制中心或作战指挥中心，是军队各级各类指挥所内的信息系统，具有层次性、交互性、扩展性等特征。在作战过程中，指挥与控制系统帮助指挥员实施指挥所的各项作战业务，辅助指挥员对部队和武器实施指挥与控制，使指挥员能够及时、全面、准确地掌握战场态势，制定科学合理的作战方案，快速准确地向部队下达作战命令，对于战场的控制起着至关重要的作用。

指挥与控制系统有广义和狭义之分。广义的指挥与控制系统包括人在内，即由人和人所使用的指挥与控制工具构成；狭义的指挥与控制系统中不包括人，仅指指挥与控制工具，即指挥与控制系统也就是指挥与控制工具。

指挥与控制系统与作战需求和使命任务密切相关，与部队的编制体制、作战编成、指挥关系等紧密关联。因此，可以从系统层次和不同角度对指挥与控制系统进行分类，典型的指挥与控制系统有国家作战指挥中心、军兵种级作战指挥中心、战区联合作战指挥系统、战术级作战指挥系统等。

1. 按系统集成层次

按系统集成层次，可分为功能级和系统级的指挥与控制系统。通常，把 C^4ISR 系统的各类指挥与控制系统综合集成的系统整体（系统的系统）称为指挥与控制功能系统，以区别于其中单一的指挥与控制系统（系统级），如图 3-2 所示。

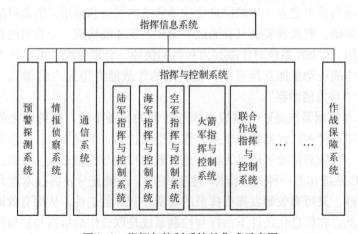

图 3-2 指挥与控制系统的集成示意图

2. 按作战指挥层次

按作战指挥层次，可分为战略级、战役级、战术级、作战平台与单兵等指挥与控系统。

战略级指挥与控制系统是保障最高统帅部或各军种遂行战略指挥任务的系统,包括国家指挥中心(统帅部)以及陆、海、空、火箭军等级别指挥中心的系统。其中,国家指挥中心是战略指挥与控制系统中最重要的部分,一般下辖若干个军种指挥部。如俄罗斯国家指挥中心下辖有陆军、海军、空军和战略火箭军等军种指挥部,是国家指挥中心的末端;美国北美防空防天司令部(NORAD)指挥与控制系统包括指挥中心、防空作战中心、导弹预警中心、空间控制中心、联合情报观测中心、系统中心、作战管理中心和气象支援单元等。

战役级指挥与控制系统是保障遂行战役指挥任务的系统,包括战区、陆军战役、海军战役、空军战役、火箭军战役等指挥与控制系统。主要是对战区范围内的诸军种部队实施指挥或各军种对本军种部队实施指挥。战役级指挥与控制系统既可以遂行战役作战任务,又可以与战略级指挥与控制系统配套使用。各种战役指挥与控制系统,既有相同的特征,也有各自的特点,系统针对性强。

战术级指挥与控制系统是保障遂行战术指挥任务的系统,包括陆军师、旅(团)、营及营以下级别的指挥与控制系统,海军基地、舰艇支队、海上编队的指挥与控制系统,空军航空兵师(联队)和空降兵师(团)指挥与控制系统,地地导弹旅指挥与控制系统等。战术级指挥与控制系统种类繁多,功能不一,其共同特点是机动性强,实时性要求高。

3. 按军兵种类别

按照军兵种类别,指挥与控制系统可分为陆军、海军、空军、火箭军的指挥所系统等。各军种还可按兵种细分为兵种类指挥与控制系统。其中,陆军指挥与控制系统包括军种级、战区级、集团军、师(旅)、团的指挥与控制系统;海军指挥与控制系统包括军种级、舰队(基地)、编队和舰艇四级系统,按系统使用环境又可分为岸基指挥信息系统和舰艇载作战指挥与控制系统;空军指挥与控制系统包括军种级、战区级、军/师(联队)的指挥与控制系统,按使用环境又可分为空中、地面的指挥与控制系统。火箭军指挥与控制系统包括军种级、战区、基地和导弹旅的指挥与控制系统等。

4. 其他性质的类别

根据控制对象不同,可分为支持某级作战部队为主的指挥与控制系统、控制兵器为主的武器平台级指挥与控制系统和支持单兵作战为主的指挥与控制系统等。

根据系统装载平台不同,可分为机载、舰(艇)载、车载、地面/地下/洞库中固定式指挥所的指挥与控制系统等。

根据系统使用方式,可分为固定式、机动式、搬移式、携行式和嵌入式的指挥与控制系统。其中,搬移式指挥与控制系统指可以快速拆卸后,通过某种运输工具快速运输至指定作战地域,并能快速组装、部署的指挥与控制系统。

根据系统用途,可分为情报处理、作战指挥、武器控制、电子对抗、通信保障、装备保障、后勤保障等指挥与控制系统,每类又可分为若干分系统。

3.2.2 系统基本功能

指挥与控制的环境瞬息万变,面临的使命任务千差万别,涉及资源的性质各异,从管理角度，指挥与控制系统的作用和能力主要体现在：明确指挥与控制意图（目标或目的）；确定各要素的任务、责任及关系；制定指挥与控制规则及完成任务的各种要求（进度等）；监视与评估态势及进展；鼓舞、激发与产生信任；训练与教育；资源分配等方面。

描述指挥与控制系统功能的方法较多，从指挥与控制系统的应用背景及应用需求看，不同指挥与控制系统的功能也不尽相同。通常，对于单个或单一的指挥所或指挥中心，其指挥与控制系统一般应具有以下基本功能：

（1）情报收集与处理功能。接收来自上级、下级、友邻指挥与控制系统的信息以及各种探测/侦察设备采集的信息，进行归一化处理、过滤、相关、综合、融合、质量评估、威胁判断和生成战场态势，并存储、分发与显示等。

（2）辅助决策功能。利用各种作战辅助决策系统为指挥员提供决策咨询、作战模拟、作战方案评估、作战路线择优以及战况重演等功能，协助指挥员迅速判明敌方的作战企图和行动路线，运用指挥艺术、谋略及科学理论等创造性地做出正确及时的决策方案。

（3）作战业务计算功能。根据作战业务的经典计算方法、公式，提供一系列作战业务计算的软件工具，如弹量计算、油料计算、装载计算、兵力计算等，以满足作战业务的实际需要。

（4）作战模拟功能。对拟制的作战方案、作战数据判断决心效果和战斗行动效果等，通过计算机推演加以验证比较，修正择优。

（5）作战指挥功能。包括对部队和武器装备的指挥与控制。根据指挥员的决心方案，生成作战计划、命令、指示等作战文书，迅速准确地传达到部队，实施作战控制以及作战协同，监督执行和跟踪作战进程，掌握打击效果，并进行战损评估，调整作战方案，直至作战进程结束。一些战役和战术级指挥与控制系统应具备通过对战术诸元解算进行火力分配、引导主战兵器等能力，如引导飞机、舰艇、导弹等进行目标指示和火力分配等。

（6）指挥与控制对抗功能。指利用各种手段攻击和破坏敌方的指挥与控制系统，使其陷入瘫痪或迟滞决策过程；同时保护己方的指挥与控制系统。指挥与控制对抗具有破坏效果显著、作用时间持久、作用范围广泛和攻击隐蔽性强等特点，为掌握战场的主动权、夺取战役和战斗的胜利创造有利条件。

（7）模拟训练功能。提供各种训练手段与案例，包括计算机模拟、模拟加实兵、模拟对抗等，对指挥员熟练系统使用，深化对系统功能的理解、检验作战预案及训练作战协同等是十分有效的。

（8）系统监控功能。对指挥所内的工作环境和技术系统进行监视和控制，如控制系统的启动、运行和停止；实时监视系统的运行情况，检测、记录、统计系统的设备故障和软件异常；监视环境的温度、湿度、洁净度，以及电源电压等环境参数；在系统发生故障时自动报警，并可自动或人工进行设备切换或对系统进行重新配置；设备遭到局部破坏时，组织降级运行等。

（9）系统防护功能。不仅防止敌方对系统进行物理破坏与摧毁，还要防止敌方对己方信息的获取、利用和干扰破坏。

（10）安全保密功能。指挥与控制系统应采取各种保密措施，确保信息以至整个指挥所的安全。如采取多种身份识别，存取控制（包括存取资格检查、存取权限控制、存取保护、数据库存取控制和身份鉴别验证等）、数据加密（存储加密、链路加密、端端加密等）、抗计算机病毒、抗网络攻击、防电磁泄漏和抗电磁干扰等措施。

3.2.3 系统基本组成

对于不同的任务、级别、用途的指挥与控制系统，尽管规模大小不一、功能要求和设备配置也不尽相同，但基本组成原理是一致的。典型的指挥与控制系统由信息收集分系统、信息传输分系统、信息处理分系统、信息显示分系统、辅助决策分系统和执行分系统等组成，如图 3-3 所示。其中，辅助决策分系统是指挥与控制系统的核心，包括辅助决策和方案评估与模拟等组成的决策准备阶段、作战计划文书辅助制定的决策阶段等两部分。

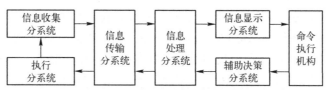

图 3-3 典型指挥与控制系统组成

通常，对于单个的指挥所或指挥中心，其指挥与控制系统主要由信息收集与处理分系统、作战指挥分系统、作战保障分系统、技术支持分系统和系统管理分系统等组成，如图 3-4 所示。

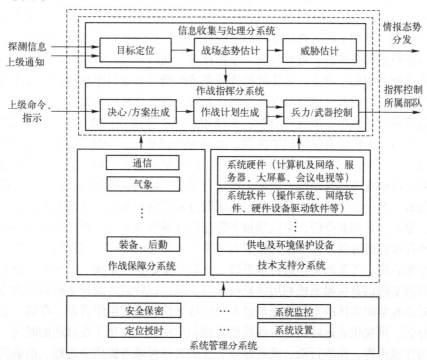

图 3-4 指挥与控制系统的基本组成

信息收集与处理分系统用于接收来自上级、下级、友邻指挥所系统的信息以及直属各种探测设备采集的各种信息，经综合/融合处理和威胁判断后，形成战场态势报告，提供给指挥员决策和作战指挥，并用于上报、通报和分发相关情报信息。它是以信息自动化处理为主、人员干预为辅的人—机系统，由高性能硬件设备和一套适应多种传输规程与信息交换标准的软件共同组成，主要软件包括信息接收处理软件、信息综合/融合软件、信息分析软件、威胁评估与判断软件、战场态势综合处理软件等。根据指挥所的级别、类型不同，信息收集与处理分系统将设置不同的部位和席位。如航空兵师指挥与控制系统的信息收集与处理分系统，可设置若干席位"总空情席，空情（方向）席1、2……"，完成信息接收、处理、显示和人工判定的任务；联合战役指挥所的联合作战指挥中心系统中，信息收集与处理分系统可设置各军兵种相应的"情况"部位以及每个部位的情况综合席、态势综合席等，在分别完成对口上报的情报信息的综合处理基础上，再进行"情况"综合，最后再与其他有关信息进行综合与融合，形成战场态势。

作战指挥分系统是指挥员进行作战指挥的重要部位。其主要任务是根据信息收集与处理分系统提供的战场综合态势和敌情判断结论，制定作战方案（预案），提出作战决心建议（遂行任务的方法、兵力兵器编成、任务分配、作战时节、作战协同和指挥程序）；将若干决心建议通过计算机推演、优劣比较，供指挥员选择最佳方案；根据指挥员确定的决心方案，进行作战计算、拟制作战计划和作战命令，经指挥员确认后下达到各执行单位；在计划实施过程中，系统需要紧密跟踪战场敌我双方态势的变化，适时提出计划调整建议和补充打击方案等，直至本次作战行动结束；进行战况总结。作战指挥分系统由高性能硬件设备、通信设备和一套满足作战应用与使用要求的指挥控制软件共同组成，主要软件包括作战方案辅助生成软件、兵力计算软件、辅助决策软件、作战计划/命令生成软件、模拟推演软件、效能评估软件、作战值班与参谋作业软件等。根据指挥所的级别、类型不同，作战指挥分系统将设置不同的部位和席位。如航空兵师指挥所系统的作战指挥分系统，可能只设一个指挥席，履行作战指挥职责；联合战役指挥所的联合作战指挥中心系统中，其作战指挥分系统可能设置参战军兵种的相应作战指挥部位，以及每个部位的若干席位和联合作战计划席、联合作战指挥席等。

作战保障分系统用于搜集、分析、处理和管理保障信息，及时按需分发保障信息，拟定保障方案，提供综合保障辅助决策，实施保障指挥，组织所属保障部队/分队实施各种保障。它主要由气象水文保障信息系统、地理空间信息保障系统、工程保障信息系统、核生化防护保障信息系统、政治工作信息系统、后勤保障信息系统、装备保障信息系统等构成。其中，气象水文保障信息系统通过对当前和历史上的相关气象水文信息进行搜集、整理、处理和分析，生成预报和警报信息等气象水文情报，定时或实时地向有关部门和作战部队分发，并可随时接受对气象水文信息的查询。该系统主要包括气象水文信息采集系统、气象水文信息传输系统、气象水文数据库系统、气象水文分析预报系统等。地理空间信息保障系统利用信息技术与手段，以特定的地理坐标系作为空间定位基础，对地理空间实体的空间特征信息和属性特征信息进行组织管理、存储、查询、空间计算分析、可视化表达输出、专业模型处理和应用，主要用于在合适的时间、以合适的方式为作战指挥、作战行动、武器制导、作战目标保障等提供全过程、准确的战场环境地理空间信息。该系统主要包括地理空间信息获取系统、地理空间信息处理系统、地理空间数据库系统等。

技术支持分系统为指挥与控制系统正常运行提供技术支持和保障，由系统硬件平台和系统软件平台两部分组成，包括指挥所系统的硬设备、设备运行驱动软件以及支持系统运行的基础软件，还可以包括保证系统运行的基础环境设施，如供电、空调、防电磁干扰、防电磁泄漏等。

系统管理分系统用于维护和管控指挥与控制系统的正常运行，由安全保密、定位授时、系统监控、系统安装与测试、系统运行调度控制、系统运行环境参数设置、信息发布与流向控制、系统动态配置管理等相关部位（席位）共同构成。

3.2.4 系统硬件和软件

1. 系统主要硬件

指挥与控制系统的主要硬件包括作战指挥工作台（显控台）、计算机及服务器、显控设备、网络及通信设备以及其他设备，通过计算机网络及其控制设备构成局域网，彼此之间进行信息的传输和交互。

1）作战指挥工作台

作战指挥工作台是指挥员和系统之间的交互设备，主要由指挥作业终端、通信单元及软件等构成，用于指挥员开展计划、组织、指挥和控制部队作战活动，为指挥员提供和显示各种与战场态势和作战指挥命令相关的信息，自动解算作战方案，辅助指挥员拟制作战方案，进行方案的推演与评估，发布指挥控制部队的作战行动命令等。

根据作战指挥工作台担负的作战指挥任务，在基本型作战指挥工作台的配置基础上，可以派生出不同应用的作战指挥工作台。作战指挥工作台要求人—机交互设备操作简单、直观等。多媒体技术的发展和应用将为指挥员创造一种自然和协调的工作环境，增强对各种信息的理解，扩大指挥员的思维空间，提高指挥控制的有效性和适应虚拟现实环境应用的要求。

2）计算机及服务器

计算机是作战信息处理的核心，是构建指挥与控制系统装备的基础。指挥与控制系统中的计算机主要用于接收、分析和处理各种情报信息，辅助指挥员迅速做出决策，与各种侦察、探测设备相配合，可快速完成对战略武器的预警、识别、跟踪和拦截等任务。

指挥与控制系统中应用的计算机可以分为：巨型计算机、微型计算机、嵌入式计算机、并行计算机、客户机/服务器体系结构的计算机系统等。巨型计算机具有强大的并行计算能力，其运算速度快，存储容量大，结构复杂，主要用于承担大规模、高速度的计算任务，如完成拦截弹道导弹的信息处理任务；微型计算机是最常用的终端设备，用于战术侦察、监视、通信、武器控制以及后勤保障等系统；嵌入式计算机是一种以应用为中心，以微处理器为基础，软硬件可裁剪的计算机系统，通常用于武器平台级的指挥与控制系统；并行计算机的运算速度可以达到或接近巨型计算机的运算速度，用于处理大量传感器输出的信息；客户机/服务器体系结构的计算机系统，是通过计算机局域网把本地的一个或多个服务器和客户机（工作站）组成一个功能上分布、系统资源共享的系统，用于指挥与控制中心。

服务器是重要的网络资源设备，具有大量数据存储、处理和访问能力。服务器直接为指挥与控制系统的业务应用系统、数据库系统等提供底层硬件和操作系统平台，通过网络系统被客户端计算机访问，由网管系统综合管理。充分发挥服务器的性能，应掌握服务器的主要用途，根据不同的用途确定服务器的配置。如文件服务器主要用来进行读/写操作，快速 I/O 是这类服务器的关键技术；而数据库及应用服务器提供的许多应用业务包含大量工作数据的搜索和操作，强大的 CPU 处理能力、大容量内存、高效的 I/O 吞吐性能是这类服务器的配置要求。

3）显控设备

显控设备由显示设备、视音频信号切换设备、集中控制设备等组成，是构建综合信息显示系统的关键设备。

显示设备由显示器件和相关电路组成，提供符合视觉感受因素的视觉信息。根据所用显示器件的不同，显示设备主要有终端型、投射型以及屏幕墙等显示设备。常见的终端型显示设备有阴极射线管显示器、液晶显示器、等离子显示器以及发光二极管显示屏等；投影型显示设备包括投影机和投影屏幕，是构成指挥所大屏幕系统的主要设备之一；屏幕墙显示设备由多套投影型设备或箱式终端型显示设备组成，用以拼接成具有高清晰度、多画面显示能力的屏幕墙。由大屏幕投影墙与拼接控制设备组成拼接显示系统，具有显示模式多样、窗口管理灵活等特点，可满足作战指挥中心多路高清信号同屏显示的需求，为指挥员的指挥决策提供直观、形象的交互工具。

矩阵切换设备是指对音视频信号进行分配、切换和处理的设备，基本功能就是信号通道的切换，即对于任意一路接入输入端的信号，可独立地选择在矩阵的任意一路或多路输出端进行输出，实现将一路或多路音视频信号分别传输给一个或多个显示设备，不同的矩阵切换器有不同的接口形式。矩阵切换设备主要应用于电视墙、大屏幕拼接屏、视频会议、指挥中心以及监控中心等多路音视频信号交替使用的系统。

集中控制系统一般由中央控制主机、通信网络、用户操作终端等组成，实现对指挥所内相关设备集中控制，具有电源开启/关闭、投影机开/关机、影碟机的播放/暂停/停止/向前/向后、音量调节输出、操选屏幕/灯光、视频/VGA 信号切换等控制功能。

4）网络及通信设备

网络及通信设备主要包括计算机网络设备、通信系统设备和安全保密设备，用于系统内部、系统之间进行安全可靠的数据通信。

计算机网络设备用于将各种终端设备在物理上连接起来，包括网络交换机、路由器和与计算机接口设备等。网络交换机是组成网络系统的核心设备，提供桥接能力以及在现有网络上增加带宽的功能，能将不同类型的计算机系统集成为不同的计算机局域网系统，实现指挥所内部系统各单元之间的信息共享。路由器用于连接多个逻辑上分开的网络，具有判断网络地址和选择路径的功能，能在多网络互联环境中建立灵活的连接，可用完全不同的数据分组和介质访问方法连接各种子网，从而构成一个更大的网络。调制解调器是一种信号变换装置，对数据信号进行变换，使变换后的信号可以适应信道传输的特性，延长数据信号的传输距离。

通信系统设备是用来传递信息的各种信道终端设备、通信交换设备和用户设备。信道终端设备主要包括有线、无线、光纤和卫星等通信设备；通信交换设备用于沟通指挥所内指挥要素通信终端之间的通信联络以及指挥与控制系统与外部通信系统的连接，主要包括电话自动交换机、电报和数据自动交换机等；用户设备主要包括电传机、传真机和多功能话机，为指挥员提供数据通信、话音、电话会议等功能。

安全保密设备主要有信息加/解密设备和网络安全设备。信息加/解密设备包括干线加/解密设备、终端加/解密设备以及加/解密软件等。网络安全设备包括防病毒系统、防火墙、入侵检测系统、漏洞扫描系统、数字签名与安全认证系统等。

5）其他技术设备

除上述主要设备外，指挥与控制系统还有数字会议设备、定时定位设备、监控设备、电源设备、方舱等技术设备。

2. 系统典型软件

软件也可称为软设备，依据系统体系框架，各种软件构件集成为战术指挥、行动控制、任务平台综合管理、情报处理、综合保障、模拟训练等作战应用软件包，部署在各级指挥控制节点中，对于完成指挥与控制系统的特定功能和任务具有至关重要的作用。根据任务和级别的不同，各级各类指挥与控制系统所需配备的软件也不同。

一般，根据软件的系统作用和应用范围不同，为了提高软件的开发效率和可靠性，确保业务功能的互操作，从软件结构的角度，把指挥与控制系统的软件分为基础软件和应用软件两个层次，如图3-5所示。从发展角度看，指挥与控制系统的软件的具体分类不是一成不变的，应根据各类软件的成熟程度进行动态调整。

1）基础软件

基础软件是所有软件运行的基础环境，也是软件互联互通互操作的基础，主要完成核心底层功能。它包括系统服务软件、支撑服务软件及物理环境服务软件等，提供应用软件执行所依赖的服务，通常以接口的方式提供服务。

（1）操作系统服务软件。操作系统负责计算机的全部软硬件资源的分配和调度工作，控制并协调多个任务的活动，实现信息的存取和保护，提供内核操作、实时扩充服务、实时线程扩充服务、时钟/日历服务、系统故障管理服务、外壳和实用程序、操作系统对象服务和媒体处理服务等。通常有单用户、批处理、网络和分布式操作系统等，按时间特性又分为分时、实时操作系统，现在广泛应用的是网络操作系统和分布式操作系统。网络操作系统是软件和有关协议的集合，用于实现网络通信和管理网络资源，为用户及上层软件提供良好界面，主要功能是：网络通信，包括计算机之间、计算机与终端之间以及终端与终端之间的通信；资源共享，包括信息、软件及其计算机的各种硬件资源共享。分布式操作系统有多机系统的分布式操作系统和计算机网络之上的分布式操作系统两类，常说的分布式操作系统是指后者。与网络系统不同，在分布式操作系统中，各主机配有统一的操作系统，因而可以实现作业迁移；如果网络中的计算机相同，还能进一步实现进程迁移。作业迁移和进程迁移是实现系统中负载均衡的有效措施。常见的操作系统包括 DOS、UNIX、Solaris、Linux、Windows 等。由于受硬件环境的约束，许多武器控制系统中采用了嵌入式操作系统，包括 Vxworks、Linux、QNX、Windows CE 等。

（2）系统支撑服务软件。主要包括计算机开发工具软件、数据库管理系统、计算机网络软件、用户接口软件、分布式计算软件等基础服务软件。

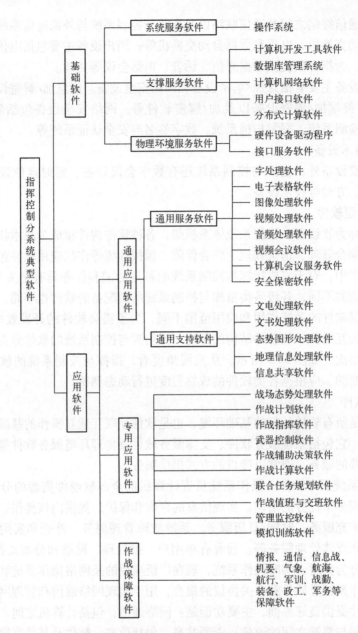

图 3-5 指挥与控制系统的典型软件组成

计算机开发工具软件指在计算机操作系统的控制与支持下的屏幕编辑软件、语言编译程序、软件调试与测试工具。屏幕编辑软件由计算机系统提供，是程序员应用计算机语言在计算机屏幕上书写计算机程序的工具，具有文字的输入、修改等编辑与存储处理功能，常用的计算机语言有 C 语言、Ada 语言、COBOL 语言等，以及流行的 Visual C++ 和 Borland C++ 语言。语言编译程序是将由程序员通过计算机编辑程序书写的计算机程序翻译成计算机能执行的各种操作机器代码的计算机软件，各种计算机语言有各自的编译软件。软件调试和测试工具是程序员将经过编译的程序在计算机上进行调试的工具，如"DEBUG"，检查程序运行的正确性。

数据库管理系统提供一个软件环境，使数据独立于创建或使用它们的进程来定义，提供数据管理、被管理对象功能及对结构化数据的受控访问和修改功能，提供并发控制和异构平台的分布式环境使用不同模式的数据，使用户能方便快速地建立、维护、检索、存取和处理数据库中的信息。数据库是在计算机系统中按照一定的数据模型，组织、存储和使用的互相关联的数据的集合。为了管理数据库，实现多用户、多程序对数据的访问和共享，能有效及时地处理数据，并提供安全性和完整性保证，必须有一个软件系统对建立、运用和维护数据库进行统一控制，即数据库管理系统（DBMS）。DBMS分为层次型、网络型和关系型三大类，由于关系数据在数学上完备性，关系数据库管理系统（RDBMS）得到了广泛应用。数据库和数据库管理系统合在一起构成了数据库系统，分布在不同地域的不同数据库通过网络连接起来构成分布式数据库。常用的数据库管理系统有 Oracle、Informix、Sybase 等，提供对基础数据、作战数据和业务数据的支持。其中，基础数据用于支持系统运行；作战数据包括存储与信息作战指挥与控制有关的各种数据，如敌方兵力编成、武器装备的战术技术性能、各种信息装备的基础参数等，直接为信息作战服务；业务数据主要指专项业务信息数据，如通信、侦察、作战、军务、装备、机要、政工数据等，为各项业务服务。通过编程语言接口、交互式数据操纵语言接口访问数据库，如 SQL、PRO/C、ODBC、ADO 等。

计算机网络软件是实现计算机之间传送数据信息的一种通信工具，通过它控制与计算机相连接的通信设备，实现将数据从一台计算机传送给另一台计算机。计算机网络一般分为局域网、城域网和广域网三大类。要实现计算机之间的通信，需要有通信规则来控制和完成数据的传输，即计算机网络软件。网络通信指支持网络环境中数据访问和应用互操作的分布式应用。ISO 提出的开放系统互联/参考模型（OSI/RM）建立了计算机网络在概念和功能上的框架，定义了物理层、数据链路层、网络层、运输层、会话层、表示层和应用层 7 层网络协议模型。常用的网络协议有 TCP/IP、PPP，可用于局域网、点对点通信、分组交换、电路交换和专用的军用数据通信。TCP/IP 是 ISO/RM 的简化应用，减少协议层次，会话层、表示层和应用层协议由不同的信息处理功能一并提供；提供各种网络的物理接入接口，可充分利用现已有的物理通信网。网络管理提供管理指定的网络、系统和信息服务能力，包括：控制网络的拓扑外网络逻辑域的动态划分，网络路由表的维护，监视网络负荷，按最佳流量调整路由。网络管理系统具有管理站、管理代理、管理信息库（MIB）和管理协议 4 个基本元素，推行的管理协议是简单网络管理协议（SNMP）。

用户接口软件，用户接口指用户与应用程序之间进行交互的方法，是菜单、屏幕设计、键盘命令、命令语言及帮助的集合，包括图形化客户机/服务器操作、对象定义和管理服务、基于字符的用户接口、窗口管理规范等。典型的用户接口是图形用户接口（GUI），如 Windows 和 Motif 桌面环境。

分布式计算软件，分布式计算允许提供服务的实体在物理上或逻辑上分布在一个网络的多个计算机系统中，分布式计算服务有远程过程计算和分布式对象计算两类。强制标准是分布式计算环境（DCE）和公共对象请求代理架构（CORBA）；还有与平台相关的分布式平台开发标准，如 Windows 平台上使用的 COM 和 Java 平台上使用的 Enterprise Javabean。分布式计算服务可用于数据、文件和命名服务、线程服务以及远程过程服务。

(3) 物理环境服务软件。物理环境服务软件提供基于硬件设备的服务，主要是指挥与控制系统中的各种硬件设备驱动程序和接口服务软件。

2) 应用软件

应用软件主要包括通用应用软件、专用应用软件以及作战保障软件等。

(1) 通用应用软件。通用应用软件是支持指挥与控制系统应用与开发的公共软件，主要完成通用的指挥业务，不依赖于各军兵种、各部门的业务特点，包括通用服务软件和通用支持软件。

通用服务软件提供共享应用的基本能力，提供的服务可以用来开发应用支持软件或作战指挥软件，也可为用户直接使用。通用服务软件包括字处理、电子表格、图像处理、视频处理、音频处理、视频会议、计算机会议服务、安全保密等。

文字处理软件具有创建、编辑、合并和格式化文档的能力，支持文字、图形、图像、声音混编，智能的格式化和编辑服务，如风格指导、拼写检查、目录生成、页眉、页脚、轮廓设置等，常用字处理软件有 Word、WPS 等，可用于军用文书的编辑、生成和阅读。电子表格处理软件具有创建、处理和呈现在表或图中的信息的能力，并可利用编程逻辑实现数据的分析处理，典型的电子表格产品是 Excel，可用于日常管理数据的记录与统计。

图像处理软件具有获取、编辑、处理和存储各类图像文件的能力，支持主流图像文件格式之间的相互转换，常见的图像处理产品有 ACDSee、Photoshop、Authorware 等，可形成的文件类型有 JPEG（JPG）、BMP、GIF、TIFF、PNG 等格式。

视频处理软件具有获取、混合、编辑视频和静止图像信息的能力和流媒体制作、发布和播放视频点播能力。视频文件类型有 AVI、MPG、MPEG – 4、ASF 等，常用产品如 Adobe Premiere、Pinnacle Edition、Windows Movie Maker 等，可用于战场情况录像的编辑与播放。

音频处理软件具有获取、混合、编辑音频信息的能力。音频文件类型包括 WAV、WMA、MP3、AMR 等，音频处理产品，如 Soundforge、Samplitude、Vegas 等。

视频会议软件主要提供在不同站点之间的双向视频传送，包括事件和参加者以双向方式的全活动显示。典型的视频会议产品如 VCON H.323 基于 ISDN 和 IP 网络的视频会议系统，通过 IP 网实现视频会议系统，可用于指挥与控制系统内部或系统之间的视频会议。

计算机会议服务允许多个组通过计算机工作站参加多个会议，提供跟踪交换能力。如 Net Meeting 数据会议系统工具，允许用户与多个会议参加者进行实时的协作与信息共享，包括本地计算机中多个应用软件的信息，利用电子白板交换图形或绘制图表，利用基于文本的聊天程序发送消息或获取会议记录，利用 Net Meeting 的二进制文件传输功能在与会者之间发送文件，可用于战场情况分析及作战方案研讨。

安全保密软件主要用于保证信息和信息系统的安全，提供的服务有：鉴别服务，保证系统实体被唯一地标识和鉴别；访问控制服务，防止对信息系统资源的非授权使用；完整性服务，通过开放系统的完整性、网络完整性和数据完整性保护系统；保密服务，采用数据加密、安全关联和密钥管理来保障数据对非授权的个人或计算机进程不可用或不暴露；抗抵赖服务，包括开放系统防抵赖、电子签名等。安全管理软件主要包括信息加密软件、访问鉴别软件、防火墙和入侵检测软件、防病毒软件等。在指挥与控制的各环节，都应该始终把信息系统安全保密放到十分重要的位置上，确保信息的保密性、完整性、可用性和可认证性。在指挥与控制系统中，安全保密软件包括信息加（解）密软件和网络安全软件等。信息加（解）密软件包括干线加（解）密软件和终端加（解）密软件，能实现不同的加（解）密系统间的互联、互通，应符合国家的安全保密要求、规范和标准。网络安全软件包括防病毒系统、防火墙、入侵检测系统、漏洞扫描系统、数字签名与安全认证系统等，主要用于软件安全，如保护网络系统不被非法侵入，系统软件与应用软件不被非法复制、篡改，不受病毒侵害等；用于网络数据安全，如保护网络信息的数据不被非法获取，保护其完整一致等；用于网络安全管理，如运行时对突发事件的安全处理等，包括计算机安全技术、安全管理制度、安全审计和风险分析等。

通用支持软件是为跨领域的作战应用提供支持服务的软件，可在通用服务软件基础上进行二次开发或定制而形成。在指挥于控制系统中，典型的通用支持软件包括文电处理软件、文书处理软件、态势图形处理软件、地理信息处理软件、信息共享软件等。

文电处理软件是指挥所各要素、与上下级指挥所之间进行信息交换的手段，包含文电拟制、发送、接收、阅读、存储管理、安全保密等功能。主要特点是可在文电上附加包含数据、文本、音频图形和图像的文件和文档，并能被格式化成标准的数据交换格式；使用目录索引和分发表对信息寻径、制定优先权、使用预先格式化的表格并跟踪文电状态；来电汇总已接收和已阅读的文电日志、文电归档和打印以及回执和转发文电。

文书处理软件具有军用文书的拟制、图文表混合编辑功能；提供不同业务部门和不同场合使用的格式模板，可以进行模板的定制，并对模板进行管理；具有文书的审批与签发控制功能，可存储、查询补发和输出文书。文书处理软件一般是在字处理软件基础上进行二次开发而形成。

态势图形处理软件用于制作、编辑、输出和交换各种作战态势图形，支持进行多种图上作业，提供态势图的处理、存储、显示、查询和检索等服务。其特点是能对图形进行拼接、分割、分层和叠加处理；文字信息标签及图文综合编辑处理；能根据需要将底图自动移动或变换比例尺；能综合运用各种输入方式进行图形的编辑处理，可进行批标图、参数标图和屏幕操作标图，支持各种作战要素的标绘；在整幅底图范围内标绘、删除、移动、几何变换、填充、着色和修改军队标号、几何图形、符号和文字等态势信息，并具有移动、闪烁旋转、无级缩放等功能；提供军队标号的编辑和管理功能；具有遥感影像图的叠加能力，以及三级地形图的生成能力，可制作电子沙盘，有选择地在电子沙盘上叠加水系、道路、人文等地理信息和态势标线信息；提供简便的时序编排和态势演播功能。

地理信息处理软件是基于地理信息系统为制定作战计划、组织战役行动等提供地理信息查询、量测判读、专题分析等功能。其中，地理信息查询是根据军事需要查询指定点的地理信息，如地理坐标获取、高程信息查询、地理要素查询等；量测判读是对地理目标进行量测、分析及统计，有距离计算、面积计算、高差计算、通视分析、断面分析等；专题分析是对军事专题涉及的战区范围内的地理信息进行分析，如高程分析、坡度分析、通行条件分析等。

信息共享软件提供检索、组织和操纵从数据库中提取数据的能力，为用户提供一个一致的数据库访问接口，通常包括查询处理、屏幕生成、报表生成服务，支持对元数据的接口访问，满足系统对数据共享和互操作的需求。其中，查询处理服务对文件和数据库中所存储的信息提供交互式选择、提取和格式化能力；屏幕生成服务提供定义和生成屏幕的能力，以支持数据的检索、表示和更新；报表生成服务提供定义和生成由数据库中提取出来的数据所构成的硬拷贝报表的能力；它还提供数据转换及订阅分发能力，实现数据的共享。

（2）专用应用软件。根据指挥所级别和类型的不同、作战任务的不同，指挥与控制系统需要配置相应的专用应用软件。专用应用软件是面向各军兵种、各业务部门的指挥控制业务软件，用于完成特定的指挥业务，主要包括战场态势处理、作战计划、作战指挥、武器控制、作战辅助决策、作战计算、联合任务规划、作战值班与交班、管理监控、模拟训练等软件。

战场态势处理软件是按照一定规则和过程，对战场信息进行加工处理和分析判断，包括：信息获取、数据检查、属性判断、统计计算、威胁估计等综合处理，以及分类、存储、检索、显示等信息使用服务，目的是形成一幅精确、及时的公共作战视图，为作战指挥提供必要的战场情况支持。战场态势是敌我双方部署和行动所形成的状态和形势，包括陆、海、空、空间及信息战场实体、实体属性及实体间的关系，可分为战略态势、战役态势和战术态势。战略态势用于表现国家武装力量及重要装备设施的情况；战役态势用于表现战役作战范围内师旅以上作战力量进行战役作战、主要装备设施、重点地区和重点方向的情况；战术态势用于表现战术作战范围内各作战力量进行战斗及装备设施的情况。

作战计划软件提供计划编辑工具、计划模板工具，用于各种作战决策、作战计划和作战保障计划的制定。计划编辑工具应具有文字、图形、表格的综合表现能力；可按照军事条例、作战样式的特点，参照军事知识和经验建立模型模板，规范各种计划的描述内容和描述方法。在计划拟制时，已掌握或积累的多种信息可以根据需要作为数据来源引入计划中，包括敌我基本情况、战场态势、作战预案以及相关计划。在计划拟制过程中，可利用辅助决策工具进行分析和决策。

作战指挥软件是为执行作战行动计划而制定和发布作战命令的软件。负责监视战场实际情况并与行动计划进行比照，评估计划任务完成情况；控制战场态势的发展，指导计划的实施；根据战场态势变化及时调整作战行动计划；处理获取在任务执行过程中冲突各方的部队及资源、目标、兵力与武器消耗数据以及各类设施等变化情况；进行部队状态管理、目标状态管理，指挥所属作战力量的行动，以达到预期的作战目标。

武器控制软件是根据作战行动要求形成武器打击参数、操纵参数，并将其传递到武器平台，控制武器的动作等。如对飞机、舰船的引导，地面固定式、机载、舰载导弹的发射控制，雷达、电子战武器的参数装订等。武器控制涉及打击目标数据、武器特性参数、打击条件及环境因素等，根据各种武器的行动模型进行解算。实施武器控制的目的是缩短指挥与控制周期，提高武器打击效能。

作战辅助决策软件是以人工智能信息处理技术为工具，以数据库、数据仓库、专家系统、决策模型为基础，通过对敌情、我情和战场环境的计算、推理和分析，辅助指挥员制定作战方案和作战保障方案。建立在专家系统之上的作战辅助决策软件，继承了传统决策支持系统中数值分析的优势，也采纳了专家系统中知识及知识处理的特长，同时可结合数据仓库技术进行联机分析及数据挖掘，既可得到定性的结果，也可得到定量的答案。

作战计算软件主要是依据各种作战力量和作战武器的行动特点、活动规律及固有属性建立作战算法模型，在已知某些条件时得到其他未知参数的取值。作战算法模型包括陆、海、空、空间、电子各类战场空间作战兵力的作战行动模型，飞机、舰船、导弹、雷达、电子战等武器装备的作战活动模型。

联合任务规划软件应具有作战会议支持、信息查询、情况分析、制定任务计划、计划模拟论证、计划比较评估、计划修改完善、计划执行监控等功能，支持各级指挥机构多层并行制定任务计划，支持诸军兵种联合异地同步制定任务计划，支持平行单位之间横向协作交流，支持对任务计划实时动态调整。联合任务规划系统是支持联合作战指挥员及其指挥机构计划活动的具有智能作用的人—机系统，为指挥员及其指挥机构提供所需的数据、信息、背景资料、战场要素的分析评估结果，帮助他们明确作战目标和计划任务，建立或修改计划模型，制定各种计划方案，通过人机交互进行分析、比较和判断，对各种方案进行评估选优，为联合任务计划制定提供决策支持。联合任务规划采取多层并行、异地同步、开放协作以及实时动态的制定方式，主要分为领会作战意图、分析判断情况、设计行动方案、拟制作战计划、计划方案评估、计划方案调整、计划方案上报、计划方案归并、计划方案协调、作战命令下发、生成计划文档等若干环节。

作战值班与交班软件提供指挥所各指挥员了解当日和次日作战主战装备情况、重大任务执行情况、训练情况等，辅助指挥员完成作战值班和交班工作。

管理监控软件主要包括网络监控软件、主机安全监控软件、数据库安全监控软件和应用系统运行监控软件等，主要用于组织管理、控制、监视指挥与控制系统的工作状态，保障其良好的运行环境。

作战指挥模拟训练软件一般由训练管理、模拟控制、情况设置和作战模型四部分组成，利用模拟训练软件可以在不造成破坏性后果情况下对作战进行分析。通常，采用类比表示作战过程的作战模型，利用一组数学关系和逻辑法则，按照一定的相互关系，描述作战的实际进程和信息过程，展现作战双方兵力兵器的运用及行动的规律性。模拟训练软件按作战规模可分为战略训练、战役训练和战术训练；按训练组织方式可分为操作训练、系统训练和对抗训练。模拟训练软件可用于作战指挥的发展研究，作战方法和作战预案的可行性研究，部队作战指挥训练水平检验，作战指挥方法的示范性演示，以及辅助理解作战指挥条例、规则、方法的教育和训练。

（3）作战保障软件。作战保障软件用于辅助指挥所各保障部位指挥员进行作战保障时的工作，包括各保障部位的作战保障计划拟制、专用数据库应用和有关业务处理工作等。

3.2.5 系统信息流及对外接口

1. 系统信息流

作战信息是指挥与控制的灵魂，正确、适时、高效、不间断地实施作战信息运作，才能在联合作战中赢得主动和优势。对于单个或单一的指挥所或指挥中心，其指挥与控制系统的信息流程如图3-6所示。

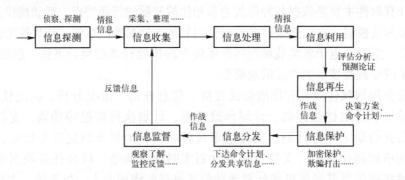

图3-6 指挥所系统的信息流程模型

情报信息流指利用分布式的情报侦察系统，通过多种传感器和情报侦察手段获取的战场感知信息，以信息处理为核心，完成信息获取、信息传输、信息处理、信息发布、信息管理的过程，形成对战场态势和作战目标全面准确掌握的认知，为指挥员决策奠定基础。

指挥与控制信息流包括指挥决策信息流和作战控制信息流。指挥决策信息流是在各种侦察情报信息收集处理的基础上，采取科学的决策方法，对作战目标进行精确筹划，对制定的各种作战行动方案进行选优，最终形成周密、可行的作战计划的过程，其基本流程由确定作战目标、分析任务和判断情况、筹划作战行动、制定初步作战方案、评估优选作战方案、制定作战计划等环节组成。作战控制流程是按照作战协同的过程，不断地掌握战场的反馈情况，进而对战场态势的发展变化产生宏观和微观的认识，再通过对作战计划的比对和修正，以下达指令的形式对作战行动进行跟踪调控，这是一个周期循环的过程。在指挥与控制信息中，包括有作战文书、命令、作战预案、方案、计划，部队力量编成、分布、时间、任务、到达状况，部队部署、装备和武器状态等信息。

2. 系统对外接口

指挥与控制系统是整个作战指挥体系中的核心组成部分，为保障作战指挥的需求，必须汇集从各种途径获得的信息，作为决策和指挥控制的依据，并实时地向所属部队发布命令、指示，向上级汇报、请示，和友邻部队及地方政府互通情报、协调行动。因此，指挥与控制系统必须能迅速、准确、保密和不间断地输入/输出各种信息，其对外接口如图3-7所示。

指挥与控制系统的输入/输出信息类型较多，包括文字、表格、语音、传真、图形、图像和视频等，对外接口必须能够接收/发送这些信息。

语音通信是指挥与控制系统最常用的与上下左右交换信息、实施指挥的方式之一。要求指挥与控制系统的电话能进入军用电话交换网、公用市话交换网与长途电话网。高

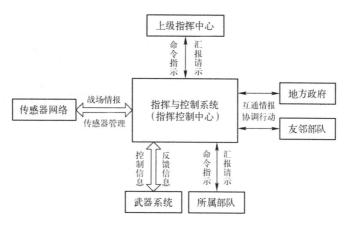

图 3-7 指挥与控制系统对外接口

级指挥电话具有用户加密与线路加密双重加密功能，对实时性要求高的电话用户，应设置专线电话。

文字、表格和图形是指挥与控制系统应用最广泛的信息载体。在大型指挥与控制系统中，还有视频会议系统，需要传输视频信号。在指挥与控制系统内部一般使用局域网传输，系统之间使用广域网（指挥自动化网、公共数据网等）传输，应留有相应的网络接口。

对于侦察卫星、预警机、电子侦察机、无人机、直升机和舰载侦察机等情报信息，则由卫星信道或空-地数据传输，经地面接收设备处理后进入指挥与控制系统。

对于分散的探测信息源，一般采用专用的有线或无线通信等手段，经线路终端设备进入指挥与控制系统。

3.3 联合作战指挥与控制系统的功能与组成

3.3.1 国家作战指挥与控制系统体系及任务

通常，国家级作战指挥中心主要负责国家有关战略行动的规划和指挥，处理涉及全局性的紧急情况。战略范围覆盖领空、领海在内的整个国土防御，具有超越国界的预警能力，满足陆、海、空及特种部队的作战指挥要求，能够与公安、民防等指挥与控制系统互联。如图 3-8 所示。

国家作战指挥中心主要任务可概括为以下七个方面：

（1）分析判断战争与战略形势。进行战略情报收集，全面了解敌我双方同战争有关的军事、政治、经济、科技、文化、地理、气候等情况，以及国际形势的发展变化、周边国家的内外政策和外交动向等，科学全面地分析战争的特点和规律，判明战争发生的可能和发展等重要问题。对现实和潜在的主要作战对象，爆发战争的时间、地点和规模，敌方发动战争的企图，主要战略方向，可能投入的作战力量，使用核武器的可能性，各自同盟国和可能得到的援助，双方的民心士气及支持战争的能力，战争的大致进程和结局等做出符合客观实际的判断。

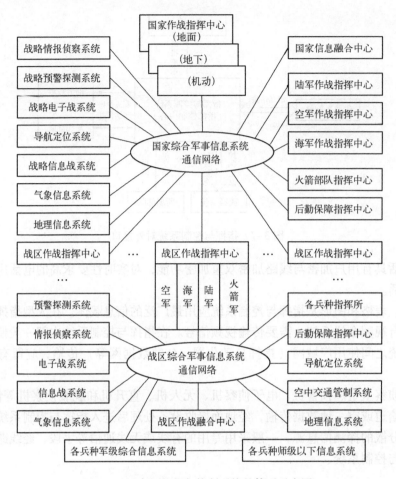

图 3-8　国家级指挥与控制系统的体系示意图

（2）战略决策。对整个战争和战争中某一战略阶段或不同战区作战的基本问题深入分析，正确决策以确定战役行动时间、战略目标、战略方针和作战原则，使用的力量，主要作战方向，作战的主要形式，基本战法等，作为指导战争行动的基本纲领。

（3）制定战略计划。制定战争的总计划、战略阶段计划，乃至一个战区或一个战役的计划，明确有关作战方面的重要事项。在实施过程中，随着战争的发展变化，及时修改或补充原计划，以适应新的情况变化。

（4）组织战略机动。负责从平时转入战时状态的战略部署，实施战略展开，开辟战场，适时组织军队机动。建立战略预备队，构成全面而有重点、大纵深、立体的战略作战体系。

（5）指导和协调战役行动。计划、组织和协调各战场、战区、军种兵种部队和其他力量之间的行动，并根据战争形势的发展变化，及时制定新的作战任务，提出目标要求、行动方针、作战重心（主要方向）以及基本行动方法，适时调整各战场和战役行动，加强战场之间、战役之间的联系。

（6）组织和指导战略后方工作。加强对战略后方各项建设和军工生产的领导，挖掘经济潜力，增强后方保障的实际能力，确保战略计划的实现。

(7) 组织战略保障。周密组织战略侦察、通信、电子对抗、防化、伪装、水文气象、测绘和后勤等各项保障工作，保障作战任务的完成。

国家作战指挥中心提供国家所有军事活动的总体规划与指挥控制，负责各军事指挥机构之间以及与有关民事部门之间的协调调度，根据情报信息进行威胁评估，必要时可迅速在全国范围内发出战时警报，平时对国防事务和武装部队进行有效管理。其主要功能是：接收、处理、显示及存储全局性、战略性和突发事件等各种信息；进行计算机辅助决策、仿真模拟、确定作战决策、制定作战或演习计划；对各军种、各战区和快速反应部队等实施决策性指挥；对重大战役效果进行评估和总结。

3.3.2 战区联合作战指挥与控制系统的任务和组成

战区是为实行战备计划、执行作战任务而划分的作战区域，主要负责辖区内诸军兵种部队联合作战的指挥和所属部队的军事训练、后勤保障等工作，如美国现有太平洋战区、欧洲战区、大西洋战区、中央战区、南方战区等战区。在国家总体战略目标下，为达成战争的全局或局部目的，战区联合作战指挥与控制系统帮助战区指挥员及其指挥机构统一组织、计划、指挥全战区的作战力量，协调一致地进行联合战役行动。

1. 战区联合作战指挥与控制系统的主要任务

战区联合作战指挥系统的主要任务包括情报收集和处理、确定战役方针和定下战役决心、制定战役计划、组织战役协同、组织战役保障、指挥战役行动等方面。

(1) 情报收集与处理。根据国家总体战略意图，组织收集有关敌方的政治、经济、外交、军事等方面的情报，实时组织全战区所属部队的侦察设备以及战区直属的侦察部队，严密监视侦察战区所属范围的敌方活动情况，并将收集的情报进行整理、分析、评估，准确判明敌方的企图、兵力部署和可能行动方式，将分析判断结论和相应的情报及时报告战区指挥员和上级情报机构。

(2) 确定战役方针和定下战役决心。战区指挥员在深刻理解上级意图和全面搜集、分析、判断情况的基础上，提出达成一个或多个实现战役目的的基本方案，并经分析、评估后选择最佳方案。

(3) 制定战役计划。战区指挥员组织参与联合战役的各部门，根据决心方案制定联合战役计划，并重点就情况判断结论、战役方针、基本战法、战役部署、战役样式、战役阶段划分、对各阶段主要情况的预见与对策等重大问题，给予明确指示。

(4) 组织战役协同。包括军种战役军团之间的协同；战场、战役方向之间的协同；各种战役样式之间的协同；特殊杀伤破坏性武器使用与其他战役行动之间的协同和特种作战行动的协同等。

(5) 组织战役保障。战区联合指挥所组织战役作战保障，包括通信、气象、防化、后勤、装备技术等，特别是特种作战的各类装备器材和技术保障。

(6) 指挥战役行动。包括兵力的部署、机动、集结和展开；监控战场态势；控制协调战区所属各军种战役军团行动；对涉及影响战役或战略任务的战术行动进行指挥与控制（如重点方向、地区、特种作战行动等）；掌握战役进展情况，组织战役阶段转换，明确各战役军团的后续任务，组织协同和保障；把握战场形势，适时控制结束战役。

2. 战区联合作战指挥与控制系统的主要功能

联合作战指挥与控制系统起着"大脑"和"心脏"的作用，其功能取决于系统的应用背景及应用需求，不同的系统功能也不尽相同，主要体现在信息获取、信息传输、信息处理、辅助决策、指挥控制、联合作业、系统对抗和资源管理等方面。

（1）信息获取功能。系统可同时采集和接收来自多种侦察平台、多类传感器系统和专门情报系统所获取的多元化战场信息，并对信息综合处理和按需实时分发，使指挥员能及时获取战场情况的第一手资料，全面及时地掌握敌人的作战部署与战场动态，定下作战决心。获取的信息通常需要进行识别、分类、存储、格式转换、时空转换等一系列处理，获取的信息种类有敌情、我情、友情、气象、海洋、天文、地理、社情等。

（2）信息传输功能。系统运用多种通信系统和通信手段，按照一定的传输协议，通过多层次、全方位、大纵深、立体覆盖的无缝链接网络，将信息从发送端传输到接收端，实现迅速、准确、保密、不间断地传输信息。

（3）信息处理功能。系统按照一定的规则和程序对信息进行加工处理，通过相关数据的计算、统计、检索、汇总、排序、优化等操作，实现数据综合/融合、数据挖掘、威胁评估等分析和处理，形成战场态势合成，并进行存储、分发、态势显示等。

（4）辅助决策功能。在信息处理基础上，辅助指挥员分析判断情况、拟制作战方案、评估方案效能、确定兵力和武器部署、协助实现决策科学化的功能。以人工智能、逻辑推理、综合归纳、数据挖掘、信息融合等信息处理技术为工具，基于多种决策模型、专家系统以及多种数据库，通过计算、分析、优化、仿真、评估等手段，综合分析敌情、我情和环境，辅助指挥员制定与优化作战方案和保障预案，组织实施作战指挥等。

（5）指挥控制功能。根据指挥员选定的决心方案，生成作战计划、命令、指示等作战文书，给所属部队迅速准确地下达作战指挥命令，并对作战部队和武器系统进行指挥引导、状态监视、趋势预测、战损评估，掌握打击效果，调整作战方案，直到作战进程结束。

（6）联合作业功能。根据作战业务的经典计算方法、模型、公式，使用一系列作战业务计算软件工具，通过网上交互，实现指挥机构内部各要素之间、指挥机构之间，内部互动、上下联通、异地同步展开情况判断、计划拟制、作战要图标绘、作战方案推演、文电拟制和数据处理，为验证作战方案、组织作战协同、实施精确指挥控制和保障等，提供一体化的同步作业能力。

（7）系统对抗功能。利用各种手段对敌方的信息、电子系统进行压制、削弱、破坏、欺骗，同时抵御敌方类似攻击，保护己方系统在受到攻击和各类战场环境影响下发挥最大效能的能力。系统对抗在攻击手段上可分为利用火力或高能辐射武器直接摧毁的硬杀伤，以及利用网络攻防或信息欺骗等方法的软杀伤，其功能涵盖了传统意义上的电子战、信息战、安全保密、信息安全保障等专业领域。

（8）资源管理功能。针对战场环境中物资、装备、人员、数据、模型、通信信道、电磁频谱、信息服务等各类实体与虚拟作战资源进行优化配置、精确保障和动态管理，以满足各类保障需求，并能够根据任务和资源状态的变化进行动态调整。

3. 战区联合作战指挥与控制系统的基本组成

指挥与控制系统又称指挥中心或指挥所系统，指特定级别、特定军兵种的指挥中心或指挥所内的指挥与控制系统。指挥所的构成应根据担负的任务和可能的条件合理地确定，主要由作战指挥要素和技术保障要素两部分组成。作战指挥要素是指挥员和参谋员实施联合作战指挥和组织联合作战保障的部位，每个部位包括以计算机为主的指挥控制台、显示设备、终端设备和指挥通信设备等，通过它们完成联合作战的指挥与控制活动。技术保障要素是指各种技术监测与保障设备的机房和工作间，是技术保障员实施维护、管理等技术保障的设备和场所。

战区联合作战指挥与控制系统是多军兵种、多层次、多要素构成的高度一体化的综合集成系统。从信息系统一般构成角度，它由硬件设备、软件和人员等实体，按一定形式、规则、标准和协议等连接成一个有机整体，硬件设备是指构成指挥与控制系统的物理装备和设施，软件用于保障系统的正常运转、操作和管理、作战应用等，人员是指挥与控制系统的主导因素。从作战应用角度，它由情报侦察预警探测系统、通信系统、指挥与控制系统、信息对抗系统等主要分系统，以及信息安全保密分系统、综合保障分系统等共同构成。

通常，战区联合作战指挥中心设置情报中心、火力计划与协调中心、指挥中心、信息作战中心、通信组织指挥中心等，各中心又由若干部位构成，部位设置若干工作席位，如图 3-9 所示。

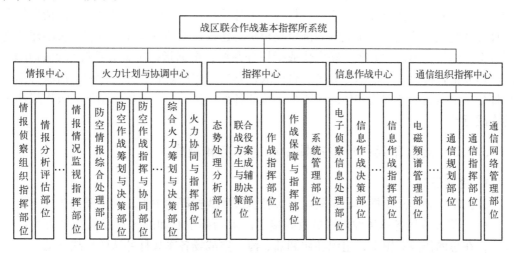

图 3-9　战区联合作战指挥与控制系统基本组成

指挥中心是战区联合作战指挥部的核心部位。主要负责筹划组织整个联合作战，定下联合作战决心，制定联合作战计划，组织联合作战协同与保障，下达联合作战命令，组织联合作战指挥所，对各军种部队的联合作战行动实施宏观控制协调与指挥，并向上级报告情况。

情报中心是战区联合作战的情报枢纽，主要负责对各军兵种情报侦察力量区分使用，拟制联合作战侦察计划，提出综合情报判断结论与建议，指导各军兵种开展情报活动，向指挥中心和各军兵种作战军团通报情况，为战区联合作战指挥员进行指挥决策提供可靠的情报。

通信组织指挥中心是战区联合作战指挥信息传递的重要体系，通常以战区通信部门为基础，主要负责对参战军兵种通信力量区分使用，建立统一的联合作战通信体系，统一分配通信频率资源，分析通信保障环境，提出通信保障建议，拟制联合作战通信保障计划，指导各军兵种的通信保障。

火力计划与协调中心是战区联合作战指挥中的重要协调机构，主要负责提出联合作战火力使用决心建议，计划组织并控制协调各种火力，将火力运用和作战效果情况报告指挥中心、通报其他各中心及有关部门。

信息作战中心是战区联合作战的信息作战指挥机构，主要职责是统一组织参战各军兵种的信息作战行动，夺取并保持局部制信息权，广泛收集、整理敌方各种作战信息尤其是电子战、网络战等信息，分析判断各种信息作战环境，提出电子对抗、网络战、心理战、特种作战等信息作战的报告建议，拟制联合信息作战计划，下达信息作战指示，直接组织指挥重要时节参战军兵种的信息作战，并指导与协调参战军种的各种信息作战行动。

战区联合作战指挥中心系统主要包括情报信息处理、指挥决策、联合作战指挥、作战保障、通信和系统管理等分系统。其中，情报信息处理分系统，负责接收上级情况通报、情报中心上报情报以及各集团侦察设备情报、信息作战中心获取的电子战和信息情报等，经情报综合处理和态势分析评估获得战场态势分析情况，向指挥决策和联合作战指挥分系统和作战保障分系统通报。指挥决策分系统，主要依据上级命令和由情报信息处理分系统上报情况，由作战筹划部位提出决心建议，辅助决策部位对多个决心建议进行方案评估后选择优化方案。联合作战指挥分系统，根据指挥决策分系统得到的方案，联合作战指挥部位与其他部位编制联合作战计划的总体计划和各分支计划，由联合作战指挥分系统所属的各部位和作战保障分系统的各部位执行，并指挥控制下一级作战部队的作战行动。

3.3.3 战区军兵种作战指挥中心的任务和组成

1. 主要任务

战区军兵种作战指挥中心是战区军兵种合成作战指挥的中枢。其主要任务如下：

（1）保障战区各军兵种指挥员及时接受国家指挥中心和战区作战指挥中心的指挥命令，在总的作战意图下，组织和协调陆、海、空战场各军兵种部队的作战行动。

（2）战区各军兵种指挥中心利用各种技术手段，组织情报侦察、采集、传输，处理各种类型陆、海、空等战场情报信息。对战场情报信息进行统一处理和管理，形成综合战场态势图，供战区各军兵种作战指挥中心指挥员拟定作战计划，协调部队战斗行动，同时报战区作战指挥中心，通报战区其他军兵种指挥中心和下级各作战部队，实现战区各军兵种战场情报共享。

（3）战区各军兵种作战指挥中心是战区各军兵种指挥员的工作场所，利用计算机技术与图形、图像、动画、声音、多媒体等，为各类指挥员提供战场态势信息显示，提供实施指挥与控制的辅助决策工具，实现与战区作战指挥中心协调、直接指挥与控制各军种作战部队的作战行动。

(4)战区各军兵种作战指挥与控制系统平时还担负突发事件处理等任务，提供处理突发事件的多种辅助决策工具和手段，以提高部队完成应急任务的快速反应能力。

(5)战区各军兵种作战指挥中心的各种模拟系统，应能适应信息化条件下联合作战的训练需要，能对参战的所有指挥员进行作战模拟训练，提高各类作战指挥员对未来战场的适应能力和指挥能力，充分发挥指挥员的思维和才能。

2. 功能与组成

战区各军兵种作战指挥中心的主要功能是：接收、处理、存储和显示本军种作战所需的各种战略、战役和战术信息；进行计算机辅助决策、作战模拟、制定作战行动计划和训练演习计划；具有接收上级指令和向上级报告的功能；对本军种的战略部队和其他部队实施作战或训练指挥，与战区作战指挥中心一起指挥战区本军种部队；具有各军种之间协同作战指挥的功能；评估和总结作战或训练（演习）效果。

战区各军兵种是由各军种技术保障和多兵种作战部队等组成的战役或战术集团，战区各军兵种作战指挥中心也将由各军兵种的作战指挥中心分系统组成，包括陆、空、海、火箭军等作战指挥中心。

战区陆军作战指挥中心由若干作战参谋员和参谋工作席组成，如图 3-10 所示，负责与各陆军集团军（或陆军战役军团）协同进行作战指挥、计划、控制远程火炮、战役战术导弹等对地面作战的支援、地面防空作战，以及组织工兵、防化等地面作战保障。

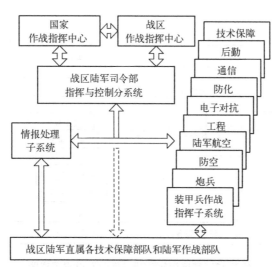

图 3-10 战区陆军作战指挥中心组成示意图

战区空军作战指挥中心如图 3-11 所示。根据战区作战的需要，战区作战指挥中心的空军指挥员与战区空军作战指挥中心协调，负责空中作战指挥，协调航空兵与地面、海上作战等防空作战行动。

战区海军作战指挥中心如图 3-12 所示。根据战区作战的需要，战区作战指挥中心的海军指挥员与战区海军作战指挥中心协调，负责对海上的作战指挥，协调与其他军兵种的作战行动。

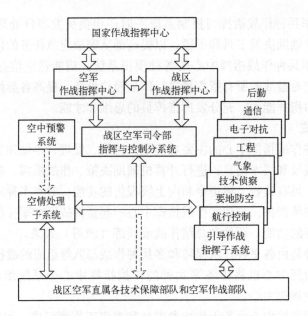

图 3-11 战区空军作战指挥中心组成示意图

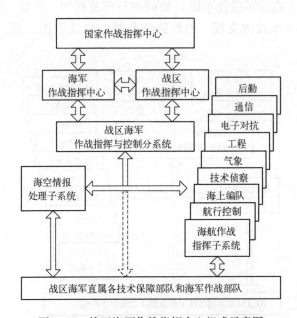

图 3-12 战区海军作战指挥中心组成示意图

火箭军是国家作战指挥中心直接指挥控制的武装力量。战区火箭军作战指挥中心是根据战区作战的需要,战区作战指挥中心的火箭军指挥员与战区火箭军作战指挥中心协调,负责对火箭军的作战指挥,协调与其他军兵种的作战行动。火箭军指挥与控制系统组成如图 3-13 所示。

火箭军作战指挥中心的主要功能是:实时接收并处理来自预警机、预警卫星、侦察卫星、预警雷达网、数据分发中心的情报信息;根据获得的情报信息,结合实时作战数据库中己方兵力、武器、各级指挥与控制系统的配置、状况等,进行态势分析,生成战

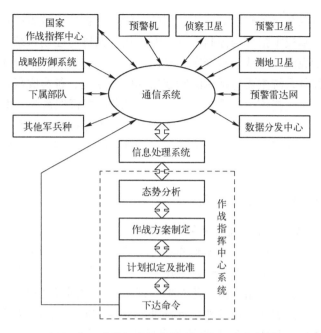

图 3-13 火箭军指挥与控制系统组成示意图

场态势；根据情报信息分析和判断情况，确定敌核袭击兵器的位置，正确评估敌战略武器力量的总体威力，并根据重要程度对敌战略目标进行正确区分；利用指挥与控制系统态势分析结果，并在充分估计战争形势的基础上，研究敌我双方的力量对比，确定打击的决心；根据作战目的或作战企图，确定打击的战略目标，同时对己方所需动用的战略武器的数量、类型和威力、打击时机以及弹药运载工具的分配做合理安排，并根据规定的目标和相应的标准，对各种分配方案进行比较，从中选择出最佳作战方案；正确分析并评估利用最佳方案实施战略打击的效果，考虑敌方可能的战略反突击规模和可能袭击我方的战略目标，启动预警防御系统，制定防御作战计划，对敌火箭武器实施拦截；经过对敌我各种情况周密的分析判断后，拟制作战计划，包括：敌情判断结论，上级意图、本级任务和决心，部队编成、部署和任务，作战阶段划分，行动方案，协同动作的原则和要求，主要保障措施，指挥、观察配系等；组织协同动作，借助于指挥与控制系统可以迅速获取必需的协调数据，协调战略核突击与部队机动的关系，并确定下述问题：敌预备队的作战能力；为消灭反冲击和反突击集团，战略武器（核或常规）的需要量和遂行这一任务最合适的区域。这要考虑现有时间和杀伤武器的准备情况，以及部队实施机动的能力和利用预定核突出效果的能力。在作战计划得到最高授权指挥员批准之后，各级指挥中心（所）立即执行作战计划。

3.4 美军指挥与控制系统简介

美军指挥与控制系统由部署于陆、海、空、天的各分系统组成，可分为战略指挥与控制系统、战术指挥与控制系统，按编制可划分为陆军、海军和空军战术指挥与控制系统。其中，战略指挥与控制系统主要是全球指挥与控制系统；美陆军战术指挥与控制系统主要由军、师级以及旅和旅以下部队使用的二级作战指挥系统组成；美海军战术指挥与控制系统分为岸基战术指挥与控制系统、海上战术指挥与控制系统，岸基战术指挥与控制系统主要包括舰队、基地、水警区、舰队航空兵、岸基反潜战等指挥与控制系统，海上战术指挥与控制系统主要包括编队旗舰指挥中心系统、各类舰载作战指挥系统和舰载武器控制系统，旗舰指挥中心系统是海上 C^4I 战术数据管理系统，由战术数据处理系统、综合通信系统和数据显示系统等组成；美空军战术指挥与控制系统主要由战术空军控制系统、空军机载战场指挥与控制中心、空中机动司令部指挥与控制信息处理系统组成。

3.4.1 战略指挥与控制系统

1. 全球军事指挥与控制系统（WWMCCS）

美军战略指挥与控制系统，即全球军事指挥与控制系统（WorldWide Military Command and Control System，WWMCCS），由几十部大型计算机组成，连接美国分布在全世界的军事指挥中心，包括五角大楼国防军事指挥中心、欧洲战区和太平洋战区等，规模庞大，指挥层次多，部署在全球各地，且延伸到外层空间，用来指挥控制其战略部队，为各军种之间的联合作战提供所需要的各种能力。该系统于1962年始建，20世纪70年代初投入使用。

美国战略指挥网的组成结构如图3-14所示。WWMCCS由战略探测预警系统、指挥中心（国家级指挥中心和各联合司令部及特种司令部、各军种所属主要司令部的指挥中心）和战略通信系统组成。

1）战略探测预警系统

战略探测预警系统提供攻击警报，以防止战略突袭，对已方战略部队的生存至关重要。探测预警系统分为弹道导弹预警系统和战略轰炸机预警系统。

弹道导弹预警系统由预警卫星、弹道导弹预警、潜射弹道导弹预警、空间探测和跟踪系统等组成。其中，"674"预警卫星系统是美国战略预警的主要手段，能在导弹发射30s后探测到目标并进行跟踪，与大型相控阵雷达为主的陆基雷达系统互相配合，实现对发射区域和来袭方向的全面覆盖，整个系统对陆基洲际弹道导弹可提供25min的预警时间，对潜地弹道导弹可提供15min的预警时间。

战略轰炸机预警系统由远程警戒系统、超视距后向散射雷达、机载预警与控制系统、联合监视系统等组成。其中，远程警戒系统由"远程预警线"的31个雷达站和34架E-3A预警飞机组成，"远程预警线"可提供5h的预警时间，E-3A预警飞机探测距离可达400km，一次扫描可探测显示600个目标，同时可引导100架飞机进行拦截。

2）指挥中心

指挥中心是WWMCCS的核心，美军拥有分布在世界各地的30多个主要的指挥中心，其中国家军事指挥中心、国家预备军事指挥中心、国家紧急空中指挥中心构成WWMCCS的"神经中枢"。

国家军事指挥中心设在美国国防部五角大楼内，供美国总统、国防部长和参谋长联席会议在平时和战时条件下指挥部队。指挥中心内存储有10多个战争总计划和60多个战斗行动方案，设有当前态势显示室、参谋长联席会议室、通信和技术室。通过该指挥

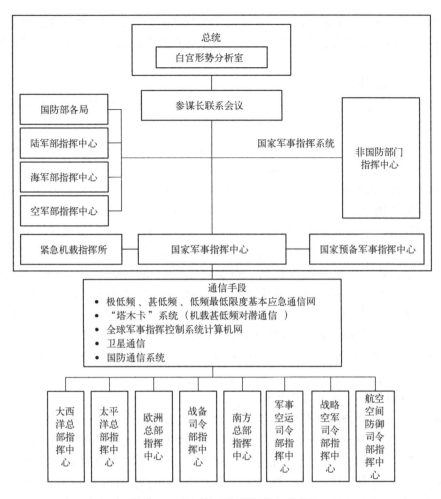

图 3-14　美国战略指挥网的组成结构

中心,参谋长联席会议可与国外任何一个或全部联合司令部进行联系或召开电视电话会议。美国中央情报局、国家保密局、国防部、国防通信局以及联合侦察中心等有关部门和办公室都在国家军事指挥中心设有部位和席位。

国家预备军事指挥中心设在马里兰州里奇堡的一个地下加固设施内,与国家军事指挥中心相连,有较完善的情报搜集、处理与显示设备,其功能大体上与国家军事指挥中心相似,设有国家军事指挥中心的重要数据库,且存放有进行常规战争和核战争的各种方案,可根据美军战备情况,迅速增加人员,当美军进入二级战备后,可立即承接全部军事指挥与控制任务。

国家紧急空中指挥中心是国家军事指挥系统的指挥机构,具有最低限度应急通信功能,是 WWMCCS 中生存能力最强的部分。指挥所中心可设在 E-4A/4B 型飞机上,平时不参与指挥,只限于了解情况。当美军处于临战状态时,升空待命。总统首次下达核攻击时,可用于取代陆地指挥中心行使对战略部队的指挥权。由于它在空中机动,是 WWMCCS 中生存能力最强的部分。

国家舰载预备指挥中心设在"诺思安普顿"号、"赖特"号两艘战略指挥舰上。平

121

时不参加指挥，只限于了解情况，当美军处于临战状态时，它们出航待命，根据需要接替国家指挥中心行使对战略部队的指挥权。由于它在海上机动，因此也具有较强的生存能力。

3）战略通信系统

战略通信系统包括通用和专用两部分，主要用于把战略预警探测系统和战略指挥中心连接起来，并在各指挥中心之间传递信息。

通用通信系统包括国防通信系统、国防卫星通信系统（DSCSⅢ）和最低限度紧急通信网（MEECN）。其中，国防通信系统由自动电话网、自动密话网和国防数据库组成，线路总长达6720万km，能把世界上100多个地区的3000多个指挥所连接起来，主要用于保障美国总统与国防部长、参谋长联席会议主席、情报机关和战略部队的通信联系，也可以为战术通信提供通信枢纽。国防卫星通信系统是美国战略、战术共用的卫星通信系统，通常由6颗卫星和70多个地面站组成，承担美国战略通信70%的通信量，用于传递战略指挥信息情报数据、高度优先的战略预警信息和特种信息等，是WWMCCS远程战略通信的支柱。最低限度紧急通信网，专供国家最高军事指挥当局在核条件下把美国核战争计划的命令传送给全球的美国核部队，并接受核部队汇报执行命令的情况。采用甚低频到特高频的所有通信手段，以保障通信的可靠性和生存能力。

专用通信系统主要包括空军卫星通信系统、极低频对潜通信系统、机载甚低频中继机通信系统、战略空军司令部通信系统以及数据链等。

2. 全球指挥与控制系统（GCCS）

WWMCCS是战略级的指挥与控制系统，但缺少多层安全措施，所有信息按绝密级处理，对计算机的安全要求也更高；系统的互操作性较差，信息共享不及时；不适用低级别部队的联合作战使用；应用的信息技术也落后于大多数新研的下级指挥与控制系统，致使系统不能满足用户需求等等。因此，从20世纪80年代开始，美军开始对WWMCCS进行现代化改造和转型。1992年6月，美国参谋长联席会议颁布了美军21世纪通信和协同作战总体规划的框架性文件"勇士C^4I"（又称勇士C^4I计划），作为美军一体化C^4I系统建设的指南，并据此提出研制"全球指挥与控制系统"任务需求说明，即研制全球指挥与控制系统（Global Command and Control System，GCCS），以取代WWMCCS。

GCCS属于美军第二代战略指挥与控制系统，是美军一体化C^4ISR系统的构成核心和国防信息基础设施（DⅡ）的重要组成部分。该系统是一种先进的、集中管理的联合作战指挥与控制系统，可将国防部所有信息系统数据库与数据汇集中心连接起来，使C^4I各环节无缝隙集成，实现战略与战术C^4I系统体系结构一体化，能在全球范围内对部队的派遣和协调提供保障，在国家危机时能为各军种之间的联合作战提供所需要能力，为有效执行核战争、常规战争和特种作战的指挥控制提供手段，确保美军完成作战计划制定和军事行动实施。

1）全球指挥与控制系统的功能和组成

全球指挥与控制系统是一个庞大而复杂的多层次系统，将美军现有的指挥控制功能连为一体，从而提供了综合的信息处理和传输能力，保障各种战斗功能和任务的实施。它包括国家军事指挥系统、联合作战司令部指挥系统、本土防空作战指挥系统、核大战指挥系统、美国与盟国的联合作战指挥系统等，具体任务是：监视全球形势；提供攻击预警；对威胁做出判断；协助国家指挥当局和战区以上司令官在平时和战时实施指挥控制；在遭到核攻击后，协助国家指挥当局重新编成并执行单一整体作战计划。

全球指挥与控制系统可作为 DⅡ 共享应用和操作的一部分，能提供 C^2 所需要的作战信息，核心系统功能如图 3-15 所示。它包含 C/JTF（联合特遣部队）、基地部队指挥中心和基地级系统的指挥与控制部分，并能扩展到战区/战术级的作战区域，确保美军各军兵种与各级指挥部之间能畅通无阻地交换信息和数据，保证美国国家指挥当局在平时、危机时和全面战争的各阶段都能不间断地指挥控制美国在全球各地的战略部队。

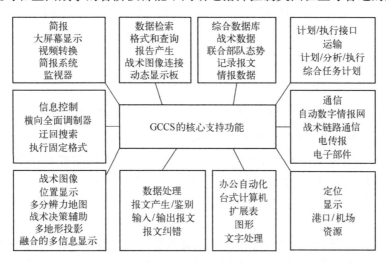

图 3-15　全球指挥与控制系统的核心功能

全球指挥与控制系统的支撑计划如图 3-16 所示。GCCS 是在 WWMCCS 基础上，通过用于支援联合作战的系列化、通用化改造和综合集成发展起来的，基本上沿用了全球军事指挥与控制系统的预警探测系统、指挥中心和通信设备，实现了所有指挥、控制、通信、计算机系统和情报网之间最大程度的互联互通，并将美陆军"战术指挥与控制系统"、海军"哥白尼 C^4I 体系结构"中的联合海上指挥与控制系统、空军"战区战斗管理系统"和海军陆战队"海龙"计划中"战术指挥与控制系统"完全集成在一起，建立全球的信息管理和控制体系，能够在任何时间、任何地点向作战人员提供实时融合的战斗空间信息。GCCS 的计算能力将是 WWMCCS 的 100 倍，传递信息更加迅速、准确，灵活性更强，使用更加方便。

GCCS 按其用途可分为联合部队使用的 GCCS-J、陆军使用的 GCCS-A、海军/海军陆战队使用的 GCCS-M、空军使用的 GCCS-AF。GCCS 有三个一体化的配置系统，分别是基本保密版本（GCCS）、绝密版本（GCCS-T）和北美太空防御版本（GCCS-N）。其中，GCCS-N 是保密版本的子集，但经过剪裁以便符合北美太空防御的需求；GCCS-T 的主体是保密版本的子集，另外增加几个附加部件，提供绝密级信息基础设施实现部队的指挥与控制，新加进单一合成作战计划核心能力以及包括专用情报在内的绝密级通用作战图。

联合指挥与控制系统是一个联合开发计划，其目的是根据现代基于服务的视角来开

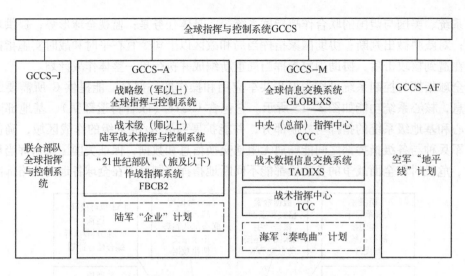

图 3-16 全球指挥与控制系统（GCCS）的支撑计划

发联合指挥与控制系统，旨在取代整个全球指挥与控制系统。

GCCS-A 通常配备于军级部队，是陆军战略和战区指挥与控制系统，可与联合、联盟及其他战场指挥与控制系统互操作，能够为战略指挥员提供战备、计划、动员和部署能力信息；向战区指挥员提供共用作战图像（COP）及有关敌我状态信息、兵力部署计划及执行工具；为最高陆军指挥员提供共用战术图（CTP），并能提供相关后勤资源数据。它包括：用于部队战备的陆军国防战备报告系统 DRRS-A，用于态势感知的共用作战图像，自适应作战方案系统 ACOA，用于部队计划的通用作战建模计划与仿真战略系统 COMPASS，全球资源状态与训练系统 GSORTS，联合全资可视系统 JTAV，用于部队规划的动员、作战、部署、使用和执行系统 MOB/ODEE 等。

GCCS-M 是在海上联合指挥信息系统（JMCIS）基础上发展起来的，是美海军战略和战区级的指挥与控制系统，具有多源数据融合、多源信息管理、信息显示及分发、分析决策制定工具和部队协同的能力，主要用于为海上、岸上、战术/机动及受信任信息系统的用户提供海战指挥与控制能力，使各级指挥员能够获得近实时的共用态势图，辅助指挥员进行指挥决策，计划、引导和控制部队完成战术行动任务，评估海军作战和联合作战。它包括岸基、海基、战术/机动系统和多层次安全（MLS），是一套终端开放体系结构的复杂系统，由服务器、工作站、路由器、集线器、加密设备组成，与岸基和海基平台上的众多联合作战指挥与控制系统及军种专用指挥系统实施了集成或接口连接，并加强了 GCCS-M 基线能力与武器系统和作战引导系统的集成，有助于战斗群/特混舰队指挥员及时获得所需信息，提高战斗能力。海军全球指挥与控制系统已经在大约 325 艘水面舰艇和潜艇以及 65 个岸站和战术移动站点部署。海军全球指挥与控制系统的整体配置视图如图 3-17 所示。

海基 GCCS-M 是一个战术局域网，分为舰队级和单舰级配置，支持舰船的常规指控任务。例如，作战信息中心（CIC）、航空母舰情报中心（CVIC）、战术旗舰指挥中心（TFCC）、附加地区图（SUPPLOT）、领航/导航机制、应急战区自动化计划系统（CTAPS）。

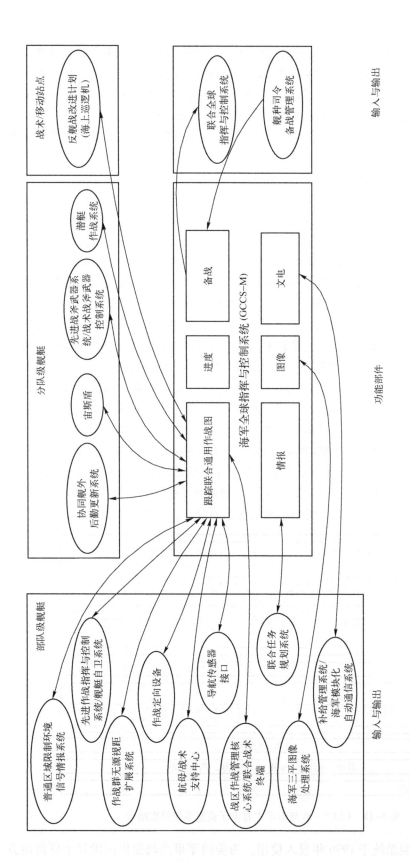

图3-17 海军全球指挥与控制系统视图

岸基 GCCS–M 为岸上作战指挥提供及时的、权威的、与情报服务和数据库集成的融合战术图。岸基系统还包括监视部队状态和实施指挥报告、部队调度等作战参谋功能。岸基系统的专用任务应用包括：岸基指挥中心支持（CCS）、岸基反潜战支持（ASWS）以及指挥潜艇作战的岸基目标指示作战支持系统（STOSS）。

战术/机动 GCCS–M 提供海军舰艇指挥、沿海岸基指挥、战区岸基指挥和海军联络单位的岸基指挥，为联合和海军远征部队或其他部队在指定的区域提供计划、指挥和控制能力。作战任务包括反水面舰艇战、超视距目标指示、兵力投递、濒海和开阔海洋监视、反潜战、布放水雷、搜寻与营救、部队防御和特别行动等。

GCCS–M 与海军主要电子信息系统层次结构如图 3-18 所示。此外，GCCS 的建设还包括各军种的一些专用支撑计划，诸如陆军"企业"计划、海军"奏鸣曲"计划、空军"地平线"计划等。"企业"计划最终将建成一个战略、战术一体化的陆军作战指挥系统，包括战略级（军以上）陆军全球指挥与控制系统、战术级（军师级用）陆军战术指挥与控制系统和 21 世纪部队（旅及以下）作战指挥系统（FBCB2）。陆军全球指挥与控制系统向上和全球指挥与控制系统接口，向下和陆军战术指挥与控制系统接口，能把下级部队与国家指挥当局连接起来，通过公共操作环境系统还能与其他军种的 C^4I 系统互通。"奏鸣曲"计划的核心是建立"哥白尼" C^4I 体系结构，能使海军的 C^4I 系统在联合作战环境中达到更高程度的综合和互通，使战斗部队获得信息优势。海军 C^4I 体系结构将由全球信息交换系统、岸基中央总部指挥中心、战术数据信息交换系统和舰上战术指挥中心组成，其全球信息交换系统/战术数据信息交换系统是"哥白尼" C^4I 体系的基础，通过它们建立起空间电子战场，以保证指令、预警、防空、反潜战等信息的通畅传送。"地平线"计划主要包括空军 C^4I 系统战略规划、体系结构规划、总体计划和 2000 年通信中队计划等。"地平线"计划重点是把新的信息技术融入 C^4I 系统基础设施，最终建成一个可互操作的空军战场信息系统，提高联合作战能力。

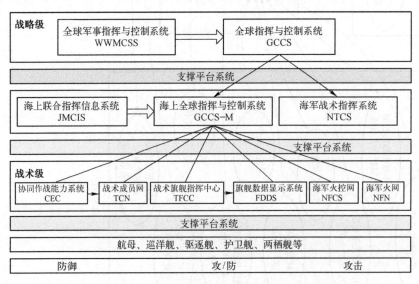

图 3-18　GCCS–M 与海军主要电子信息系统层次结构

全球指挥与控制系统于 1996 年投入使用，为美国军事当局提供向世界上任何地方的作战部队传送作战信息的手段。该系统的基地几乎遍及所有指挥层，包括国家指挥当局、国家安全局、参谋长联席会议、各军种司令部、战区总司令部、各下属司令部、主要作战部队以及政府部门，如中央情报局、联邦调查局等。此外，全球指挥与控制系统还和北约的指挥与控制系统相连，从而实现了各军种系统的互通以及与盟军系统的互通。GCCS的升级工作一直在进行之中，2003年3月发生的伊拉克战争，美军已使用了最新版本的GCCS，联合了所有军兵种的指挥与控制系统，并使无人机、地面和卫星传感器的数据互相关联。目前，综合图像情报应用组件已装备了目标瞄准和电子战模拟功能，它能把"捕食者"和"全球鹰"等无人机拍摄到的视频图像传送到指挥员的网络上。该应用组件可协助指挥员规划任务，分析作战情报数据，协助指挥员管理并生成目标数据，使情报和图像信息更加无缝融合。

2）全球指挥与控制系统的体系结构

全球指挥与控制系统是一种分布式计算系统。按照国防信息系统网络（DISN）结构的描述，可保障指挥控制功能的软件及数据被分布在经由网络互联的异构与互操作的计算机上实现其分布式计算。

全球指挥与控制系统的体系结构如图3-19所示，采用扁平式三层客户机/服务器网络结构，支持从国家军事首脑到战术指挥员的纵向互操作，也支持多军兵种间或单一兵种内各部队的横向互操作。三层网络结构是指最高层、中间层和最低层，最高层是国家汇接层，包括国家总部、参谋长联席会议、中央各总部、战区各总部；中间层是战区和区域汇接层，主要由战区各军种司令部、特种/特遣部队司令部和各种作战保障部门指挥与控制系统组成；最低层是战术层，由战区军种所属各系统组成，包括联合特遣部队、联合特遣分队和最基层战斗员的设施等。GCCS通过卫星、无线电、有线通信与遍及全球的指挥中心连接，GCCS减少了指挥层次，强化全系统的互通和互操作，支持各种级别的联合作战。

GCCS技术基础设施包含一组支持各类C^4I业务的服务器，服务器都与用户互作用，以实现C^2的功能和应用。GCCS服务器有战斗应用、通信、多媒体、图像、办公自动化、分布计算机、数据管理和系统管理等多种类型。这些服务器被综合到一个或多个平台上，且可用中间服务器实现。服务器和运行机构是标准化的设计结构，这种结构将根据各区域的战斗需要进行各种计算。

GCCS分布计算环境以分布目标为基础，并取决于公共目标请求代理访问（CORBA）所需要的中间件。中间件就是指客户服务器软件，能方便地把前端到后端的SQL数据库服务器连接起来。中间件和远程过程调用能通过某些目标定义另外某些目标及其模型的方法，为GCCS的分布计算提供坚实的基础。中间件的使用在物理上提高分散在各战区的目标请求代理服务器的生命力。

服务器装备了对用户透明的数据库管理系统和具有连接功能的硬件和软件。这些功能可在一个平台上实现，也可在多个平台上实现，以便与接口装备、安全维护、审计跟踪、网络维护目标和业务保护、外部系统和传统的连接相互配合。为了提高客户服务器的性能，GCCS系统采用组合的数据库结构，即设置常规的和混合的关系数据库和非关系数据库。

GCCS是美军实施联合和多国军事行动时的骨干指挥与控制系统。虽然GCCS在很

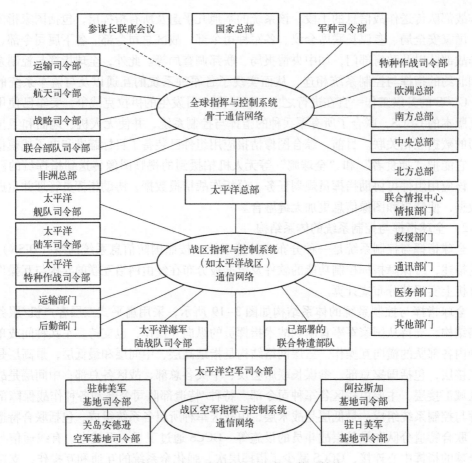

图 3-19 全球指挥与控制系统的体系结构

大程度上满足了军种内部的纵向信息交换需要，但各军种的 GCCS 是为满足各自需要而开发的，缺乏联合互操作性和通用的数据结构，阻碍了联合部队各军种分部之间横向的信息交换及协作。在近几次局部战争中，GCCS 系统就暴露出缺乏足够的灵活性和信息共享能力，存在互操作能力差、升级更新困难和不能充分利用 WEB 提供的能力等问题。

为克服 GCCS 缺陷，美军积极开发下一代战略全球指挥与控制系统，即联合指挥与控制系统（JC2/NECC）。2004 年 4 月，美国防信息系统局宣布，将利用先进的网络技术，开发能广泛采用 WEB 服务的第三代全球指挥与控制系统"联合指挥与控制系统"（JC2）来最终取代 GCCS，JC2 计划于 2006 年具备初始作战能力，2010 年左右具备完全作战能力。2011 年前美军已完成由 GCCS 向 JC2 的过渡，2015 年后美军指挥与控制系统将向网络化、同步指挥控制、快速分布式指挥的 NECC（网络使能指挥与控制）发展。

3. 美军全球信息栅格（GIG）

1）全球信息栅格的基本含义

美国国防部于 1999 年提出了全球信息栅格（GIG）的概念和适用范围，其定义是：全球信息栅格由全球内互联的一组端到端的信息能力、相关过程和人员构成的全球连接体系，旨在收集、处理、存储、分发和管理信息，以满足作战人员、决策员和保障员的需要。

GIG 是一种全球性互联的系统，位于武器平台和 GCCS 的底层，根本目的是将所有系统联合为一体，在统一的框架下实现计算机网、传感器网和作战平台网的综合集成，按照指挥员、决策员和保障员的要求，提供端到端的无缝连接能力，使任何人在任何地点和任何时间按需得到所需信息。

GIG 支持平时和战时所有的国家任务和职能（战略级、战役级、战术级以及事务）；能为所有基地、指挥所、营地、台站、移动平台和部署节点等作战单元提供信息服务能力；能为联盟、盟国和非国防部的用户与系统提供接口能力。

2) 全球信息栅格的总体框架

GIG 是 C^4ISR 系统的基础，包括所有专用和租用的通信与计算机系统，以及各种软件、数据、应用、服务和保密业务，由作战层、全球应用层、计算层、通信层以及基础层 5 个层次构成，如图 3-20 所示。

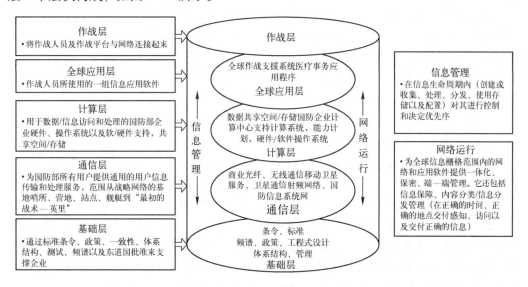

图 3-20 全球信息栅格的总体框架

作战层包括各种武器单元，直接用于态势感知、协同以及访问作战关键信息，为决策员和射手提供高效支持。GIG 的所有组件都为作战层提供支持。

全球应用层包括国防情报信息系统、全球指挥与控制系统（GCCS）、全球战斗支援系统、日常事务处理程序以及医疗保障系统等，是联合部队在 GIG 内使用的一系列信息应用程序，提供部队所需的信息。

计算层主要由硬件、软件、服务能力和过程组成，具有数据或信息的自动获取、存储、处理、管理、控制及显示等功能，包括用于存储/访问的共享数据仓库、软件发布、共享地图服务、许可服务、电子邮件传递、Web 服务、共享信息和想法的协作服务、通用目录搜索服务等。

通信层包括光纤、卫星、无线电通信以及国防基础设施信息系统网、远程接入点、移动用户管理业务等，为国防部所有用户提供通用的用户信息传输和处理服务，要求所有的信息和数据是端—端可得到的，并支持所有存在的使命需求。

基础层包括体系结构、频谱分配、法规标准、管理措施等。通过政策和标准支撑与定义全球信息栅格，为可互操作、保密的国防部网络化企业提供基础。

网络运行的任务是运行和保护全球信息栅格，为全球应用、各级作战人员、各军种、各部门提供一体化的端—端的网络管理、信息分发管理和信息安全保障等能力。

信息管理使联合部队在获得授权后在全球任何地方访问所需的数据，提供动态"裁剪"其信息需求并进行优先排序的能力，为作战任务和环境提供支持，从而实现在正确的时间以可用的格式向正确的用户提供与态势感知和决策相关的信息。

GIG体系结构的设计和开发以通信和计算机系统为依托，目标是将国防部范围内具有不同体系结构的各种信息系统综合集成为具有单一体系结构的系统，从而成为系统之系统，解决各类信息系统的集成和互操作问题。开发GIG体系结构是发展、维护和使用GIG的必要步骤，其主要服务项目包括接入服务、话音服务、数据服务、应用程序服务、视频服务和卫星通信服务。

接入服务。它包括国防信息系统网接口、标准战术访问点（STEP）及其升级系统和国防部远程端口。国防信息系统网（DISN）是全球信息栅格的主要组成部分，含支援基地、远距离部分以及已部署部分，提供端—端的信息传输，包括话音、数据、视频以及辅助性的企业服务。标准战术访问点（STEP）及其升级系统，是支援基地与已部署部队之间的主要接口，与军事通信系统和商业通信系统一起支持国防部任务。国防部远程端口项目在标准战术访问节点计划之上拓展（X波段），在选定的标准战术访问节点上提供商用和军用卫星接入，提高以部署联合部队访问国防信息系统网服务的能力。

话音服务。国防交换网为国防部提供标准非保密话音网络，国防红色交换网为国防部提供保密话音网络，增强型移动卫星服务，具备话音和数据传输能力的商业便携式卫星系统，战术话音是能够在严峻苛刻地形条件下工作的军用特定交换系统。

数据服务。联合数据网（JDN）由多战术数据链网络、地面网络、情报网络以及传感器网络组成，主要用于支持生成通用战术图像（CTP），实现指挥控制、态势感知以及作战识别。非保密IP路由器网络为国防部提供非保密计算机网络，但能够传输敏感信息。保密IP路由器网络用于传输保密信息的计算机网络，为国防部提供支持。联合/多国广域网（WAN），支持联合/多国作战的计算机网络，可以是保密的，也可以是非保密的。联合全球情报通信网用于传输保密信息（包括敏感隔离信息）的计算机网络，为国防部提供支持。

应用程序服务。在指控、火力支援、气候、后勤、医疗以及事务等领域，有数千种应用程序，由不同的组织机构管理，通过全球信息栅格为联合部队司令部以及国防部提供支持。其中，全球指挥与控制系统（GCCS）、陆军作战指挥系统（ABCS）、战区作战管理核心系统（TBMCS）、国防文电系统（DMS）、国防协同工具套件（DCTS）是应用程序的范例。

视频服务。全球国防视频电信会议（VTC）系统是一个保密的闭环视频网络，能够传输话音、视频以及数据，为国防部指挥控制提供支持。敏感隔离信息视频电信会议是一个保密的闭环视频网络，能够传输话音、图像以及数据，为国防部指挥控制和情报提供支持，通常运行在联合全球情报通信系统网络上。商业新闻馈送在国防部通信系统内转播，或通过商业租借终端接收，为指挥控制提供支持。

卫星通信服务。全球信息栅格卫星通信体系结构包含宽带服务、窄带服务以及受保护服务3个子部分，具有通过单个卫星在大规模地理空间区域内共享资源的能力，具有使用较少卫星实现全球（非极地）覆盖的能力，具有向孤立隔离地区快速提供服务的能力，或将新的视距通信迅速拓展到移动平台的能力。

3.4.2 陆军战术指挥与控制系统

20世纪90年代初美国开始了陆军数字化部队建设，1994年起对C^4I体系结构进行了大规模调整，把陆军全球指挥与控制系统（GCCS-A）、陆军战术指挥与控制系统（ATCCS）、21世纪旅及旅以下部队作战指挥系统（FBCB2）三个不同时期开发的C^3I系统等整合成一体化陆军作战指挥系统（ABCS）。ABCS是包括美国陆军数字化部队在内的各主要作战部队实现战场通信与指挥控制必须依靠的重要系统，是美国陆军作战指挥体系结构中的核心系统，主要包括全球指挥与控制系统—陆军部分（GCCS-A）、机动控制系统（MCS）、全信源分析系统（ASAS）、高级野战炮兵战术数据系统（AFATDS）、防空与反导系统（AMS）、21世纪旅及旅以下作战指挥系统（FBCB2）、数字地形支持系统（DTSS）、综合气象环境地形系统（IMETS）、战术空域综合系统（TAIS）、信息服务器（AIS）、作战指挥维持保障系统（BCS3）等功能子系统。

陆军战术指挥与控制系统（ATCCS）的编制从军开始，通过师、旅、营级向下扩展至排、分队和小分队，每个指挥与控制系统适用于一个或多个陆军兵种，使陆军各兵种在提高现有通信能力的基础上，拥有高速战术信息处理和分发能力。ATCCS基本组成包括五个独立的指挥与控制分系统和三个通信系统，有机融合成为一个战场应用系统，如图3-21所示。指挥与控制分系统分别是机动控制系统（MCS）、前进地域防空指挥与控制和情报系统（FAADS C^2I）、高级野战炮兵战术数据系统（AFATDS）、全源信息分析系统（ASAS）和作战勤务支援控制系统（CSSCS）；通信系统分别是移动用户设备（MSE）、战斗无线电网系统（CWNS）和陆军数据分发系统（ADDS）。使用过程中，通过通信系统将各个指挥与控制分系统互联起来，形成从陆军战术最高指挥员到前线单兵的作战指挥与控制网络。

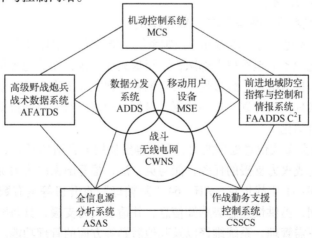

图3-21 陆军战术指挥与控制系统（ATCCS）组成示意图

1. 机动控制系统（MCS）

MCS 又称机动系统，是陆军战术指挥与控制系统中最重要的分系统，配备在营至军的各级指挥机构，是指挥员及参谋员进行战术规划的主要工具。

MCS 主要用于收集、处理、分析、分配和交换战场信息以及传送报告、计划和命令，进行自动火力控制以及后勤支援，以文字和图形两种方式不间断地向指挥员展示关键性战场信息，为指挥员和参谋员提供计算机辅助决策等能力。

MCS 采用客户服务器体系结构和分布式数据库，主要由战术计算机终端、战术计算机和分析控制台等设备组成，具有模块结构、通用性、机动性好、智能化程度高、操作简便等特点。其中，战术计算机终端是形成机动控制系统的主干，战术计算机是次要节点，分析控制台是情报终端。对外与其他指挥与控制系统接口，如火力支援、情报和电子战、防空及作战勤务支援的指挥与控制系统等。

2. 前进地域防空指挥控制和情报系统（FAADS C^{2}I）

FAADS C^{2}I 系统用于师和师以下部队防空武器的指挥与控制，为机动部队、重要指挥所、战斗支援和战斗勤务支援分队提供低空防护。

FAADS C^{2}I 系统完成的 C^{2}I 任务是：有与部署在防空营、群和旅的系统接口；精确、实时地传输有关空中目标的威胁报警信息；为 FAAD 火力单位的操作手指示目标；综合"火神"高炮系统、"小榭树"和"毒刺"导弹系统；参与空域管制；以及与定位报告系统/联合战术信息分发系统互相交换信息等。FAADS C^{2}I 系统能将 FAAD 系统各部分连接在一起，具有在跟踪截获目标后的 12s 内为 FAADS 火力单位进行威胁报警和指示目标，并在 60s 内将武器命令传送给火力单位等能力。

FAADS C^{2}I 系统主要由指挥控制设备、监视传感器、敌我识别器和通信设备等组成，由联合区域防空 JTIDS 网络、FAADS 营级 JTIDS 网络和增强型定位报告系统（EPLRS）网络三个通信网络互联，能相互接收和发送空中航迹数据，形成综合空中态势图。在联合区域防空 JTIDS 网络中，包括空军、海军、海军陆战队的指挥与控制系统以及"爱国者"、"霍克"导弹和空战管理作战中心等作战单位。FAADS 营级 JTIDS 网络包括空战管理中心、空中管理分队联络设备和监视传感器等。FAADS C^{2}I 的重型师直属营的配置如图 3-22 所示。

3. 高级野战炮兵战术数据系统（AFATDS）

AFATDS 是一体化火力支援指挥与控制系统，能够为自动化火力支援提供指挥、控制和通信。该系统配备上至军以上部队，下至炮兵连、排，能够为各军兵种的多种武器平台提供支持，包括迫击炮、野战炮、火箭炮、导弹、攻击直升机、空中支援和海军舰炮，协助指挥员实现作战计划、机动控制、目标—武器配对、目标价值分析以及火力支持计划和实施的自动化。

AFATDS 具备分布式信息处理能力，可以确定使用最合适的部队、最有效的武器系统去攻击目标以完成火力支援的任务；能与英、法、德等国家的火力支援指挥与控制系统互操作，能与 M1A1 主战坦克、AH-64"阿帕奇"直升机等具有数字化通信能力的武器系统直接联网，提供快速态势感知信息，并请求火力支援；具备物资管理、人事管理、情报收发、军需管理、系统维修以及其他后勤等方面的管理功能。

AFATDS 包括炮兵火力支援指挥与控制系统、战术导弹指挥与控制系统，具有分布

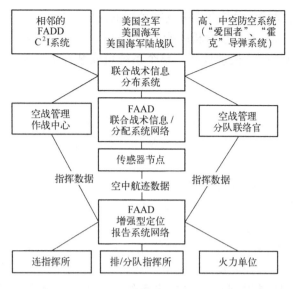

图 3-22 FAADS C^2I 的重型师直属营的配置

式结构、硬软件模块化、图形显示信息的能力、高速的信息处理等基本特点。它由一套通用的硬件和软件组成，在战术通信系统互联的不同作战设施（或节点）中，硬件和软件可以有不同的配置，硬件和软件均能修改以满足任何指挥级别对火力指挥控制与协调的要求。

4. 全源信息分析系统（ASAS）

ASAS 是一种陆基移动式自动化情报处理和分发系统，是陆军执行任务必不可少的信息支持系统，负责组织和处理多种渠道来源的信息，保证敌方态势信息的不断更新，配备于军至营级部队。

ASAS 提供情报处理、系统操作、通信和接口功能，能接收并处理大量的情报信号、电子情报、图像情报和人工情报等战斗信息，为陆军作战指挥系统公用数据库提供当前的情报、电子战和敌军态势信息，通过通信网络向下为用户传送威胁、目标和情报信息，使指挥员和参谋员能够及时获得敌方部队部署和作战能力，对可能的作战方案进行综合判断并做出最佳决策。

ASAS 包括用于军级的信号情报/电子战分系统和用于师级的移动式技术控制与分析中心（TCAC）。采用模块化设计，设备安装在标准方舱内，便于灵活部署，每个方舱可独立使用，也可以按需要组合使用。其基本特点是：情报来源广泛可靠性高，情报具有主动性和针对性，不取代情报分析员，具有地形显示能力，与作战单位保持密切联系，能向各级指战员传递实时态势，设备标准化和各军兵种设备兼容。

5. 作战勤务支援控制系统（CSSCS）

CSSCS 是陆军战术指挥与控制系统五个功能系统之一，是一个计算机软件系统，能迅速收集、存储、分析和分发关键的后勤、医疗、财务和人员等保障支援信息，为各级战术指挥员提供及时而关键的有关弹药、油料补给、医疗和人员状况、运输、维修勤务、通用补给及其他野战勤务等信息，确定支援当前和未来作战能力所必需的数据，帮助计划、实施后勤保障行动，以支援指挥、控制和资源管理职能。

CSSCS 基本特点是能汇总战斗勤务支援关键的功能信息；可使系统内的支援军官和参谋员完成实时支援和具有持续分析的能力；允许战斗勤务支援指挥员共享分配给部队指挥员的指挥与控制数据；机动性强，整个系统可安装在五辆车内；系统为分布式网络，抗毁性好。

6. 通信系统

通信系统包括移动用户设备（MSE）系统、战斗无线电网系统（CWNS）和陆军数据分发系统（ADDS），通过通信系统形成从陆军最高指挥员到前线单兵的作战指挥与控制网络。

移动用户设备是陆军向机动和固定用户提供的类电话通信的设备，采用了话音通信、数据通信和传真通信，包括地域覆盖、有线用户接入、无线用户接入、用户终端、系统控制和分组交换数据网 6 个功能部分。

战斗无线电网系统是供所有军兵种使用，并向陆军提供轻型、抗干扰、安全的 VHF 战斗网电台，是指挥控制步兵、装甲、航空、炮兵直至排级部队的主要工具。

陆军数据分发系统是增强型定位报告系统（EPLRS）和联合战术信息分发系统（JTIDS）两类终端构成的混合系统，能近实时地提供所属部队的精确位置和导航数据。EPLRS 能向旅及旅以下用户提供低、中速数据通信能力；JTIDS 是面向高速通信用户的一种大容量、抗干扰的数字式信息分发系统，具有通信、导航和识别的综合功能，具有海洋、空中和陆地作战中的互操作性，可供海、陆、空三军使用。

3.4.3 海军战术指挥与控制系统

20 世纪 60 年代初美海军研制了海军战术数据系统（NTDS），70 年代又研制了海军指挥与控制系统（NCCS）、"宙斯盾"（AEGIS）舰载防空指挥与控制系统等，80 年代初开始海军陆战队指挥与控制系统建设，90 年代初美国海军制定了以信息管理为核心的 C^4I 发展战略，使海军战术指挥与控制系统逐渐和战略指挥与控制系统融为一体，能在联合环境下更充分地利用全球侦察信息，实现高度综合程度的互通，满足未来战略发展需求。

海军战术指挥与控制系统是海军对部队进行战术指挥控制的主要系统，包括岸基和海上两大部分，从指挥层次上分为舰队指挥与控制系统、编队指挥与控制系统、舰艇指挥与控制系统，其作战指挥中心组成及层次示意图如图 3-23 所示。

海军指挥与控制系统（NCCS）主要由海军战术指挥系统（NTCS）构成，NTCS 由设在美国本土哥伦比亚特区海军指挥中心和五个独立的岸基舰队指挥中心（NFCC）所组成，包括太平洋舰队第三、第七舰队指挥中心，大西洋舰队的第二舰队指挥中心，第六舰队指挥中心和重新组建的第五舰队指挥中心。与舰队指挥中心（NFCC）相关的还有岸基海洋监视信息系统（OSIS）、反潜战作战中心（ASWOC）和潜艇作战控制中心（SUBOPCEN）。这些岸基指挥中心和海上舰艇编队指挥中心经过通信系统的连接，实现了与美国全球军事指挥与控制系统（GCCS）的对接。海军舰队指挥中心（NFCC）是实现（GCCS）与编队指挥中心连接的重要途径，NFCC 经（GCCS）可与其战区内的联合司令部联系，NFCC 还可通过 NCCS 同时与其他的 NFCC 和海军指挥中心联系。简单地说，海军战术指挥系统（NTCS）是由上述不同的岸基指挥中心和海上舰艇编队指挥

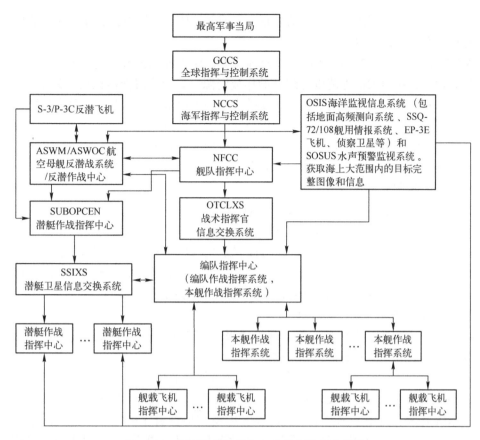

图 3-23 海军作战指挥中心组成及层次示意图

中心构成的一个综合性大系统。其中，编队指挥中心是这个大系统在海上移动式的综合指挥中心，它下辖有若干艘单舰指挥与控制系统（包括 NTDS/ACDS/AEGIS 等）及其有关的舰载飞机指挥中心。因此，美国海军的指挥层次可以归纳为美国国家军事指挥当局—海军指挥中心—舰队指挥中心—海上舰艇编队指挥中心—本舰指挥中心—舰载机指挥中心。

海军岸基作战指挥与控制系统主要包括海军作战指挥与控制系统、舰队（战区）级作战指挥与控制系统。这两级作战指挥与控制系统是整个海军作战指挥链中的第一级和第二级。海军作战指挥与控制系统由第一代 JMCIS 发展到第二代 GCCS-M，既是适应现代海战指挥的需要，也是适应美国全球军事指挥与控制系统由第一代 WWMCSS 发展到第二代 GCCS 的需要。

海上舰艇编队是由多艘舰艇组成的、远离基地进行独立作战的舰艇群体。20 世纪70 年代，美国海军开始研制战术旗舰指挥中心（TFCC），并装备于航母和两栖指挥舰；在 TFCC 的基础上，美国又研制了支持战斗群指挥员进行大范围作战的编队级指挥与控制系统——旗舰数据显示系统（FDDS），并装备于航母；1992 年协同作战能力（CEC）系统进入美国海军的采购计划，所有主要级别的舰船和预警机都装备了 CEC 系统。

1. 海军舰队指挥中心（NFCC）

NFCC 主要任务是对信息源传送来的信息进行综合处理、显示，同时向战术旗舰指挥中心提供有关区域信息，如海洋监视报告、威胁摘要、环境数据、任务支援信息、特殊报警信号和特殊战术数据。

NFCC 主要功能是具有信息收集及处理能力，对多源数据和信息进行汇集和处理，能使岸基司令官在很大地理范围分配它的作战资源，如接收海洋监视信息系统（OSIS）的信息、来自下级兵力的航迹数据等；支持实施一体化指挥，如向下级兵力分配使命任务、分配资源、监视使命任务的执行、保持使命状态较高等级的权威；支持舰队指挥员实施指挥；为海上司令官提供实时战术信息支援作战；对潜艇指挥，通过反潜战作战中心（ASWOC）控制一些反潜战兵力，如海上巡逻飞机等，并通过 SUBOPCEN（潜艇作战控制中心）控制潜艇。

NFCC 主要由设在美国本土的海军部指挥中心、太平洋舰队、大西洋舰队和美驻欧海军司令部的指挥中心等岸基设施组成，系统设计上与 GCCS 系统的硬件和软件有一定的共同性。NFCC 是美军全球军事指挥与控制系统（GCCS）与海上部队之间主要的连接途径，每个 NFCC 经 GCCS 系统与其战区内的联合司令部联系，该 NFCC 也能通过海军指挥与控制系统同时与其他 NFCC 以及华盛顿的海军指挥中心联系。

2. 海洋监视信息系统（OSIS）

OSIS 支持美海军战术作战的所有现役情报系统的组合，用于大范围预警监视，汇集、处理和发送敌我双方的情报和数据。

OSIS 的信息源包括地面高频测向系统、海洋监视卫星、E-3 远程预警机、SSQ-72/108 舰用情报系统以及固定式海洋水声预警监视系统 SOSUS 和 SOSUS 升级的综合水下监视系统 IUSS。其中，综合水下监视系统 IUSS 由监视引导系统（SDS）、固定分布式系统（FDS）、高级可部署系统（ADS）和水面拖曳阵传感器系统（SURTASS）组成。

OSIS 在 20 世纪 70 年代初步建成，80 年代经过 OSIS "运行基型改进"（OBU）计划进行了及时性改进。OSIS 在岸上包括六处主要设施，这些设施中的相关设备有各种计算机、工作站、存储设备以及通信设备和软件等。OSIS 的情报图像通过 NFCC（海军舰队指挥中心），再经过 OTCIXS（战术指挥员信息交换系统）卫星通信链路传送到编队指挥中心，也由 NFCC 传送到 SUBOPCEN（潜艇作战指挥中心），再经过 SSIXS（潜艇卫星信息交换系统）专用卫星链路传送到潜艇作战指挥中心。

3. 反潜战作战中心（ASWOC）和反潜战模块（ASWM）

ASWOC 用于支援岸基 P-3C 反潜战飞机。ASWOC 以海洋监视信息以及其他 P-3C 飞机送回并为分析重放的数据为基础计划 P-3C 飞机的任务，为各飞行中队提供接近实时的工作控制、任务计划、协调和鉴定支援。数字信息在反潜巡逻机和反潜作战中心之间通过 11 号数据链传送。

ASWOC 组成及与外部系统联系框图如图 3-24 所示。ASWOC 以一台中央战术计算机为中心，并配置四个显控台和人工标图设备。显控台显示可投影到大型图形显示器上，用于向空勤员下命令以及由他们汇报情况（四名乘员可同时汇报）。ASWOC 可直接与一个 NAVFAC（即 SOSUS 固定式海洋水声预警监视系统的一个节点）直接通信，也可通过一条专用保密链路与反潜战部队司令、其他 ASWOC 以及"舰队指挥中心"进行通信；能通过高频和特高频信道与 P-3C 飞机通信，使该飞机与部队司令部、舰队和战斗群司令部联系，并与其他相关的司令部联系以迅速交换反潜战信息；还处理从航运和报告控制系统来的信息。

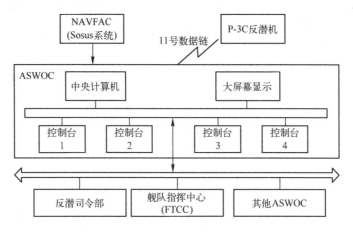

图3-24 ASWOC组成及与外部系统联系框图

ASWM与ASWOC功能相近，用于支援装备在航空母舰上的舰载S-3飞机作战，还可控制航母载反潜直升机并向反潜战指挥员提供所需的信息。由于P-3C和S-3飞机本身搜索的面积有限，ASWOC和ASWM可以引导它们到可能有潜艇活动的区域。在一个界限内，ASWOC/ASWM保证搜索范围是足够的，并适应其战术要求。

4. 战术旗舰指挥中心（TFCC）和旗舰数据显示系统（FDDS）

战术旗舰指挥中心（TFCC）是支持战斗群指挥员进行大范围作战的编队级指挥与控制系统，用于美国早期航母编队指挥。TFCC是海军战术指挥与控制系统的海上节点，既是情报中心又是指挥决策中心，具有情报信息收集预处理、信息交换、指挥决策和武器分配、电磁指挥协调、以近实时方式与岸基节点联系等功能，为战术旗舰指挥员提供作战态势图，协助指挥员规划、指挥和监视作战活动，控制和协调武器系统和传感器。编队指挥中心可以利用战区海军作战指挥中心的资源，如海军监视报告、威胁、摘要、环境资料、任务支援信息和特殊警报信号。战区海军指挥中心必要时还向旗舰指挥中心提供特殊的战术数据，例如敌方作战系统的状况和能力、超视距目标的位置和识别等信息。

TFCC主要由情报收集系统、战术数据处理系统、综合通信系统和数据显示系统等组成，装备在可承担旗舰的航母和巡洋舰等大型舰船上。TFCC基本框图如图3-25所示，系统借助于计算机网络技术和高速数据总线，把编队中各舰上的雷达、声纳、光电和通信等电子设备按照战术要求有机地连接成一个整体，以实现编队对海上电磁频谱中的短波、超短波、微波、毫米波、声波、可见光、激光、红外和紫外光的探测和监视；指挥协调编队中的有源干扰和无源干扰设备，实施雷达、水声、通信和光电等对抗；引导和控制编队软硬武器以对付威胁目标。

旗舰数据显示系统（FDDS）是发展了的TFCC，FDDS帮助战斗群指挥员制定作战计划、实施作战指挥和监视大范围海上信息，支持两栖混合编队作战，也可支持编队的对空战指挥员、对海战指挥员、反潜战指挥员以及对陆攻击指挥员等作战。增强型FDDS包括台式工作站、加固型计算机、大屏显示器、磁盘驱动器、打印机、绘图机和其他外部设备等硬件；可与各种外部通信系统接口，包括与OTCIXS（战术指挥员信息

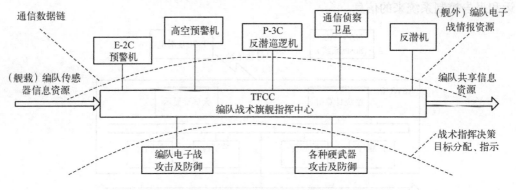

图 3-25 TFCC 基本框图

交换系统卫星通信链路)、TADIXS（战术数据信息系统）卫通、11 号链、4A 链、14 号数据链和 16 号数据链等接口，还可与其他多种系统交换信息，实现海上舰艇编队旗舰数据显示系统与编队内或盟军的舰艇、潜艇、飞机、体系侦察卫星、岸基指挥中心之间的信息交换；采用 JOTSII（联合作战战术系统 II）作为软件核心，可通过各种通信链路与友邻舰机通信，定期更新其信息，编辑水面目标位置，使用公共数据库可以在特混舰队内或甚至在不同特混舰队间的舰艇上使用远程"鱼叉"和"战斧"反舰导弹进行协调攻击。JOTS II 联合作战战术系统是一种作战管理和数据融合的通用软件包，可供所有海上和岸基的指挥与控制以及显示系统使用，还可用于对空战、对海战、反潜战和电子战。

5. 海军战术数据系统（NTDS）

NTDS 海军战术数据系统是美国乃至世界上研制最早、使用最广泛的海军舰载作战指挥系统，主要装备于大型水面舰艇和两栖舰船。该系统于 20 世纪 50 年代开始研制，1961 年装舰，1962 年开始服役。

NTDS 包括本舰和编队的战术情况显示、威胁分析、目标指示和对空指挥引导等功能，用以完成对目标的检测、识别、分类、情报综合、威胁评估及武器分配等任务。以美国海军的"尼米兹"级首制航空母舰为例，NTDS 基本组成框图如图 3-26 所示，它能采集空中、海上、水下乃至陆上的动态、静态信息，并进行快速、精确的信息处理，为各级指挥员提供战术决策依据；指挥控制舰载飞机的起降，并引导舰载飞机拦截空中、海上来袭目标，还可引导反潜直升机对水下敌方潜艇等进行搜索和攻击；组织协调编队内的电子战设备、导弹等软、硬武器，实施对作战区域的目标指示、目标分配；具有极强的通信能力，保证纵向、横向通信的畅通无阻。

NTDS 由计算机、软件包、控制台和数据链等构成一个组合系统，包括数据处理组合、显示器组合和数据传送设备等。主要技术特点是采用了标准化显控台、重视软件的改进和升级、通信链路齐全等。

NTDS 已有多种型号，各型号的不同之处是数据处理能力、自动化程度和数据链性能。它能根据不同舰艇的装舰需求进行适当裁剪，既可适应于航空母舰、巡洋舰、"蓝岭"号指挥舰的需求，又可适应于驱逐舰、护卫舰以及小型护卫舰的作战要求。

6. 先进作战指挥系统（ACDS）

NTDS 最初是为对空作战而设计，仅提供有限的反水面舰艇和反潜作战能力。于是

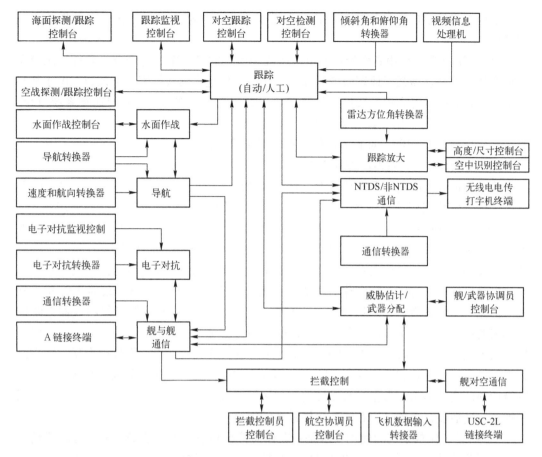

图 3-26 NTDS 基本组成框图

在 1981 年，开始执行以 NTDS 为核心的作战指挥的改进计划，即研制 ACDS 先进作战指挥系统，能提供更快、更大、功能更强的数据处理能力，从而得到更详细的作战态势。

ACDS 主要功能是对目标跟踪的自动化，包括自动航迹相关、电子侦察信息与雷达信息相关、自动多源识别和分类、自动多链路坐标方格定位、本舰和远程截获的电子侦察信息全自动互联和跟踪；通过综合来自舰载传感器和武器、非本系统的信息源、数据链的数据，提供空中、陆地和海上战术图像；支持各类显示，包括数字地图显示和综合情报数据库，战术态势处理和显示，防空、反舰、反潜战区的决策图；提供条令控制的武器对目标的实时反应，如交战规则的自动实施，区域防御作战的半自动舰队指令等；具有嵌入式模拟训练能力。

ACDS Block0 是 ACDS Block1 的基本型。ACDS Block1 是一个集中式指挥与控制系统，增强了战术数据处理和目标指示系统的能力，极大地提高了目标跟踪能力和自动识别能力，可以与多种武器系统、火炮系统等的接口连接，具有编队作战指挥能力，成为美国海军非"宙斯盾"舰的标准作战指挥系统。

ACDS Block2 型是在系统中增加了与 CEC"协同作战系统"的接口，适装新型航母和"黄蜂"级两栖突击舰；同时，增加了"战术群战术训练器"（BFTT）；在软件上还增加了分布式显示核心和 X 窗口软件，还增加了两栖作战方式，扩充了多种作战方式的结构。

ACDS Block3 型是用商用处理器取代系统中所有的专用军用处理器，软件采用分布式战术核心软件。增强了地理服务器软件，包括采用地形图数据库、陆地跟踪电子战和识别处理数据库、海洋探测数据库和航道数据库。它将实现与舰船自身防御系统（SSDS）的接口，还将采用"斯普恩鲁斯"级驱逐舰上的与"鱼叉"导弹系统、火炮系统、水中兵器及 LAMPS–Ⅲ直升机作战控制系统等多种专用接口。

7. "宙斯盾"（AEGIS）作战系统

第二次世界大战的太平洋战场上，日本偷袭珍珠港给美国留下了不可磨灭的伤痛，使美国决心强化舰艇防空系统。AEGIS 是 Advanced Electronic Guidance Information System/Airborne Early–warning Ground Integrated System 的英文缩写，正好是希腊神话中的宙斯盾（AEGIS），于 1969 年开始研制，1983 年首舰正式服役，是美国海军用于舰载防空指挥和武器控制的作战系统，能在严重干扰条件下探测、跟踪和摧毁飞机、导弹等快速机动目标，具有区域防空作战能力。主要装备于"提康德罗加"级巡洋舰和"阿利·伯克"级驱逐舰。宙斯盾舰就是一种配备宙斯盾武器系统并与以往的武器系统结合起来的作战舰船，主要任务是保护美国航母战斗群免受敌人的全方位、多层次、多目标的软硬武器的饱和攻击。"宙斯盾"作战系统具有反应速度快、作战火力猛、防空能力强、抗干扰性能好和可靠性高等特点，其成功的设计理念、先进的武器装备、适时的升级计划使之成为迄今为止最为成功的一种区域舰载防空系统。目前，世界上有 5 个国家拥有宙斯盾舰，美国是拥有宙斯盾舰最多的国家。

"宙斯盾"作战系统的使用要求是：在任何情况和条件下都能护卫航空母舰机动编队；在舰队行动中，不论来袭的是飞机还是导弹，系统都能及时发现并将其击毁；控制并使用舰上装备的武器，可控制协调编队各舰艇实施高水平的反潜战和对舰防御；可护卫军船、商船和两栖部队；可在各种海情和气候条件下工作、航行，执行海上封锁、海上调查和救援等任务；可进行防空、导弹防御、支援登陆作战，并具有反潜、对岸基打击和联合作战能力。

"宙斯盾"作战系统不是单一型号的作战系统，经不断改进获升级，已经形成了一个作战系统系列。一般，"宙斯盾"作战系统由多种传感器、指挥与控制、显示、武器、工作准备和状态测试、战斗训练等部分组成，由相对独立的指挥与决策部分、武器控制部分等共同构成"联邦"式体系结构，如图 3-27 所示。指挥与决策部分的核心设备是指挥和决策系统、多功能相控阵雷达系统和宙斯盾显示系统；武器控制部分的核心设备是武器控制系统及其控制的舰—空导弹系统、舰—舰导弹系统、火炮系统和电子战系统等，另外还有相对独立的反潜火控系统等。通常，宙斯盾系统特指宙斯盾武器系统（AWS），由防空雷达、情报处理设备以及防空导弹构成，集目标探测/跟踪、分析、判断、攻击等功能于一身，用于保护自己和编队舰艇的防空作战，它是基于宙斯盾计划开发出来的武器系统；而宙斯盾战斗系统（ACS）是指用于反舰作战、反潜作战、对地攻击等在宙斯盾计划以前便出现的武器装备的总称。

1) 多功能相控阵雷达系统

多功能相控阵雷达（AN/SPY–1A/1B/1C/1D/1E）是宙斯盾作战系统的心脏，主

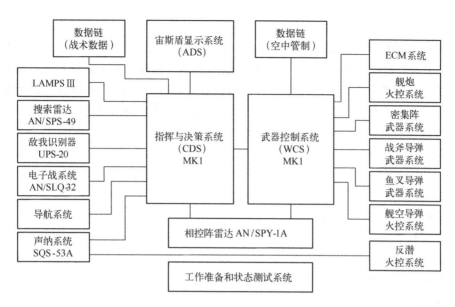

图 3-27 "宙斯盾"作战系统的基本组成示意图

要任务是快速地对空、海目标进行搜索和跟踪。

多功能相控阵雷达由相控阵天线、信号处理机、发射机和雷达控制台及辅助设备等组成。在舰桥四周各安装一面天线的布局,能够在 360°的视场内全方位电子扫描,实现对飞机、导弹等目标的不间断地全空域快速搜索、自动目标探测和多目标跟踪,经目标航迹分析后计算舰艇武器的发射参数。

该雷达工作在 S 波段上,采用边扫描边跟踪工作方式,能同时搜索几百批目标,同时跟踪 200 个以上目标。在搜索时,利用相控阵天线窄波束快速水平扫描,其间隔是 1°,两间隔间移动持续时间 $10\mu s$,波束在每个目标位置上停留时间短;在跟踪时,波束在每个目标位置上停留时间稍长,以获得精确的目标坐标、速度和加速度数据。当决定发射导弹进行拦截时,该雷达还可以将工作波段调整到其他波段上,向飞行中的导弹发送制导指令,控制照射雷达为导弹的半主动雷达寻的末制导系统照射目标,在武器控制系统向多功能相控阵雷达输出导弹中程制导指令后,由多功能相控阵雷达传送给正在飞行的导弹,并向指挥与决策系统报告。

2) 指挥与决策系统(CDS)

指挥与决策系统是全舰的指挥与控制中心,主要功能是确定战术原则、管理探测设备、多功能相控阵雷达跟踪管理、威胁估计和目标分配、远地航迹管理、目标识别、使命评估和状态报告,还有手动跟踪、声纳报告处理、数据链管理、导航数据处理、自动测试支援和训练等。

指挥与决策系统包括计算机、显示控制设备、变换装置、存储器和数据变换辅助控制台等设备。有三种工作方式:正常方式、降级使用方式和辅助方式。

指挥与决策系统接收并显示多功能相控阵雷达系统、直升机、舰上的对空雷达、对海雷达、火控雷达、声纳、电子战系统、卫星导航系统、数据链以及其他设备送来的目标信息和其他有关信息,完成信息融合、分类、目标识别、威胁判断,根据单舰和编队武器资源情况确定作战方案.并由显控台自动或人机相辅地向武器控制系统发出指令信息。

3) 宙斯盾显示系统（ADS）

宙斯盾显示系统布置在作战指挥室内，由 4 个大屏幕显示器、12 个自动化战斗状态板、2 个双人指挥显控台和 2 个单人数据输入控制台组成。每个大屏幕显示器具有单独的控制，能够独立地选定距离标尺、压缩航迹、航迹"标记"和偏置。自动化战斗状态板能显示多种信息，包括单个航迹的数据、已舰状态、武器清单、战斗力信息、环境数据、航迹一览表、使用原则要点和雷达搜索扇面等。

宙斯盾显示系统分成两个显示组，每组有 2 个大屏幕显示器、5 个自动化战斗状态板、1 个双人指挥显控台和 1 个单人数据输入控制台，一组供舰上指挥员使用，另一组供舰上的编队指挥员使用，另外 2 个自动化战斗状态板安装在舰桥上。

4) 武器控制系统（WCS）

武器控制系统用于控制本舰的所有武器。主要功能是计算可交战性；根据威胁类型调度武器打击目标；产生武器控制命令，向指挥与决策系统报告交战状态；处理可交战报告并显示；还具有目标跟踪数据处理，通过数据链与所引导飞机交换目标及状态数据，自动测试支援等能力。

武器控制系统包括计算机、"宙斯盾"综合装置、射击开关组合件和数据交换辅助控制台等设备，可控制宙斯盾舰上的"标准"舰空导弹、"战斧"巡航导弹、"鱼叉"舰舰导弹、"阿斯洛克"反潜导弹、鱼雷、"密集阵"近程武器系统、直升机系统以及已方的战斗机和反潜机，还可控制电子战系统。

武器控制系统根据指挥与决策系统传送来的指令信息和已舰武器状态，具体实施目标指示和武器分配，直接控制舰—空导弹的发射。对于其他武器系统，则是通过其相对独立的火控系统实现武器的控制。但除"密集阵"近程防御武器系统在紧急情况下可以独立工作外，其余武器均由武器控制系统统一管理和协调使用。

MK99 照射控制系统的主要功能是为"标准"舰空导弹提供目标照射波束；必要时也可跟踪目标；还可控制"密集阵"近程防御武器系统和"鱼叉"舰舰导弹。控制照射的全过程是：当指挥与决策系统对目标作出判断以后，就把判断结果和分配武器反击的指令送到武器控制系统，武器控制系统根据从多功能相控阵雷达取得的数据计算火控参数，并自动指定导弹发射装置和准备发射的"标准"舰空导弹；发射后，武器控制系统还控制多功能相控阵雷达向"标准"舰空导弹发送中段制导指令，同时向指挥与决策系统报告；最后，通过 MK99 照射控制系统，控制目标照射雷达在恰当的时候对多功能相控阵雷达随动，为导弹的末制导段提供照射波。

MK26 发射系统用来发射"标准"舰空导弹，也可发射"阿斯洛克"反潜导弹。MK26 具有高可靠性的速射能力、大量发射能力和多种发射方式，可以在对空、对潜和对水面战中同时发射导弹。

MK41 垂直发射系统可以发射各种导弹，例如，"标准"舰空导弹、"战斧"巡航导弹、"鱼叉"舰舰导弹、"阿斯洛克"反潜导弹等。

"宙斯盾"作战系统的工作过程是：使用多功能相控阵雷达，对以本舰平台为中心的半球空域进行连续扫描。如果其中有一个波束发现目标，该雷达就立即操纵更多的波束照射该目标并自动转入跟踪，同时把目标数据送给指挥与决策系统；指挥与决策系统对目标作出敌我识别和威胁评估，分配拦截武器，并把结果数据送给武器控制系统；后者根据数据自动编制拦截程序，通过导弹发射系统把程序送入导弹；导弹发射后，发射系统又自动装填，以便再次发射；在导弹飞行前段，采用惯性导航，武器控制系统通过多功能相控阵雷达给导弹发送修正指令；在导弹飞行的中段，由武器控制系统向多功能相控阵雷达输出导弹中程制导指令后，由多功能相控阵雷达传送给正在飞行的"标准"舰空导弹进行制导；进入末段后，导弹寻的头根据火控系统照射器提供的目标反射能量自动寻的；引炸后，多功能相控阵雷达立即做出杀伤效果判断，决定是否需要再次拦截。在整个作战过程中，工作准备和状态测试系统不断监视全系统的运转情况，一旦发现故障，立即采取措施，以确保作战系统具有很高的可靠性。

3.4.4 空军战术指挥与控制系统

美空军指挥与控制系统主要包括战术空军指挥与控制系统（TACS）和战区作战管理核心系统（TBMSS）等。美军提出的重建空军信息系统的"地平线"计划，是对空军的 C^4I 系统建设进行全面调整、改造和更新。"地平线"计划主要是将空军 C^4I 结构发展与迁移计划各项工作融为一体，通过使用统一标准、组件和数据定义，建成能支持联合作战、各系统无缝互联互通的 C^4I 系统，使飞行员更加依赖于信息系统、全球网络和分散的数据终端来获得接近于实时的综合信息。

1. 战术空军指挥与控制系统（TACS）

战术空军指挥与控制系统（TACS）是美空军航空作战的主要指挥与控制系统，也是联合作战的空军部队指挥员指挥战术空军部队，支援地面部队所必需的系统。

TACS 包括地面和机载两部分。地面部分由空战中心（AOC）、控制与报知中心（CRC）、空中支援作战中心（ASOC）和战术空军控制组（TACP）等组成，CRC、ASOC、TACP 隶属于 AOC。机载部分由 AWACS 飞机、JSTARS 飞机、机载指挥与控制中心（ABCCC）飞机等组成，如图 3-28 所示。

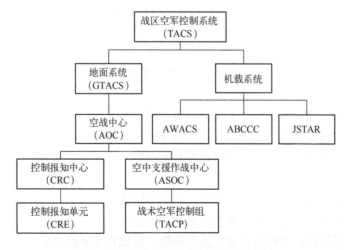

图 3-28 战术空军指挥与控制系统组成

2. 战区作战管理核心系统（TBMSS）

TBMSS 用于在战区中为空军及其他军种、联合部队的司令，提供标准化的、安全的自动化空战计划和执行管理手段，负责对作战区域的所有空中力量进行任务分配，并制定联合空中任务指令（ATO），通过综合各类情报、图像和信息，在空军空战中心和空中支援作战中心生成共用作战图像，能更快捷、更容易地进行任务计划管理。TBMSS采用模块化结构，便于陆、海、空运输，其配置可以根据信息资源、作战单元、可用的武器数量、参战军种和盟军、疏散要求及作战强度等战区条件进行裁减。

TBMSS综合集成了应急战区自动计划系统（CTAPS）、航空兵联队指挥与控制系统（WCCS）和作战情报系统（CIP），分别支持不同的任务。CTAPS是联合特遣部队司令的主要计划和执行工具，空战中心（联合空战中心）利用该系统自动制定、分发和执行ATO，并对空战进行管理，其用户包括联合空中部队司令部、各军种空中部队及飞行部队。WCCS是一个用来监控联队作战的数据库管理系统，安装在联队作战中心（WOC），负责自动接收、分析、确认、分发ATO/ACO并对ATO/ACO的执行情况进行监控，能提供航空兵联队资源的完整综合信息。CIP是美国空军的标准自动化情报系统，用于自动从多种情报源接收情报数据，进行关联、存储并分发给作战系统，从而在整个作战过程中直接支持空战的计划制定和任务执行。

3. 联合监视与目标攻击雷达系统（JSTARS）

联合监视与目标攻击雷达系统JSTARS（Joint Surveillance and Target Attack Radar Systems）是在陆军"远程目标捕获系统"和空军"铺路机"系统的基础上发展而来的，主要由载机、机载系统和地面站系统组成。

"远程目标捕获系统"是美国陆军直升机使用的一种机载雷达系统，用来快速、连续、大区域地监视地面活动目标。"铺路机"系统是美国空军使用的一种机载雷达系统，用来监视、探测和攻击陆军前沿部队纵深地带的敌方面活动目标。为能满足空地一体战需要的指挥、控制和通信系统，美陆空军于1985年开始合作研制联合监视与目标攻击雷达系统，生产型称为E-8C"联合星系统"。E-8C"联合星系统"是现代空地一体战的重要装备，对监视军事冲突和突发事件中的地面情况，控制空地联合作战都具有重要作用，是空中与地面之间的神经中枢。

思 考 题

1. 简述指挥与控制系统的分类及其发展趋势。
2. 从物理结构概念模型出发，简述指挥与控制系统的基本组成和功能。
3. 指挥与控制系统主要包括哪些硬件和软件？
4. 国家作战指挥中心的主要任务是什么？
5. 简述战区联合作战指挥与控制系统的基本组成。
6. 简述美军全球信息栅格的基本含义和主要构成。
7. 简述美军战略级指挥与控制系统的功能、组成和发展特点。
8. 美国海军指挥层次是如何划分的？

第4章 联合作战指挥与控制的体系结构技术

信息时代的联合作战中,快速取得预期作战效果必须将多维空间的各种作战力量和能力联合起来。为实现这个目标,就必须具备有效地控制平台、传感器、武器和作战人员之间复杂关系的能力,以及它们之间最佳协同的能力,使任何可能的脆弱性降至最低。因此,联合作战指挥与控制系统研制与开发过程中,运用体系结构技术,对系统体系结构进行科学、合理的规划和设计,有助于确保不同系统和/或能力之间的集成性和互操作性,进而实现一体化联合作战。

本章从体系结构的定义出发,介绍了体系结构描述和体系结构框架的基本概念,之后重点阐述信息栅格体系结构、通用操作环境体系结构、DoD AF 体系结构框架、面向服务体系结构、联合技术体系结构和技术参考模型等典型体系结构技术的专门知识。

4.1 体系结构的基本概念

4.1.1 体系结构定义

体系结构最早用于建筑学,表示建筑物的结构、构造方式、建筑式样和风格等。后来,借鉴建筑学中的许多思想,人们将体系结构一词广泛应用到计算机硬件、系统工程等领域,提出了计算机体系结构、系统体系结构等相关概念。

若干有关事物或概念互相联系而构成一个整体称为体系,整体中各组成部分的搭配和排列称为结构,体系研究整体的内涵、外延、层次和关系。体系结构就是指一个整体的层次、序列、相互关系及组成。几个由权威学者、组织给出的具有代表性的体系结构定义如下:

1983 年版《牛津英语词典》对体系结构的定义是:在与计算机有关或以计算机为基础的系统中,从系统的使用或设计角度来看,体系结构涉及系统的概念结构及全部逻辑组织方式;或者说,体系结构涉及系统的特定实现。

瑞克汀(E. Rechtin)在撰写的世界上第一本关于系统体系结构的专著中,将系统体系结构定义为:诸如通信网络、神经网络、宇宙飞船、计算机、软件或组织等系统的基本结构。

扎克曼(J. A. Zachman)最早提出了信息系统体系结构的描述框架,将体系结构定义为:与描述系统有关的一系列描述性表示,可用来开发满足需求的系统、作为系统维护的依据。

国际系统工程理事会(INCOSE)对系统体系结构的定义是:用系统元素、接口、过程、约束和行为定义的基本的和统一的系统结构。

计算机与通信学科中,对体系结构的定义是:系统的体系结构应描述系统的组成元素、元素间的交互、元素进行聚合的模式、对这种模式的限制等内容。

1990年,美国电气和电子工程师协会在IEEE STD 610.12中,将体系结构定义为:体系结构是组成部分的结构、它们相互之间的关系以及制约它们设计和演进的原则和指南。根据这一定义,体系结构包括组成部分的结构、组成单元之间的关系以及自始至终指导设计和演进的原则与指南三个核心要素。

1996年,IEEE成立了体系结构工作组,在综合已有的体系结构描述实践工作基础上,制定了软件密集系统的体系结构描述标准,即IEEE标准P1471-2000,给出了体系结构描述常用概念、术语的定义,通过建立体系结构描述的概念模型说明了这些概念和术语的相互关系,并提出了对体系结构描述的基本要求。IEEE标准P1471-2000中,将软件密集系统的体系结构定义为:通过系统部件、部件之间的相互关系及与环境的关系以及指导系统设计和演化的原则体现出来的一个系统的基本构成。

美军在C^4ISR体系结构框架中,对体系结构的定义是:系统各部件的结构、它们之间的关系以及制约它们设计和随时间演化的原则与指南。

上述定义涵盖了系统部件、部件之间的交互关系、约束、行为以及系统的设计、演化原则等内容。体系结构定义中,部件不仅包括软件、硬件等物理部件,还应包括数据、活动、人员等逻辑部件;部件之间的关系包括层次、布局、边界、接口关系等;体系结构所研究的系统结构通常在较高的抽象层次上,且不仅仅指系统的物理结构。

体系结构具有系统的抽象性、稳定性、设计性、可重用性等特点。在系统生命周期中,体系结构的主要作用是:作为系统风险承担者相互交流的手段,便于从总体上分析、理解、比较系统;用作系统设计者进行详细设计的依据,以制定详尽的系统设计规范;用来分析、评价系统的互操作性等质量特性;作为系统集成或演化的依据和指南;分析系统的费效比,以辅助采办决策并提高采办和投资决策的科学性。

体系结构技术是联合作战指挥与控制系统设计的主要方法,也是综合集成(功能、技术、产品等)的重要手段。体系结构研究应包括体系结构建模技术、体系结构设计方法和开发过程、体系结构度量和验证方法、体系结构支撑环境4个主要方面,它们相辅相成并相互支持,如图4-1所示。

体系结构建模技术是采用一种合理可行的建模技术,用来准确地对体系结构进行表达和描述。

体系结构设计方法是体系结构设计的技术手段,指导体系结构设计和开发的基本活动,为体系结构开发提供一个可行的开发过程。针对C^4ISR系统体系结构产品设计,美国乔治·梅森大学系统体系结构实验室提出了结构化分析方法和面向对象的设计方法,研究设计体系结构产品的步骤、方法和建模元素等。

体系结构开发是一个随时间演变的反复过程,当过程和信息不发生改变时,根据体系结构数据得出的分析仍保持有效,当体系结构目标、过程步骤、信息或管理方向中的任何一个发生变化时,就需要对以前的分析进行检查,以决定是否需要根据新信息重做以前的分析,因此,体系结构的开发是一个迭代的过程,如图4-2所示。

体系结构度量和验证方法用于评价体系结构的设计成果是否符合需求以及设计的优劣程度。其主要任务是检查系统体系结构设计的正确性,确定体系结构描述是否符合功能需求和非功能(性能)需求。

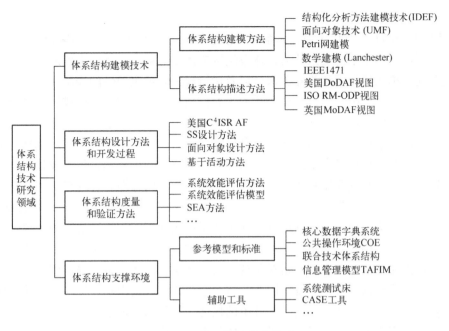

图 4-1 体系结构技术范畴

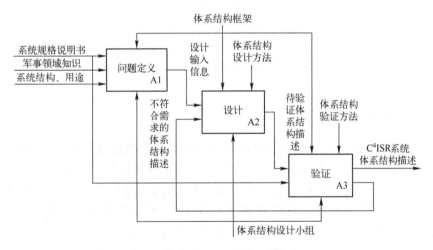

图 4-2 体系结构开发过程示意图

体系结构支撑环境是指在体系结构生命周期中为各个阶段活动提供支持的参考资料和支持技术总称，以帮助体系结构工程师从内容上进一步规范体系结构产品的开发。

4.1.2 体系结构描述

体系结构描述是体系结构设计的一个重要组成部分，是对体系结构的规范化表示。体系结构描述回答"描述什么、怎样描述、用什么描述"等基本问题。

Opengroup 在 TOG AF 8.1 对体系结构描述的定义是：体系结构描述是一种按照支持系统结构属性推理方法组织信息系统的规范描述，它定义了组成整个系统的组件和模块，提供哪些产品能够获得到，哪些系统要开发，以及它们为实现系统协同工作的计划。

IEEE Std 1471-2000 认为，体系结构描述是描述体系结构产品的集合。

美国国防部体系结构框架认为，体系结构描述是对被定义域的当前或未来、域内的各组成单元、单元的作用和相互关系，以及运行规则和约束条件的表示。

在系统生命周期中，体系结构描述的主要作用体现在：体系结构描述是系统开发过程形成的重要文档，在系统开发、实现、运行和维护中，可用于人员或组织间的通信和交流；体系结构描述是体系结构评估、分析与比较的基础，可用于分析可选择的体系结构。同时，体系结构描述也记录了体系结构设计的决策知识；作为系统设计和开发后续工作的输入，指导系统开发和实现，便于系统开发活动的计划、管理与执行；表达了系统重要特征和所支持的基本原则，帮助制定体系结构的移植计划，有利于系统的演化；作为保证体系结构实现一致性的标准，便于体系结构的实现与描述之间的一致性检查。

可见，体系结构和体系结构描述是两个不同的概念。体系结构是系统组成以及相互关系及它们随时间演进的原则，是对系统的高层抽象；而体系结构描述则是一个具体的事务，是对体系结构的形象表现。因此，体系结构描述着重识别、选择和确认对体系结构有严重影响的要素，并进行科学、抽象的描述。体系结构描述的是整个系统结构和行为的模型，表现系统如何完成在背景环境中的需求，确定系统的组成、相互联接和依赖关系，以及它们运行中的限制，主要包括：系统的组成；系统的主要功能以及功能分配；系统之间的关系、接口；系统的分布与部署；组成、结构、接口关系随时间的演化过程；系统实现的技术限制等。对于联合作战指挥与控制系统体系结构，将重点描述该系统内外的有机联系和发展途径，揭示系统综合集成的目标和方法，其目的是规范系统的顶层设计，提高系统研制、开发和使用效率。

4.1.3 体系结构框架

在系统工程领域，为了对特定类型的系统建立体系结构描述的规范，提出了体系结构框架的概念。1987 年，J. A. Zachman 在 IBM 的一个内部刊物上发表了"Framework for Information Systems Architecture"的文章，第一次提出了企业框架（EA）的概念。Zachman 认为，为了应对日益复杂的 IT 系统以及高投资、低回报的问题，使用一个逻辑的企业构造蓝图（即框架）定义和控制企业系统及其组件的集成是非常有用的，框架是一种用于组织、分类复杂信息的逻辑结构。企业框架（EA）是定义信息、信息技术和信息系统如何支持业务活动，为业务活动带来效益的企业蓝图，也是一个将企业业务战略转化成业务价值的 IT 管理过程。为此，Zachman 开发了信息、流程、网络、人员、时间、基本原理等 6 个视角来分析企业，也提供了与这些视角相对应的 6 个模型，包括语义、概念、逻辑、物理、组件和功能等模型。

体系结构框架不是具体的体系结构，而是为体系结构描述提供指导而制定的文件，是一种规范化的体系结构描述方法，即体系结构描述规范。它是制定体系结构的方法学或模型的规范，体系结构框架以及其定义的体系结构产品构成了体系结构设计的基本语法规则。

体系结构、体系结构描述和体系结构框架三者之间的关系是：体系结构描述是对体系结构的具体化和表现，体系结构框架是指导体系结构描述的一种规范化的方法，利用体系结构框架进行体系结构描述，得到的结果就是体系结构。

目前，已出现了多种体系结构框架，如 J. A. Zachman 提出的 Zachman 企业体系结构框架，美国联邦企业体系结构框架（FEAF）、国防信息基础设施通用操作环境（DII COE）、国防部体系结构框架（DoD AF），以及英国国防部体系结构框架（MoD AF）、挪威军方 MACCIS 框架、开发组织体系结构框架（TOG AF）等等。随着企业框架的不断进化，企业框架理论越来越与战略和业务相融合，逐步形成了企业战略、业务架构、信息架构、IT 架构等 4 个层次。

4.1.4 信息栅格体系结构

美国栅格项目领导人伊恩福斯特在 1999 年出版的《网络：一种未来计算基础设施蓝图》一书中，对栅格的描述是："栅格是构筑在互联网上的一组新兴技术，它将高速互联网、高性能计算机、大型数据库、传感器、远程设备等融为一体，为科技人员和普通老百姓提供更多的资源、功能和交互性。栅格的功能比目前的互联网更多更强，能让人们透明地使用计算、存储等其他资源。互联网主要为人们提供电子邮件、网页浏览等通信功能；而栅格的功能则更多更强，它能让人们共享计算、存储和其他资源。"

栅格是整合了计算机、数据、设备和服务等资源的基础设施，具有高性能、一体化、资源共享、协同工作和知识生产等特点。栅格技术的目标就是将互联网上的所有资源动态无缝集成，形成一个有机整体，在动态变化的多个组织间共享资源和协同解决问题。栅格体系结构是栅格最核心的技术。

栅格中包含主体和客体两种实体。栅格主体是栅格活动的驱动者，包含栅格用户和栅格应用两类实体，这两种主体的主要区别是用户需要友好的用户接口，一般通过图形用户接口或专门软件访问栅格，而应用通常通过应用程序接口访问栅格。栅格客体是栅格中不能自主活动的实体，一个栅格主体和一个栅格客体之间的活动可以遵循统一的栅格策略进行，也可以通过双方的协商建立专用策略，并根据协商策略进行后续活动。按照栅格客体的不同层次，可以将栅格分为资源栅格、信息栅格和知识栅格三个从低到高的层次，分别对应于处理内容为资源、信息、知识层次的栅格。

所谓信息栅格，就是要建立一个体系结构并开发相应的中间件，向用户提供"信息在你指尖"式的服务。信息栅格研究的核心问题有：如何描述信息、存储信息、发布信息和查询信息；如何将异构平台、不同格式和不同表述方式的信息进行交换，实现信息的无障碍交换；如何充分利用现有栅格技术，构成一个完整的服务链；信息的语义如何表示，即如何赋予信息以内涵，以及如何避免信息的二义性，如何对信息加密，以及防止信息泄露等。

信息栅格体系结构的应用视图分为基础设施层和应用层，如图 4-3 所示。基础设施主要由应用支撑基础设施、虚拟的共享信息池、从应用到共享数据的关键接口和全域性应用组成；特定域的使命应用软件通过栅格基础设施，实现高可信的信息共享。

栅格基础设施将提升、增强和集成广泛的商用技术和军事信息技术成果，以提供三方面横向跨接式的基础设施能力：运行环境中的信息，即按运行环境进行裁剪的信息收集、处置、融合、分析、协作和分发的能力；动态互操作性，即允许包括遗留系统的不同系统进行动态的、无缝的互操作的能力；可预测性，即系统能知晓它正在做的事，并

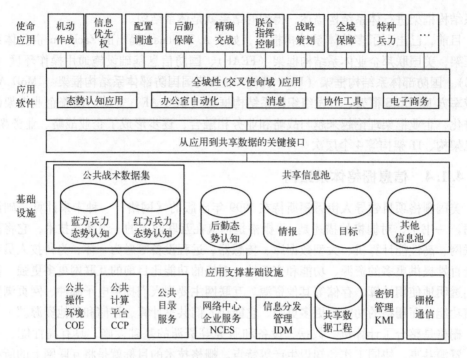

图4-3 信息栅格体系结构应用模型

能在事情出错时采取正确动作能力。

应用支撑基础设施是信息栅格的实体层,为方便地构建基于栅格的虚拟组织提供支持,将信息栅格逻辑实体转变成栅格上的节点物理实体,虚拟组织软件的开发和配置都需要应用支撑基础设施的支持。应用支撑基础设施包括以下方面:

(1)通用操作环境(COE)。建立在客户/服务器模式上的即插即用开放体系结构,体现了以平台为中心的应用开发模式,在栅格体系结构中作为一个软件开发和运行环境。

(2)公共计算平台(CCP)。COE的简化版本,具有更少的组件和单一的"集成/实现软件",通常由商用软硬件和优化的军事构件组成。

(3)公共目录服务。是信息栅格的资源登录和编目系统,通常采用X.500目录服务和LDAP目录服务。

(4)网络中心企业服务(NCES)。信息栅格扩展的基础服务,采用面向服务的应用开发模型建立核心分布服务,便于基于信息栅格构建虚拟组织。

(5)信息分发管理(IDM)。它包括从信息搜集到作战人员使用信息的全环节,是信息管理的一个部分,解决信息的感知访问和传递,主要包括数据的编辑、编目、高速缓存、分发和检索,同时保证信息在全时段是安全的,提供在所有用户和信息源之间的视频、语音和数据交换的管理和控制,支持横跨信息栅格所有组件的互操作。

(6)共享数据工程。包括为数据服务开发者提供数据共享途径、数据存储和访问体系结构、可重用的软件和数据组件、开发指南和标准。其关键目的是提升现存数据库、数据结构和数据值的使用效能、通过重用改善互操作性、提供数据融合基础。

(7)密钥管理基础设施(KMI)。提供为所有用密码写的密钥资料、对称的或公开的密钥以及公共密钥证书的生成、生产、分发、控制、跟踪和销毁的框架和服务。

（8）栅格通信基础设施。在信息栅格环境下，支持语音、视频和数据从端到端的传输和接收信息栅格通信组件，主要由传输、交换、路由、多路复用、传输接收设备和服务组成。它提供的主要能力有：通过交互工具，被管理的分发和广播组件支持人际信息交互；采用处理和存储系统允许人—机交换信息；采用其他的应用和数据支持应用的信息交换；允许人和应用软件与武器系统和传感器系统交换信息。

4.2 通用操作环境体系结构框架

随着作战需求和信息技术的发展，为提高联合作战能力，采用"统一交互接口"、"统一基础平台"、"统一服务标准"等思想路线，逐步解决了各种不同的类型、使命任务和功能目标的指挥与控制系统的有机融合和综合集成问题，完善了系统内部以及不同系统之间的互联、互通和互操作，系统结构已从集中式、分开式演化到分布式、全分布式的形态。从技术角度来说，对于具体的指挥与控制系统体系结构，就是为不同的层次、军种、任务与功能的指挥与控制系统的建设发展，确立一套公认的原则和规范，确保指挥与控制系统的开放以及整体的可持续发展。

"统一基础平台"是在"统一交互接口"的思路基础上提出的一种体系结构技术，即采用统一的技术架构，以系统基础功能构建一种通用基础平台，负责解决通信、计算、安全、地理信息、文电传输、命令下达、态势显示、数据管理等一系列基础功能，系统应用均构架在通用基础平台之上，负责实现特定领域的相关业务。通用基础平台是构建各级各类指挥与控制系统的基础环境，有利于实现各种指挥与控制系统的互联、互通和互操作，提升系统的可靠性和稳定性。

4.2.1 通用操作环境

美军国防信息基础设施（DⅡ）第一阶段主要针对美军 C^4ISR 系统综合化建设需求，开展通用操作环境（Common Operating Environment，COE）建设，第二阶段重点针对网络中心化发展需求，展开全球信息栅格（GIG）建设。

通用操作环境是 DⅡ 的重要组成部分之一，是一种适应于各军兵种公共信息传输与处理要求的开放式、面向"段"设计、即插即用、C/S 模式的应用开发和集成的通用基础平台，为系统建立了一种公共可执行环境，包括一系列对软件体系结构、标准、软件重用、数据共享、互操作性的约束，如图 4-4 所示。COE 不是一个系统，而是建立开放系统的基础，通过支持应用为整个系统的信息流管理和分类提供体系结构框架，并为应用之间的信息共享提供体系结构框架，还定义了硬件和软件基础设施，利用这些基础设施可以设计详细的平台。美军的全球指挥与控制系统（GCCS），即是基于 COE 技术架构而搭建。

COE 包含了相关任务应用软件所需要的公共支持应用软件和平台业务，总体上呈现为分层体系结构。自下而上包括核心服务层、基础服务层、共性应用服务层和标准应用程序接口（API）层，共享数据环境（SHADE）是 COE 原则的一种扩展，是一系列 COE 类系统进行数据共享的一种战略和机制。

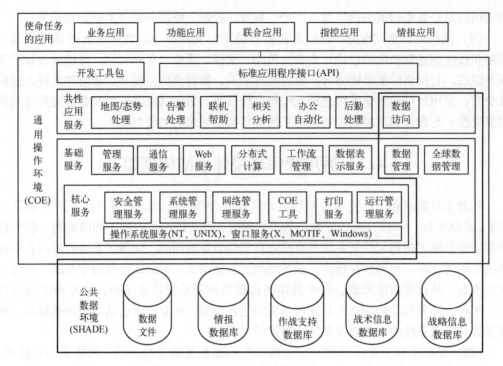

图 4-4 通用操作环境（COE）

核心服务层是 COE 中的系统软件层，是 COE 中必需的核心功能。它主要包括安全管理服务、系统管理服务、网络管理服务、打印服务、运行管理服务以及相关的 COE 工具。这些服务大多采用或基于商用的操作系统（UNIX、NT 等）以及窗口服务软件（X Window、MOTIF 和 Windows）为基础构建。

基础服务层是 COE 中的通用支撑应用软件，基于下层的核心服务，为上层提供服务基础支撑。主要包括管理服务、通信服务、分布式计算服务、Web 服务、工作流管理服务、数据表示服务、数据管理及全球数据管理等一系列基础服务。根据具体情况，可以选择不同方式构建基础服务层，既可直接选用商用产品，也可基于商用产品构建新的服务，还可以自行开发。

共性应用服务层是直接面向作战任务的共性应用软件，主要是从各军兵种的专用软件中抽象得到的可共用的应用软件，如地图与态势处理、文电服务、告警服务、联机帮助、办公自动化、后勤处理、消息处理、数据访问等各类共性应用服务。

标准应用程序接口（API）层为应用领域提供二次开发接口。COE 与领域应用之间，以及 COE 各个服务层之间的接口关系均通过标准化的、统一发布的应用程序接口实现，具体包括 C 语言动态链接库、C++ 类库、COM 组件、Java 组件和 ActiveX 控件。通过采用标准的公共 API 来实现接口关系，将大大提高应用的可移植性、人一机界面的一致性和系统的互操作性。标准 API 包括模块调用接口和数据接口，前者是 COE 各模块之间的最主要的一种接口方式，调用模块和被调用模块位于同一个进程空间，被调用模块以调用接口的形式对外提供功能、数据等各种服务，调用模块通过这些接口去调用各种服务，数据服务可通过共享数据环境（SHADE）的相关服务来实现。

在COE中，除操作系统和基本窗口软件外的所有软件和数据均包含在称为"段"的自含式单元中，段是基本的COE模块。每个段均包含可访问COE其余部分的自描述信息，段分两种：一种是COE的组成段，是COE的组成部分；另一种是作战任务应用段，为特定的作战任务提供特定的能力。段相当于软插件，选择实际的段进行组合就产生一种COE参考实现，也就确定了COE能描述的具体问题。

从整体而言，COE提供了一种标准的环境、可立即使用的基础软件、一整套详细描述COE环境下开发完成特定使命任务的应用软件编程标准。通过COE，异构系统之间能够按照"即插即用"设计思想，在统一的标准框架下开发，使它们之间能够互通并共享信息，极大地提高了指挥与控制系统的"三互"能力。

4.2.2 共享数据环境

共享数据环境（SHADE）通过捕获和揭示系统的数据资源、中间数据和数据交换要求，从而促进互操作。它主要由元数据管理服务、公共数据表示服务、数据访问服务、数据交换服务、物理数据存储服务、SHADE工具包等6个部分组成。SHADE结构如图4-5所示。

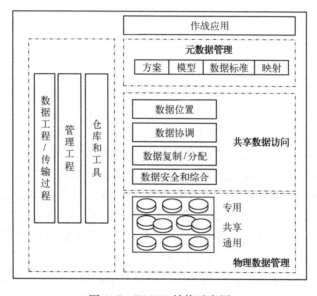

图4-5 SHADE结构示意图

元数据是SHADE中数据内容及其与数据源之间的关系，几乎描述了整个SHADE的逻辑结构，最终用户可以通过元数据了解SHADE中的内容。元数据管理服务通过元数据知识库及其管理和访问工具，对SHADE中的公共数据模型和数据元素进行存储和管理，并提供对元数据的访问能力。

公共数据表示服务用于定义共享数据的标准模型、数据元素和元数据，支持关系模型、XML、ASN.1以及自定义编码等多种表示模型，可用于描述数据的语法和语义。

数据访问服务提供多系统共享的数据访问机制，并提供对数据透明访问的工具，主要包括用户访问权限控制、数据库访问与管理服务、文件访问与管理服务、对共享资料的全文检索服务。

数据交换服务提供不同应用系统之间的数据交换能力,主要包括数据订阅与分发、动态数据复制、基于XML的数据交换、基于ASN.1的数据交换和基于自定义比特编码的数据交换等。

物理数据存储服务提供多系统共享的数据存储机制,主要包括数据库物理存储、数据仓库物理存储和文件物理存储服务,不同的数据存储需要不同的访问服务。物理存储服务所依托的具体存储实体是战场共享数据库,包括敌我双方的人员、装备、任务、位置、行动、物资和战场环境等共享信息,为各级指挥机构提供完整一致的战场综合信息。

SHADE工具包主要有数据集成与接口工具、数据一致性测试工具、元数据知识库及其管理访问工具。

COE和SHADE对C^4ISR的系统体系结构和技术体系结构中系统的公共环境、数据传输、数据共享的设计与实现具有指导意义,通过对体系结构产品设计的标准化和约束来保证实现系统的互操作性。COE也存在一些问题,如对于各种系统之间的标准不一,在系统规模增长到一定程度时便呈现出信息处理效率低下、组织运用困难等一系列问题,无法满足一体化需求。

4.3 DoD AF 体系结构框架

美军在C^4ISR系统建设时,首次提出要求先设计系统的体系结构,指导系统的研制和开发。1996年6月美国国防部颁布了《C^4ISR体系结构框架》1.0版,1997年12月颁布了《C^4ISR体系结构框架》2.0版;为应对世纪安全环境的挑战,实现从"以威胁为基础"转向"以能力为基础"的防务规划,发展网络中心作战能力,2004年2月颁布了《美国国防部体系结构框架(DoDAF)》1.0版,并将体系结构的原则和实践的应用范围从C^4ISR领域扩展到所有的联合能力域(JCA);2007年4月颁布了《美国国防部体系结构框架(DoDAF)》1.5版,增加了在体系结构描述中反映网络中心概念的指导,提供了网络中心化概念的支撑;2009年5月,美国国防部颁布了《美国国防部体系结构框架(DoDAF)》2.0版,用八大视角取代了以往的三大视图,提出了以数据为中心的方法,将高效决策所需数据的采集、存储和维护放在首位。需要说明的是:体系结构视图是根据视角开发得到,视图是系统体系结构在某个特定视角的表示,回答用户的一个或多个关注点,视角是建立、描述和分析视图的模板和规范,规定了用来描述视图的语言、建板方法以及对视图的分析技术,体现了用户对系统的关注点。

4.3.1 DoD AF 1.0

DoD AF 1.0版为C^4ISR体系结构的开发、描述和集成定义了一种通用的方法,保证体系结构描述能在不同的机构,包括多国系统之间进行比较和关联。它将C^4ISR系统的体系结构分为作战视图(OV)、系统视图(SV)和技术标准视图(TV)三个相互关联的部分,如图4-6所示。它们分别从作战需求和应用、系统设计以及技术实现三个

视角来描述 C^4ISR 系统的体系结构。该框架为开发和表示体系结构提供了规则、指导和产品描述，保证了在理解、比较和集成体系结构时有一个公共的标准，有利于快速确定作战需求，提高采办效率，缩短采办周期。

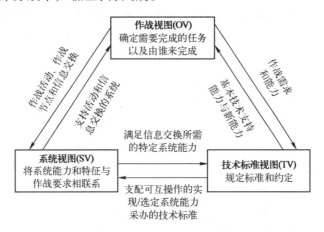

图 4-6　DoD 体系结构框架中三视图之间的相互关系

DoD AF 1.0 版中共定义了 26 种体系结构产品，分别属于作战视图、系统视图、技术标准视图和全视图。每个视图都由一套通过图形、表格或文本产品进行描述的体系结构信息组成，三个视图在逻辑上构成一个整体，视图和产品综合在一起就构成了对某个特定 C^4ISR 系统体系结构的描述。

作战视图用于描述作战的任务和行动、作战要素、作战组织间的相互关系以及完成或支援作战任务或行动所需的信息流，为系统总体设计奠定基础。它包括高级作战概念图、作战节点连接关系描述、作战信息交换矩阵、组织关系图、作战活动模型、作战规则模型、作战状态转换描述、作战事件/跟踪描述和逻辑数据模型 9 个产品。

系统视图用于把系统的物理资源和性能特征与作战视图以及由技术标准视图所定义的标准提出的要求联系起来，说明多个系统的连接和互操作，且可以描述在这个体系结构中的特定系统的内部结构和运行原理。它包括系统接口描述、系统通信描述、系统—系统矩阵、系统功能描述、作战活动与系统功能映射矩阵、系统数据交换矩阵、系统性能参数矩阵、系统演化描述、系统技术预测、系统规则模型、系统状态转换描述、系统事件跟踪描述、物理模式 13 个产品。

技术标准视图是控制系统部件或元素配置、相互作用和相互依存的最低限度的一组规则集，提供了系统实现的技术指南，确保组成的系统满足一系列特定的要求。它包括技术标准配置文件、技术标准预测 2 个产品。

全视图（AV）主要是描述体系结构全局方面的内容，限定了要生成的体系结构的规范、目的和背景，说明了采用的工具和格式，并给出了结论和综合词典，但不是描述体系结构的视图。它包括概述和摘要信息、综合词典 2 个产品。

4.3.2　DoD AF 2.0

DoD AF 2.0 版在 DoD AF 1.5 版基础上，扩展了体系结构视图种类和产品数量，深化了以产品为中心向以数据为中心的转变,进一步发展了体系结构设计方法。与前几版相比,具有变化的方面是:体系结构开发过程从以产品为中心转向以数据为中心,主要提供决策的数据;由原来的三个视图转变为更具体的视角,分别是全视角、能力视角、数据与信息视角、作战视角、项目视角、服务视角、系统视角和标准视角等 8 种,视角及其用途如图 4-7 所示;描述了数据共享和在联邦环境中获取信息的需求;定义和描述了国防部企业体系结构;明确和描述了联邦企业体系结构的关系;创建了国防部体系结构框架元模型;描述和讨论了面向服务体系结构(SOA)开发的方法。在 DoD AF 2.0 中,共计有 51 个产品,用户可根据需要选择使用。

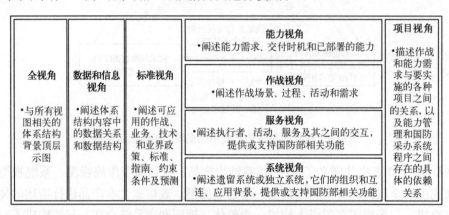

图 4-7　DoD AF 2.0 视角组成

全视角(AV)包括概述和摘要信息、综合词典 2 个产品。在体系结构中与其他所有视角都有关联,是跨域性的描述,提供了对整个体系结构描述有关的信息,如体系结构描述的范围和背景。体系结构描述的范围包括问题域和时间跨度。体系结构描述的背景由组成背景的相关条件构成,包括条令、战术、技术、规程、相关的目标和设想的表述、作战思想、想定和环境条件等。

能力视角(CV)包括构想、能力分类、能力阶段划分、能力从属关系、能力和组织部署的映射、能力和作战活动映射、能力与服务映射 7 个产品。通过执行特定的一系列动作而达到企业目标,或在特定标准和条件下通过执行一系列任务而获得期望效果的能力。它为体系结构描述中所描述的功能提供战略级背景和相应的高层范围,比在作战思想图中定义的基于想定的范围更加具有概略性。这个模型是高层模型,利用术语描述,使得决策者更加容易理解,可用于功能进化战略级的交流。

数据与信息视角(DIV)包括概念数据模型、逻辑数据模型、物理数据模型 3 个产品。采集业务信息需求和结构化的业务流程规则,描述与信息交换有关的信息,如属性、特征和相互关系。

作战视角(OV)包括高级作战概念图、作战资源流描述、作战资源流矩阵、组织关系图、作战活动模型、作战规则模型、状态转换描述、事件跟踪描述 8 个产品。采集组织、任务或执行的活动,以及在完成任务工程中需要交换的信息。该视角记录交换的信息类型、频度,信息交换所支持的任务和活动以及信息交换本身的一些性质。

项目视角(PV)包括项目、项目时间表、项目与能力映射 3 个产品。说明了项目计划如何组合成具有前后承接关系的投资组合计划。该视图提供一种描述多个项目之间组织关系的方法，每个项目负责交付单个的系统或功能。

服务视角（SvcV）包括服务接口描述、服务资源流描述、系统—服务矩阵、服务—服务矩阵、服务功能描述、作战活动对服务映射矩阵、服务资源流矩阵、服务度量矩阵、服务演化描述、服务技术预测、服务规则模型、服务状态转换描述、服务事件跟踪描述13个产品，说明了系统、服务以及支持作战活动的功能性的结合关系。服务视角中的功能和服务资源以及组件可以与作战视图（OV）中的体系结构数据关联。这些系统功能或服务资源支持了作战活动，方便了信息交换。

系统视角（SV）包括系统接口描述、系统通信描述、系统—系统矩阵、系统功能描述、作战活动对系统功能追溯矩阵、作战活动对系统映射矩阵、系统数据交换矩阵、系统性能参数矩阵、系统演化描述、系统技术预测、系统规则模型、系统状态转换模型、系统事件跟踪描述13个产品。采集关于自动化系统、互联通性和系统功能方面的信息。随着美国国防部将重点转移到面向服务的环境和云计算，该视角将会逐渐消失。

标准视角（StdV）包括标准规范和标准预测2个产品。它包括技术标准、执行惯例、标准选项、规则和标准等，是控制系统各部分或元素间组合、交互和互依赖性的规则的最小集合。其目标是确保系统能够满足特定的一系列作战需求。该视图提供了技术系统实现指导，基于此指导可以形成工程规范、建立通用模块、开发产品线。

4.4 面向服务体系结构框架

随着以网络中心战（Network Centric Warfare，NCW）为代表的一系列军事理论的研究与发展，以及"面向服务"、"高性能计算"、"分布式企业级应用"为核心的技术发展，面向服务体系结构（Service Oriented Architecture，SOA）作为一种更有效的体系结构，开始被应用于指挥与控制系统建设领域，并逐步成为主流发展方向。从美军的网络中心战理论、国防部体系结构框架（DoDAF 1.0、DoDAF 1.5 到 DoDAF 2.0）以及GIG的发展过程，均反映了联合作战指挥与控制系统体系结构的这一发展特点。

4.4.1 面向服务体系结构的概念

1. SOA 的基本概念

在信息系统领域，服务是一个能够向外提供调用接口、可独立工作、松散耦合和开放的基本功能单元。服务更类似于传统的程序功能模块，具有自包含、自描述、接口统一、容易被发现和调用等一系列优点，可以实现接口与实现分离，易于在分布式网络环境中部署，不同种类服务可以进行组合完成复杂的业务流程。用户调用服务时，只需理解其接口的语法和语义，而不需要了解其实现细节。

面向服务指在信息系统的集成与互操作过程中，从传统的"以系统/平台为中心"转向"以服务为中心"，强调以服务驱动为核心理念。通过将各种业务活动转化为具有统一接口规范的服务，并通过一定的业务流程对相应服务进行聚合，使封闭的系统变成开放的体系，满足企业组织和业务功能的变化，实现企业与外部环境之间的无缝链接。

面向服务体系结构（SOA）来源于早期的基于组件的分布式计算方式，其内涵广泛，相关概念和定义也不够统一，较为典型的定义有以下几种：

W3C 对 SOA 的定义：一种应用程序体系结构，在这种体系结构中，所有功能都定义为独立的服务，这些服务具有定义明确的可调用接口，并可按定义好的顺序调用这些服务，以形成业务流程。

Gartner 对 SOA 的描述：一种客户机/服务器（Client/Server）模式的软件设计方法，由软件服务和软件服务使用者组成应用，与大多数通用 C/S 模型的区别在于它特别强调软件组件的松耦合，并使用独立的标准接口。

Service - architecture.com 认为 SOA 是：在本质上是服务的集合。服务间彼此通信，这种通信可能是简单的数据传送，也可能是两个或更多的服务协调进行某些活动。

实际上，SOA 是一种构建系统体系结构的思想方法，而不是实现体系结构的具体技术或架构元素，它指导着业务服务在其生命周期中包括创建和使用的方方面面。在 SOA 中，服务被封装成用于业务流程的可重用组件的应用程序函数，以提供信息或简化业务数据从一个有效且一致的状态向另一个状态转变，用于实现特定服务的流程并不重要，只要它响应用户命令并为用户的请求提供高质量的服务即可，服务一般具有两个部分：接口部分定义了服务使用者和服务提供者间进行程序访问的契约，必须包含服务的 ID、服务详细的输入/输出数据以及数据在服务中的作用和目的等信息；服务实现部分包含了服务的作用或商业逻辑等信息，对于服务的使用者是在"暗箱"中进行，使用者无需知道服务实现的具体做法。

按照 SOA 的思想，应用领域中的业务活动被划分为一系列粗粒度的业务服务和业务流程。每个业务服务由一个或多个分布的系统所实现，这些系统是相对独立、功能自包含和可重用的，若干个服务组装成业务流程，并由业务流程反映应用领域中的业务活动。一个"服务"定义了一个与业务功能或业务数据相关的接口，以及规范这个接口的约定等。服务采用中立的、基于标准的方式对接口和约定进行定义和描述，独立于实现服务的硬件平台、操作系统和编程语言。SOA 的这种体系结构思想，可以使不同系统中构建的服务彼此之间能够以一种统一和通用的方式进行交互以及相互理解。

利用 SOA 具有的不依赖特定技术的中立特性，基于 SOA 构建的系统中，在服务使用方和服务制造方之间，实现了高度的解耦。因此，用户可以通过对服务的灵活装配来实现不同应用目标，一个服务可以服务于多个业务流程；同时，还可利用 SOA 提供的服务注册库和服务总线模式，实现对服务的动态查询、定位、路由和中介的功能，从而达到服务之间动态交互和服务位置透明的目标。通过 SOA，可以使联合作战指挥与控制系统具有敏捷地应对军事需求变化的能力，并具有很高的支持军事模型重用的能力。

2. SOA 的基本特点

SOA 的思想由 Gartner 公司在 1996 年提出，关键目标是实现应用系统资源的最大化重用，使系统应用摆脱由面向技术的解决方案所带来的束缚，灵活应对需求变化和系统发展的需要。SOA 主要具有服务的重用性、服务的封装性、服务的互操作性、服务的位置透明性、服务的功能自治性、服务之间的松散耦合性等特点。

服务的可重用性表现在抽象出来的服务只工作在特定处理过程的上下文之中，独立于底层实现和客户需求的变更。服务的这一特点可以显著地降低系统的开发成本。

服务的封装性表现在服务内部程序代码的变更不会影响用户对该服务的调用。服务被封装成业务流程中可重用的应用程序组件,其他用户通过该服务提供的一个开放接口实现对这一服务的调用。这种封装方式隐藏了程序的复杂性,程序的变化被封装在了服务的内部,服务的应用程序接口基本上保持不变。使用服务的用户只需关注服务的功能和接口来实现自己所需要的目标,而不必关心服务内部程序代码的变更,即服务内部程序代码的变化不会反馈到调用服务的应用程序中。

服务的互操作特性主要是为实现在更多的环境中服务可以被重用。互操作性并不是由 SOA 提出的一个新概念,早在 CORBA、DCOM、Web 服务等技术中就已经采用互操作技术。这一特性对系统的升级、分布和维护具有更多的优势,可以简化提供、寻找和使用服务的过程,并通过共同资源的利用,减少开支。在 SOA 架构中,通过服务之间既定的通信协议进行互操作,主要有同步和异步两种通信机制。

服务的位置透明性是指对用户隐藏服务的位置信息。也就是说,用户完全不必知道响应自己需求的服务的所在位置,甚至不必知道具体是哪个服务参与了响应。做到服务设计和部署对用户来说是完全透明的,是真正实现业务与服务分离的基础。

服务的功能自治性指服务是由程序组件组成的组合模块,具有自包含和模块化的特点。SOA 强调架构中提供服务的功能实体应该具有完全独立自主的能力。这就意味着软件在其生命周期内要脱离其他软件的控制。无论服务调用者是否存在,服务本身是独立存在和发展的。

服务之间保持松散耦合是 SOA 区别于大多数其他组件架构的特性。该特性体现在确定服务实现和客户如何使用服务之间的关系方面,主要目的是将服务使用者和服务提供者隔离开来。服务使用者和服务提供者之间松散耦合背后的关键点是服务接口作为与服务实现相分离的实体而存在。这使服务实现能够在完全不影响服务使用者的情况下进行修改。服务请求者同服务提供者的绑定与服务彼此之间是松耦合的,服务请求者只需知道服务能做什么,而不需知道服务是怎么做的,即不需要知道服务提供者实现服务模块的技术细节信息,如程序设计语言、实现方法和部署平台等信息。服务请求者往往通过消息调用操作,发出服务请求消息和等候服务响应,而不是通过使用 API 格式调用实现服务功能的软件模块。这种松耦合性使会话一端的应用程序可以在不影响另一端的情况下发生改变,但前提是消息模式不能发生改变。这样做的好处是可以在很大程度上实现对遗留系统的重用,从而为采用 SOA 的架构降低成本。

3. 联合作战体系中的服务分类

在联合作战体系中,服务可分为军事信息基础服务和军事信息应用服务两大类。

军事信息基础服务包括:存储管理服务、组织管理服务、资源共享服务、信息分发服务、协作服务、安全与信息保证服务等,为各类军事应用服务提供支持。其中,存储管理服务是为数据和信息存储、现场保护及灾难恢复等提供支持;组织管理类服务包括与服务生命周期过程相关的各种服务,如服务的描述模型、注册发布机制和服务发现定位等;资源共享类服务包括与各类作战应用服务、软件共享等相关的各种服务,如数据转换服务、统一数据描述模型等;信息分发服务是包括与信息分发相关的各类模型、服务;协作服务是为解决多用户之间的通信、协商等功能提供支持的服务,如进行网络会议、即时消息、共享应用的软件等;安全与信息保证服务包括与访问控制、信息加密、身份认证等方面相关的服务。

军事应用服务可分为：共用军事信息应用服务，如文电服务、时间统一服务、态势图共享、图形处理、规划、导航定位；通用军事信息应用服务，如指挥控制、火力控制、情报、通信、辅助决策、政工、装备和后勤等；专用军事信息应用服务。

通过将通信、指挥、控制、情报、导航等这些同类功能域在横向上进行综合，包括服务器（提供应用程序和管理）、网络、总线、分布式数据库和用户端，可实现跨平台的整个作战系统的探测、指控和交战三功能区的同类功能集成，以及要求能支撑"即插即用"、"动态重构"、"增量开发"的能力。一方面服务供求双方都在等待，另一方面服务供求双方又都在寻找对象。这就形成了服务供给和需求的时间、地点、种类、渠道等匹配问题，即使"供"要直奔"求"。这是一种智能化精确"推送"服务的概念，其信息共享是在公共计算平台支持下，按需以智能"推送"方式将信息分发给用户，用户可以通过订阅/发布方式、信息查询方式、文件共享方式、指挥员直接发送方式获取信息。应用网格技术进行管理，可在时间、空间、信息、效能上调整供求关系，使信息在恰当的时间出现在恰当的地点，包括不同平台不同等级（轻重缓急/定制二次服务）层次、不同进程间的服务调用。

4.4.2 面向服务体系结构的层次框架与技术

SOA 采用面向服务的软件封装技术，服务的基本逻辑视图以服务接口和服务实现的方式呈现。面向服务的体系结构具有服务描述、服务发现和服务调用三个基本要素。

1. SOA 的层次框架

SOA 的层次化内容包括实现系统功能所涉及到的对象、数据、组件、应用（业务）流程和界面等。同时，将安全架构、数据架构、集成架构、服务质量管理等，也通过共用的设施被提取出来形成不同的层次，为所有服务所共有。

SOA 框架中包含了 8 个具体的层次，如图 4-8 所示。服务组件是通过服务层提供给请求服务的用户，服务组件来自于服务提供者制造的具有独立功能的组件或是原有系统中已有的功能组件。服务请求者依据应用需求以及服务的接口描述，通过服务层调用相应的服务组件装配成相应的系统。

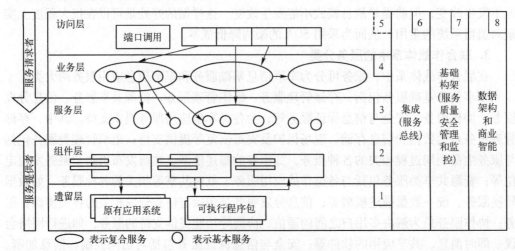

图 4-8 SOA 的层次框架示意图

第1层是遗留层，也称遗留系统层，即针对原来已有系统的操作。主要包含现有自定义构建的应用程序。具体可包含现有系统的打包应用程序，或较早版本的基于对象的系统实现、特有的应用程序等。SOA的复合层架构可以利用现有系统并用基于服务的集成技术来集成它们。该层主要用于从已有系统中提取出能用于共享与重用的资源。

第2层是组件层，也称服务组件层。由服务组件组成，除具有特定的功能外，还应具备公共服务的服务质量（QoS）。在大多数实现中，这一层使用基于容器的技术，如实现组件、负载均衡、高可用性和工作量管理的应用服务器。该层将服务组件汇聚在一起，作为实现资源共享或重用的服务支持资源集合。

第3层是服务层，也称服务公开层。用户通过这一层发现所需要的服务，同时，在这一层上服务与用户需求静态绑定在一起，并等待被调用，或是服务被编排到粒度较低的合成服务中，形成由基本服务组件组成的复合服务组件。此外，这一层也为实现服务目标提供了获取应用需求范围内组件、专业应用中的特定组件及某些情况下的特定项目组件的机制，且以服务描述的形式具体化了它们的接口子集，在实际运行时，通过接口功能为用户提供服务实现。服务公开层的服务接口就是一个服务描述，通过服务接口为用户提供服务的使用，服务既可以独立存在，也可以作为合成服务中的一部分。通过这一层对可共享与重用的资源组件进行了面向服务的接口封装。

第4层是业务层。主要作用是对在第3层中公开的服务进行合成和编排。通过配装、编排，服务被绑定在一起，形成一个应用流程，并被封装成为一个单独的应用程序而发挥服务组件的共同作用。这些应用程序支持特殊的应用需求和应用活动过程。

第5层是访问层，也称为应用访问层。这一层所讨论的内容通常属于在SOA之上的应用设计方案，超出了SOA的范围。尽管，SOA将用户接口从组件中分离出来，但最终还是要为用户提供从访问路线到服务或合成服务的端到端的解决方案。而且，一些新的技术追求在应用程序接口或者表现层来利用Web服务。因此，该层主要用于满足未来解决方案的需求。

第6层是集成层。主要作用是集成服务。通过引入一系列可靠的性能集合，如智能路由、协议中介和其他转化机制实现，也被描述为业务服务总线（Enterprise Service Bus，ESB）。ESB为服务集成提供了位置独立机制。

第7层是基础架构层。提供了监视、管理和维持诸如安全、性能和可能性等QoS的能力。它是一个后台处理过程，通过感应与响应机制和监测SOA应用程序是否正常的工具进行运行。其中，包括了Web服务管理、其他相关协议的所有重要标准实现、与SOA服务质量相关的标准等。

第8层是数据架构及商业智能层。提供了统一的数据操作能力，通过对数据进行集中的分析和挖掘，为用户的业务决策提供及时、准确的数据支持。

在SOA框架的八个层次中，服务请求者提出的服务请求从访问层经过业务层到服务层，服务提供者所提供的服务从遗留系统层经组件层到服务层，即服务请求者和服务提供者在服务层会合，通过服务进行联系。集成层、基础架构层和数据架构层的内容贯穿于系统层到表示层，从不同侧面保证服务实现。

面向服务的体系结构本身并不能完全解决现有和正在发展的C^4ISR系统的信息互

操作能力问题，也不能完全满足它们的数据共享需求。然而，面向服务的体系结构确实为实现这些能力带来了机会，因为数据和计算的分离允许信息交换具有更高的灵活性。数据和计算分离的关键支撑是使用元数据，使用元数据能将数据设计、数据库建模（数据用于何处）与系统级考虑因素（数据如何存储）分离开，从而能提供全新水平的灵活性。作为一项使数据互操作的技术和系统之系统配置中的新信息流，元数据的重要性正在提高。目前，可扩展标识语言（XML）主要应用于系统之系统的互操作，用来传输消息的内容，或至少用来传输标题。XML语言是一种什么计划作为输出进行生成和预期什么计划作为输入将被接收的提炼和存档方式。为了节省空间和降低带宽的消耗，XML语言通常采用缩略语。在XML语言中，这往往是通过建立文档类型定义（DTD）或计划来实现，可以允许XML剖析器了解某短语是某官方术语的缩略语。在这种环境下，多个系统就可以共享同一个DTD或计划，可以使用多个术语或名称，实现进一步的互操作。正在开发的用来描述各种系统数据元素的XML schema数据类型（XSD）能提供更好的操作能力。通过使用新的语言，可提供更广泛的语义学，使数据源具有更高的组合能力。这些新的语言包括资源描述框架（RDF）、网络本体语言（OWL），以及新的Web服务描述能力（WSDL 2.0用于服务的网络本体语言OWLS）。这些基于RDF及本体扩展网络本体语言的新技术、扩展的元数据能力，提供了更强的机器—机器的自动信息交换能力。同时，它们已经开始提供一个在一起工作之前，系统的组成部分不需要定义的框架，并在开发一种人机交互很少、最终完全无人机交互的信息交换。本体定义了描述和表示一个领域的知识的术语。需要共享域信息的人员、数据库和应用都使用本体，本体包括计算机可应用的某一领域的基本概念定义和它们之间的关系，允许通过合理的推论来链接那些以其他方式无法建立明显链接的数据项目。本体对领域内和跨领域的知识进行编码，利用这种方式，本体可使知识重复使用。

2. SOA的技术基础

SOA既是一种体系架构，也是一种设计思想，在实际应用中需要依靠相关技术来实现。SOA最早是基于分布式对象技术实现的，20世纪90年代，CORBA和Microsoft的DCOM/COM+编成模式促进了SOA的技术发展，Java编程语言、EJB构件模式的发布及J2EE应用服务的成熟进一步发展了SOA。

公共对象请求代理体系结构（CORBA）是由对象管理组织（OMG）制定的一个工业规范，在几乎所有主流操作系统上均有成熟的商品化实现。它的主要优点是在于与开发语言无关的语言独立性，与开发者无关的厂商独立性以及与操作系统无关的平台独立性。但主要缺点是技术规范复杂，且未规定实现细节，因此不同版本的CORBA产品互有差异，带来互操作性与移植性的大量问题，且CORBA开发工具相对比较缺乏，开发难度较大。

微软在公共对象模型COM（Common Object Model）的基础上进行了分布式扩充，形成了DCOM（Distributed Common Object Model）技术，COM+是在COM/DCOM基础上充实、完善了对事务处理、负载均衡等技术支持。DCOM/COM+的主要优点是易开发、易使用和商品化构件多，且可以在一定程度上实现开发语言的无关性，但缺点是其技术为微软专有，代码的可重用性和跨平台性能相对较差。

Sun 公司在 Java 技术发展的基础上提出了 Java Bean 的软件构件，类似于微软的 COM 技术，是能够在软件构造工具中进行可视化操作的可重用软件模块。由于 Java 本身的跨操作系统平台特性，Java Bean 可以很好实现跨平台应用。J2EE/Java EE 是 Sun 公司引导下由多家著名厂商联合提出的分布式对象规范，它把 Java Bean 扩展为 Enterprise Java Bean（EJB），类似于微软从 COM 发展到 DCOM/COM+。J2EE/Java EE 技术可以与 CORBA 技术结合，互为补充，是商用主流的企业级分布式应用的解决方案，但技术较为复杂，且必须使用 Java 编程语言。

基于不同分布式对象架构建立的"服务"之间往往无法进行互联、互通与互操作，仍然无法实现"面向服务"与 SOA 的核心理念。如在 J2EE 技术中，Web 服务器组件可以用 JSP 或 Java Servlets 技术编写，但若客户原先使用的是微软 COM/DCOM 平台，其 Web 服务器端应用很可能是用 ASP 或 ASP.NET 技术编写，是无法直接调用 Java Servlets 或 JSP 的；同样，J2EE 中的 EJB（Enterprise Java Bean）组件模型也无法被 ASP 轻易地调用。另外，基于三层/多层的分布式应用程序多倾向于使用基于浏览器的客户端，因为它能够避免花在桌面应用程序发布、维护以及升级更新带来的高成本。

因此，需要有一个独立于平台、组件模型和编程语言的应用程序交互标准，该标准使得采用各种实现技术的应用之间也能够类似于使用可扩展标记语言（XML）技术交换数据那样容易实现集成与互操作。它可以提供一种标准接口，能够使一种应用可以容易地调用其他应用提供的功能或服务。目前，成熟的 XML 和 Web 服务标准及其应用的普及，为广泛实现 SOA 提供了基础。现阶段，在软件实现上，SOA 服务主要利用 Web 服务技术实现，以 XML 技术为基础，通过使用 WEB 服务描述语言（WSDL）来描述接口，通过简单对象访问协议（SOAP）、WSDL 和通用描述、发现与集成协议（UDDI）等一系列标准规范组成 WEB 服务；在服务编排方面，利用业务过程执行语言（BPEL）实现；在服务通信方面，利用 ESB 实现。Web 服务、BPEL 和 ESB 被普遍认为是实现 SOA 的技术基础。

面向服务的体系结构能满足指挥与控制的基本要求，即利用一系列预先存在的服务使用户迅速配置系统。但是，如果现有服务不能满足用户要求且需要修改，那么怎么办呢？对象建模组织（OMG）已经开发了一种称为"模型驱动体系结构"（MDA）技术，用于解决这一问题。模型驱动体系结构允许对各种计算平台的嵌入软件进行迅速修改，在不必对源码进行任何修改的情况下，允许具有新能力（传感器与武器）的指挥与控制系统运用新的作战概念。模型驱动体系结构方法已经成功用于若干大规模商用系统和军用系统（如洛克希德·马丁公司开发的 F-16 战斗机任务软件），且联合单一综合空中图像系统工程办公室正在单一综合空中图像计划中采用该方法。模型驱动体系结构的技术基础仍在发展，目前的标准尚未成熟到使不同供应商的工具完全兼容的程度。

4.4.3 网络中心企业服务的服务发现体系结构

1. 网络中心企业服务

从 20 世纪 90 年代中期起，美军开始致力于国防部战略指挥与控制系统的建设。当时的设计思想是建立一个单一、覆盖全球的信息网络，能在任意时间、将任意形式的任意信息送到处于任意地点的任何人的手中。尽管服务代理机构和服务本身均具有优良的性能，但服务与代理机构之间的不平衡性在"沙漠风暴"等实际战斗中暴露无疑。为解决上述问题，美军曾提出建设以全球指挥与控制系统（GCCS）为代表的全球应用系统。然而，它仍存在许多不足，如采用庞大的客户/服务器模式，缺乏对不同设备数字化信息的兼容共享能力，仅能满足战略指挥控制的需求等。美国国防部为将其信息优势扩展到整个国防部信息技术机构中去，需要一种更广泛灵活的新方法，网络中心企业服务应运而生。

为了适应网络中心战，美军国防信息基础设施（DⅡ）正向全球信息栅格（GIG）转变，基于平台的共性服务也正在发展为网络中心的核心企业服务（CES）和利益共同体（COI）服务。网络中心企业服务（Network Centrie Enterprise Services，NCES）是GIG的建设目标之一，目的是在面向服务体系基础上为全球信息栅格的各企业提供所需的服务，通过网络基础设施和各种应用，为美国国防部的各组织机构提供随处存在、可靠、高质量决策信息的访问，并作为有关团体之间实时和近实时通信的桥梁。NCES包括一系列标准、规范、指南、体系结构、软件基础设施、可重用组件、应用程序接口、运行环境定义、参考工具以及构建系统环境的方法论，可提供多层次和多方面的服务，用户可以按需订阅/发布所需的服务，而不必知道服务在网上的位置或信息在网络上的位置，从而支持NCW的目标实现。

基于WEB服务架构的网络中心企业服务（NCES）取代了DⅡ-COE，成为GIG-COE或NCOE，为领域应用提供栅格服务，提供包括端到端性能监视、配置管理和问题处理等企业管理服务，企业内部使用者和应用程序之间信息交换的消息服务、服务发现和安全服务等，满足了用户在任何地点、任何时间、任何使命、实时与近实时的信息需求。NCES的总体组成如图4-9所示。

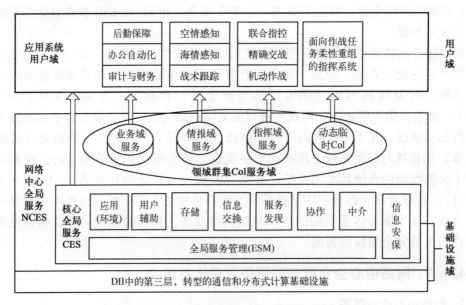

图4-9 GIG-DⅡ的NCES总体组成示意图

网络中心企业服务（NCES）包括了核心企业服务（CES）和利益共同体（COI）服务两部分。

1）核心企业服务（CES）

企业服务指一个系统或一个系统组合提供的、所有用户都能使用的具有通用功能的能力集合，是所有领域、部门、系统、用户都需要的共性服务，具有信息资源的存储、传输、处理和显示等通用能力，以及故障恢复、资源配置、安全审计、服务质量保证、服务管理等管理能力。CES 初始集包括企业服务管理（ESM）、消息、应用、发现、中介、协作、存储、信息保障/安全、用户辅助等 9 项核心企业服务，每一种服务都提供一套对网络的独特能力。其中，企业服务管理提供信息环境生命周期管理和支持网络操作执行的服务，实现端到端 GIG 的性能监督配置管理以及检测和解决 IT 资源的寻址和计费；消息提供支持同步或异步信息交换的服务；应用对服务分群，以保障基础设施对主机和组织机构在线处理能力的自动分发；发现是表示和执行搜索活动的服务，通过利用由 IT 技术（目录、注册机、分类器、数据仓库及共享存储等）提供的元数据描述来定位数据资源；中介是信息制造者与信息使用者处理的中间层，中介服务为信息路由确定交付、转换、转化、融合提供自动化功能；协作提供一个从任何地方、任何时间、任何媒介、任何设备和应用中全面获取信息的能力，将为用户提供一系列的基于商业标准互通的协作能力，允许用户共同工作和使用网络上的某些功能，像聊天、在线会议、工作组软件等；存储提供按需发布、存储和获取数据必要的服务集；信息保障/安全提供对国防信息环境和它存储、处理、维护、使用、共享、分发、配置、显示和转移的信息的保护和防御功能，保证其完整性和持续性；用户帮助是在执行任务中，获得用户输入的参数和模式，并对其加以应用，更加有效地利用 GIG 资源的自动化功能。DⅡ中包括 COE、SHADE、IDM 在内的公共应用层（第 3 层）将发展成为 GIG 的核心企业服务。

2）利益共同体（COI）服务

利益共同体是指为实现共同目标而组合在一起的机构、组织、人员或设备的集合。COI 服务泛指使命任务领域或部门提炼的本领域的共性服务，专属一个或几个 COI，包括指挥控制、情报、武器系统等域的服务。COI 成员之间可实现高度的信息与态势共享，行动保持协调一致。根据作战任务，COI 服务可与其他服务结合起来、相互协作，以实现 COI 使命或过程所需的所有功能。DⅡ中的使命任务层将发展成为 GIG 的 COI 服务。

2. 服务发现体系结构

服务指网络上可供使用的资源，服务发现是查询、浏览网络上可供使用资源的过程。NCES 服务发现采用以网络为中心、面向服务的思想，是一个表示服务、服务元数据和服务发现标准的参考信息模型，可为用户提供安全、轻捷、界面友好的使用环境。NCES 服务发现具有的优势是：

（1）允许服务提供者发布资源定义、资源描述、资源可达性及其元数据；允许服务使用者发现、检索他需要的信息和资源。

（2）利用公共服务注册中心提高信息的发现、访问和传送效率。服务发现不仅可以对服务进行定义和定位，还可以使用大量服务元数据来描述服务。这些元数据在服务的可见性和可用性方面的作用均极其重要。

（3）允许信息使用者透明地发现相应的信息资源，而无需预知其具体存在；使信息需求者正常使用他所需要的数据，而无法在未授权情况下访问受保护资源。

（4）服务发现具有其他服务所没有的动态特性。它不仅可使终端用户浏览、搜索静态服务，还可以做出动态调整以支持运行期间搜索。NCES 服务发现与其他服务网络中心企业一起，实现在恰当的时间内，将恰当形式的恰当信息送到恰当地点的恰当的人手中。

NCES 服务发现体系结构指在网络中心企业服务中，使用面向服务技术，并集成了服务发布、服务查询、服务元数据管理等功能的服务发现系统的各组成单元、各单元结构、单元之间的关系以及制约它们设计与不断演进的原则和指南。

服务发现体系结构通过通知、请求、询问、回答等多种类型的语句交换信息，依据分布式知识库和数据库中的规则，对请求做出反应。通常，它包括服务发现的使用者、提供者等各种人员，由信息交换平台、各种服务集成起来的服务核心，以及资源注册中心、元数据仓库、安全 CES 等系统内部组元，服务发现体系结构视图如图 4-10 所示。

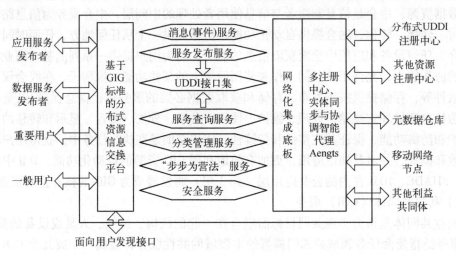

图 4-10 服务发现体系结构视图

可见，利用开放工业标准 WSDL、UDDI 及国防领域信息标准 DDMS，服务发布者、服务使用者（视图左侧）与服务发现核心（视图中间部分）交换服务描述等服务发现相关信息。服务发现核心是一个独立的抽象平台，通过基于标准的资源信息交换平台，将 UDDI 直接暴露给服务发布者和服务使用者，从而屏蔽了服务发现核心的内部结构，以向服务发布者和服务使用者提供更加方便、友好的服务。服务发现核心还定义了一些附加服务发现机制，以提供服务发布服务、UDDI 接口集、服务查询服务、国防部分类管理服务等重要功能。通过服务发现核心的集成底板，服务发现还能对处于其体系结构视图右侧的元数据仓库、安全 CES 等现有 NCES 系统内部结构起协调和平衡作用。

由于位于体系结构中间的服务发现核心的服务发现接口保持不变，服务发现体系结构提供了应用程序内真正意义上的松耦合，从而增强了整个系统的稳定性。同样，由于体系结构视图左侧的所有服务发现接口都是完全基于 GIG 标准且保持不变，因此，无论是服务使用者还是服务发布者均具有"即插即用"功能，它们可以很容易地发现、接入、使用服务发现结构，并具有高可扩展性和可移植性。视图的右侧说明，服务发现体系结构的开发者可以在不影响所提供的服务和终端用户的情况下，实现服务注册中心的更新。

为实现 NCES 服务发现体系结构的服务发现功能，通常需要许多关键技术支持，如服务发现标准、Web Service 技术和服务查询技术等。

（1）服务发现标准。现有的 NCES 服务发现主要由 UDDI 标准支持，而其长远目标是以无缝模式支持不同发现规范和信息模型。UDDI 即通用描述、发现与集成协议，是一个基于 Web 的分布式目录系统，可以将网络上能够提供服务的机构列举出来，并支持这些机构间的互相发现。UDDI 注册中心的主要目标是通过为服务的描述和发现建立标准，增强 Web 服务的互操作性和兼容性，使企业能够快速、动态地发现和调用企业内外的 Web 服务，并共享 Web 上的 UDDI 注册中心。

（2）Web Service 技术。NCES 服务发现体系结构采用面向服务的 Web Service 技术。该技术是服务使用者能透明地使用服务的关键，它将所有可访问的网络操作和相关资源均被抽象成"服务"，由服务发布者、服务使用者和服务注册中心组成。"服务"由特定的标准加以描述，并向服务注册中心发布，然后由服务使用者发现和调用。其中，服务注册中心是由企业管理的逻辑上集中式的存储仓库，提供服务注册和发现功能。而服务发布者是提供一系列服务的系统实体，负责 Web 服务的发布与执行。他按照标准格式描述可用的数据和应用程序，并将数据和应用程序添加到服务注册中心，即向服务注册中心发布它所能提供的服务。服务使用者发布服务需求，可以根据服务发布者提供的约束条件、格式和定义，使用其感兴趣的数据信息的系统实体。在服务请求被接受后，服务消费者与目标服务进行绑定，并调用服务。

（3）服务查询技术。服务查询技术是 NCES 服务发现体系结构的应用重点。该技术使用服务定位器提供简单而强大的服务搜索接口。它帮助服务使用者和不熟悉 UDDI 技术术语的开发者完成服务查询任务。在某些情况下，它可以通过将多个 UDDI 调用综合到一个简单的查询上对其加以优化。与服务发布类似，服务查询分为人工—面向用户服务查询，动态—运行时间服务查询和持续服务查询。在某些情况下，服务使用者可能希望获取保存在注册中心内已发布实体的最新数据。他可以预先订阅他所感兴趣的发现实体，一旦这个发现实体发生变化，即可获得此变化的实时通报。除了上述查询机制以外，服务查询还需要有强大的表述能力，使它能够支持名字、标识符的查询以及基于任意元数据的复杂查询。

尽管美军的服务发现体系结构采用了多种先进技术，具有较高的信息优势，但仍存在一些不足亟待解决，主要表现在以下方面：

（1）该体系结构的注册中心没有数据复制机制，不允许来自不同信任领域或服务于一个机构的多注册中心的加盟，更无法解决多注册中心的同步和协调问题。

（2）该体系结构仍不支持语义服务发现。其服务查询技术是基于关键字的，计算机无法自动识别、理解这些关键字。该机制下的服务使用者无法明确地表述其语义要求，服务注册中心也无法理解服务使用者的查询意图。因此，基于关键字的服务查询技术通常会返回大量无效信息，不支持将来对带语义、机器可处理的发现要求。

（3）该体系结构还没有数字签名的支持。数字签名是网络中心环境下的重要应用技术，无论是作战指挥命令的下达，还是战场信息、情报的传递都需要通过数字签名来确认信息提供者的身份，从而使这些信息具有高可信度。

4.5 联合技术体系结构和技术参考模型

4.5.1 联合技术体系结构

美军参谋长联席会议主席在《2010联合作战设想》中指出："现代战争的性质要求我们作为一个联合整体进行作战。这一点在昨天看来是重要的，今天看来是必不可少的，明天将是绝对必要的"。为了解决联合作战条件下的信息无缝隙流动，提高信息互操作性，避免烟囱式系统所产生的种种弊端，1996年8月美国国防部发布了《联合技术体系结构（JTA）V1.0》，后经不断补充和完善，又推出了JTA V2.0、JTA V3.0、JTA V3.1、JTA V4.0 和 JTA V6.0。

1. 联合技术体系结构的组成

JTA是美军信息系统建设过程中标准化方面的重要文件，规定了美国国防部及各军兵种在信息系统采办过程中必须遵循的标准，为作战计划和决策在信息使用和交流中提供有效的支援和帮助，以保证各种信息系统在联合作战条件下能够实现良好的互操作性。其主要目的是：为实现所有战略、战术和战斗支援系统之间的互操作性奠定基础；为系统开发和采办规定强制的互操作性标准和指南，以利于联合的和协同的部队行动，这些标准应用与DoD标准改革一致；向工业界传达国防部关于采办开发系统产品和实施意图；确认工业界的基于标准的开发方向。JTA是无缝互操作的基础，作战人员在考虑军事需求和功能描述时应注意JTA，系统开发者使用JTA确保系统及其接口满足互操作的要求，系统集成者使用JTA将有利于对现有系统和未来新系统的集成。若系统中采用JTA，其建立的代码将促进信息流对作战部队进行快速、无缝地支持。

JTA由两个部分组成：JTA核心和JTA附件，组成结构如图4-11所示。

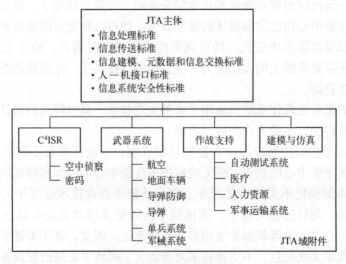

图4-11 JTA的组成结构

JTA 核心部分包含最低限度的一组 JTA 要素，适用于支持互操作性的国防部所有系统。从信息处理、信息传送、信息建模和元数据以及信息交换、人—机接口、信息系统安全 5 个方面，规定了各种信息系统都必须遵循的标准，在每个大类下面又分成若干个小类，其中应用平台实体部分是按技术参考模型（TRM）规定的 11 种服务来描述的。表 4-1 列出了 JTA 核心部分的主要内容。

表 4-1 JTA 核心部分的主要内容

名 称	应用软件实体	基 本 说 明
信息处理	应用平台实体	软件工程服务
		用户接口服务
		数据管理服务
		数据交换服务
		图形服务
		通信服务
		操作系统服务
		国际化服务
		安全性服务
		系统管理服务
		分布式计算服务
信息传送	端系统	主机
		电视电话会议（VTC）
		传真
		二次图像传播通信
		全球定位系统（GPS）
	网络	路由器
		子网
	传输媒体	军用卫星通信
		无线电通信
		同步光纤网（SONET）传输设施
	网络和系统管理	数据通信管理
		电信管理
信息建模、元数据和信息交换	活动模型	
	数据模型	
	国防部数据定义	
	信息交换标准	

(续)

名 称	应用软件实体	基本说明
人机接口	GUI 风格指南	
	符号	
信息安全	信息处理安全	
	信息传送安全	
	信息建模、元数据和信息交换安全	
	人—机接口安全	
	Web 安全	

JTA 附件部分是 JTA 核心的补充，规定了 JTA 核心部分未予规定而在各应用领域（或子域）需要强制执行的标准。附件部分规定了在 C⁴ISR、武器系统、作战支持、建模与仿真等应用领域内特有的强制标准，应用领域又分为若干应用子域。

2. 联合技术体系结构的作用

JTA 适用于军事电子信息系统的方案论证、总体设计、研制开发、系统检验和装备采购、使用等工作，主要作用体现在以下方面：

1）系统的方案论证和总体设计方面

依据国内外信息技术成果和部队需求，了解目前应当做什么？如何实现？从而提高方案论证的有效性；正确处理近期与长远、局部与整体、先进与实用、效益与安全等关系，尽量避免片面性和出现顾此失彼的总体设计；参照 JTA 的技术参考模型，有助于快速形成相互关联的系统功能模块，建立系统任务活动模型；可以全面、系统地提出系统工程建设各阶段、各方面的标准化要求，避免标准与实际脱节；可根据任务要求，参照 JTA 拟制系统总体方案、标准化大纲和质量保证大纲。

2）系统研制开发方面

可以详尽了解系统研制各阶段和各环节应当具体贯彻实施的标准；为科研人员在系统研制中选用国际主流产品和通用、民用技术提供指导；将新系统研制与原有系统改造有机结合，充分利用已有系统资源，提高效费比。

3）系统检验和质量保证方面

系统使用方根据 JTA 提出的标准化要求，评审系统研制方的系统标准化大纲、质量保证大纲、系统总体方案和软件需求规格说明等文件；依据 JTA 对研制方的系统（或单元）各阶段研制情况进行检查和评审；对研制方交付的系统进行标准化审查，并以此对系统进行检验、验收。

4）装备采购方面

装备定购人员可参照 JTA，选购符合系统硬件、软件配置要求及接口标准的军事电子信息系统设备；依据 JTA，要求设备生产厂家提供符合系统技术要求的设备；按照 JTA 提出的标准化要求，对引进或采购的设备进行检验。

4.5.2 技术参考模型

JTA 服务域的基础是 DoD 技术参考模型（TRM）。DoD TRM 提供了一种通用概念性框架，定义了一种通用词汇，其目标是建立一种上下文的关系，以便 DoD 内各部门较好地协调信息技术的采办、开发和支持，增强整个系统的通用性和互操作性，帮助开发人员对系统结构的理解。TRM 的结构反映出数据独立于应用，应用独立于计算机平台的开发原则，可以作为系统策划、互操作性以及选择适合的标准的指南。

TRM 中定义了一组信息系统通用的业务和接口，其中包括一组概念、实体、接口和图表，它们是规范标准的基础。TRM 技术参考模型如图 4-12 所示，包括应用软件实体、应用程序接口、应用平台实体、外部环境接口和外部环境等部分，三个主要元素是服务、接口和实体。

TRM 中包括应用程序接口（API）和外部环境接口（EEI）两类接口。应用程序接口（API）是应用软件与应用平台之间的接口，由下层向上层提供通信、系统、信息处理及人—机交互等接口服务。外部环境接口（EEI）提供应用平台与外部环境实体之间的信息交换接口，主要包括人—机交互接口（如显示器、键盘、鼠标等）、信息交换（如软硬盘间）和通信功能（电话线、局域网、电缆和交换机等）接口等。

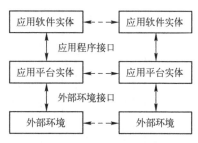

图 4-12 TRM 技术参考模型

逻辑接口建立模型中同层构件之间端到端的关系，即图 4-12 中的水平接口（虚线），通过一个或多个直接接口实现。直接接口建立构件之间的通信通道，即图 4-12 中的垂直接口（实线）。应用程序接口定义了应用软件和应用平台之间的接口，如表 4-2 所示。

表 4-2 接口类型与定义

接口类型	接口定义
1D	物理资源直接接口
1L	物理资源逻辑接口
2D	物理资源直接接口
2L	资源访问逻辑接口
3D	系统服务—资源访问直接接口
3L	系统服务逻辑接口
3X	操作系统—扩充的 OS 直接接口
4D	应用—系统服务直接接口
4L	应用—对等逻辑接口

按照多视图的方法，建立的 DoD TRM 模型如图 4-13 所示。

DoD TRM 定义的服务集可以用来增加系统之间的互操作性和兼容性。模型中定义的多视图为跨 DoD 应用和需求的互操作性提供强大的支持。使用 TRM 优点是能够和有助于互操作性，能够保证移植和可测量性，支持开发系统的概念，促进产品独立和软件重用，易于管理。

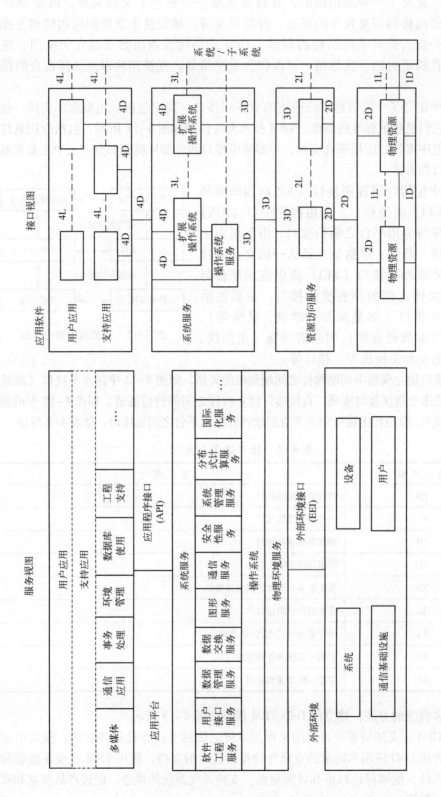

图4-13 DoD技术参考模型

思 考 题

1. 解释体系结构、体系结构描述、体系结构框架的含义。
2. 体系结构的三要素是什么？
3. 通用操作环境（COE）的主要特点是什么？
4. 简述美军 DoD AF1.0 中的作战视图、系统视图和技术视图的主要作用及其关系。
5. 简述美军 DoD AF2.0 中视角的组成及其用途。
6. 什么是 SOA？它有哪些基本特点？
7. SOA 框架包含哪些具体的结构层次？
8. 实现 NCES 服务发现体系结构的关键技术有哪些？
9. DoD 技术参考模型（TRM）包括哪些部分？三个主要元素是什么？

第 5 章 联合作战指挥与控制的关键技术

指挥与控制既是人类认识和改造世界的实践活动，也是人类群体的一种高智能活动方式。人们在长期从事指挥与控制活动过程中，经过不断研究与应用，逐渐形成和完善了指挥与控制理论和方法的知识体系、技能体系和工具体系，为联合作战指挥与控制系统的论证、研制、开发、试验、评估、管理和运用等提供了坚实基础。

本章在对指挥与控制技术简要分类的基础上，主要阐述联合作战指挥与控制系统中所涉及的信息传输技术、信息融合技术、文电处理技术、辅助决策技术、作战协同技术等关键技术知识。

5.1 指挥与控制技术分类

联合作战指挥与控制系统是由多个子系统组成的复杂人机系统，涉及诸多技术因素和不确定性因素。

从技术体系角度看，指挥与控制技术包括指挥与控制的基础技术、系统仿真技术、系统试验与评估技术、环境研究、技术标准等。其中，指挥与控制基础技术主要是包括指挥、控制、通信、计算机、情报、监视、侦察 7 大要素的基本技术，涵盖电子、通信与网络、自动控制、计算机、传感器等技术领域。指挥与控制系统仿真技术是研究指挥与控制系统的动态特性、解决系统关键问题、选择系统最优方案的一种可行途径，包括作战模拟、系统试验床、分布交互式仿真等技术方法。指挥与控制系统试验与评估技术是指挥与控制系统综合集成、性能测试和系统效能评估的主要方法，主要有计算机仿真技术、试验床仿真技术、原型仿真技术、虚拟现实技术、先期作战试验技术、高级战斗试验技术等，运用的评估方法有可靠性评估方法、有效性分析法、层次分析法、模糊综合评定法、作战模拟法、基于云理论的综合评估法以及基于系统模型的效能评估方法等。指挥与控制环境研究是揭示对指挥与控制系统运行具有一定作用和影响的各种因素，主要包括自然条件、作战对象、电磁和信息技术等环境因素。指挥与控制技术标准是一套指导或约束系统部件或组成要素的配置、相互作用和相互依存关系的最低限度规则，是实现系统综合集成的重要手段，包括信息技术标准类、基础与工程专业标准类、系统装备标准类等，如信息标准、信息建模标准、信息传递标准、信息处理标准、软件标准、接口标准和系统安全标准等。

从信息流程和技术构成角度看，指挥与控制系统是一类核心信息系统，主要包括信息收集、信息传输、信息处理、信息显示、辅助决策、指令执行和作战人员等功能要素，指挥控制功能涵盖了信息处理和信息利用两个环节，其指挥与控制系统技术大致可分为核心技术层、支撑技术层和共性技术层三个层次。其中，核心技术层主要是指挥与控制的决策支持技术，包括信息融合中高层次的战场态势评估、威胁估计、战术计算、火力分配、计划生成、方案优选和效果评估等技术，用于构建指挥与控制的辅助决策系统。支撑技术层主要包括信息处理技术、信息管理技术、信息显示技术等，信息处理包括文电处理技术、图形图像处理、信息融合处理等方面，信息管理侧重于对信息的整理、分类、编目、存储以及查询等（如常用的数据库技术和信息检索技术等），信息显示主要以文字、图表、音视频等多种形式显示战场态势、现场实况等信息（如平板显示技术、大屏幕显示技术、音视频切换技术、集中控制技术等）。共性技术层主要包括人机接口技术、安全防护技术、系统监控技术、通信技术、时统技术、定位技术、可靠性技术和环境保障技术等。

从系统建设角度看，指挥与控制系统的研制与开发是一项复杂的系统工程，主要技术包括信息传输技术、信息融合技术、辅助决策技术、协同技术、人机交互技术、导航定位技术、信息安全保密技术、对抗攻防技术、作战评估技术、建模与仿真技术、作战资源管理技术、计算机与网络技术、综合集成技术和综合保障技术等。

5.2 信息传输技术

通信是信息化条件下联合作战中的关键要素之一，主要包括通信筹划、组织准备、指挥与控制等活动内容。通信系统是指挥与控制系统的神经网络，能够将指挥控制、情报侦察、预警探测和信息对抗等诸要素连接成一个有机整体，承担各种信息传送的任务，促进战场信息共享、协同指挥与决策，在联合作战指挥与控制系统中具有极其重要的作用，是有效地聚合作战力量的纽带。

5.2.1 通信系统的构成要素

根据作战指挥和战斗行动的需要，通信系统是将通信线路、传输设备、交换设备和各种用户设备，按一定方式相互联接起来，用于完成信息传输功能的专用系统。通常，通信系统的构成要素归纳为通信枢纽、传输信道和用户终端。

1. 通信枢纽

美军将通信枢纽定义为："属通信部队所有的一组通信设施。通信部队负责安装、操作、维护这些设施，为某一特定地域内的指挥司令部或部队提供通信。通信枢纽包括一个电信中心、交换机、通信节点控制单位以及外部通信手段。"通信枢纽是汇接、调度通信线路和传递、交换信息的中心，按保障任务和范围的不同，分为指挥所通信枢纽、辅助通信枢纽、干线通信枢纽和大型台站、转信台（站）等通信中心；按其设备安装和设置方式的不同，分为固定通信枢纽和野战通信枢纽；按设备安装载体的不同，分为车载通信枢纽、空中通信枢纽、舰载通信枢纽等。

指挥所通信枢纽是为保障各类指挥所通信而建立的通信枢纽，通常建立基本指挥所、预备指挥所、前进指挥所和后方指挥所等通信枢纽。其主要任务是保障本级指挥所的信息传输和交换，并与上下级、友邻部队达成通信联络，负责枢纽内部通信设施的管理、使用和维护。不同类别的指挥所通信枢纽需要配置的通信要素（台站）可能不同，具体视作战任务、指挥所编成、通信保障范围和通信员、设备等情况而定。典型指挥所通信枢纽主要包括无线电台群（收、发信集中台）、无线电接力站（群）、散射通信站、卫星通信地球站、双工无线电移动通信中心站、电话站、数据站、传真站、配线站、电源站、文件收发室（军邮站）、电报收发室、通信值班室、业务调度室，以及对上述各要素的指挥、管理机构等通信要素。

辅助通信枢纽是为提高通信联络的稳定性和机动性、发挥通信装备效率、增大通信距离、增加迂回通信方向、适应作战行动特点和完善通信网络体系而专门建立的辅助性通信枢纽。其主要任务是保障指挥员及其指挥机构同远离指挥所的所属部队之间的通信联络，以及相互间的协同通信。它作为中间站或转信站，是指挥所通信枢纽的辅助部分。通常，辅助通信枢纽开设在需要较多数量的通信线（电）路、部（分）队配置相对集中的适当地域，或选择在干线通信网纵横线（电）路交叉处。其组成取决于通信网络的需要、作战布势、指挥所通信枢纽的配置及其本身担负的任务等，基本要素包括无线电台、无线电接力机、光端、交换设备和相应的电报、电话终端及电源设备等。

干线通信枢纽是组成干线通信网络的基础，是为满足大量作战与勤务信息传递而设置的传输和交换的通信中心。其基本任务是汇接和调度各方向的通信线（电）路，并为就近部队指挥所提供入网服务，为过往或配置在附近地域的部队用户提供入网服务。通常，干线通信枢纽开设在通信干线的汇接点上，其组成要素上包括交换设备、多路复用设备、多路传输设备及接口设备等。

大中型通信台站是指在作战地域内的固定通信网原有设施的基础上，设置适当的电路转接、信息交换设备而构成的通信中心，基本任务是作为通信枢纽的辅助部分，以形成迂回方向。它包括在作战地域内的固定收发信台站、长途光缆站、微波接力站以及民用电信中心站等。在作战使用时，这些通信台站还可根据任务需要进行适当改造，增加一定的接口、交换等通信设备，使之具有通信节点功能。

2. 传输信道

传输信道用于将各通信枢纽、通信节点与通信用户终端有机连接，形成各种功能的网络，保障各种信息的传递。它主要有短波通信、超短波通信、微波接力通信、长波（低频、甚低频）通信、卫星通信、散射通信、流星余迹通信等无线电传输信道，以及光纤通信和电缆通信等有线传输信道，还有激光通信、毫米波通信等传输信道。

短波通信信道使用大、中、小功率短波电台或集中收、发信台建立，通信距离远，主要用于团以上部队或指挥机构建立无线电台通信网。超短波通信信道使用超短波电台建立，通信距离较短，主要用于师以下战术部（分）队或平台构建无线电台网。长波（低频、甚低频）通信信道使用长波（低频、甚低频）电台建立，通信距离远，穿透能力强，主要用于构建海军岸基对潜艇及远距离舰艇、空军地面与远航飞机之间的无线电台通信网。微波接力通信信道使用多路微波接力机等中继设备建立，通信容量较大，主要用于构建无线通信的干线网络或网间互联。散射通信信道使用对流层、电离层散射机建立，通信容量大，单跳距离远，主要用于远距离通信节点之间的互联。卫星通信信道使用卫星转发器与卫星地球站及卫星通信终端建立，覆盖范围大，传输速率高，通信距离远，主要用于远距离、大范围的通信组网或节点连接。光纤通信信道使用光纤、光端机和多路复用设备建立，容量大、质量高、抗干扰、保密好，主要用于构建大容量、高速率的国防通信干线网络、部队驻地网络和网间互联。电缆通信信道使用电缆和多路复用设备建立，通信质量好，使用简单，主要用于构建战术环境下的有线电通信网络和用户设备接入。

3. 用户终端

用户终端是指由通信用户直接操作使用，并为其提供通信业务的各类设备，主要包括话音、数据、汉字、电报、传真、静态图像、活动视频等终端设备。

5.2.2 通信分类与网络划分

联合作战通信系统是在多维作战空间及相关区域，为保障作战指挥、武器控制、协同作战、后方勤务、装备保障、警报和情报报知等信息的传输与交换而建立的战略/战役/战术通信体系，如图5-1所示。

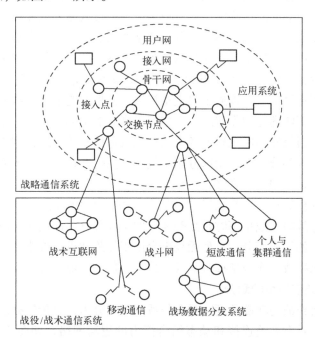

图 5-1 联合作战通信系统层次示意图

1. 联合作战通信分类

根据通信技术、通信任务、通信保障范围的不同，通信可分为不同的类型。

根据通信技术的不同，通信可分为：无线电通信、有线通信、光通信、运动通信和简易信号通信。无线电通信是作战指挥的主要通信手段，对飞机、舰艇、坦克等运动载体，无线电是唯一的通信手段。有线通信专指利用金属导线传输信息达成的通信，是保障平时和战时作战指挥的重要通信手段，根据传输线路的不同，可分为野战线路通信、架空明线通信、地下（海底）电缆通信等。光通信指利用光传输信息的通信方式，根据光传输介质的不同，可分为光纤通信和无线光通信（含自由空间光通信、大气光通信和对潜光通信）等。运动通信是一种较原始而又传统的通信手段，当战场上需要无线电静默时，其作用更为突出。简易信号通信主要用于战术环境下传递简短命令、报告情况、识别敌我、指示目标、协同动作等，但易受气候、地形、战场环境等影响，通信距离近，一般只适用于营以下分队及空、海军近距离通信和导航。

177

根据通信任务的不同,通信可分为指挥通信、协同通信、报知通信和后方通信。指挥通信是按指挥关系建立用于保障作战指挥的通信,主要包括按战役、战斗编成的上下级之间的通信联络。协同通信是执行共同任务并有直接协同关系的各军兵种部队之间、友邻部队之间以及配合作战的其他部队之间按协同关系建立的通信,通常由指挥协同作战的司令部统一组织,或由上级从参与协同作战的诸方之中指定某一方负责组织。报知包括警报报知和情报报知,报知通信保障警报信号和情报信息的传递。警报报知通信通常运用大功率电台组织通播网,也可以建立有线电警报网,一般要组织多层次的警报传递网;情报报知通信一般运用无线电台、有线电台或其他手段建立通播网或专用网等。后方通信是为保障后方勤务指挥和战场技术保障勤务指挥,按照后方勤务部署、供应关系及技术保障关系建立的通信联络,后方通信一般通过战略、战役及战术通信网实施。

根据通信保障范围的不同,通信可分为战略通信、战役通信和战术通信。战略通信主要是保障战略指挥的顺利实施,通常以统帅部基本指挥所通信枢纽为中心,以固定通信设施为主体,运用大中功率无线电台、地下(海底)电缆/光缆、卫星、架空明线、微波接力和散射等传输信道,连通军以上指挥所通信枢纽构成的干线通信网。战役通信通常是保障师以上部队遂行战役作战,根据战役规模的不同,可进一步分为:战区战役通信、集团军战役通信和相应规模的各军兵种战役通信;战役通信网中的固定通信设施是战略通信网的组成部分,而机动部分则是战区在战时开设的。战术通信是为保障战斗指挥在战斗地区内建立的通信联络,根据战斗规模的不同,可分为师(旅)、团、营战术通信网和相应规模的军兵种部队战术通信网。需要注意的是,同样一种通信业务网,如电话网用于保障战略作战指挥时是战略通信的组成部分,而用于保障战役作战指挥时就又成为战役通信的组成部分;再如无线电台用于保障战役作战指挥时是战役通信的组成部分,而用于保障战斗作战指挥时就成为战术通信的组成部分。

2. 联合作战通信网络的划分

基于网络平台作战的功能角度,联合作战网络划分为信息传输处理网络、传感器网络和交战网络三个具有无缝连接和动态组合能力的逻辑网络,如图5-2所示。按照统一规范的技术标准,建设军兵种所共用的信息传输、处理、分发、检索信息基础设施,并具有网络化拓扑结构和标准化信息接口,能够与陆、海、空、天、电、空间几乎所有的作战单元、作战平台和数字化单兵进行无缝隙连接,使其能即插即用,以透明方式自动获取整个网络的信息支持,实现所有作战平台跨军兵种、跨物理空间、跨部队建制的互联互通互操作,以及传感器到射手的无缝衔接,获取共享感知态势信息,具有高度自适应和自同步能力,从而将信息优势转化为作战优势,提高联合作战部队的综合作战能力。

信息传输处理网络或指挥与控制网络由国防通信设施以及各种信息处理设施构成,包括通信系统和计算机平台等硬件以及操作系统和应用软件等软件,是各军兵种侦察探测系统、指挥与控制系统、软硬武器系统以及综合保障系统所共用的信息传输、计算、处理、检索和分发的信息基础设施,具有高度集成、广域分布、无缝连接、动态开放等特点,以实现联合作战空间的高度信息共享和全面协作。它主要担负对整个战场范围的各种情报信息、指挥信息、协同信息和保障信息的传输、处理、存储、分发及管理功能,为传感器网络和交战网络提供底层支撑。该网络在统一的技术架构标准下,从信息传输和处理的层面进行了高度集成，实现了战场信息的高度融合，因而能大大提高整个系统的互操作性，所有军兵种的传感器、指挥员、武器平台和作战人员都是用户或资源，均有权利获取和使用信息，也有义务提供信息。信息传输处理网络的功能主要体现在：能够在上至太空、下至海洋底部的广阔立体空间内，在跨军兵种、跨作战平台的任意两点或多点之间，实现直接的互联、互通、互操作；能够将各类信息进行自动融合，并向所有经授权的使用者提供按需获取任意信息的能力；能够将所有传感器和交战武器连接成为一个整体，建立"从传感器到射手"的高速反应链；具有一套完整的安全体系，提供信息保证，尽可能确保系统的抗干扰性、抗毁性和顽存性。

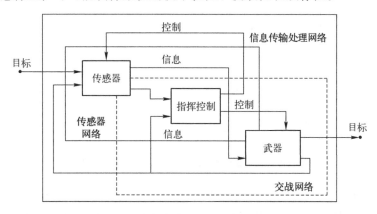

图 5-2 联合作战网络功能结构示意图

传感器网络由战略、战役和战术级的分布在陆、海、空、天以及各类武器平台上的侦察监视设备和各类情报中心等构成，并相互联系形成覆盖整个作战空间的传感器所组成的动态组合网络。任一传感器都是信息传输处理网络的"用户"或"信源"，通过信息传输处理网络与武器平台实现无缝隙连接，其作用就是从分散的传感器收集数据、通过分散的情报中心进行协作式数据融合，并快速生成通用战场态势图，为指挥员进行决策、武器平台发射以及作战单元协同提供信息支撑。由于传感器网络能够融合来自不同的空间、体制、频段的传感器所探测信息，因此提供的信息的完整性、准确性、时效性将极大提高。传感器网络不仅强调传感器的联网和信息融合，且强调传感器之间、传感器与打击平台之间、传感器和指挥与控制系统之间的互操作能力。

交战网络或射手网络是由分布在陆、海、空、天的各类数字化火力打击武器、电子战和网络战等软杀伤武器、各级指挥中心以及用于指挥控制这些武器系统的软件等组成的综合打击网络。交战网络以信息传输处理网络为依托，与传感器网络无缝连接，三者相互依存和融合共同构成了一体化作战系统，使得分布在广阔区域内的各种传感器、指挥中心和各种武器平台能够凝聚为统一高效的作战体系，不仅实现了整个战场信息的高度共享，且实现了包括武器装备在内的所有作战资源的共享。在交战网络中，指挥员可根据战场态势的动态变化和目标性质进行通盘考虑，对分散在战区内的各种武器装备进行全方位的实时统一控制，并借助信息传输处理网络的强大计算能力和智能化信息检索能力，根据作战任务和被打击目标的特点，精确制定最佳行动方案，选择处于最佳地理位置、打击效果最佳的武器进行攻击。

3. 协同作战能力的作战网络结构

20世纪70年代，美国海军提出了舰艇编队区域防空系统协同作战能力（CEC）的概念，CEC系统是网络中心战（NCW）作战概念的一个具体应用，其作战规模将趋于战术、战役和战略的一体化。CEC系统采用全分布式体系结构，主要由联合监视跟踪网、联合数据网、联合计划网和协同交战处理子系统（CEP）、数据分发子系统（DDS）组成，其互操作的三级作战网络层次结构如图5-3所示。

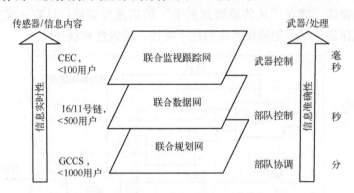

图5-3 美军互操作的三级作战网络结构示意图

CEC系统由多个节点（称为协同作战单元，CU）组成，每个节点包括协同作战处理器（CEP）、数据分发系统（DDS）、与现有系统集成三个部分。战术级CEC系统的分布式结构如图5-4所示。通常，CEP与武器系统的处理机相连接，用于跟踪处理本平台传感器和网络内其他平台所提供的目标数据，以便及时、精确地进行协同作战。DDS由相控阵通信天线、高/低功率放大器、信号处理器和加密装置组成，能可靠近实时地分发数据，其传输能力比通常的战术数据链高几个数量级，从而保证了各节点间信息传输的有效性和完整性。CEC系统主要完成编队各平台之间、编队与国家指挥与控制系统、编队与其他作战资源之间的整合，实现互联互通互操作，采用跨平台、跨战区的互操作组织方式，使编队作战资源达到极高的使用效能。

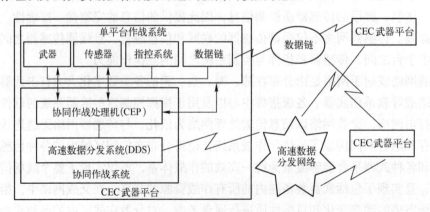

图5-4 战术级CEC系统的分布式结构

联合监视跟踪网络适用于海上战术级的舰艇编队/航母战斗群的协同作战，由传感器网络和交战网络组成高速数据网络，主要设备包括安装在舰艇编队/航母战斗群内各作战平台上的协同作战处理器（CEP）和数据分发系统（DDS）。CEC 网络是一个分布式系统，主要节点是指定的，节点或网络用户在 100 个之内，信息传输时间为亚秒级，信息精度达到战术级别武器控制质量，其联网距离一般是视距，如利用机载中继或卫星通信可大大扩展 CEC 联网的距离范围，扩大了海上舰艇编队或航空母舰战斗群协同作战能力和范围。

联合数据网络是一种适用于海上战区/战役级的作战网络，核心装置是联合战术信息分发系统（JTIDS）。JTIDS 是一种大容量、高速、保密、抗干扰的时分多址（TDMA）信息分发系统，由 16 号/11 号数据链路和终端机组成，可以有效地将各种传感器和武器系统连接为一个整体，其网络用户小于 500 个，主要提供实时的战场态势信息并传送指挥与控制命令，具有综合通信、导航定位和目标识别等能力，信息传输时间为秒级，准确度达到了战区/战役级部队控制要求，大大促进了联合作战中各军兵种间直至各作战单元间的协同作战。

联合规划网络是战略级兵力（部队）协同作战网络，由舰队海上/岸上内部网（IT-21）、海军/海军陆战队内部网（NMCI）、全球指挥与控制系统（GCCS）组成，提供作战图像和协同作战计划，以及作战演练、通信、指挥、决策支持、后勤、训练、教育、维修、医疗和管理等能力，可连接 1000 个用户。IT-21 舰队海上/岸上内部网是海军在舰队范围内实现 C^4KISR 一体化的体现，目的是通过可靠地连接各指挥与控制单元，增强海战场指挥员和支援指挥员对信息和知识共享的能力，以提高联合作战任务的效能。NMCI 是美国海军创新和实现国防部信息优势的联合计划，通过舰船上的远程终端与舰队的 IT-21 海上/岸上网联通，使美国海军在联合作战中实现高水平的协同，大幅度地提高部队行政管理和后勤支援的效率。全球指挥与控制系统（GCCS）是 DⅡ/GIG 和美军综合 C^4ISR 系统/"勇士" C^4I 系统的重要组成部分，是一种先进的、集中管理的联合作战指挥与控制系统，可将国防部所有的信息系统数据库与数据汇集中心连接起来，使 C^4ISR 诸环节无缝隙地实现一体化，对分布在全球的海军、海军陆战队、陆军和空军实施指挥控制。

5.2.3 信息传输网系与技术

信息传输网系是联合作战指挥与控制系统的"神经网络"，主要作用是将战场上各种分离的信息系统、作战指挥平台、各级指挥员以及数字化士兵等有机连接成一个无缝隙整体，为参战兵力提供大容量、动中通、及时、准确、连续、安全、保密的多媒体综合业务，实现各类系统之间的互联互通互操作，满足信息化条件下联合作战的需求。

采用不同的通信传输手段，可以构建不同的通信传输网系。通信传输网系主要由空间广域网、地域通信网、战术无线电网和协同通信系统等要素组成，采用有线电通信网系、无线电通信网系、综合通信网系、数据链等通信技术，具有多种网络综合、多种交换形式和多种业务综合等特点，如图 5-5 所示。

通信网的结构通常分为星形、栅格网、环状网、等级网和混合网。采用何种网络结构，要综合考虑多种因素，包括战术技术要求、网络覆盖范围、网络中用户分布状况（固定用户或移动用户）、网络的抗毁性和可靠性要求以及成本等。通过综合分析和论证，才能确定通信网的基本拓扑结构。

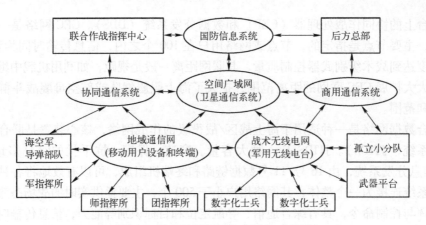

图 5-5 信息传输网系组成结构示意图

1. 有线电通信网系

有线电通信网系主要是利用光缆通信网以及其承载的综合信息网、公用数据通信网、自动电话交换网、人工电话网、数字保密电话网、图像业务网构建，必要时使用光缆、野战电缆、海缆、被覆线达成有线电通信。

光缆通信网是以光波为载频和以光导纤维为传输媒质的一种通信网络，主要利用光缆干线通信网和光缆支线网构建联合战役公用干线通信网，达成岸基各指挥所、部队和信息系统相互之间的高速、宽带通信。采用自动交换光网络（ASON）、密集波分复用（DWDM）、多业务传送平台（MSTP）等先进技术，以满足各种业务网系发展要求。

综合信息网是各种信息系统的公用网络平台，主要为联合战役指挥部、作战集团和作战部队提供各类计算机网高速互联、宽带视频和多媒体通信等业务。采用主干网、战区网、本地网和用户网构成四级网络结构，一级~三级为骨干网，四级为用户网，交换节点配置交换、网管、安全保密等设备。主干网由联指和作战集团及地下通信枢纽的一级交换节点（主干节点）组成，采用星型、网型结合的网络拓扑结构，构成地上地下互为备份的双平面网络。战区网以一级交换节点为核心，连接作战集团所在地域或城市的二级交换节点（区域骨干节点）组成，采用星网结合的网络拓扑结构。本地网以战区内的二级交换节点为核心，连接周边驻军集中地区的三级交换节点（城域网节点）组成，采取星环结合的网络拓扑结构。用户网由用户接入节点连接数据、视频、话音和多媒体等各类用户终端系统组成，具体结构视用户规模、业务类型和分布情况而定，用户接入节点设置在各级用户单位。

公用数据通信网主要为联合战役指挥部、作战集团、作战部队以及重要用户的作战指挥、机关业务处理自动化，提供高速数字通道，实现各类数据、静态图像和多媒体综合传递。它是以计算机通信为主体，建立在传输网基础之上的一种业务网，公用数据交换网作为数据、图像等非话音业务的传输和交换平台。网络主要采用 X.25 分组交换技术和帧中继技术，并提供 IP 路由功能。

自动电话交换网主要为联合战役指挥部、作战集团、作战部队提供快速、便捷、自动和直达的有线电话通信。采用两级汇接、三级终端，包括本地电话网和长途自动电话交换网。本地电话网由市话交换局、局间中继线、用户线及用户终端组成，可采用单局制或多局制的网络结构，是本地日常军务通信联络的基本手段，也是实现长途自动电话通信的基础。长途自动电话交换网是保障用户实现长距离电话自动交换的电话通信网,以长途光缆通信为主要信道建立,根据通信网路组织原则和长途电话通信的要求,采用三级汇接、四级终端的方式组网,各级汇接局之间设置的电路分为基干电路和高效直达电路。

人工电话网是平时和战时指挥员实施指挥的基本通信手段,主要为联合战役指挥部、作战集团、作战部队提供人工电话通信。按照隶属关系逐级组织,由各级人工电话交换设备(人工台)及中继电路组成,运用长途光缆传输信道、卫星通信信道、微波通信信道等建立的专用传输信道,以人工接转电话方式,保障各级首长、机关和部队的作战指挥与日常公务的通信网络,具有组织简便,接转灵活可靠,电路利用率高的特点,在联合战役通信网中仍被作为一种手段使用。长途人工电话接续,根据保障对象和任务不同,分别设立一号台、二号台和三号台,并相应采用立接制、挂号制和迅接制三种接续方式。

数字保密电话网是一种专用通信网络,主要为军以上指挥所、首长和重点师(旅)级作战部队之间提供保密电话通信。采用一级汇接、二级长市合一、三级终端的组网结构,可使用光纤信道构成网格状网络,也可以使用卫星群路信道构成辐射状网络。全网采用干线加密和用户加密的双加密体制,以及采用多密钥数字加密工作方式和自动分配密钥的技术体制。干线保密机采用群路加密方式,用户保密机采用端对端的双密钥体制,配有三个密钥,即主密钥、消息密钥、用户选择(工作)密钥。

图像业务网主要为联合战役指挥部、作战集团和重点师级以上作战部队之间提供实时、直观、清晰的图像业务通信。利用公用数据通信网、电视会议汇接设备和终端设备组织的电视会议网,按系统和隶属关系构建,采用三级汇接、四级终端的组织结构和主会场指导、控制分会场的工作方式。

2. 无线电通信网系

无线电通信网系主要由无线电台通信网、卫星通信网、移动通信网、散射通信网、流星余迹通信系统、最低限度通信系统、战术互联网、协同无线电通信系统构成。

无线电台通信网是利用各种类型的无线电台组织的通信网络,主要为联合战役指挥部、作战集团和作战部队提供不间断的无线电通信,具有设备技术简单、通信距离远、组织通信灵活,以及便于部队机动过程中实现"动中通"等特点。根据不同的作战任务,无线电台通信网有指挥网、协同网、警报网、值班网以及专用网。陆军无线电台通信网是使用大、中、小功率的短波和超短波电台组成的无线电网路,具有结构简便,使用灵活,便于机动和达成直接通信的特点,是整个通信网系中的专用网,主要用于保障作战集团指挥员及其指挥机构与战役战术编成内的作战部队之间快速传递指挥、情报和陆海空协同信息,保障在特殊情况下最基本的通信联络。海军无线电台分为超长波、长波、中波、短波、超短波无线电台。超长波、长波无线电台有岸基和机载两种类型,主要用于对水下潜艇通信;中波无线电台主要用于部队与地方船舶、外国舰船和海上遇险通信;短波无线电台用于海军岸上指挥机构、水面舰艇、飞机之间的通信;超短波无线电台主要用于舰艇编队内部、航空兵对空、岸防兵和陆战队各分队内部,以及海军各种战术协同通信,也可用于岸上指挥机构近海通信。空军无线电台分为超短波和短波无线电台,主要有地空和空空两种类型,包括塔台、作战、航路等指挥网。地空(空空)超短波电台是在战术范围内实施地空(空空)指挥与协同的主要通信手段,用以保障地面各级指挥机构对轰炸、运输、侦察飞机及装有短波电台的歼击机、强击机等遂行各种任务。

卫星通信网主要用于保障联合战役指挥部与重要的作战集团、作战部队之间的通信联络，也可用于特殊条件下的应急通信、机动通信和为建立不同地域通信网之间的通信提供传输信道，具有覆盖面广、通信距离远、组网灵活、开设迅速、多址连接和不受地形限制等特点，在战略、战役和战术通信中发挥着重大作用。卫星通信系统由空间分系统、地球站、跟踪遥测及指令分系统和监控管理分系统四大部分组成。空间分系统指通信卫星，主体是通信系统，起无线中继站的作用，其保障部分有星上遥测指令系统、控制系统和电源系统等；典型的地球站由天线分系统、发射分系统、接收分系统、信道终端设备、保密终端设备、电源等设备组成，此外地球站还有网控、网管、监视系统；跟踪遥测及指令分系统的任务是对卫星进行跟踪测量，控制其准确进入同步轨道并达到指定位置，待卫星正常运行后，要定期对卫星轨道修正和位置保持；监控管理分系统的任务是对轨道定点上的卫星在业务开通前后进行基本通信参数的监测和控制，以保证网络的正常通信。根据所采用的基带信号类型、调制方式、多址连接方式和信道分配制度的不同，可分为不同的卫星通信系统体制。

移动通信网是移动用户之间通过具有自动交换功能的无线电移动通信中心实现运动中通信的网络，主要使用双工移动通信系统、集群移动通信系统、蜂窝移动通信系统组织建立移动通信网系，实施移动通信保障，为军兵种提供战斗通信、协同通信和指挥所通信。通常，移动通信系统由干线网络、无线接入点（RAP）和移动用户终端三部分构成。干线网络是由交换机和传输设备等构成的机动或固定基础设施；无线接入点（RAP）与干线网络相连接，为无线电移动用户终端提供入网途径；移动用户终端即各种移动用户无线电台。利用单工战斗网电台（CNR）、基于移动电台的分组无线网（PRN）和移动电话网（MTN），能构成一体化的数字移动通信系统。移动通信系统可以单独组网，也可以与其他通信网结合使用。

散射通信是利用空中介质不均匀对无线电波的散射作用进行的超视距通信方式，工作在超短波、微波频段的散射通信，其散射传播现象发生在对流层。它具有对流层散射通信单跳跨距远（150km～1000km）、对流层散射通信能抗核爆炸影响、对流层散射通信不受太阳黑子、磁爆、极光和雷电等影响、传输容量较大和速率较高、安全保密性能较好等特点，主要为联合战役指挥部到作战集团、作战部队提供在敌方强干扰下的无线电通信。散射通信有支线通信和干线通信两种，既可单独组网，也可作为传输信道与其他通信手段结合网。支线通信是利用一条散射通信线路，保障两个通信对象进行散射通信的方法，既可由两个散射站完成，也可经中间站转发后完成，必要时一个散射站可与多个通信对象建立支线通信。干线通信是从散射干线上的中间站或终端分出部分电路，与另外的通信对象建立通信的方法。通常，宽带散射通信网采用干线通信的组织方法，为野战地域通信网干线节点之间或机动骨干通信网节点之间提供群路传输信道，窄带散射通信网采用支线通信的组织方法，为用户提供信道。

流星余迹通信指利用流星穿过大气层时形成的短暂电离痕迹对无线电波的反射或散射作用实现的远距离通信，具有单跳跨距远、隐蔽性好和对它台干扰小等特点，主要为联合战役指挥部到作战集团、作战部队提供在敌方强干扰下的最低限度通信。流星余迹通信系统已运用到战略通信,并拓展运用到战役、战术通信中,成为联合战役通信网系的重要组成部分。

最低限度通信系统是现有通信装备在战时遭到敌方强大的电磁攻击和火力打击而造成通信瘫痪时,通过采用相应技术措施后,满足各级指挥机构最低限度的作战指挥通信的需求,确保最基本作战指挥信息准确不间断传递的一种应急通信系统。它由地波应急通信系统、甚长波对潜通信系统、国家紧急机载指挥所、流星余迹通信系统和卫星应急通信系统等组成。

战术互联网是以战术电台网为基础,通过互联网网关和互联网控制器等装备进行网络互联而形成的战术通信网络,是师(旅)级以下作战部队指挥、控制、通信、情报传递、后勤指挥的信息网络和电子分系统的公共传输交换平台。它由通用超短波电台、战术电台互联网网关、通用高速数据电台、战术电台互联网控制器、网管设备和野战终端等设备组成,具有网络互联、资源共享、跨网指挥、移动通信等功能,如图 5-6 所示。它主要为军兵种战术通信系统提供接入能力,达成协同通信,有效地解决了通信和指挥与控制系统的融合,使区域内有协同关系的诸军兵种的各系统综合为一体。战术互联网使各专属无线网内的用户可以共享其他网络的特有通信能力,充分发挥各专属网内通信设备的作战效能。

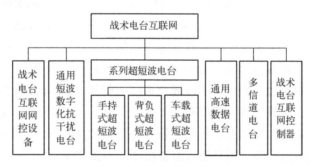

图 5-6 战术互联网设备组成

协同无线电通信系统是以战略高速信息网为基础,以统一的战役、战术宽带无线电通信网为主体,集多网集成、信息共享、安全保密、抗毁抗扰于一体的网络体系,主要作用是解决诸军兵种不同频段、型号的战略、战役、战术无线电台协同通信组网互通,实现战略、战役、战术无线电协同通信网与国防战略通信网、战区战役通信网、野战通信网的互联互通。它由军兵种协同多波段电台、数字化短波抗干扰电台系列、战术电台综合入口设备、无线双工移动通信接口设备、无线综合接入系统、战场通信频率管理系统、中长波通信系统等组成,如图 5-7 所示。协同无线电通信系统按指挥层次分为战略级、战役级和战术级三个层次。联合作战的协同通信,通常是由联指统一组织。

3. 综合通信网系

综合通信网系主要由机动骨干通信系统、野战综合业务数字网和通信平台构成。

机动骨干通信系统是战区范围内保障各军兵种以及联合作战指挥的公共地域通信网络,主要为战役各种机动指挥所、登陆(岸)、海军、空军、常规导弹等作战集团指挥所,临时进入战区内的作战部队指挥所、应急分队、边防海岛部队,以及分散作战部队提供通信保障。它主要由交换分系统、传输分系统、网络管理分系统、安全保密分系统

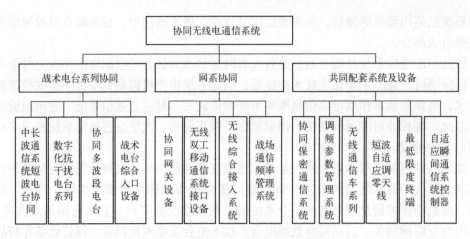

图 5-7 协同无线电通信系统体系结构

和无线接入分系统构成，可将区域综合通信系统中的指挥控制、情报侦察、预警探测、电子战等业务功能系统有机结合在一起，从而构成一个分布式通信系统。其中，交换分系统主要用于通信节点和指挥所电路及本地交换，为网内各种业务（话音、数据、图像、传真等）提供电路连接和ATM（异步传输模式）数字交叉连接两种连接方式。

综合业务数字网（ISDN）是数字化战场和数字化部队信息作战能力的基础和战场信息传输的公共平台，主要为野战条件下的作战集团和作战部队提供数据、动态图像、传真、话音等通信。野战综合业务数字网主要由野战ATM干线通信系统（干线交换网）和用户接入系统组成。其中，干线通信系统由野战ATM干线交换机和传输设备等组成，主要功能是在作战地域内开设多个干线节点，布设成栅格状网络，覆盖整个作战地域，为各级指挥所、各类网系、各电子分系统提供综合业务的干线通信网络，具有与战略通信网无缝连接的功能。用户接入系统由用户节点组成，用户节点由野战ATM用户交换机、群路传输设备（数字微波接力机等）和指挥所无线通信系统等组成，主要功能是为指挥控制、野战炮兵、野战防空、情报侦察、电子对抗、后勤支援等系统的有无线用户综合业务，提供直接接入野战ATM干线通信系统和实施本地信息交换功能。

通信平台包括海上通信平台和空中通信平台等。海上通信平台是利用作战舰船，采取信息交换、软件工程、电磁干扰等先进技术，综合多种通信装备、通信业务于一体，按统一接口标准而形成的多功能海上通信系统的总称。它是一个综合通信系统，通过平台内的各种通信设备，可以达成与陆基既设通信网、卫星通信网、空中通信平台、野战地域通信网之间的相互通信，提供电话、电报、传真和数据等多种通信，实现对登岛作战全过程的通信保障，以满足诸军兵种指挥和协同的需要，主要由多功能交换机、跳频数字接力机、短波自适应/跳频电台、通用超短波跳频电台、协同电台、战术电台综合入口设备、一点多址无线电通信设备、群路卫星通信设备、双工无线电移动通信设备、集群通信设备、海军战术卫星通信设备等组成，具有多手段互通、自动寻找、抗干扰通信、通信链路加密、覆盖一定的作战海域、与多种通信网互通等功能，基本组织形式有线形状组网形式、栅格状组网形式和分布状组网形式。空中通信平台是在作战空域内展开若干机载通信平台，并将其互联形成覆盖一定作战空域的公用网络，与战区机动骨干网、海上通信平台和各军兵种通信网相互联接构成综合通信网络,为诸军兵种作战集团及其所属兵团、部(分)队、海军陆战队、空降部(分)队,电子分系统、数据链,提供电话、电报、传真和数据等多种通信,以满足诸军兵种指挥和协同的需要。它由多信道多频段综合转信系统、一点对多点空中微波接力机和集群系统空中基站组成,可向地面作战部队提供数据通信的转信、中继和网关平台,其连接功能可完成不同频段、不同工作方式的两个信道之间的信息转发,既可实现点对点连接,也可是一点对多点连接方式。系统支持的网络有战术电台网、战术电台互联网、野战综合业务数字网以及集群移动系统网等,具有良好的机动性能,可以根据作战任务需要机动使用,能随部队调防,开设、撤收迅速,可作为一种较好的应急机动通信手段。

战术数字信息链路简称数据链,是指挥与控制系统的重要组成部分,采用标准化的信息编码、高效的组网协议、保密抗干扰的数字信道而构成战术信息系统,实现机载、陆基和舰载战术数据系统之间的数据信息交换。美军参联会给出的数据链定义是:通过单网或多网结构和通信介质,将两个或两个以上的指挥与控制系统/或武器系统链接在一起,是一种适合于传送标准化数字信息的通信链路,简称 TADIL。数据链由传输信道设备、通信协议和消息格式标准三个核心要素构成,可以形成点对点数据链路和网状数据链路,使作战区域内各种指挥与控制系统和作战平台的计算机系统组成战术数据传输/交换和信息处理网络,为指挥员提供完整战场战术态势图和有关数据。数据链系统主要包括联合战术信息分发系统(JTIDS)、海军数据链、空军数据链和火箭军数据链等。其中,联合战术信息分发系统是为战区诸军兵种单独或联合作战指挥时使用的数据链,是集通信、导航定位与识别功能于一体的综合信息系统,主要任务是:将预警机收集到的信息能及时可靠地传送到各军兵种的指挥部和主要武器平台;系统构成的一个公共信息库,使各军兵种防空数据经网关处理后,可在系统内分发,系统内用户可根据需要提取相应信息,达到信息共享目的;在统一坐标系中为系统用户提供导航定位服务,产生我方参战单位分布态势。在联合作战时,该系统也可为各军兵种指挥所的重要协同数据提供具有保密和抗干扰的传输手段。在各军兵种独立作战时,也可作为专用数据链使用。联合战术信息分发系统由网管分系统、保密分系统和各类端机组成,主要特点是同步时分多址信息分发实现信息互通共享,抗干扰、抗截获技术保证了信息传输的可靠性及安全保密性,无节点网络使系统具有抗毁性,系统相对导航定位功能能够适应战术导航要求,相对导航定位和识别功能为形成战场态势提供了基础。

联合战术信息分发系统的组网形式有单网工作形式和多网工作形式两种。其中,单网工作形式指在某地区或某军兵种单独组网,适用于作战区域较小,单一兵种单独作战或网内成员较少情况;多网工作形式适用于作战成员较多、作战规模较大和作战区域较宽情况。当多网工作时,设立的网络数、每个网络的成员数和成员类型、每个网络的时隙分配、网络间互联等,都要依据作战情况、作战任务、兵力、兵力种类与数量、作战区域和兵力地理分布等而确定。

5.2.4 移动通信网络技术分析

在信息化条件下的联合作战中,分散配置的传感器平台、指挥平台、武器平台以及作战人员等,通过各种通信基础设施形成网络化结构,利用多种通信手段,保证多源、多类信息的可靠传输和实时共享，实现不同节点以及不同网络之间的互联、互通和互操作。由于作战平台和作战人员一般都处于运动之中，作战网络往往处于高伸缩和非正常的断续状态，且通信节点易受敌方重点寻找和干扰，为使作战行动的顺利实施和作战效能的有效发挥，特别是移动平台在恶劣环境下持续、实时的数据连通能力，以保证各平台协同作战，就涉及移动通信网及其有效带宽、适时数据传输技术等问题。

1. 移动通信网的分布式多跳自组织网络技术

对于通信而言，由于作战实体是分布且多是移动的，特别是通信节点和主机处在移动或变化的环境中时，保持有效的通信就应具备动态链接能力、多渠道组网能力和顽存能力，包括卫星通信、短波和超短波通信、光/电缆通信、水声通信、中继组网通信等，其网络拓扑结构和通信协议是网络运行的关键。

Ad hoc 网络是一种多跳的、无中心的、自组织无线网络，又称为多跳网、无基础设施网或自组织网，它的研究起源于由 DARPA 资助的战场环境下分组无线网数据通信项目。在整个 Ad hoc 网络中，通信无固定的基础设施，每个节点都是一个移动的路由器，具有自动信息转发能力，可由较低的带宽表达丰富的含义。节点间的通信可能要经过多个节点的转发才能实现，即经过"多跳"。传统互联网 OSI 标准协议通信建立在固定基础设施上，对于移动通信，通信网结构是不断变化的。节点间通信通过分层（或跃层共享）的动态网络协议和分布式算法相互协调，实现网络的自组织互操作和运行，及时交换并分享全部或部分完整的信息。一种技术方案是使协议对所有用户的位置保持持续的跟踪，如用于移动 Ad hoc 网络（MANET）的优化链路状态路由协议 OLSR，以路由跳数提供最优路径，适合于大而密集型的网络；另一种是反应式方案，在某个通信需要某个路径的时候进行获取，通过节点间的直连或跳转进行通信，如无线自组织网按需平面距离向量路由协议 AODV，这是 Ad hoc 网络中按需生成路由方式的典型协议，能实现单播和多播路由。但有很多节点时，这些方案的可剪裁性有许多不确定性。

1) 按需动态链接

由于平台的运动性和广泛分布性，用户与通信节点之间固定链接是不可能的。在技术上，可根据信息需求情况，设置超级节点，将广度优先搜索和深度优秀搜索结合，采用动态的分层通信体系结构，即扬弃"泛宏式"信息发布和查找机制，采取节点直接索引和超级节点索引相结合的方法。用户在搜索过程中，首先链接到超级节点上，根据超级节点的信息再继续搜索，实现用户和通信节点之间的按需链接。

2) 硬件设备的网络拓扑结构和重组再构

网络拓扑是指网络中各节点相互联接的方法和形式（物理布局或逻辑布局）。最基本的网络拓扑结构有总线型、环型和星型三种，并可衍生出星型总线拓扑结构、星型环拓扑结构等。其中，星型结构是使用最为广泛的网络拓扑结构，由中央节点和通过点到点链路接到各站点所构成。随着技术发展，中央节点现已使用智能更高、处理速度更快的网络交换机代替原来的集线器。在运行中，星型拓扑结构和交换机使每个节点都独享一个网络连接，结合具体业务给出一些限制条件（如节点绑定、固定延时、组播等），基本上避免了常用"以太网"中随机争用机制可能引起的"冲突"，完全可用于实时系统。已经使用的一种方式是应用网络技术（如"以太网"技术），取代总线星型拓扑结构。而其衍生型——星型总线结构整体可靠性高，既具有星型结构的优点，同时又可覆盖较大的范围，容易与不同的网络连接或断开，可以灵活使用。

在联合作战环境条件下，通信网络随时随地都可能发生重大变化，如系统网络节点或链路出现故障情况下的基于作战指挥原则的组织重组、网络冗余和中继转发重组以及无故障/战损情况下的系统进化或功能优化网络重组再构等。为了应对这些变化，提高系统的适应性、安全性和可靠性，保障各设备信息和数据有效可靠传递，通信网络应能够动态地进行结构重组和优化，及时地调整信息传递方式，确保在恶劣环境和对方打击下的系统功能重组和恢复。

3）统一的标准协议和接口规范、软件功能动态定义和备份

提供统一的标准环境，各种系统和设备能灵活地综合在一起，有利于系统、平台及设备之间的连通和互操作，便于系统扩展与剪裁。通过软件功能动态定义和备份，软件调用、重用、共用，实现功能按需分布。其中，通信协议是灵魂。目前，绝大多数分布计算网采用层次结构（开放系统互联 ISO 体系），主流的通信协议是 TCP/IP 协议。

为解决多计算机系统互联问题，提出了多路访问技术方法。这是 IEEE802.3 标准中的一种，其"存取方法"采用一种争用型的介质访问控制协议 CSMA/CD，即"载波侦听多路访问/冲突检测"的多路访问技术。在以太网中，一个节点 R 要发送数据包到另一节点 D 时，该节点 R 把源地址 R 和目的地址 D 写入包头，并把包发送到网上，其他所有节点都从网络上读取包，但只有与包头中的目的地址相符的节点才会把包复制到本节点中。当多路访问时，一个节点要传送数据时，首先要监听信道，如果信道空闲，则立即将数据发送出去；如果信道繁忙，则等待直到信道空闲时再发数据。由于同时可能有多个节点侦听到信道空闲并发送数据，网络上将会发生数据传输冲突。当发生冲突时，CSMA/CD 采用的方法是：再发送数据的同时，进行冲突检测，一旦发现冲突，立即停止发送，并持续监听等待冲突平息，直到将数据成功发送完毕，准备进行下一次数据发送。至于发生冲突后的等待时间策略，实践中常用的是二进制指数后退算法，网络接口回退瞬时，即可自动重新传送数据。经过固化和冗余处理，被广泛用于指挥与控制系统设计之中。

2. 有效带宽和战术组件网络（TCN）

在联合作战环境条件下，多层次、多站点、多源获取的情报信息，通过各种卫星通信网、数据通信网、战术互联网以及综合业务信息网按级分类传递，以满足作战指挥、武器控制和勤务保障等情报信息需求；同一站点上的数据也可以通过网络提供给各作战单元和站点共享。一旦通信不畅、中断或泄密，联合作战指挥与控制系统和武器装备将失去应有的作战效能，还可能陷入混乱并受到损伤。

对于处理不同种类的大量信息时，联合作战通信面临的一个重大问题就是带宽问题。实际上，用户一般只对所需的战场态势和目标信息等感兴趣，应在恰当的时间、恰当的地点将恰当的信息以恰当的形式传递给恰当的用户。因此，为了降低通信对带宽的要求，提高信息流通的速度和效率，解决方案之一是对信息进行过滤，将信息和数据分类处理，按照不同层次级别用户的需求和数据特性，制定不同的分发策略，按需适时分发。如 CEC 系统主要靠增加指定功能的硬件，通过多层节点传输雷达数据以实现网络信息的共享，面临的一个重大问题就是在各平台之间和平台内部传送数据的通信带宽有限，所需传输带宽随用户数量呈对数增长，产生了用户数受限和互操作等问题。对此，

美国 Solipsys 公司提出采用战术组件网络（TCN），为统一态势图形成乃至实现 CEC 目标提供了一种好的解决思路和方法。

TCN 是基于软件的协作式传感器网络结构，用于解决大范围兵力群中复杂网络问题的一种网络结构，其基本思想是设计一个由协作能力强、功能和物理上独立的组件组成的网络，以实现网络中数据的低时延、高可靠交换，尽量减少无意义的冗余和不相关信息的交换，为多层协同作战提供无缝、高可靠、可扩展的远距离数据稳定传输网络。TCN 单元由组件服务器、数据适配器、CORE（Current Observation Related Estimates）融合部件、可视化部件和信息通道等组成，如图 5-8 所示。在该网络内，数据分为情报数据、战场态势数据、战术数据和火控数据，信息按需分发，所有相关数据就近处理。在解决 CEC 网络缺陷的问题上，TCN 具有数据分类、传输前对数据进行预处理、数据选择、数据独立处理等特点，由于只传送有限的数据，因此大大减少了所需的通信带宽。

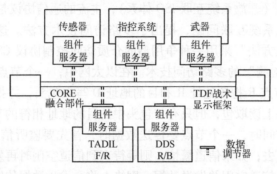

图 5-8　TCN 单元的组成

3. 实时/抗干扰数据传输

信息是潜在价值的源泉，然而要实现信息的价值和增值，并不由信息搜集和处理过程决定，而是由信息共享的程度和速度决定。信息分发传输就是收集分布的固定和移动的信息源的数据信息，对信息进行过滤、分类处理后，按照通信协议、数据的权限和类型，完成单元间的战术信息分发，及时为各作战平台提供战术态势感知，传递指挥与控制命令，引导兵力兵器进行作战。

在联合作战中，无论是兵力兵器的相互配合，还是不同火力的相互协同完成使命任务，都涉及信息的准确传递和服务问题，即实时或近实时地共享战场态势，并在恰当的时间将适当的战场情报、指控信息、战术数据等各类信息和数据传递给适当的人、系统或设备，甚至预先为下一个决策提供所需的信息。智能信息分发可以根据不同用户的信息需求以最恰当有效的方式提供所需信息的感知和访问，并根据战场环境和通信能力（通信带宽）及时、动态地调整信息传递的优先等级，即所谓智能化的"信息推送"服务。

在联合作战环境条件下，多平台多任务信息通信一般是多维（分层次分发和广播式分发）网络化多数据链路信息传输，需要更高的数据率和更稳定的连通性。这种多维的信息交换、多种类的信息、时间上的连续和离散、巨大的通信量对通信系统的通信方式和机理提出了要求。

目前，战场实时信息传输广泛应用数据链、战术互联网，采用基于 P2P（Peer to Peer）对等网络、面向服务的智能战术信息分发系统，构成综合通讯网络系统。数据链能实时或近实时地传输战场态势、情报、指控命令以及火力控制等格式化消息,实现从传感器到武器系统间的无缝链接,适用于现代联合作战而被广泛使用,已成为各类平台对外通信和进行超视距攻击的主要装备和手段。美军典型的战术数据链有 TADIL－C/Link4、TADIL－A/Link11、TADIL－J/Link16、TADIL－FJ/Link22、TADIL－J/VMF(可变消息格式)等。其中,Link－16(北约称为 TADILJ)是常用的战术数据链,也是包括北约在内的一些西方主要国家的战术数据信息链路,主要用于海陆空各作战平台(系统、设备)之间实时交换战术信息,为联合作战 C^4ISR/C^4KISR 系统产生实时战场态势图和传送指挥与控制命令服务。系统用户包括空中预警机、地面防空指挥中心、海上编队指挥中心等指挥与控制平台和系统,战斗机、舰艇、导弹阵地等战术终端,以及特种分队和单兵等。

4. 先进网络与通信技术

网络已从系统总线发展到移动节点网络、点对点通信发展到 Web 服务、局域网发展到广域网阶段。全球因特网采用的协议族是 TCP/IP 协议族,IP(互联网协议)是 TCP/IP 协议族中网络层的协议,是 TCP/IP 协议族的核心协议。目前,IP 协议的版本号是 IPv4,可以运行在各种各样的底层网络上,而 IPv6 协议是 IPv4 协议后的新版本协议。由于 IPv4 网络存在地址资源有限和路由表急剧膨胀两大危机,IPv6 的出现将从根本上解决这些问题。IPv6 技术具有更大的地址空间、更小的路由表、高度的灵活性和安全性、可动态地址分配以及完全分布式结构等特性,为各种指挥与控制系统、武器系统、信息系统等互联互通互操作带来了机遇与挑战,特别是对移动用户的支持,能够适应未来一体化联合作战的需求。美国国防部在 2003 年开始支持 IPv6 协议,正式提出在美国军方规划实施的"全球信息栅格"中全面部署 IPv6,2005 年要求美国国防部所有网络全面兼容 IPv6,并将 IPv6 作为美国国防部所有联网信息系统的标准。在此基础上,应进一步发展分布多跳自组织网络,研究网络使能,探索网络自组织和网络智能模式,结合信息对抗技术研究网络攻击和网络防御等技术。

5.3 信息融合技术

5.3.1 信息转化过程与处理技术

为全面及时地了解和掌握联合作战战场情况,信息处理技术已广泛地应用于联合作战指挥与控制系统中,包括信息获取与传递、决策与控制、对抗与作战、作战分析与规划、作战研究、作战行动、后勤保障、演习、训练以及系统的论证、设计、模拟仿真等方面,成为了联合作战指挥与控制的重要支柱。

1. 信息过程模型与信息转化过程

物质世界的事物总是处于不断的运动和变化之中,时时刻刻都在产生信息,同时伴随着能量的转移或转化,这是一个交织了众多物质流与信息流的周而复始的循环过程。物质世界的信息过程模型如图 5-9 所示,事物及其环境不断产生信息,经探测与获取的信息以声音、数据、图像等不同形式进入认知域,或直接进入认知域,在认知域中构成认识、决策的基础,并在社会域中磋商;信息决策和执行的后果又直接或间接影响有关事物及其环境，反过来改变进入信息域和认知域的信息。信息从事物（信源）处产生，经过信道到达信息使用者（信宿）；使用者通过信息得到有关事物和过程的情况，适时采取适当行动，并依据行动的结果，对信息提出新的需求。

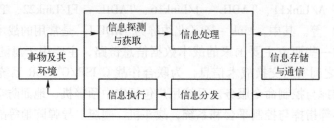

图 5-9 物质世界的信息过程模型

信息从信源处不断产生，被获取、理解和利用，形成了一个需求、控制和反馈的系统体系过程。与信息在时间上的转移（"信息存储"）不同，这种信息在空间上的转移和交换行为又称通信。在物质流、能量流和信息流中，信息流具有广泛的渗透性，主导着相应的物质流和能量流，并减少有关事物或行动不确定的状态和后果。因此，调节和处理信息流可以有效地控制相应物质和能量的流动和走向，实现一定的目的。而信息流的任何阻塞、中断、信息缺损、被恶意改变或控制失误，则会造成相应物质流和能量流的严重混乱。这就要求信道通畅可控，传输及时，过程保密和不失真，分发正确有效。与物质使用和能量消耗不同，信息在使用过程中不会被逐渐消耗掉，反而会通过不断地开发、利用以及与其他信息的结合中不断地衍生、增值。信息可以无限制地多次应用和重复使用，典型形式是信息共享。因此，对于信息不需担心使用枯竭，且输出信息值也不一定同于输入信息值，在使用过程中信息既可以增值也可能不变或减值。信息的这种特性或效应称为增值效应（如信息融合产生新质，信息联合使信息增值）、等值效应和负值效应。

对于指挥与控制系统来说，信息在作战域中的转换过程如图 5-10 所示，包括感知、信息、知识、认识、理解、推断和合作等环节。物理域是作战实体的管理、机动、打击、保护等行动所涉及的实际区域，如作战平台、通讯网络驻留或达到的有形空间。信息域是信息提取、加工、处理、存储、共享的领域，在这个领域中传达指挥与控制信息、实体之间进行信息交流，包括信息系统、处理设备和传输网络等。认知域是作战实体和指挥与控制系统完成感知、认知、理解、推断等活动的领域，包括知识、经验、价值、世界观、训练等内容。社会域是各级各类实体、组织和机构相互交流、磋商和协同决策的领域，也是领导层控制和传达某种文化、价值、意志和信仰的领域。

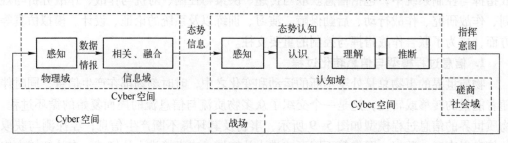

图 5-10 信息在作战域中的转换过程示意图

作战信息来自于物理域，在信息域进行相关、融合处理，或以情报形式直接进入认知域和/或社会域，在认知域中构成认识、决策的基础。作战实体处于认知域、社会域和物理域，在共同态势感知图的基础上，形成共同相关行动图，包括作战决心图、协同相关组织图和火力打击图，在社会域中协同行动。其中，作战实体节点的决策和行动将直接或间接影响物理域战场态势的发展，反过来又改变进入信息域和认知域的信息。因此，在联合作战域中信息转换是一个复杂的认知转换、信息增值利用和控制过程，如图5-11所示。在联合作战体系对抗中，信息价值增值迁移的源泉在于信息融合与网络化应用，通过IRS系统获取目标与环境信息，通过融合和知识发现增进已有认知，通过信息对抗和火力打击取得效果。联合作战体系对抗通过目标管理、空间开发和使命任务交互作用，联合分布决策、态势按需共享，在价值创造中达成作战目标，在信息融合、协同作战中实现信息价值的迁移。

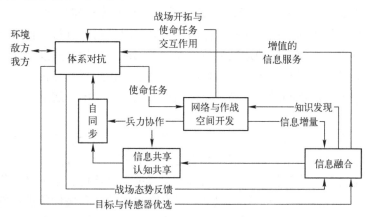

图 5-11　体系对抗中的信息增值利用和控制过程

2. 主要的信息处理技术

为完成指挥与控制系统中涉及的多传感器多目标状态估计的信息融合、目标特性推断、传感器管理、态势评估与抉择分析等信息处理任务，采用的主要技术包括文电处理技术、信息融合技术、图形图像处理技术、话音识别技术、地理以及气象信息处理技术等。

1）文电处理技术

在指挥与控制系统的日常使用或训练过程中，有大量各种格式的文书需要处理，且要求实现文电迅速、准确地传输。传输内容主要包括作战文书、机关公文和电子邮件三种类型，表现形式有文字、图形、图像、表格、数据和声音等。文电处理系统（MHS），简称为"文电系统"，也称消息处理系统，是通过计算机网络交换邮件、电报、数字传真、语音、可视图文等各类文电的综合业务通信系统。MHS是ISO和ITU-T联合提出的有关国际间电子邮件服务系统的功能模型，是一种以存储转发为基础、非实时的电子通信系统。MHS建立在OSI开放系统的网络平台上，能够适应多样化的信息类型，具有快速、准确、安全、可靠等特点。

2）信息融合技术

信息融合技术是关于如何协同利用多种信源的信息，以获得对同一事物或目标更客观、更本质认识的综合信息处理技术。指挥与控制系统中的信息融合技术是利用计算机技术，对按时序获取的若干传感器的观察信息，在一定准则下加以自动分析、综合处理，以完成所需的决策与评估任务而进行的信息处理过程。

根据情报信息的特征，指挥与控制系统的信息流主要包括：侦察/探测信息流，主要由多传感器信息源产生，如作战范围的情况、目标特性等情报信息，具有不确定性；指挥信息流是决策信息的总和，由系统内部产生，由指挥与控制系统指向执行系统；报告信息来自执行系统，由系统内部产生，是自下而上形成的各种各样的报告；静态信息是手册与报表性质的信息，由一些综述性信息组成。

一般而言，指挥与控制系统从各类传感器构成的多传感器系统获取信号信息，可将多传感器信息处理过程分为三个阶段：一次处理、二次处理和三次处理。一次处理属于检测和判决处理，从杂波干扰背景中检测出有用目标的回波，判定目标的存在，录取目标坐标及其他参数；二次处理属于位置级处理，完成单传感器的多目标跟踪与状态估计，按照一次处理提供的数据，建立目标航迹，必要时对目标进行坐标变换，预测目标的未来状况，计算并存储目标的运动参数，如目标的航向、运动速度和加速度等；三次处理属于综合处理，进行时空统一和目标归并，完成多传感器的目标状态估计及航迹关联，实现目标航迹间的空间融合，计算目标运动参数，建立统一航迹，实施统一的跟踪和其他处理。

经过三次处理后，获得了目标综合航迹信息，并根据综合航迹信息和敌我双方其他情报以及地理、环境等因素，形成战场综合态势图；然后，完成目标识别、威胁估计、诸元计算、目标分配等决策任务。决策结果作为指挥信息流传送至下级单位，最终实现对执行系统的指挥控制。其中，目标识别是对发现目标的敌我属性等进行判别；威胁估计也称威胁判断，主要是查明或预测目标可能攻击的对象、到达时间，以及各批目标威胁程度的高低，为合理地分配兵力兵器提供基本依据；目标分配是对作战信息进行处理，对多批目标分别选择有效的武器和数量进行攻防，形成兵力兵器的最佳使用方案，并通过执行系统完成对目标的攻防。

指挥与控制系统中，利用信息融合技术，对多类、多源、多平台传感器所获得的观测数据和情报信息进行优化综合处理，实时发现目标、估计目标状态、识别目标属性、分析目标行为意图，并评定战场态势和目标威胁分析，能为指挥员进行火力控制、精确制导、信息作战等提供准确信息。通过信息融合，能扩展系统时空覆盖范围和维度，提高探测、跟踪和识别目标能力和水平，提高合成信息的精度和可信度，提高系统的生存能力和可靠性，生成和维持的战场态势图能有效支持指挥控制各种兵力与武器系统的作战行动。

3) 图形图像处理技术

图形图像处理的研究内容主要是和人类视觉密切相关的各个方面，其理论与技术涉及的知识门类和具体方法繁多，研究内容主要包括图形输入技术、图形建模技术、图形处理和输出技术、图形应用技术、图像数字化、图像变换、图像增强、图像恢复、图像分割、图像分析与描述、图像数据压缩、图像重建等多方面的内容。计算机图像处理主要采用空间域处理法（空域法）和频域法（变换域法）两类方法。在信息处理时，图像和空间数据既是互补的，也是异构的，进行融合还有一些问题需要解决。

在指挥与控制系统中，图形图像处理系统主要为情报处理、态势展现以及作战辅助决策服务，为指挥决策、作战、训练、后勤保障提供所需的图像识别、数字地图、态势图及其相应的图形图像生成与处理，并解决地图与态势图的输出、显示与传输等一系列问题，是人机交互所必需的技术。图形图像处理是对图形图像信息进行加工以满足人的视觉心理或应用需求的行为，主要包括图像增强技术、图像复原技术、图像分割技术、图像水印技术和图像识别技术等。多源图像融合技术是图像处理技术中的重要内容。所谓图像融合是指综合两个或多个源图像的信息，通过对多幅图像信息的提取与综合，从而获得对同一场景/目标的更为准确、全面、可靠的图像描述，应更符合人或机器的视觉特性，以利于对图像的进一步分析、理解，目标的检测、识别或跟踪。图像融合采用某种算法对两幅或多幅不同的图像进行综合与处理，最终形成一幅新图像，通常在像素级、特征级、决策级三个不同层次上进行处理。

采用图像与空间数据匹配跟踪识别技术的指挥与控制系统，可以有效地辅助战区指战员，监视从海底到太空的战场环境和目标，预测环境条件，支持对分散配置的部队与武器系统进行协调和指挥控制。

4）话音识别处理技术

话音识别处理技术是指挥与控制系统的智能人机接口技术之一，用于建立方便、灵活、有效的人机界面，最大限度地提高指挥与控制系统的效率。

话音识别（ASR）涉及话音学、语言学、心理学、数理统计、人工智能、信息论和计算机等学科领域，是一门广泛交叉的系统学科。它是语言处理的一部分，指机器在各种情况下有效地理解、识别话音和其他声音，并对其信息做出相应的反应，基本过程包括话音拾取、特征提取、模板训练和话音识别判决。

话音拾取包括采样和端点检测。采样是指话音信息被声卡采集，经模数转换将其数字化。端点检测指从话音信息中确定出话音的起点和终点，是预处理中的一个重要环节，端点检测的常用算法是能量过零率相结合的端点检测法。在话音识别中，合理地选择特征是一个关键问题，特征提取必须能很好地反映话音所携带的区别于别的话音的有用信息，摈弃无关信息。模板训练和话音识别判决分为训练和识别两步，训练即选择一种识别方法，用训练与聚类的方法得到该字的话音参数，作为该字的参考模板予以存储，在识别系统中应存储所有该系统需识别字的参考模板，形成参考模板库；识别是将待识别样本与参考模板库中各字的参考模板分别进行比较，以相似程度最大者判为所识别字。

5）地理信息处理技术

地理信息是表征地理系统诸要素的数量、质量、分布特征、相互联系和变换规律的数字、文字、图像和图形等的总称。地理信息属于空间信息，其位置的识别是与数据联系在一起的，这是地理信息区别于其他类型信息的最显著的特征。地理信息的这种定位特征，则通过经纬网或公路网建立的地理坐标来实现空间位置识别。地理信息还具有多维结构的特征，具有在二维空间基础上实现多专题的第三维结构。而各专题之间的联系是通过属性码进行，这就为地理系统各图层之间的综合研究提供了可能，也为地理系统多层次分析、信息传输与筛选提供了方便。

地理信息系统（GIS）是在计算机硬件平台和软件支持下，以采集、存储、检索、显示、描述和分析与地球表面及空间地理分布有关数据的信息系统，由地理数据、硬件平台和软件等组成。地理信息处理主要包括空间数据库设计和管理、图层控制、态势控制、图形标绘、海量地图数据处理机制、规范和标准等关键技术。

军事地理信息系统是 GIS 在军事上的应用，指在计算机软、硬件以及网络技术的支撑下，综合运用信息科学、地形学、图形图像学、人工智能、运筹学、军事学等理论和方法，对一切与地理空间位置相关的战场地形地貌、环境、敌情等空间信息进行分析、综合，动态地存储、管理、合成和输出，提供战场军事情报、环境信息以及作战辅助决策支持的信息系统。它能够为联合作战提供多维、多尺度、多分辨率、多数据源、高精度的战场基础性数据，实现导航、精确打击、决策支持等的地理信息和空间态势支持。

6）气象信息处理技术

气象信息具有时空特征和性质特征，反映时间、空间、属性等信息。空间特征包含地理位置信息和地理区域位置；时段特征即气象信息本身具有时间序列特性；性质特征反映气象信息的基本属性或本征属性，包括标称、性态、量度；质量特征分为质量评价和质量背景，质量评价主要用来控制气象信息单元的位置、时段和性质特征数据的质量，质量背景是对质量评价背景的说明，包括获取和处理信息单元的来源、方法和责权等；共享特征用于限制对气象信息的共享，包括保密、安全等。

5.3.2 信息融合的模型与结构

20 世纪 70 年代初期，美国海军首先提出了信息融合的概念，用于对多个独立连续的声纳信号进行融合，以检测出某海域的潜艇。随着科学技术的迅猛发展，军事及工业等领域中不断增长的复杂度使得作战指挥员及工业控制环境面临信息超载等问题，需要新的技术途径对过多的信息进行消化、解释和评估，因此信息融合技术受到了各领域的密切关注和研究。

从军事应用角度，美国国防部的联合领导实验室（Joint Directors of Laboratories，JDL）给出的信息融合定义为：信息融合是一个处理探测、互联、相关、估计以及组合多源信息和数据的多层次多方面过程，目的是获得准确的状态和身份估计，完整而及时的战场态势和威胁估计。该定义强调了信息融合的三个方面：信息融合是在几个层次上完成对多源信息处理的过程，每个层次都具有不同级别的信息抽象；信息融合过程包括探测、互联、相关、估计和信息综合；信息融合包括低层次的目标状态和身份估计，以及较高层次上的态势估计和威胁估计。在军事应用上，信息融合可分为目标状态和属性估计、态势评估、威胁估计、传感器管理和效能评估四级，反映了从低到高的处理过程。

1. 信息融合的基本模型

信息融合系统的模型一般由四方面要素组成：传感器是向信息融合系统提供原始观测信息的信息"采样器"；原始信息的特征提取、分类、跟踪和评估；目标的识别、分析和综合；信息融合结果的输出报告。如图 5-12 所示，该图说明了多目标、多传感器系统各基本要素的功能。对于信息融合系统来讲，传感器群的控制和管理是必不可少的环节，需要根据信息融合结果实现对传感器群的控制和管理。

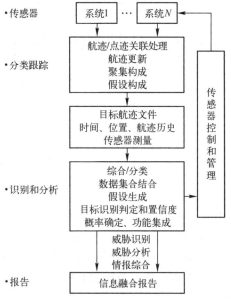

图 5-12　信息融合的四个基本要素

人们提出了多种信息融合模型，其共同点或中心思想是在信息融合过程中进行多级处理。如 Hall 和 Waltzc 等人把信息融合分为低层次处理和高层次处理。低层次处理包括数据预处理、目标检测、分类和辨识，目标跟踪；高层次处理包括态势和威胁估计以及对整个融合过程的提取。现有信息融合系统的模型大致分为功能型模型和数据型模型两大类。功能型模型主要根据节点顺序构建，主要有 UK 情报环、Boyd 控制回路（OODA 环）；数据型模型主要根据数据提取加以构建，典型的数据型模型有 JDL 模型。

1）JDL 模型

JDL 模型如图 5-13 所示，它将信息融合过程分为：0 级处理层——联合检测、1 级处理层——目标估计、2 级处理层——态势评估、3 级处理层——威胁估计和 4 级处理层——过程优化。其中，信息源包括本地传感器、分布式传感器及其相关数据，如实时的传感器信息、情报机构信息、地图、天气预报、敌方和我方的目标状态、目标威胁级别、对威胁目标战略意图的预测以及来自其他数据库的信息等，这些信息有些需要经过预处理，有些则可以直接输入给相应级别的融合层；人机交互界面允许人们输入命令、信息请求、推断估计和操作报告等。0 级处理层是信号预处理，通过预先对输入数据进行标准化、格式化、次序化、批处理化、压缩等处理，来满足后续的估计及处理器对计算量和计算顺序的要求。1 级处理层是战场空间感知，主要包括数据配准、跟踪和数据关联、目标辨识，通过对单传感器获得的位置与身份类别的估计信息进行融合，获得更加精确的目标位置与身份类别的估计。2 级处理层是根据当前环境推断出检测目标与事件之间的相互关系，以判断检测目标意图，辅助实时实现对敌方、我方军事的态势估计。3 级处理层是交互当前战场态势判断敌方的威胁程度和敌我双方的攻击能力等，博弈论方法可用于威胁估计。4 级处理层是监视系统性能，辨识改善性能所需的数据，对传感器资源进行合理配置控制，修改处理过程本身的算法，来获得更加精确可靠的结果。数据管理系统负责对数据库进行维护。

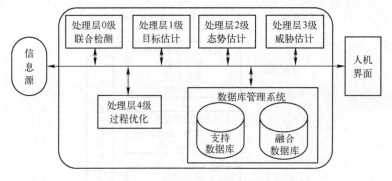

图 5-13　信息融合过程顶层模型

JDL 数据融合处理模型是一个概念性模型，确定了数据融合的处理过程、功能、技术分类和相关技术。其模型有两个层次：顶层包括信源、人机交互界面、信源处理、处理层 1 级、处理层 2 级、处理层 3 级和处理层 4 级等模块；底层是数据库管理系统，具有监视、赋值、添加、更新、检索、合并及删除数据等功能。

2）信息融合功能模型

一个简单的多传感器信息融合系统的功能模型如图 5-14 所示。通常，信息融合系统的功能主要有配准、相关、识别和估计。其中，配准和相关为识别和估计做准备，实际融合在识别和估计中进行。该模型的融合功能分两步完成，对应于不同的信息抽象层次。第 1 步是低层处理，对应于像素层融合和特征层融合，输出的是状态、特征和属性等；第 2 步是高层处理（行为估计），对应的是决策层融合，输出的是抽象结果，如威胁、企图和目的等。

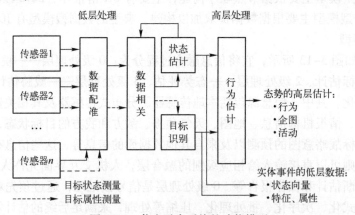

图 5-14　信息融合系统的功能模型

检测是对传感器扫描区域监视。每扫描一次就报告在该区域中检测到的所有目标。每个传感器进行独立的测量和判断，一旦判断为目标，就将各种测量参数（目标特性参数和状态参数）报告给融合过程。

配准是统一各传感器的时间和空间参考点。若各传感器在时间空间上是独立异步工作的，则必须事先进行时间和空间配准，即进行时间搬移和坐标变换，以形成融合所需的统一的时间和空间参考点。

相关是判别不同时间空间的数据是否来自同一目标。每次扫描结束时，相关单元将收集到的某个传感器的新报告,与其他传感器的新报告以及该传感器过去的报告进行相关处理。利用多传感器数据对目标进行估计,首先要求这些数据来自同一目标。

状态估计又称目标跟踪。每次扫描结束时就将新数据集与以前扫描得到的数据进行融合,根据传感器的观测值估计目标参数(如位置、速度),并利用这些估计预测下一次扫描中目标的位置。预测值又被反馈给随后的扫描,以便进行相关处理。状态估计单元的输出是目标状态估计,如状态向量、航迹等。

目标识别也称属性分类或身份估计,即估计不同传感器测得的目标特征形成一个 N 维的特征向量,其中每一维代表目标的一个独立特征。若预先知道目标有 m 个类型,以及每类目标的特征,则可将实测特征向量与已知类别的特征进行比较,从而确定目标的类别。目标识别可看作是目标属性的估计。

行为估计是将所有目标的数据集(目标状态和类型)与先前确定的可能态势的行为模式相比较,以确定哪种行为模式与监视区域内所有目标的状态最匹配。这里的行为模式是抽象模式,如敌方目标企图可分为侦察、攻击、异常等。行为估计单元的输出是态势评定、威胁估计以及动向、目标企图等。

从简单的功能模型可以看出,相关、识别和估计处理功能贯穿于整个融合系统,是融合系统的基本功能。值得注意的是,运用这些功能的顺序对信息融合系统的体系结构、处理特点以及性能影响很大。

2. 信息融合的基本结构

结构选取是开发一个信息融合系统的基本问题。通常,从传感器与融合中心的信息流关系来看,可分为并联型、串联型和混合型;从传感器与信息融合的控制关系来看,可分为开环型和闭环型;从综合处理层次和融合位置来看,分为集中式融合(也称中心层融合)、分布式融合(也称自主式融合)以及结合集中式和分布式的混合式融合等结构。

集中式融合结构如图 5-15 所示。在检测、分类和确认的融合过程中,每个传感器向融合中心提供预处理的数据。在状态估计和跟踪融合过程中,传感器提供典型的测量数据。先对每个传感器的数据进行配准,即把传感器数据从各传感器的单位和坐标转换成适合集中处理的单位和坐标;再对数据进行关联或相关,以确定哪些传感器的观测是针对同一物理实体或目标的。在密集目标跟踪环境中,这种关联或相关可能非常复杂。

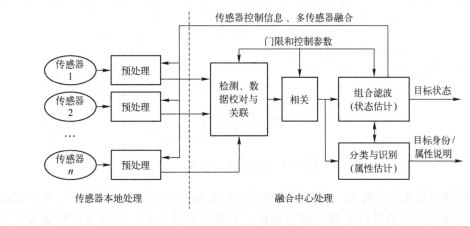

图 5-15 集中式融合结构

分布式融合结构如图 5-16 所示。每个传感器进行单源位置估计得到一个状态向量，即根据各自的测量数据对目标的位置和速度做出估计。然后，根据这些状态向量通过信息融合中心获得基于多传感器的联合状态向量估计。需要注意的是分布式融合结构仍需要进行数据的配准或关联。

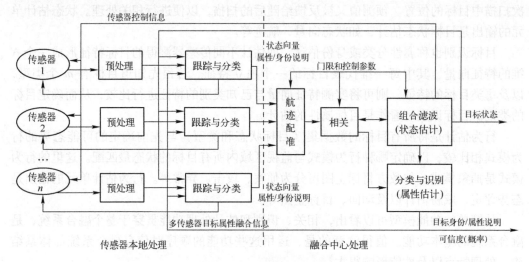

图 5-16 分布式融合结构

混合式融合结构如图 5-17 所示。它是集中式融合和分布式融合两种结构的混合。各传感器的测量数据和经过传感器局部处理的航迹信息要同时传送到融合中心，由复接器对传感器直接测量（点迹）进行选择接入。混合式融合结构具有最大的灵活性，但要求融合过程进行全局监视以及在原始数据融合和状态向量融合之间进行选择和切换。

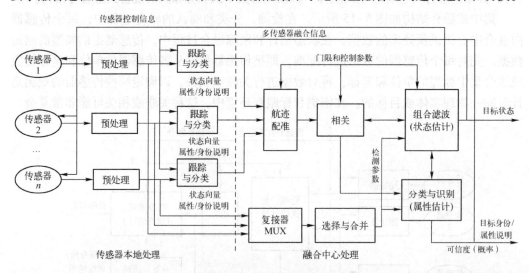

图 5-17 混合式融合结构

每种融合结构各有特点，从数据处理所需资源和处理精度两方面来看，集中式融合结构对多传感器测量具有最优状态估计，不损失测量信息，但对通信传输带宽和融合处理器的要求很高；分布式融合结构可以发挥每个传感器估计能力，各传感器产生的估计结果报告仅需要较低的通信带宽，但这要以损失部分测量信息和状态估计精度为代价；混合式融合结构允许按照具体传感器特性和问题的需求，在接入多传感器融合信息的同时，再对传感器测量信息选择接入，跨越关联和相关处理而参与滤波估计和属性识别，但在通信量和计算上要付出昂贵的代价。因此，选择信息融合结构时，必须综合考虑计算资源、可用通信带宽、精度要求、传感器能力以及成本等多方面因素。

3. 信息融合的层次结构

多传感器信息融合与经典信号处理方法之间存在本质的区别，其关键在于信息融合所处理的多传感器信息具有更为复杂的形式，且可以在不同的信息层次上出现。按照融合过程中的信息抽象层次，可以将信息融合过程可分为三个层次，即数据层融合、特征层融合和决策层融合。

1）数据层融合

数据层融合也称像素层融合，属于低层次融合。它是直接在采集到的原始数据层上进行融合，在各种传感器的原始测报未经预处理之前就进行数据综合与分析，一般采用集中式融合结构。其主要优点是能保持尽可能多的现场数据，提供其他融合层次所不能提供的细微信息，但局限性是：所要处理的传感器数据量大，故处理代价高，处理时间长，实时性差；传感器原始信息的不确定性、不完全性和不稳定性要求在融合时有较高的纠错能力；图像融合时要求各传感器信息之间具有精确到一个像素的校准精度，故要求各传感器信息来自同质传感器；数据通信量较大，抗干扰能力较差。数据层融合通常用于多源图像复合、图像分析与理解，同类（同质）雷达波形的直接合成等。从信息融合的角度看，由于没有任何办法对原始数据所包含特性进行一致性检验，数据层融合具有很大的盲目性，因而一般不会直接在数据层进行融合处理，但由于图像处理本身的特殊性，才保留了数据层这一带有浓厚图像处理色彩的融合层次。

2）特征层融合

特征层融合属于中间层次融合，包括目标状态融合和目标特性融合两类，一般采用分布式或集中式融合结构。它先对来自传感器的原始信息进行特征提取（目标的边缘、方向、速度等），然后对特征信息进行综合分析和处理。其优点是实现了可观的信息压缩，有利于实时处理，且由于所提取的特征直接与决策分析有关，因而融合结果能最大限度地给出决策分析所需要的特征信息。

目标状态融合主要应用于多传感器目标跟踪领域，核心问题是如何针对复杂环境来建立具有良好稳健性及自适应能力的目标机动和环境模型，以及如何有效地控制和降低数据关联及递推估计的计算复杂性。

对目标特性融合识别就是基于关联后的联合特征矢量进行模式识别，实质上是模式识别问题，具体的融合方法仍是模式识别的相应技术，只是在融合前必须先对特征进行关联处理，把特征矢量分类成有意义的组合。

3）决策层融合

决策层融合是通过不同类型的传感器观测同一个目标，每个传感器在本地完成基本处理，包括预处理、特征抽取、识别或判决，以建立对所观察目标的初步结论。然后，通过关联处理进行决策层融合判决，最终获得联合推断结果，一般采用集中式融合结构。

通常，原始数据的融合得到特征，特征的融合得到决策。但也会有特例，比如在地球观测域，可以利用地理学信息系统的某些特征（特征层）对原始的多光谱图像（数据层）进行融合分类。在这种特殊情况下，融合过程的输入是数据层的图像和特征。融合过程的输入可以是以上提到的三个层次中的任何一个，输出也可以是任何一个层次。另外，这三个层次也可以同时作为融合过程的输入。数据层融合和特征层融合都需要对多源信息进行关联和配准，决策层融合仍需要对数据进行相关。只是它们进行相关和识别的顺序不同，数据层融合直接对原始数据进行配准和关联，特征层融合对特征向量进行配准和关联，然后再进行识别，而决策层融合则是先进行识别，再对各个决策结果进行关联，得到融合的判决结果。如果能恰当地对多源数据进行关联和配准，从理论上说，数据层融合能得到最好的融合效果，因为它保持了尽可能多的原始数据。决策层融合对传感器的依赖性较小，传感器可以是同质的，也可以是异质的。除非传感器的信号是独立的，否则，决策层融合的分类性能可能低于特征层融合。

5.3.3 信息融合方法

从本质上讲，信息融合是传感器对物质世界"分裂过程"的一个逆过程。由于受时间、空间、固有特性、干扰等因素的制约，不同的传感器通常具有不同的度量特征和能力范围，所获取的信息往往不完整，常带有不确定性甚至虚假性。信息融合通过对多源的信息和数据进行多级多侧面的加工，再现信息间的有机联系，最大限度地还原事物的全貌，获得比任何单传感器输入信息更全面深刻的战场信息，从而准确揭示事物发展的态势，深化对目标分类、识别和跟踪。多目标的多源信息既可能是时间域的多报告（对目标空间位置顺序采样测量），也可能是空间域的多报告（分散的传感器对同一目标的多次观测）或两者的结合，包括实时的信息和非实时的信息。目标按属性一般划分为敌目标、我目标、中立目标、不明目标，空中目标、水上目标、水下目标和陆上目标等。如何按目标和任务对所提取的信息进行分类、相关，进而对其进行联合估计、识别和推断是智能信息融合的主要问题。

信息融合作为一种数据综合和处理技术，实际上是许多传统学科和新技术的集成和应用，若从广义的信息融合定义出发，信息融合所采用的信息表示和处理方法均来自于包括通信、模式识别、决策论、不确定性推理、信号处理、估计理论、最优化技术、计算机科学、人工智能和神经网络等领域。按照信息融合顺序，可分为时间/空间融合法、空间/时间融合法和时空融合法。从信息融合的算法角度，大致分为随机类和智能类两大类方法，可根据实际情况在融合处理阶段选用。随机类方法包括经典推理法、Bayes推理法、模糊集合理论、D-S证据理论、聚类分析法、熵法、品质因素法和模板法等；智能类方法主要指专家系统（ES）和神经网络技术。无论哪种方法，信息融合的目的都在于提升对当前和未来战场态势的认知水平，满足具体用户的实际需求。多学科的交叉是信息融合技术发展的重要方向，模糊集合理论、人工神经网络、D-S证据理论都是常用的融合算法，它们之间的相互结合以及它们与其他融合算法之间的结合或改进可以提高融合系统的整体性能。

联合作战在信息域体现为以知识为核心、以效果为导向的运筹、组织和策划，因而智能信息融合过程是一个以知识为核心的知识增值演化过程，包括目标位置、身份、轨迹、行为、能力和意图等知识类型。根据信息融合的功能模型和JDL模型，信息融合系统按层次划分为低处理层和高处理层的过程，分别采用不同的技术方法实现多传感器的信息融合处理，如位置估计一般以最优估计技术为基础，身份估计以参数匹配技术为基础从简单的表决法到复杂的统计方法，态势估计和威胁估计则需要使用智能推理技术。

1. 低处理层

处理层1级属于低级别处理层，可以得到目标的航迹估计与目标识别信息。对于识别具有不同的层次，从低到高包括检测、定位、分类和辨识。其中，检测用于确定目标是否存在，定位用于确定目标的位置，分类用于确定目标是属于哪一类，辨识用于把目标进一步限制在观察者的某种知识范围内。

1）检测、分类与识别算法

在处理层1中所用到的各种检测、分类与识别算法的分类情况，如图5-18所示。主要分为基于物理模型的算法、基于特征推理技术的算法和基于知识的算法。

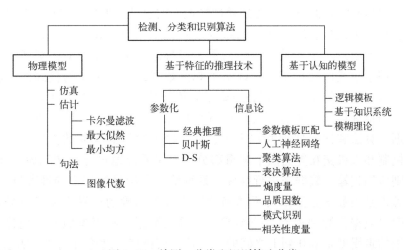

图5-18　检测、分类和识别算法分类

基于物理模型的目标分类与识别算法，主要通过匹配实际观测数据与各物理模型或预先存储的目标信号来估计目标的分类和识别。常用技术包括仿真、估计以及句法的方法。其中，估计理论法是利用最大似然估值、卡尔曼滤波、加权最小二乘法等，能得到噪声状态下的最佳状态估值。

基于特征的推理技术通过把目标的统计信息或特征数据等映射到识别空间中实现，主要包括基于参数化方法和基于信息论技术的方法。其中，基于参数化方法直接把参数数据（如特征数据）映射到识别空间中，包括经典概率推理、Bayes推理、D-S方法和广义证据理论等。经典概率推理法通过计算给定假设下的测量值概率来统计推断应成立的假设，只能对两个假设（零假设和预先假设）进行推断，完全依据数学理论，严格需要先验概率分布知识，不适用于单一事件（主观概率）的情况。Bayes推理法允许使用主观概率，并可随测量值的出现不断更新假设的似然函数，可处理不相关的假设和多条件问题，且应用范围较广，但仍需要先验概率分布知识，无法分配总的不确定性，且概率转移计算也比较复杂。D-S推理法实际上是Bayes理论的扩展，是基于统计的信息融合分类算法，考虑了一般水平的不确定性，采用概率区间和不确定区间来求取多证据下假设的似然函数，以对假设进行推断，主要缺点是需要定义每个证据体对各命题的支持度，常用于解决决策层融合的各种应用问题。基于信息论的方法能把参数数据转换或映射到识别空间，该类方法有一个"相似"概念，即识别空间中的"相似"是通过观测空间中参数的"相似"来反映，但却不能直接对观测数据的某些方面建立明确的识别函数，采用技术包括参数模板匹配、人工神经网络法、聚类算法、表决算法、熵度量、品质因数、模式识别以及相关性度量等技术。其中，模板法是采用一般的数据记录完成复杂关联所需模式识别的有效方法，需要描述事件的先验数据，可以认为模板法是知识库框架概念的初步实现；聚类分析法是根据预先指定的相似标准，采用若干方法把测量值归纳为一些自然组，对航迹起始、属性说明和分析测报数据是很有用；熵度量法是通过计算与假设有关信息内容的度量值，对多预选假设进行推断；品质因数法是依据测量数据和先验权系数计算两个观测实体的相似度，即给出其联系程度的定量值，对被测环境变化不敏感。

基于认知模型的分类识别算法是通过模拟人的思维处理过程来自动实现决策的制定，主要包括逻辑模板、基于知识的系统以及模糊集合理论。其中，逻辑模板采用预决定和存储的模式对观测数据进行匹配，以推断目标意图或对态势进行评估。模糊逻辑也可用于模式匹配技术，它说明了观测数据或用于定义的模式的逻辑关系的不确定性。基于知识的专家系统将已知的专家规则或其他知识合并以自动执行目标确认过程。当推理信源不再有用时，仍可利用专家知识。基于计算机的专家系统通常包括论据、算法和试探规则的知识库、动态输入数据的全局数据库、一个控制结构或推理机制和人机交互界面四个逻辑部分。专家系统通过寻找知识库，并把论据、算法和规则应用到输入数据来进行推理，系统输出是给最终用户的推荐行为的集合。模糊集合理论是用数学方法来对不精确的知识或不明确的边界定义进行处理。它将系统状态变量数据投影到控制、分类或其他输出数据。利用模糊集合理论，可以假定给定类别的隶属度是从0到1之间的一个值。模糊集合理论直观地表明它允许知识或确认边界的不确定性，从而得到多样性的应用，如战场威胁、目标跟踪等。模糊集合理论为那些含糊、不精确或缺少必要资料的不确定性事物的建模提供了强有力的工具。在信息融合系统中，各信息源所提供的环境信息即证据都具有一定程度的不确定性，主要表现在证本身的不完全性、获得证据的不可靠性、表达证据的不严密性、运用证据的不成熟性以及各种证据的矛盾性等，对这些不确定信息的融合过程实质上是一个不确定性推理过程。模糊理论能系统地、有效地结合专家知识和经验的语义模糊信息，已成为一种重要的融合算法。

2) 状态估计和跟踪算法

处理层1级中的状态估计和跟踪算法如图5-19所示。顶层的状态估计和跟踪算法包括确定搜索方向、量测数据与航迹的关联两部分组成。关联处理又分成数据配准、数据和目标的关联以及位置、动态性能和属性估计三部分。

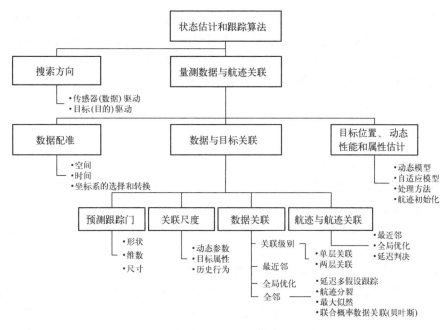

图 5-19 状态估计和跟踪算法示意图

确定搜索方向过程中的方向跟踪系统可以是传感器（数据）驱动的，也可以是目标驱动的。在传感器驱动系统中，采用目标报表（包括径向距离、方位角、高低角及径向距离变化率测量数据）初始化与报表数据相关联的航迹文件实现跟踪。在目标驱动系统中，使用一个主传感器进行跟踪，然后使用该传感器的航迹来指导其他传感器，从而获取报表数据，或者搜索整个数据库，找出与该主传感器的航迹最为匹配的报表数据。

测量数据与航迹的关联主要是对来自多个传感器的测量数据与航迹进行对应关联，最终求得最优的跟踪航迹文件，每个航迹文件其实就代表了一个独立的实际目标或实体。关联算法实质上要求其算法能够进行数据配准，预测门限，确定关联尺度、关联数据与航迹以及估计目标位置，动态特性及属性等。数据配准主要是通过对空间与时间的参照系调整、坐标系选择与变换，建立起一个通用的"时—空"参照坐标系，以便于下一步数据与目标的关联处理。对目标位置、动态性能和属性的估计其实就是最优地组合多个观测信息以获得更好的目标位置、速度和属性（如尺寸、维数和形状等）的估计值。

2. 高处理层

高处理层主要是指处理层 2 级、3 级和 4 级。当处理层 1 级或更低的处理层完成任务后，目标的身份及航迹将被输入到更高层进行融合，包括态势估计（2 级）、威胁估计（3 级）和过程优化（4 级）。

处理层 2 级主要是由观测数据和一系列事件分析可能的态势，使用处理层 1 级分析得到的结果数据，对指定事件、兵力部署及战争环境等因素进行处理，生成战场综合态势图。处理层 2 级主要包括目标聚类、事件聚类以及总体融合处理。目标聚类是建立各目标之间的关系，包括目标间的时间和空间上的联系，相互通信方式以及功能依赖关系等；事件聚类主要是建立各不同实体在时间上的相互关系，从而识别出有意义的事件；总体融合主要是分析在各种态势下的数据，包括天气、地形、海况、水下情况、敌情或社会政治因素等。美国已经有较成熟的联合作战态势评估系统，如 ASAS（全源信息分析系统）就是面向多源信息融合及态势评估的群体决策支持系统。实现态势评估的主要实现技术有基于知识的系统、模板技术、品质因数方法、计划识别方法、贝叶斯网络、模糊逻辑技术、遗传算法等，它们多是将军事领域知识与不确定性处理技术结合起来，用于解决态势评估中的问题。

处理层 3 级主要用于威胁估计，与态势估计不同，它需要定量地对敌方火力分析，从而估计出敌方的行动进程和火力杀伤力，主要包括实力估计、预测敌方意图、威胁识别、多方面估计以及进攻与防御分析等。其中，实力估计是对敌方火力的大小、位置及作战能力进行预测；预测敌方意图是依据敌方的行动、通信、教义、文化、历史、教育及政治结构进行预测；威胁识别是通过对敌方行动的预测，我方要害部门的实际备战状态分析以及对环境条件的分析，识别出潜在威胁；多方面估计是对敌方、我方以及中立方的数据进行分析，包括兵力部署在时间及空间上的效果以及对敌方作战计划的估计；进攻与防御分析是根据交战的规则、敌方的教义以及武器类型模拟与敌方交战，并预测交战的最终结果。

处理层 4 级主要完成对融合过程的监控和评价，并指导如何获取数据，从而可以达到最佳的融合效果。该处理层与其余各层、系统外部及系统操作员都要发生联系，主要包括评价、融合控制、对特殊信息源要求的处理以及任务管理等。其中，评价是对融合过程的性能和效果进行评估，以建立融合的实时控制并改善性能；融合控制是识别出各功能处理模块的变化，进行自身调整，以便促进性能的改善；对特殊信息源要求的处理主要是确定特殊信息源数据（特殊的传感器、特殊传感器数据、良好的数据及参考数据等）要求，改善多层融合结果；任务管理主要是合理部署各种资源（传感器、平台及通信等）以实现全局目标。

在高层融合处理过程中，常常用到大型数据库，且要求这些大型数据库能实现对数据的快速添加与检索等功能。

5.3.4 智能信息融合技术分析

1. 数据挖掘技术

从信息融合的低处理层到高处理层过程来看，信息融合能有效地解决信息的完整性、准确性和可靠性等问题，但无法发现潜在的信息和只有经过推理、判断才能发现的信息，没有深入解决信息背后的知识问题。现代战场海量信息分布着大量表面、冗余和残缺的信息，如果不能有效地挖掘出数据之间的关系和规则，发现信息背后潜藏的知识，就可能无法得到所需的关键知识，并根据现有数据预测未来发展趋势，导致所谓"信息爆炸而知识贫乏"的情况。如何才能使指挥员不被信息海洋所淹没，并能从海量信息中及时准确地发现所需知识和有用信息做出决策，以应对混沌和变化的战场环境呢？这就需要基于数据库、专家系统、人工智能、数理统计、可视化技术等方法和手段进行数据挖掘，进行原因分析、异同比较、分类回归、关联和推导。

知识发现（KDD），工程上称为"数据挖掘"技术，就是从随机的信息数据中寻找所有有用知识的决策支持过程，基本目标就是预测和描述。预测涉及使用数据集中的一些变量或域来预测其他我们所关心变量的未知或未来的值；描述则是找出可由系统解释的数据模式。因此，数据挖掘包括预测性数据挖掘和描述性数据挖掘两大类。前者是在可用数据集基础上生成新的、非同寻常的信息；后者则是生成已知数据集所描述的系统模型。这些新信息和知识包括：广义型知识，即根据数据的微观特性发现其表征的、带有普遍性的较高层次的概念和知识；分类型知识，即通过分析同类事物共同性质的特征型知识和不同事物之间差异型特征知识，反映数据的分化汇聚模式或根据对象的属性区分其所属类别；关联型知识，即查找一个事件和其他事件之间依赖或影响的知识；预测型知识，即归纳时间序列数据分析由历史和当前数据去预测未来的情况，实际上是一种以时间为关联属性的关联知识；偏差型知识，即比较标准类以外的反常数据、数据聚类外的离群值、实际观察值和系统预测值间的显著差别，描述差异和极端特例的知识。

可见，数据挖掘不仅对过去的数据和信息进行查询和遍历，重点是对所获数据进行分析、综合和推断，对目标和系统的行为进行预测，及时发现以前未发现的系统模式和知识，包括概念、规律、模式、约束、可视化等，加深对信息的理解，从而支持信息管理、决策及过程控制，可广泛应用于兵力运用、火力运用、兵力机动和威胁评估等方面。如综合战场侦察到的战略和战术情报数据建立敌方可能的作战模式；根据得到的异常电磁信号，判断敌方可能的作战动向。其基本模型法则是系统识别，即通过观察一个未知系统的输入、输出信息来建立其数学模型，包括输入、输出和处理过程三个部分。输入的是数据，输出的是要发现的知识或模式；处理过程则是各种具体的搜索算法。具体过程是：提出问题和阐明假设，数据收集，数据预处理，模型评估，解释模型并得出结论。

数据挖掘采用聚类统计分析、规则假设推理等，寻求大量数据与多源信息中隐藏的关系或模式与非显性规律，挖掘出有价值的情报，常用的方法和技术包括分类、回归、比较、聚类、总结概括、关联建模、序列、组合以及变化和偏差检测等。在这些方法中，第一类是统计学方法；第二类是人工智能方法。工程实践中，统计学方法强调建立模型，人工智能方法偏重于强调算法。

2. 人工智能（AI）与多传感器数据融合（MSDF）

信息融合中的人工智能技术主要是专家系统。专家系统的基本原理是利用专家经验，这些经验一般以规则的形式表现并构成系统的知识库，运用适当的推理方法在计算机上自动得到解决具体问题的推论。基本的黑板型专家系统由黑板（数据结构）、知识源和控制机构组成。黑板是专家系统中全局可以访问的工作空间，为了与系统的分布式模块化结构相协调，黑板可划分成若干数据区。专家系统用以求解问题的知识被划分为若干知识源，每个知识源一般包括触发条件、知识库、推理机制和动作。控制机构执行黑板管理和知识源的调度，使知识源能适时地响应黑板内容的变化。

神经网络应用于信息融合比专家系统具有更快的求解速度（信息存储在互联处理单元上，存储和处理合而为一）、更强的自学习能力且有记忆、选择、抽象和识别功能，通过对其训练，有可能自动找到较理想的信息融合途径。另外，它对数据及环境条件不确定性的容忍能力很强，特别适用于噪声与杂波背景下的信号检测、参数估计、回波特征提取、目标识别和辅助决策等问题。利用专家系统的专家知识、推理机制、人机交互和神经网络的并行分布处理、非线性模糊处理及自动知识获取等技术，建立一个神经网络专家系统，则是实现信息融合比较理想的智能综合方法。

1) AI技术在MSDF第一层中的作用

专家系统（ES）中存有各种实例信息，可以利用这些信息辅助传统分类方法进行身份估计。在身份估计中,通常要将目标行为与存储的航线、任务一览表、政治疆界、基地、航道以及交战规则等进行匹配,这是一种逻辑相容性检验,从而可由 ES 加以利用。例如,可按照目标的任务类型层次来表达规则集的层次。当然,这需要各种支援数据库。也可以将 ES 的规则集直接用于观测值或由它们导出的参数,从而用 ES 方法代替传统统计方法。由于与目标身份有关的许多参数一般就性质上来说是"模糊"的,这样,身份推理规则或专家对数据的解释就与用于 MSDF 的统计方法一样有用。此外,根据 Reiner 等人的研究,ES 方法还可在分类过程与位置估计过程最优耦合方面进一步得到应用。

2)AI 技术在 MSDF 第二层中的作用

在 MSDF 第二层上,AI 技术以三种方式起辅助作用:提供模式匹配功能,把战场实体和事件与作战命令或任务层次相关联;能辅助解释各种性能模型的结果,属于智能辅助范畴;进行各种范围有限的决策辅助,以支援包括整个态势评定过程的功能。

近年来的发展趋势是开发综合工作站结构,这需要使用互相协作的专家系统、自然语言处理(NLP),以及 NLP 人机接口、空间数据库管理系统、语言输入/输出技术。信息融合系统可能包括学习能力,从而可能进行所谓的"冷"合成处理,即不需要任何或有限先验信息(数据库)的数据合成过程。

3)AI 技术在 MSDF 第三层上的作用

AI 技术在 MSDF 第三层中的应用潜力很大,其研究方兴未艾。如,使用多个互相协作的 ES,以便真正利用多个领域的知识进行信息综合;使用学习系统,以便自动适应敌方作战原则/行为计划或态势驱动的变化。各种学习系统中以神经网络为基础的学习研究最为活跃,使用先进的空间数据库管理技术为更高的第三层推理过程提供支援。

3. ES 在 MSDF 中的应用

目前,许多专家系统已在民用和军事上得到实际应用,因此,在 MSDF 中应用 ES 方法是很自然的事。一种基于 ES 技术的信息融合系统如图 5-20 所示。

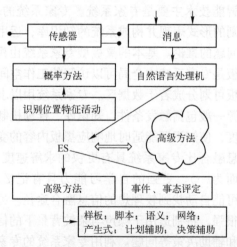

图 5-20 一种基于 ES 技术的信息融合系统示意图

系统数据源包括一组传感器和消息(源数据)两类。为使系统能处理消息,配备了一个自然语言处理机,该处理机可使系统通过理解输入的文本语法,确定文本的语义,并赋给文本一个计算机可理解的意义,如以英语形式读指令或信息。

"概率方法"方框用于从各数据集中推断出结论,主要方法有 Bayes 方法、D-S 证据理论、模糊集合理论、聚类分析、估计理论及熵等。对于雷达和 ELINT(电子情报)传感器,在分类参数时推荐使用模糊集合论对发射体类型、位置和功能进行分析。在通信情况下,建议选用聚类方法对有关调制、编码和射频特征信号进行识别。对操作程序、通信模式以及装备功能的分析,也可选择模糊集合论。在所有情况下,无论是 ELINT、COMINT 还是 HUMINT,则可使用估计理论估计它们的位置数据。

一旦对输入的数据进行了标识和分类,就可以将对特定威胁具有意义的数据进行组合,这样计算机就需要有关威胁以及组合信息方面的知识。一组表示知识的方法如图 5-21 所示。

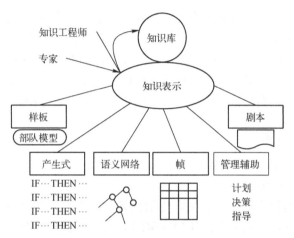

图 5-21　一组表示知识的方法

在数据融合中,使用 ES 方法的关键是知识的工程化处理。知识库的开发需要军事专家和知识工程师的共同努力。军事专家具有关于一个特定威胁的军事组织、作战原则、交战规则、通信、武器、电子设备、情报和其他装备特性等方面的经验和知识。军事专家把知识提供给知识工程师,然后由知识工程师解释,并以计算机可读的形式表示知识,知识存放在知识库中。

4. MSDF 中应用 AI 技术的基本问题

在 MSDF 中应用 AI 技术的关键问题是解决这两种技术有效结合的问题,主要表现在:时变动态输入数据;实时操作要求;各种数据类型和知识类型;处理和传输消息的延迟;传感器的空间分布;背景的真实性描述,专家经验和知识的获取和表示;决策过程的多级抽象;搜索技术;知识库规模太大等方面。为获得功能强大的 MSDF 系统,需要研究的 AI 基本问题主要包括以下几个方面:

(1) 在专家系统或以知识表示方面,主要包括:实时性技术;各种数据和知识类型的协调;处理多级抽象的综合技术;求解"非平稳"问题(随机问题)的最优化方法;知识工程的快速求解技术;测试和评价的技术标准等。

(2) 在自然语言处理方面,主要包括:解决因军事问题的特有性质在信息融合系统中引起的问题;快速复杂的关联技术;MSDF 与 NLP 的协调和/或对接;语言和语言表示在概念上的统一问题等。

(3) 在模式识别方面，主要包括：系统的实时处理能力；目标分类中降低虚警率；模式识别与语义、关联、结构信息和层次推理的综合；自适应模式识别技术。

5.4 文电处理技术

指挥与控制领域中的文电处理是对作战业务所涉及的作战文书处理过程的通称。

文电处理系统（MHS），简称为"文电系统"，也称消息处理系统，是通过计算机网络交换邮件、电报、数字传真、语音、可视图文等各类文电的综合业务通信系统，用于日常工作或作战训练过程中大量文书的处理和迅速准确的传输，包括作战文书、机关公文和电子邮件三种类型，表现形式有文字、图形、图像、表格、数据、声音等。有很多分布式应用系统建立在文电处理系统的基础上，包括办公室自动公文传送、电子数据交换、电子会议、电子邮局、存储转发式传真系统及语音邮电系统等。

MHS 是 ISO 和 ITU – T 联合提出的有关国际间电子邮件服务系统的功能模型，是建立在 OSI 开放系统的网络平台上的一种以存储转发为基础的、非实时的电子通信系统，能够适应多样化的信息类型，具有快速、准确、安全、可靠等特点。

5.4.1 文电处理

1. 文电处理系统的体系结构

1) 文电处理系统的功能模型

文电处理系统是指用户代理、文电传输代理、文电存储单元和访问单元的有机集合，由用户代理（UA）、文电传输代理（MTA）、文电存储（MS）与访问单元（AU）等组成，每个成员执行不同的特定功能，遵循的协议是 ITU – T 制定的 X.400 协议或 ISO 的 MOTLS。其中，每个成员在与其他成员合作中使用标准的通信服务和协议。

文电处理系统的功能模型如图 5-22 所示，表示了 MHS 各成员及其相互作用关系。

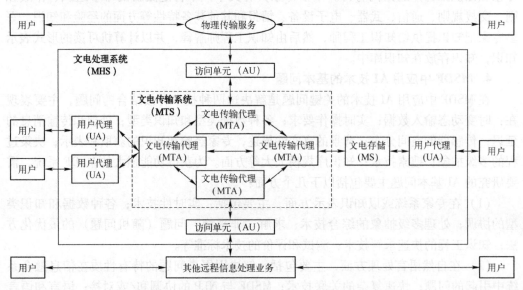

图 5-22 文电处理系统（MHS）的功能模型

用户代理（UA）是一种应用进程，可以帮助用户制作文电，并与文电传输系统或文电存储单元交互工作，为用户提交文电。此外，还可以接收直接来自文电传输系统（MTS）的文电投递，或从文电存储（MS）接收已投递的文电。

文电传输代理（MTA）是完成文电的接收、中继和投递等功能的单元。

文电传输系统（MTS）由若干文电传输代理组成，通过寻址、路由选择、存储转发，以接力方式经由多个 MTA 传送文电，并将文电投递给指定的接收者。

文电存储单元（MS）作为 UA 与 MTA 之间的一种中间成员，主要功能是存储并允许检索已投递的文电。UA 可以与 MS 相互提交文电。

访问单元（AU）提供 MHS 对其他通信系统的接口。常用的 AU 有信息通信和物理投递两类，物理投递通过物理投递服务向收方投递物理信报。

每个用户对应一个用户代理，用户代理是用户与文电处理系统的接口。通过用户代理，用户可获得文电服务。用户代理向用户提供文电的起草、编辑、存储、查阅等功能，同时用户代理与文电传输代理交换工作，向其提交文电，并进行信息交换。文电传输代理之间相互配合协作，对用户提交的文电进行文电转发或文电投递，把文电交给目的地的用户代理，由其输出给用户。文电传输代理以存储转发机制进行文电传输，对用户来说是透明的。

2）文电处理系统的主要功能

存储转发功能。在文电传送过程中，传送信息的中介系统会将数据暂存在网络中某一中继节点，在通信系统发生故障时可避免丢失信息。

信息传送功能。由用户代理产生/发送/回复/转发/接收电子文电，支持文电主题设置，主发对象和抄送对象设置，匿名发送及群发；可以设置在某时刻定时发送文电、文电优先级与文电有效时间、时间戳追踪标志、文电附件，并可要求接收者回执确认。

提供可处理各种文档、传真、图像、数据文件、语音、文字等多种数据的能力。

提供安全传输机制。设置信息的机密等级、进行发信人及收信人的身份验证以及检查信息的内容完整性。

3）文电处理系统中的信息以及信息流动模型

MHS 能传送文电、探询和报告三种类型的信息。

文电是通过 MHS 从一个用户到另一个用户传送的一种主要信息客体，由信封和内容两部分组成。其中，信封是一种信息客体，组成成分随着从一个传送进程步骤到另一个传送进程步骤而变化，标识有文电的始发者和可能的接收者，还为 MTS 已进行的传送情况做出说明，并指示 MTS 如何进行下一步的运行。同时，信封还要表征其内容，即信封承载的一部分信息为表征内容的类型的标识符，用该标识符，MTS 就能够确定文电到特定用户的可投递性，而且用该标识符 UA 就能对内容进行解释和处理；另一部分信息能标识在内容中出现的已编码信息类型，它是表示单独一部分内容的媒体和格式的一种标识符，用该标识符，MTS 就能够确定文电到特定用户的可投递性，并向 MTS 标识该 MTS 可通过把部分内容从已编码信息类型变换为别的内容而使文电能够投递。内容是一种信息客体，是原发用户希望传送给一个或多个接收用户代理的信息，被传送期间 MTS 不对它进行检查和修正。

探询指文电的投递性，只包含一个信封，该信封包含的信息同文电的信封类似，除承载探询描述的文电的内容类型和编码信息类型外，还承载其内容长度。

报告是一种 MTS 向用户传送的信息客体，由 MTS 生成。它表征传送文电或探询的执行过程和结果，一份报告叙述的内容有投递报告和未投递报告两种类型。投递报告是对文电或探询或分发表扩展进行投递、输出和证实的报告，包括一个信头，有一个唯一的标识符，涉及文电发起者姓名以及指示此投递报告经过路径的跟踪消息。未投递报告是对文电或探询不能进行投递和证实的报告。

一份文电或探询可以引发出若干投递报告或未投递报告，每一个都标志着通过了不同的传送进程步骤或传送进程事件。

MHS 能够将信息客体投递给独立用户和分发表，这种传送由信息客体从一个功能客体到另一个相邻的功能客体的传送以及功能客体内的处理（称为事件）组成。这种传送或试图传送过程又称传送进程，图 5-23 所示为传送进程的信息客体流动过程（图中"M"代表文电，"R"代表报告，"P"代表探询）。发送——发方用户在 UA 的协助下，起草信报，准备发送；提交——UA 代表其唯一对应的用户，把信报提交给与之相连的 MTA；传送——MTS 通过寻址、路由选择和存储转发，以中继方式经由多个 MTA 把发方的信报传送到与各收方 UA 相连的 MTA；投递——与收方 UA 相连的 MTA 将收到的信报传输给收方 UA；接收——UA 采用某种方式通知收方在其信箱中有新的信报到达，并协助收方阅读和管理。

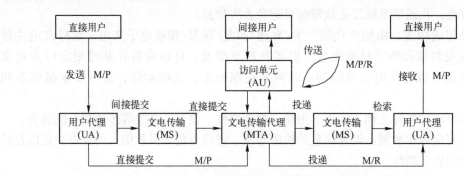

图 5-23　传送进程的信息客体流动过程

4）文电传输系统遵循的协议 X.400

文电传输系统遵循的是 CCITT 推出的 X.400 协议，X.400 协议定义了文电处理系统的 P1、P2、P3、P7 协议。P1 协议是文电传输系统中两个 MTA 之间的文电传输与控制协议，P2 协议是用户代理之间的所谓人际报文协议，P3 协议是远程用户代理与文电传输代理之间的文电提交协议，P7 协议规定了 MS 的访问协议，以允许 UA 访问 MS。

2. 网络环境下的文电处理系统

网络环境下文电处理系统的组成结构如图 5-24 所示。在每个局域网中，可以接挂若干个文电工作台和一个网络文电服务器。在文电工作台上设置 UA，在 UA 上装配一个提交和传递的实体，在网络文电服务器上设置 MTA。网络文电服务器通过路由器形成的网络与其他局域网上的网络服务器相连，直至形成广域网下的文电传输系统。

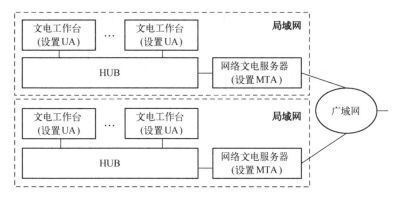

图 5-24 网络环境下文电处理系统的组成结构

其中,MHS 的文电工作台功能包括文电的起草、编辑、接收、发送、管理、存储、归档、查阅等功能,具体划分如下:

1) 输入和输出

MHS 的文电工作台可以提供对文电的输入输出功能,主要包括:提供多种灵活方便的录入手段;配置多种字处理软件,自动生成符合格式要求的公文文电;显示文电库中文电的数量、大小、收/发日期、收/发单位、主题词及正文等信息;将文电以各种方式输出,如标准语音输出,在各类打印机上打印输出文电等。

2) 文电的发送与接收

MHS 能够按照优先等级(特急、加急、急)和密级(绝密、机密、秘密)进行文电的发送,并具有多地址发送功能和通播功能。当文电到达目的用户时,系统应能自动将文电放入用户文电库,并为用户提供一个明确的文电到达提示,待用户阅读了收到文电后,系统将回执自动发往文电发送方。

3) 文电管理

MHS 的文电工作台提供对文电的归档、删除、检索等管理功能。各指挥工作台建立文电数据库,收发文电自动进入各指挥工作台的文电数据库,经整理后可归入各指挥所的作战业务文电汇编数据库。对于没有保留价值的文电,用户在符合安全等级的条件下,可定期或不定期将它删除,并清理相应的文电库。用户在文电工作台上可检索、查询文电库中的文电,授权用户可以对作战业务文电汇编库进行文电的检索和查询。

5.4.2 目录服务

目录服务系统(DS)又称电子号码簿或电子查号,是在 OSI 应用层上开发的应用平台,它与文电处理系统(MHS)并行成为目前应用层上的两大通信平台,为用户提供各种目录查询功能,其一项重要应用是为文电处理系统(MHS)提供名字和地址服务。CCITT 和国际标准化组织 ISO 已为目录服务系统制定有统一的标准,即 CCITT X.500/ISO 9594。

1. 目录服务系统的组成及功能

X.500 协议标准的目录服务系统的功能模型如图 5-25 所示。它由若干个目录系统代理（DSA）和一个目录信息库（DIB）组成，通过目录用户代理（DUA）与用户通信。

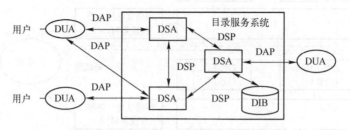

图 5-25　X.500 目录服务系统的功能模型

（1）目录用户代理（DUA）是用户与目录服务系统的界线。用户应用进程通过 DUA 实现信息格式的转换和数据库查询，DUA 通过目录访问协议（DAP）与目录服务系统的目录系统代理（DSA）进行通信。

（2）目录系统代理（DSA）提供对目录信息库的直接访问能力。目录服务系统可包括多个 DSA，每个 DSA 只负责维护部分目录信息。DSA 之间可以通过目录系统协议（DSP）互连，实现本地 DSA 对远端 DSA 的目录查询。

（3）目录信息库（DIB）有相应的 DSA 维护和控制，用于存储 X.500 目录服务信息，可以建立在普通的数据库系统之上，但它具有不同的特性，主要表现在：DIB 的查询频率远大于数据更新频率，即以查询为主；DIB 中允许暂时的信息不一致性；DIB 是广域分布式数据库系统，通过 DSA 对其进行分布式管理，包括存储访问和数据修改等。

（4）目录服务系统的通信协议 X.500 包括目录访问协议 DAP 和目录系统协议 DSP 两个通信协议。DAP 是 DUA 和 DSA 之间的目录访问协议，用于完成远程目录用户代理 DUA 和 DSA 之间的命令请求和查询结果的传递。DSP 是 DSA 之间的协议，用于分布式目录系统中，以实现分布式查询功能。

2. 用户对数据库的操作和访问

X.500 目录服务系统定义了读操作、搜索操作和修改操作三类操作。读操作和搜索操作是用户常用的两项操作，修改操作需要系统授权。读操作包括读和比较，搜索操作包括列表和搜索，修改操作包括增加、删除、修改登录项、修改相对可识别名四种。

用户对数据库的访问过程是 DUA 通过本地 DSA 首先查询本地 DIB，如查不到才转向其他 DSA。

3. 目录服务系统（DS）与文电处理系统（MHS）的互连

在 MHS 中，收发双方的标识都是由用户名和收发地址构成，寻址由收发地址决定。收发地址是面向计算机的，用户不便记忆。将目录服务系统引入 MHS，可以解决上述问题。MHS 和 DS 的互联模型如图 5-26 所示。其中，目录服务系统的记录是用户名和分发表名，它们均由目录名和网络地址两个属性构成。

在 MHS 中，用户代理（UA）和报文传输代理（MTA）都可以与目录系统互连，有两种工作方式：第一种方式是 MHS 的 UA 交给 DS 一个用户名目录，即可获取收方用户的收发地址（O/R），然后 UA 将用户名目录和 O/R 提交给 MTA，由其实现投递；第

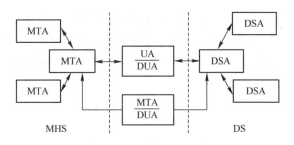

图 5-26 MHS 和 DS 的互联模型

二种方式是 MHS 的 UA 将收方的目录名提交给 MTA，由 MTA 去查询目录服务系统的目录，以获取收发用户的收发地址（O/R），并将其附加到信封上，从而实现投递。

MHS 与 DS 的硬件互联方式主要有两种：当 MHS 与 DS 在同一主机上时，两者的互联完全依靠软件实现；当 MHS 与 DS 在不同主机上时，它们之间通过网络或数据专线实现互联。

5.5 辅助决策技术

联合作战指挥与控制系统是由许多具有自主特性和适应能力的分系统和子系统共同组成，这些分系统、子系统之间存在广泛的非线性作用机制，具有物质、能量与信息的全面开放性；同时，作战组织和运筹的任务包括物理域的传感器、武器、通信等战场资源管理与调控以及兵力投送、平台机动、通道组织、频谱管理、电磁兼容和火力兼容，信息域的综合识别、通信管理、态势共享，认知域的态势评估、威胁判断、效果评估以及作战保障筹划，社会域的任务规划、组织沟通、交互与协作等等，存在着很多复杂因素的影响，具有典型的对抗性、层次性、敏捷性、约束性、模糊性和不确定性等特征。这些因素造成了作战决策问题求解非常困难，已经超过了指挥员个人的智力、悟性和经验所能达到的极限。因此，提高联合作战决策的效率和质量，除了建立良好的情报保障体系外，必须研究决策理论、决策方法和决策工具，借助计算机实现智能化辅助决策，适应联合作战指挥与控制的客观需求。

5.5.1 决策与辅助决策的概念

1. 决策的基本概念与求解技术

1）决策的基本概念

决策属于"认知域"范畴，指人类在生存与发展过程中，以对事物发展规律及主客观条件的认识为依据，寻求并实现某种最佳（满意）的准则和行动方案而进行的活动。它主要包括决策单元、准则体系、决策结构和环境、决策规则等要素，具有主观性、目的性、系统性、协调性、实效性、风险性、科学性、动态性、优化准则的模糊性等特点。

决策的分类方法很多，从研究方式上可分为描述性决策和规范性决策，描述性决策研究着重于研究决策者的决策思维过程，解释各种实际决策行为的机理，旨在帮助决策者提高决策思维的素质；规范性决策研究则着重探索有效决策的规律，提供有效决策的理论、方法和规则,旨在提高决策的科学性。根据决策要解决问题所涉及的范围大小分为宏观决策和微观决策,按环境情况分为确定型决策和非确定型决策,按决策目标多少分为单目标决策和多目标决策,按决策问题复杂程度分为复杂决策和简单决策等。

决策理论与技术是伴随时代、实践和科学发展而发展的,大致经历了 3 个阶段,如图 5-27 所示。第一个阶段是决策的规范化和程序化;第二个阶段是决策的数学化、模型化、计算机化;第三阶段决策的特点是硬技术与软技术、定量与定性的结合,也是技术与艺术的结合。国外在 20 世纪 70 年代中期,不仅提出了硬技术的软化问题(如最优标准改为满意标准,出现了模糊决策和决策模拟等新的发展趋向),还提倡发展决策的软技术并使软技术科学化等。国内称这种定性与定量相结合、硬技术与软技术相结合、技术与艺术相结合的宏观决策为软科学。

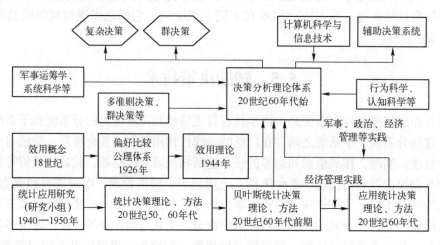

图 5-27 决策理论与技术研究发展示意图

2)作战指挥决策的分类

作战指挥决策是指挥员根据敌我双方各方面情况的分析判断,对作战意图和行动策略做出决定的过程。指挥与控制中的决策因作战层次、决策时机、决策地点、决策内容、决策环境、决策方式、决策性质、决策要求和决策者等不同,变得十分复杂。为了有效决策,依据不同的标准,结合作战指挥决策问题的性质特点等,可对作战指挥决策问题进行以下分类:

按作战决策问题的结构化程度,可将作战决策分为结构化决策、非结构化决策和半结构化决策三类。其中,结构化决策指某一作战决策问题可以明确界定,结构清晰,决策过程和方法有固定的规律遵循,能用确定的模型或语言描述其数量关系,并可依据一定的通用模型和决策规则实现其决策过程的基本自动化,它完全可以用计算机来代替;非结构化决策问题指某一作战决策问题复杂,决策过程和方法无固定规律遵循,无固定决策规则和通用模型可依,指挥员的主观行为(学识、经验、直觉、判断力、洞察力、个人偏好和决策风格等)对各阶段的决策效果有相当影响,往往是指挥员根据掌握的情况和数据临时做出决定,更无所谓最优解的决策;半结构化决策问题是介于上述两者之间的一种情况,其决策过程和方法有一定规律可以遵循,问题的描述有不同程度的模糊，所涉及到的数据不完全确定或不完整，一般可适当建立模型，但决策准则因决策者的不同而不同，无法确定最优解，只能得到相对优化的解。

按照决策对象，可将作战决策分为情报决策、组织决策和战斗决策三大类。其中，情报决策的基本任务是适时收集战场情报，优化配置情报力量，对采集信息进行分析综合，去伪存真，去粗取精，做出情况判断结论，如进行目标识别、态势评估、威胁估计等；组织决策的基本任务是根据预定目标和作战任务，对现有人员、武器和装备进行科学编组，使之发挥最大效用，如确定编制体制、人员配备、战斗编成、兵力剖分以及优化配置情报、通信、筑城、航空等各种战斗实体和保障实体等；战斗决策的基本任务是根据上级意图、敌情及我情，考虑地形和气象等环境因素影响，确定自己的行动目标，制定战备等级，明确主要作战方向，部署兵力兵器，确定作战模式，规定部队任务，组织协同保障等。

从系统论观点来看，决策问题可以看成是一个系统问题。首先，从系统组成要素来看，决策要素包含了主体（决策者或决策小组）、客体（决策对象）、环境（决策相关的利益相关人、群体、影响因素和矛盾），输入（决策问题、现有条件、相关信息）和输出（决策结果）；其次，从系统内外联系来看，决策包含了决策主体—主体之间、主体—客体之间、客体—客体之间、系统—环境之间等的联系；再从系统结构来看，任何决策都具有特定结构，这种结构取决于各种决策要素及其联系方式；此外，任何一项决策都具有内部的矛盾性，都是在特定的外部环境中围绕某种决策准则和目标而开展的，这些构成了决策系统的内部矛盾、环境和目标。因此，可以认为任何一项决策（活动及过程）都构成了一个系统，这样就可以用系统理论来研究决策，用系统的思维和方法来理解和认识决策问题。

3）作战指挥决策问题的求解技术

作战指挥决策问题的求解包括决策问题分析、建立辅助决策模型、优选决策方案等过程，对于不同的决策问题其求解方法与技术也不尽相同。

对于结构化问题，如对敌搜索力量的最优配置、火力的最优分配及后勤保障的运筹等决策，可近似为结构化问题，采用传统运筹学（OR）技术求解，实用方法有线性规划、非线性规划、整数规划、网络计划技术和排队论等。

对于半结构化决策问题，如情报分析、目标识别和威胁估计、攻击/防御样式确定、主攻（防御）方向和突破口（要点）选择、兵力剖分、阵地布防等决策，需要决策者的大量经验、偏好和价值判断信息，均应看作半结构化决策问题。多属性决策（MADM）技术是解决该类问题的有效技术之一，实用方法有常规MADM方法、人机交互式定性定量相结合的决策方法、模糊MADM方法、随机MADM方法以及贝叶斯推理技术和序贯决策技术；另外在求解半结构化问题时，将MADM技术与AI技术相结合也是值得研究的方向。

对于非结构化问题，公认的有效求解技术是人工智能（AI）技术。目前，用于辅助决策的AI技术主要是专家系统或更广泛意义上的知识系统，该系统是一组"智能"的计算机程序，利用知识和推理步骤，求解通常依靠专家经验才能解决问题。当然，AI技术并不是求解非结构型决策问题的唯一方法，相反，在对该类问题的求解过程中，将AI与OR技术相结合，应是满足更高决策支持要求的有效途径。

2. 辅助决策的基本概念与相关技术

1）辅助决策的基本概念

辅助决策是指借助决策者之外的人和工具，利用科学决策方法和先进信息技术，辅助决策者完成决策的过程，即一切有助于决策者更好、更快、更有效率地制定决策的理论、技术、手段和措施，都属于辅助决策的范畴。它贯穿于决策的全过程，在决策过程的情报收集、方案设计、方案选择、方案实施等每个环节均有辅助决策的需求，特别是在风险性、欺骗性、对抗性和信息不完备的情况下，辅助决策发挥着重要作用。

作战辅助决策是为实现一定的作战目的而制定的各种可供选择的方案，并决定采取某种方案的思维活动过程，包括做出抉择以前的准备工作和做出抉择以后的计划活动。根据作战时间、规模和级别的不同，作战辅助决策可分为战略级、战役级和战术级，具有有效性、实时性、多样性、灵活性、不确定性、核心性等基本特点。

有效性是指辅助决策的决策方案能得到指挥员的认可和采纳，在执行过程中能保证高效益、低风险地持续发展。这就要求辅助决策的备选方案不仅能被指挥员采纳，而且能向有利于或较有利于我方的态势方向发展。

实时性是指作战指挥决策是一个实时性很强的动态过程，特别在战术级。因此，辅助决策必须具有较强的实时性或快速性。这就要求信息的获取、传递、处理和显示都必须快速进行。为了满足实时性要求，一般在建立和求解战场态势和辅助决策模型时，常采用满意的或简单的优化模型和求解方法，而避免采用复杂的优化模型和求解方法，同时要求计算机具有快速处理能力。

多样性是指联合作战的辅助决策表现为多目标要求，多样化的决策模型相互交织在一起，多目标之间有时相互冲突，在决策模型建立和求解中存在着巨大的复杂性。经常出现多领域优化模型的统一优化问题，其求解与具体战役战术要求联系在一起。因此，解决辅助决策问题时，必须明确是哪一级的辅助决策，应解决哪些问题。

灵活性是指在战役、战术进程中，由于战场态势千变万化，造成辅助决策不可能套用固定的模式解决辅助决策问题，这就要求辅助决策模型的输入和输出参数要充分、辅助决策模型要灵活多变，能适应辅助决策各阶段的相互交织性，能够循环反馈。为了充分体现指挥员灵活多变的决心和意志，应具有良好的人机交互能力。

不确定性是指作战过程是一个诸多因素不完全确定的过程，作战因素又随时间的变化具有偶然性。因此，辅助决策具有不确定性，其解也不具有唯一性。从某种意义上讲，指挥员的哪种决策都可能是可行的、有道理的、不违反作战目标、上级意图和作战原则的，决策的好坏取决于指挥员的指挥艺术。

核心性是指辅助决策在指挥与控制系统中应处于核心地位，如同在战役战术进程中指挥员的决策指挥是主宰战场态势变化的核心行为一样。

2）辅助决策的主要方式

根据被辅助对象和辅助过程（活动）的关注点不同，辅助决策的主要方式大致分为基于决策者判断的辅助决策、基于决策理论的辅助决策、基于组织机构的辅助决策、基于不同技术手段的辅助决策4类。

基于决策者判断的辅助决策是一种传统的基于数据形式的辅助决策方式，辅助决策工具为决策者提供一个用计算机装备的助手来"按部就班"地提供基本信息，并不考虑决策应如何处置,决策者在各种方案中依据个人能力与经验判断选出最优方案,这种方式缺乏与决策者的深层交互,实质上是一种表面化的辅助,易流于形式。

基于决策理论的辅助决策是一种采用规范性模型和方法的辅助决策方式,强调的是决策理论及具体方法,主要工作就是考虑如何改善决策的问题,过于要求决策者应该如何去做,而忽略了决策者能否这样做,这些决策分析方法虽然有用,但限制其可用性的诸多约束条件在实际决策问题情景中很难满足。

基于组织机构的辅助决策主要指从组织机构设置和人员配备上对决策者进行辅助,基本措施是为决策者配备参谋和设立参谋机构,使参谋工作和决策工作相对分离,这种方式可充分利用专家群体的智慧和专业性很强的业务员协助决策者分析情报信息、设计可行决策方案等,而辅助人员与决策员的有效沟通和价值判断的一致性则是该方式能否成功的关键。

基于不同技术手段的辅助决策,包括仅通过扩充决策工具功能和改进性能来辅助决策的传统技术辅助,以及将决策工作划分为适合机器完成和由人承担的两部分的现代技术辅助,主要手段有基于数据分析与机器学习、多模型组合与适配、智能交互与协同、知识获取与在线更新等形式的辅助决策。

现代辅助决策方式既考虑到决断的重要影响,也注意到决策者的思维和偏好,充分考虑决策者对于辅助决策工具的期望和态度,并努力影响和指导决策者做出决策。它在上述几种方式之间进行了折中,弥补了它们的缺陷,不局限于已有辅助决策技术与软件,而在辅助决策过程中引入来自其他领域的适用理论与技术,并重视系统开发员的作用。这样,既利用信息技术,又利用思维技术,在更大程度上可提高决策的效能。先进的高性能计算技术,如网格计算、云计算、网络超算等,直接或间接地影响着辅助决策。基于 Web 的系统对决策过程各阶段均有辅助作用,并对辅助决策产生深远的影响,如表 5-1 所示。

表 5-1 基于 Web 的系统对决策过程的辅助

决策过程	基于 Web 的辅助决策
情报收集	利用搜索引擎、网络爬虫等技术收集信息;用贝叶斯网和其他的数据挖掘方法识别问题和信息;通过 Workflow 进行协作;远程学习可以获得知识使问题更具结构化
方案设计	获取数据、模型和求解方法;使用 Web Service,SOA 架构等技术;基于 Web 的协作工具(GSS)和分布式知识管理系统(DKMS)进行协作;从 DKMS 中获得求解方法
方案选择	获取评价方案的方法,从而选择方案
方案实施	GSS 和 DKMS 能够帮助决策方案实施工具用于监控电子商务和其他网站、内部网、外部网和互联网自身的绩效

3)辅助决策相关技术

自然科学、社会科学的理论从不同侧面提供了辅助决策的技术与方法,也影响着决策者制定决策和选择方案的能力。每个学科体系的方法和技术都为开展作战辅助决策提供了独特有效的视域,在辅助决策中发挥了重要作用。

(1)预测技术。决策与预测有不可分割的关系,预测是决策的前提和基础,其目的是为了更有效地辅助决策。预测是一个认识过程,而决策则是根据认识到的将来的事物变化,按决策者的价值观和偏好做出决策,达到某种利益和目标。预测模型支持对事物的发展方向、进程和可能导致的结果进行推断和测算。预测模型又分为定性预测模型和定量预测模型，定性预测模型主要有德尔菲法（专家调查法）、情景分析法、主观概率法和对比法等，定量预测方法主要有回归预测法、确定型时间序列预测法、随机时间序列预测法、概率预测法、经济生命周期预测法、趋势平移法、指数平滑法、交叉影响分析法、因素相关分析法、先行指标分析法等。其他预测技术还有灰色预测、模糊预测、基于混沌理论的分析预测、拟合预测等。在指挥与控制的应用上，它可辅助战场态势、天气、后勤补给、危机预测、敌主攻方向判断、敌方兵力增援等方面的决策。

（2）规划技术。规划是产生决策方案并进行排序的方法与求解技术，规划本身不是决策，但规划技术可用来辅助决策。规划技术是研究如何合理使用有限资源，以最小代价取得最优效果。规划问题大致可分为两类：用一定数量的资源去完成最大可能实现的任务；用尽量少的资源完成给定的任务。在规划问题中，必须满足的条件称为约束条件，要达到的目标用目标函数表示。规划问题可归结为在约束条件的限制下，根据一定的准则从若干个备选方案中选择一个最优方案，实质是用数学模型来研究系统的优化决策问题。如果把给定条件定义为约束方程，把目标函数看作目标方程，把目标函数中的自变量看作决策变量，这三者就构成规划模型，规划模型包括线性规划、非线性规划、动态规划、目标规划、网络规划、更新理论和运输问题等。在指挥与控制应用上，它可辅助调配武器、兵力部署、武器（火力）动态择优分配、武器更新、后勤运输、指挥活动的网络分析等方面的决策。

（3）决策方案优化技术。依据建立的辅助决策模型，可获得决策方案（实质是建议方案），一般会有多个方案。通常，采用计算机模拟技术，按照想定生成敌我双方的作战态势，检验各种决策方案的作战效果，作战效果"最佳者"为最佳方案。同时，基于直观或经验构造的启发式优化技术可用于许多非结构化决策问题求解。最佳方案除应使作战效果最佳外，还应考虑其快速性、敏捷性、自适应性、科学性、可实现性和操作简单性等。确定出最佳或满意方案后，便输出决策结果，提出建议供指挥员选择。由于在不同的约束条件下，会有不同最佳或满意决策方案，因此，提供的建议方案应是多个，并附有最优性成立的先决条件。当决策方案确定后，需细化环节并对其进行优化，实施过程中再进行调整，以达到最佳结果。

（4）灵敏度分析技术。按一定规则改变决策模型的各项参数，观察其对方案的影响幅度，直至方案的排序发生了变更为止，此时即找到了各项参数的最大容许变化范围，这样有助于增加决策（分析）者对最佳（满意）备选方案的信任程度。其主要内容有：决策问题的某些指标或参数的一个微小扰动，是否会影响决策的结论，即讨论该参数的灵敏性；确定决策问题中某参数在什么范围内变化不会或会影响决策方案的排序结论。决策要素灵敏度分析技术包括基于线性优化、基于连环替代法的多因素灵敏度分析、多目标决策下权系数的灵敏度分析等。在指挥与控制方面的应用案例有目标选择方案的灵敏度分析、指挥决策效能的灵敏度分析等。

（5）评估技术。评估技术有层次分析法、模糊综合评估法、灰色综合评估法、相似度辨识评估法、逼真度评估法、专家系统评估法、人机评估法等。在指挥与控制方面的应用案例有作战指挥效能评估、通信系统生存能力评估、信息战作战效能评估、信息网络风险评估、作战想定预案效能评估等。

5.5.2 辅助决策支持技术

1. 决策模型描述及建模方法

在指挥与控制过程中,各类决策问题的决策模型(DM1)可统一描述为:求 $x* \in X$,使得 $U(\cdot) = u[F(X,Y,Z,\Theta)]$ 的极大化。其中,$U(\cdot)$ 为综合效用(效能),一维实变量;$F(\cdot)$ 为准则函数,m 维实变量;$u(\cdot)$ 为准则到效用的映射;X 为备选方案集;Y 为敌情要素集;Z 为我情要素集;Θ 为环境状态变量集。

通常,依据决策者对决策所需信息(Y,Z,Θ)、备选方案 X、准则函数 $F(\cdot)$ 和准则规则 $u(\cdot)$ 及它们之间关系的明确程度,可将(DM1)表达的具体问题区分为结构化、半结构化和非结构化问题。若所有决策要素的描述信息以及关系可以确定形式刻画,则称为简单模型。若任一决策要素的描述信息以及关系包含有复杂性,则称为复杂模型。在指挥与控制过程的决策问题中,上述三类决策是共存甚至是包含的,且半结构化问题出现较多。

在决策科学领域,主流的决策问题建模方法可以归纳为 3 类:结构化建模、逻辑化建模和图文法,建模语言多达几十种。

1987 年,高尔夫荣(Groffrion)提出了结构化建模,并实现了一个结构化建模环境 FW/SM,设计了结构化建模语言 SML。这种模型描述方法是把模型抽象为 3 个层次:基础层、聚类层和模式层,相应有基础图、聚类图和模式图。其中,基础图反映了具体问题的细节,与模型数据直接相连;聚类图把具有相似性对的实体、相约束条件进行分类;模式图提供对模型正文描述的结构。该方法简化了问题描述规模,能够识别模型的基本组成成分及其关系,但在问题求解前需要明确问题的结构或对问题进行简化以获取其结构。

对于逻辑化建模,波恩切克(Bonczek)、霍耳萨普尔(Hlosapple)和温斯顿(Winston)利用一阶谓词演算和归结过程描述模型;杜塔(Dutta)和巴苏(Basu)利用一阶逻辑描述模型间的输入输出关系。这两种模型描述方法是较早的利用逻辑思想进行建模,将谓词分为两种:领域谓词和模型谓词。其中,领域谓词用于表示领域知识并有一个谓词固定解释;模型谓词用于定义模型输入输出接口。该方法优点是将领域知识引入模型管理,用户不必清楚如何建模以及为每个模型提供输入参数,同时由于该方法是基于数理逻辑,因此可以利用逻辑理论中的表示、推理、规则等元素和方法,从一个结构并不清晰的问题描述逐步推进直至得到问题的解。但领域知识若是在一个范围较宽领域内,则知识组合过于庞大,推理和搜索效率也就变得低下。此外,伊拉姆(Elam)、亨德森(Henderson)和米勒(Miller)利用语义网描述模型结构;梁(Liang)提出用 and/or 图描述复合模型和基于图形的推理过程;多尔克(Dolk)和孔斯基(Konsynki)使用把框架和一阶谓词演算集成的概念描述优化模型;耶姆(Yeom)和李(Lee)定义了 11 种逻辑操作,并以此高水平地表示了整数规划模型,为整数规划模型构造奠定了基础。这些方法原理上都是基于数理逻辑思想(主要是一阶逻辑),都是属于逻辑化建模方法。

图文法指用图形和文字对模型进行描述。这种描述方式能使用户对模型结构有更加直观清晰的了解,但现实决策问题中的有些关系是无法用图形来描述的,且即使是一个稍微复杂一点的模型,用图形描述也会显得相当庞大;同时,存在着计算机存储、显示与处理速度上的技术问题。因此,该方法不适用于构造计算机求解的复杂模型。

此外,还有基于框架的领域知识表示方法,面向对象程序设计方法构建模型的方法,利用类比推理和基于 CASE 的学习机制的自动建模方法等,它们基本上是上述 3 种主流建模方法的分支或变形。决策问题的表示方法大致包括子程序表示、实体关系表示、传统逻辑表示、结构化表示、数据表示和面向对象表示等几种。

2. 辅助决策的主要支持技术

辅助决策技术是在现代决策科学的理论、方法与现代计算机技术相结合的基础上发展起来的综合技术,利用辅助决策技术,能够为指挥员提供拟制、评估、作战仿真、优选作战方案和保障方案等能力。用于指挥与控制辅助决策的方法较多,且不同的指挥与控制系统所采用的辅助决策方法也不尽相同。目前,辅助决策技术主要通过三种方法提供决策支持,即军事运筹学方法,以战术计算为核心,并利用运筹学知识和数据模型完成规定任务;人工智能方法,是模拟指挥员的决策思维过程,总结实战成功经验,建立以知识库为基础、推理机为核心的军事专家系统来完成规定任务;判断分析方法或预案检测方法,是决策者根据自己的判断和偏好,从多个备选方案中选择一个优先方案。

1) 军事运筹

军事运筹学方法可以帮助指挥员处理数量大、内容复杂的信息,完成定下决心、组织协同所需的大量计算,缩短指挥与控制周期,增加指挥决策的科学性和合理性。

军事运筹学的基本理论是依据战略、战役、战术的基本原则,运用现代数学和建立数学模型的理论和方法来研究军事问题中的数量关系,以求衡量目标的准则达到极值(极大或极小)的一整套择优化理论。它通过"描述问题－提出假设－评估假设－使假设最优化"的处理过程,反映出假设条件下军事问题本质过程的规律。它的各种典型方法主要包括模型方法、作战模拟、决策论、搜索论、规划论、排队论、对策论、存储论以及网络法、火力运用理论、指挥与控制理论、最优化理论等等。

运筹学方法可以通过软件包方式来实现。软件包框架结构基本上由数据库系统、模型库系统和人机交互系统三部分组成,如图 5-28 所示。模型库存放各种作战模型,数据库主要存放各方武器系统性能参数、兵力编组数据、地形和气象水文数据、人员、物资等信息,人机交互系统是人与计算机交互的接口。

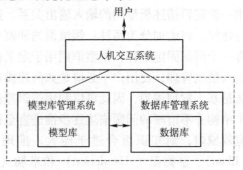

图 5-28 运筹软件包组成结构示意图

运用军事运筹学方法,可培养指挥员的数学分析和逻辑思维能力,以及善于对作战、训练和其他作战活动进行定量分析的习惯,以便从多方案中选优决策,提高作战活动的效率,获取最大的作战效果。但是,实践中存在着许多难以定量的因素,诸如指挥员的才能,士兵的训练程度及士气等,因而军事运筹学方法的应用也有一定的局限性,指挥员必须结合其他各种难以定量的因素进行综合分析,才能正确地解决作战决策问题。

2）专家系统

专家系统（ES）又称基于知识的系统（KBS），是人工智能中最重要的也是最活跃的一个应用领域。它利用大量的专家知识，对所研究的作战情况反复进行解释、预测、核实，通过一系列计算和推理，做出决策建议，实现辅助决策。通常，专家系统由知识库、推理机、综合数据库、知识获取机制、解释机制和人机接口等几个基本的、独立的部分组成，其中尤以知识库与推理机相互分离而独具特色，如图5-29所示。

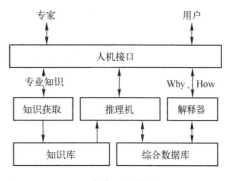

图5-29　专家系统结构示意图

知识库中包括了作战决策使用的各种知识，知识获取是通过知识工程师将专家的知识以特定的形式固化在知识库中，人机接口将用户的咨询和专家系统提出的建议、结论进行人机间的翻译和转换，推理机是专家系统的核心之一，利用知识库中的知识进行推理和计算，回答用户的咨询，提出建议和结论。

为了使计算机能运用专家的领域知识，必须采用特定的方式表示知识。目前，常用的知识表示方式有产生式规则、语义网络、框架、状态空间、逻辑模式、脚本、过程、面向对象等。基于规则的产生式系统是实现知识运用的基本方法。产生式系统由综合数据库、知识库和推理机三个主要部分组成。其中，综合数据库包含求解问题的事实和断言；知识库包含所有用"如果：<前提>，于是：<结果>"形式表达的知识规则；推理机又称规则解释器，主要任务是运用控制策略找到可以应用的规则。

专家系统的优点是能够总结、存储和使用专家的经验性知识，模拟专业分析员的推理行为，具有知识积累和学习功能。但其构成很困难，需要专家与技术员的紧密结合，且无法模拟人的创造性思维。

3）神经网络

专家系统的知识主要集中在规则形成、谓词逻辑、语义网络、框架、过程性知识几种形式，难以满足作战辅助决策系统的模式识别、自动控制、组合优化、联想记忆等方面的需要。而人工神经网络（ANN）是由大量类似于神经元的处理单元相互联接而成的非线性复杂网络，试图通过模拟大脑的神经网络处理、记忆信息的方式来完成类似于人脑的信息处理功能，可采用分布式存储方式、成熟学习算法（典型的无导师Hebb规则、有导师Delta规则、Hopfield能量最小准则、广义Delta规则、Boltzmamn规则等）、良好容错性等，弥补专家系统在知识表示、获取、优化计算、并行推理方面的不足。神经网络专家系统组成结构如图5-30所示。

4）作战模拟

作战模拟是运用军事运筹学原理，借助计算机模拟的作战环境，根据已知或想定的程序和数据来描述和研究作战过程。它可以对组成战斗力的诸因素、敌我双方的主要关系和作战行动，做出精确的定量分析，预测谋略和作战计划的效果，评估武器系统的效能，试验某种因素对总的作战效果的影响程度，启发、研究新的战略战术思想。它所使用的数学方法包括兰彻斯特（Lanchester）对抗模型、马尔可夫（Markov）过程描述模

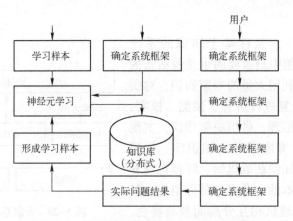

图 5-30 神经网络专家系统组成结构示意图

型、蒙特卡罗法等。因此，作战模拟既是指挥员在和平时期从实验室中学习战术的重要途径，也是辅助决策的一个极其重要的组成因素，可为指挥与控制系统辅助决策所采用的分析方法、基于知识的方法的有效性提供定量依据。

在联合作战指挥与控制系统中，辅助决策功能是指挥与控制的最高层级，多样化的作战任务、不同的作战与指挥对象、越来越快的作战节奏、瞬息变化的战场态势、海量的决策信息、动态的决策过程等因素，使得联合作战指挥与控制中的作战决策的复杂性和困难性日益凸显。因此，应用决策支持技术构成决策支持系统（DSS）、分布式辅助决策支持系统（DDSS）、智能决策支持系统（IDSS）、群决策支持系统（GDSS）等，有利于解决指挥控制、通信和情报等领域及其整体作战所遇到的决策问题，提出适应态势且符合指挥员意图的综合决策，以辅助指挥员科学及时地进行指挥与控制。数据库系统是决策支持系统的一个重要基础，为情报搜集与处理、战场环境支持、作战指挥、作战规划、后勤管理、作战模拟、教学训练等应用提供服务。随着独立、分散、异构的数据库系统逐步完善，异构数据库数据共享、信息知识挖掘等需求日益强烈，数据仓库将成为决策支持系统的一种有效、可行的体系化解决方案，包括数据仓库技术、联机分析技术、数据挖掘技术等，在联合数据分析、信息和知识挖掘方面将发挥巨大的作用。

5.5.3 作战辅助决策系统的组成与结构

1. 辅助决策系统的概念与结构

20 世纪 50 年代到 60 年代，出现了基于电子计算机的电子数据处理系统（EDPS），主要用于数据处理和编制报表。20 世纪 60 年代到 70 年代，在 EDPS 基础上发展了管理信息系统（MIS），由数值计算拓展到数据处理（非数值计算）领域，并开始系统地研究如何在决策过程中把运筹学、系统工程和计算机技术等结合起来形成基于模型的辅助决策系统。1971 年，高瑞（Gorry）和斯考特认为 MIS 主要关注结构化决策问题，首次建议把支持半结构化和非结构化决策的信息系统称为决策支持系统（DSS）。DSS 是在 MIS 和基于模型的辅助决策系统基础上发展起来的可形式化、可模型化、层次较高的辅助决策系统，通过利用数据库、人机交互进行多模型的有机组合，以模型库系统为主体，通过定量分析辅助决策者实现科学决策。自 DSS 的概念提出以来，在人工智能、数据库、模型库、知识管理、联机分析（OLAP）、语义 Web 服务等新技术的不断推动下，DSS的研究已经取得了一系列重要进展，如对DSS定义和基本框架的拓展和改进、群体决策支持系统（GDSS）、商业智能（BI）技术、基于知识工程（KE）和多主体（MA）技术的智能决策支持系统（IDSS）以及基于网络技术的分布式决策支持系统（DDSS）等。

目前，对辅助决策系统并无公认定义，从指挥与控制角度的典型定义有以下几种：

第一种，辅助决策系统是以现代信息技术为手段，综合运用计算机技术、管理科学、系统科学、经济学、社会学、人工智能技术、网络技术等多种学科知识针对某一类型的半结构化或非结构化决策问题，通过提供背景材料、协助明确问题、修改完善模型、列举备选方案等方式，为管理者做出正确决定提供帮助的人—机系统。

第二种，辅助决策系统以人工智能、军事运筹学和信息处理技术作为工具，以数据库、专家系统和数学模型为基础，通过计算、推理和仿真等辅助手段来实现上述功能，以辅助指挥员制定作战方案，组织实施作战指挥，并在平时借此完成作战模拟和进行部队训练。

第三种，作战辅助决策系统是专门用于支持决策的人机系统，以作战指挥学、军事运筹学、控制论、思维科学和行为科学为基础，以计算机技术、模拟技术和信息技术为手段，面向作战指挥决策问题，支持指挥员和指挥机构作战指挥决策活动全过程、具有智能作用的人机系统。

辅助决策系统体系结构总体来说可分为两大类：一类是以Sprague两库结构为基础的"三部件"体系结构；另一类是Bonczek的基于知识的"三系统"体系结构。这两种体系结构各有优缺点，都为辅助决策系统的发展做出了重要贡献。

1）三部件体系结构

三部件体系结构是Sprague于1980年在两库结构的基础上提出，以各种库及其管理系统作为辅助决策系统的核心，由数据部件、模型部件和对话部件组成，如图5-31所示。

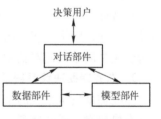

图5-31 辅助决策系统的三部件体系结构

其中，数据部件包括数据库及其管理系统，负责存储和管理辅助决策系统使用的各种数据，并实现各种不同数据源间的相互转换。模型部件包括模型库及其管理系统，是决策支持系统的核心，模型库用于存放各种决策模型，模型库管理系统支持决策问题的定义、建模和模型的运行、修改、增删等操作。对话部件是决策支持系统的人机接口界面，负责接收和检验用户的请求，协调数据部件和模型部件之间的通信，为决策者提供信息收集、问题识别以及模型构造、使用、改进、分析和计算等功能。通过对话部件，决策者能够依据个人经验，利用辅助决策系统的各种功能，制定最优的决策方案。模型部件与对话部件之间的交互，支持用户能够添加、修改、管理和使用其中的模型；模型部件与数据部件的交互，为模型运行提供所需的数据环境，实现模型输入、输出和中间结果存取的自动化。随着方法库和知识库的加入，辅助决策系统又发展成较为流行的四库（数据库、模型库、方法库、知识库）结构。随着各种库的增加，辅助决策系统的功能由定量计算增强到定量计算与定性分析相结合，对辅助决策系统的发展产生了积极的推动作用。

2）三系统体系结构

基于知识的"三系统"体系结构是 Bonczek 于 1981 年提出，由语言子系统、问题处理子系统和知识子系统组成，如图 5-32 所示。

图 5-32　辅助决策系统的三系统体系结构

其中，语言子系统是用户与系统联系的工具，用于处理语言翻译、图形解释、人机交互。语言子系统是决策者与辅助决策系统通信的桥梁，决策用户利用语言子系统的语句、命令、表达式等来描述决策问题，交给问题处理子系统处理，得出决策结果。问题处理子系统是辅助决策系统的核心部分，能够针对实际问题提出问题处理的方法途径，并利用语言子系统对问题进行形式化描述，写出问题求解过程，最后利用知识子系统提供的知识进行实际问题求解，产生辅助决策所需要的信息。知识子系统是辅助决策系统能够解决用户问题的智囊，包含问题领域的各种事实和知识（如数据、模型、规则等），增强了辅助决策系统解决问题的处理能力。三系统体系结构将专家系统中的问题处理技术引入到辅助决策系统的体系结构中，克服了辅助决策系统缺乏知识的弱点，较好地解决了对决策问题求解过程的控制，符合辅助决策系统智能化发展的趋势，对辅助决策系统的发展起到了很大促进作用。但该体系结构仍然保留着专家系统的求解思路，未能充分体现出决策者在模型建造、模型选择等方面的作用和辅助决策系统模型驱动的特点。

上述两种辅助决策系统结构，分别从不同角度揭示了辅助决策系统的内部结构和功能模块特征，奠定了现有辅助决策系统研究工作的基础。随着以网络为平台的各项业务活动的兴起，网络环境下的决策活动日益增多且更变化莫测，传统的辅助决策系统体系结构已无法满足人们对辅助决策的需求，必须寻求新的应对之道。

2. 作战辅助决策系统的基本任务与组成

作战辅助决策系统的基本任务是：为指挥员提供实时战场态势和非实时情况信息；提供态势要素、威胁要素、决策要素的分析估计结果，为指挥员提供决策依据；提供多个备选方案，供指挥员决策时选择；具有人机交互决策能力。

作战辅助决策系统因其使用范围、使用目的及辅助决策任务等的不同而不同，但其组成却基本类似。主要由情报融合分系统、数据库分系统、决策模型分系统、决策知识分系统、决策推理分系统、人一机系统界面等组成。

（1）情报融合分系统是辅助决策系统不可缺少的要素，提供多种收集手段获得的情报和情况信息，包括敌情、我情、天候气象、地形地理、战区社会政治经济等各类实时、非实时信息及融合判定信息（态势和威胁估计），其输出是辅助决策系统生成决策方案以及为指挥员定下决心的主要依据。

（2）数据库分系统一般包括静态数据库、动态数据库和专用数据库。其中，静态数据库存储作战指挥决策所需要的静态情况信息，如部队情况、作战原则、武器性能、战区兵要地质、地理信息、天候气象、社会政治经济情况、主要战例、敌方的有关情况等；动态数据库存储战场上收集到的随时间变化的动态情报信息，这些信息将影响预定作战计划和方案是否调整或继续执行；专用数据库存储为作战辅助决策所必须的专业战术技术数据。

（3）决策模型分系统是辅助决策系统的核心，是为特定的辅助决策功能建立的具体模型，包括结构化模型和某些半结构化模型，可以是一个程序（服务）系统。

（4）决策知识分系统主要存储辅助决策的非结构化知识，可以提高辅助决策系统的智能化水平。它是从某特定的辅助决策功能出发，收集、存储该类决策所需要的各类启发性、经验性知识，建立相应的知识库，为决策推理提供依据。

（5）决策推理分系统又称为推理机，指为解决非结构化决策问题所建立的模仿人类逻辑思维的推理系统。它使用知识分系统、数据库分系统中的知识和数据，用功能驱动或事实（证据）驱动方式工作。推理分系统一般须考虑不确定性推理，包括知识和事实的不确定性度量及其传播等。

（6）人机系统界面用来实现某种决策信息的输入/输出，指挥员对辅助决策过程进行体现其意志的干预以及对多个备选决策方案的选择和修改等。非结构化决策中，在人机系统界面上进行知识库、数据库的维护、修改和更新等操作。多媒体技术已成为设计具个性化、可视化、全信息化人机系统的主流技术。

目前，研究和开发的作战辅助决策系统形态各异，但从最本质和最核心的角度来看，辅助决策系统一般都包括数据库系统、模型库系统、方法库系统、知识库系统和人机交互系统5个基本部分，如图5-33所示。近年来，又提出增加DSS功能的部件，从而形成五库、六库、七库、八库等群库结构。即DSS=群库系统+对话系统（人机界面）。群库系统包括数据库、模型库、方法库、知识库，以及文本库、图形库、语音库、工具库、地理信息库等。

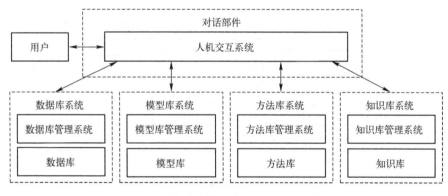

图5-33 辅助决策系统的基本组成示意图

针对信息化条件下的联合作战环境，作战辅助决策系统的能力应该更加强大，辅助的深度和广度将得到进一步扩展，提供开放式的模型管理和知识管理，可以适应瞬息万变的战场态势，在指挥员的直接参与下进行动态决策过程调整和再决策支持能力。需要指出的是，影响作战决策的诸多要素是变化的，相应系统的动力学行为具有敏感性与非线性，任何辅助决策支持系统对结果的预知能力都是有限的。只有充分认识联合战场环境和联合作战意图，才可能站在整体的高度、全局的角度，理解自己在整个作战中的位置和所担当的角色，从而做出正确的取舍，创造性地完成作战使命和任务。

3. 作战辅助决策系统的软件结构

1）作战辅助决策系统的程序结构

辅助决策系统的程序结构可以从作业结构和模块结构两方面描述。这里的作业是指从功能角度来讲，在计算机操作系统控制下，以多个进程形式出现，每个作业完成一类战术功能，占用一幅（或指定几幅）显示画面，操作员通过操作系统对各作业进行前后台控制。模块是指从程序实现意义上来讲，是对作业的功能支持程序。当然，某一公用模块会对多类作业提供支持，一类作业又需要多个模块支持。由于不同辅助决策的功能要求不同，因此，无法具体描述程序模块的划分，这里仅给出辅助决策的一般作业结构，如图 5-34 所示。在战役、战术级辅助决策系统中，作业是依据战役战术要求划分，而战役战术要求包括功能需求和作战指挥工作方式需求两部分。其中，功能需求所产生的作业包括情报融合作业、数据库（DB）作业、人一系统界面（MSI）作业、决策模型作业、知识库（KB）作业、推理作业、通信传输作业等内容；工作方式需求产生的作业包括战况记录作业、系统控制管理作业、实时决策作业、非实时决策作业、作战模拟作业、战况重演作业等内容。战况记录作业包括实时决策作业的输入和输出信息的记录。

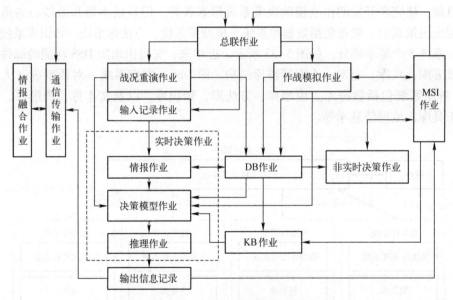

图 5-34　一种辅助决策作业程序结构图

总联作业又称系统管理控制作业，主要功能是在操作系统和共用系统软件（网络软件、MSI 驱动软件等）支持下，完成对辅助决策系统的管理和运行控制，包括输入输出信息管理、多工作方式下功能作业和模块的调度运行、各作业（模块）之间通信控制及接口管理以及内外存储器分配等。在单用户操作系统中，总联作业基本上是由软件开发员完成，其工作量大，但透明性好，易于查找问题和程序调试。在多用户操作系统中，总联作业功能由软件开发员结合操作系统提供的功能共同完成，工作量相对较小，但透明性差，不利于程序调试和查找问题。

实时决策作业是辅助决策系统的核心，又称主作业，实现实时辅助决策功能，其决策依据主要是实时输入的真实战场（实战或实兵演习）态势和指挥员的实时干预请求信息。它一般是完成战役战斗进程中的辅助决策功能，如兵力实时调整、协调方案、重大战役战术武器的实时指挥控制等，其运行几乎涉及（调用）每一个功能作业，所调用的功能作业和模块一般采用并行工作方式，以尽量减少时间延误，提高辅助决策的快速反应能力。

非实时决策作业功能一般在战役准备阶段或战役初始阶段使用，决策依据主要是静态数据库和已有情报信息，主要功能包括生成兵力布防（部署）预案、作战样式选择方案、多军兵种作战和训练业务管理、各类战役战术计算等，一般由 MSI 上的干预功能请求驱动，一般采取并行工作方式。

作战模拟作业是按模拟作战剧本的要求产生实时模拟信息，包括态势信息、功能要求信息等。对模拟作业可以进行控制，即具有导演功能。模拟作业的目标有两个：一个是模拟演示和检验辅助决策的各项功能；另一个是为指挥员的战役、战术训练提供模拟环境。作战模拟作业除提供模拟情报信息外，还需要模拟敌我双方进行模拟对抗计算，因此，对战役战术的作战知识要求比较高。

战况重演作业完成对实时记录的战场态势信息和功能操作信息的重新释放演示，用以进行战况重现或重演。重现指不失真且完整地将战场态势和战役战斗进程展现出来，用以进行讲评、分析或查实责任。重演指只释放记录的情报信息，供各级指挥员模拟战役战斗指挥决策，用以进行战术研究、对比分析、训练实习等。

2）作战辅助决策系统的数据结构

作战辅助决策系统的数据结构包括系统输入/输出数据结构、系统存储数据结构，如图 5-35 所示。

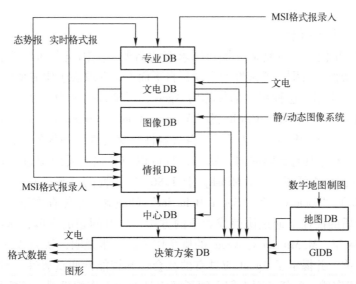

图 5-35 作战辅助决策系统数据结构

系统输入数据源主要包括：上级、友邻；本系统所配置的各类传感器的侦、测信息；与本系统联网的其他情报中心、指挥中心和自动化系统；本系统所属指挥中心、各业务部门等内容。输入信息格式包括文字型文电、实时格式数据、动态或静态图像、图形或图形－文字数据等。系统输出信息内容包括：对上级的态势分析和行动方案请示报告；对友邻的情况通报；对本级所属各兵种专业席和所属各部队的情况通报、行动方案下达；对所属各部队的指挥命令；对重大（主要）作战武器的直接指挥与控制命令；本系统内决策方案的显示；本系统内非实时决策（包括管理类作业）方案的显示和打印等方面。输出信息格式包括文字型文电、实时格式数据、图形、表格输出显示和打印等。从信息技术发展水平和辅助决策系统的需求来看，系统应包含综合数据库（存储共享静态信息）、情报数据库（存储动态信息）、兵种专业数据库、地图库、地理信息库（GIDB）、文电库、决策方案数据库、系统状态（监控）数据库等方面的数据结构。

图 5-35 中仅列出了辅助决策系统中各数据库之间的支持关系与输入输出信息的关系，未表示出数据本身的人—机交互维护操作。各数据库之间的支持关系不是数据在各库间的直接存取关系，而是指通过调用或人—机交互查询某些库的内容，经功能作业处理后生成所支持的数据库的内容。如生成决策方案 DB 中的决策方案，需调用或查阅 GIDB、地图 DB、情报 DB 等 7 个数据库的内容。文电 DB、图像 DB 对情报 DB 的支持通过人工提取交互输入情报 DB。情报 DB 经过时间推移和数据浓缩有些趋于稳定的数据，如敌我双方编制序列和武器数据，战区地形和社会经济情况等可以转进存入 DB，各专业数据库中某些对综合作战决策直接有影响的数据，也可以适时转进到综合 DB。

5.5.4 基于 MAS 的作战辅助决策系统架构

在作战指挥决策中，基于 Agent 的辅助决策系统能形式化描述兵力实体在战场环境中的智能行为，反映实体之间、实体与环境之间的相互联系，以更有效地辅助决策。实验数据表明，MAS 技术在网络赋能的指挥与控制系统辅助决策领域具有良好的应用前景。

1. Agent 的基本概念

20 世纪 60 年代，针对复杂决策问题求解的需要，美国圣菲研究所提出一种新思想，即系统复杂性，特别是涌现性的出现是自下而上，并取决于构成系统的部件和其他部件间的非线性作用。这种系统部件称为 Agent，后来被扩展为一种智能体。Agent 概念最早可追溯到 1977 年 Carl Hewitt 的 "Viewing Control Structures as Patterns of Passing Messages" 一文，Carl Hewitt 定义了具有自兼容性、交互性和并发处理机制的对象，称为 "Actor"，该对象具有封闭的内在状态，且可以与其他同类对象进行消息发送和反馈。Agent 一词最早可见于 M. Minsky 于 1986 年出版的《Society of Mind》一书，M. Minsky 引入了 "Society" 和 "Social Behavior" 的概念。个体存在于社会中，社会中的个体在有矛盾的前提下通过协商或竞争的方法得到对问题的求解，这些个体被称为 "Agent"。1994 年，M. Minsky 对 Agent 的概念作了进一步说明，认为 Agent 是一些具有特别技能的个体，并揭示了 Agent 应具有的社会性和智能性两重属性。对计算机而言，Agent 是指 "能完成一些任务而人们无须了解它是如何工作的机器，该机器可被处理为功能黑箱"。20 世纪 90 年代以来，计算机网络技术、分布式人工智能理论及计算机软硬件的发展，为 Agent 的发展提供了良好的理论与技术基础。

1）Agent 的定义

目前，Agent 概念尚无普遍的一般定义。广义的 Agent 包括人类、物理世界的机器人和信息世界的软件机器人。狭义的 Agent 则专指信息世界中的软件机器人或软件 Agent，它是代表用户或其他程序，以主动服务的方式完成一组操作的机动计算实体。Wooldrige 在《Intelligent Agents：Theory and Practice》一文中给出了 Agent 的弱定义和强定义，并获得了大多数研究者的认同。

定义1（弱定义），指 Agent 用来最一般地说明一个软硬件系统，它具有四个特性：自治性，即 Agent 可以在没有人或其他 Agent 直接干预的情况下运作，且对自己的行为和内部状态有某种控制能力；社会性，即 Agent 和其他 Agent 通过某种 Agent 语言进行信息交流；反应性，即 Agent 能够理解周围的环境，并对环境的变化做出实时的响应；能动性，即 Agent 不仅简单地对其环境做出反应，也能够通过接受某些启动信息，表现出有目标的行为。

定义2（强定义），指 Agent 除了具备定义1中的所有特性外，还应具备一些人类才具有的特性，如知识、信念、义务、意图等。Shoham 认为 Agent 就是一种实体，它可以看做由多种心智状态，如信念、能力、选择和承诺等组成。另外，Agent 还可以具有其他一些特性，如：移动性，指 Agent 可以在信息网络上移动；真实性，即假设 Agent不传输错误信息；仁慈性，即假设 Agent 没有冲突的目标，每个 Agent 通常有求必应；合理性，即假设 Agent 总是为实现目标而努力，而不阻碍目标的获得，至少在它的信念中应该如此。

一般认为 Agent 应具有知识、目标和能力。其中，知识是 Agent 对它处的环境和决策问题的某种描述；目标是 Agent 所要求解的决策问题；能力是 Agent 求解该问题的方法与手段。可以将 Agent 形式化为：

$$Agent = (M,K,A,I,L,S,F,G,R,C)$$

式中：M 为方法，K 为 Agent 的内部知识，A 为属性，I 为推理机制，L 为语言，S 为消息传递操作，F 为继承机制，G 为全局知识，R 为消息接受协议，C 为系统服务。可见，Agent 具有面向对象技术中的对象特征，如继承、封装等。因此，可以采用面向对象的技术来实现 Agent 的功能。

Agent 是一个能够与外界自主交互并拥有一定的知识和推理能力，能够独立完成一定任务的具有社会性的智能实体。一般情况下，Agent 的内部结构大都包括环境感知模块、信息处理模块、通信模块、推理模块、执行模块和知识库等部分，如图 5-36 所示。

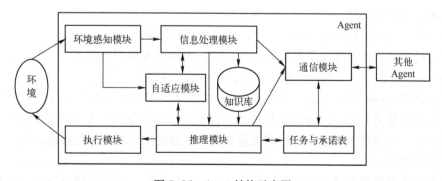

图 5-36 Agent 结构示意图

2) Agent 的类型

Agent 的研究内容主要包括 Agent 和多 Agent 理论、Agent 体系结构、多 Agent 系统（MAS）、Agent 语言等方面。关于 Agent 的分类方法也很多，根据 Agent 的结构模型，通常可分为慎思型 Agent（Deliberative Agent）、反应型 Agent（Reactive Agent）和混合型 Agent（Hybrid Agent）三种。

慎思型 Agent 指将 Agent 作为一个基于知识的系统，即通过人工智能的符号机制来实现 Agent 的表示和推理。它包括环境和智能行为的逻辑推理能力，通过基于模式匹配和符号操作的逻辑推理进行决策。慎思型 Agent 智能性较高，但无法对外界进行快速响应。

反应型 Agent 指与慎思型 Agent 对应，是一种不使用符号知识的 Agent 结构，且没有任何内部状态。其行为决策无需参考环境的历史信息，只是简单地对外部刺激产生反应，具有对环境的实时反应能力。Agent 通过一些描述 Agent 感知输入与响应动作之间的映射关系规则来实现对外界事件的响应。反应型 Agent 能对外界做出快速反应，但因其结构简单而无法处理复杂问题。

混合型 Agent 是综合以上两种类型 Agent 的优点而形成，具有较高的智能性和快速响应能力。它在一个 Agent 内部集成了多个不同类型的实体型体系结构，各体系之间单独运作或相互作用，从而使 Agent 能够体现出多种特征。

3) Agent 的特性

Agent 的特性可归纳为代理性、自治性、社会性、反应性、主动性、智能性、协作性、移动性、诚实性、顺从性和理智性等属性。在实际系统中，Agent 并不能保证具有上述的全部属性。

代理性指 Agent 具有代表他人的能力，即它们都代表用户工作而不是代表自身。这是 Agent 的第一基本特征；另外，Agent 可以把其他资源包装起来，引导并代替用户对这些资源进行访问，成为便于通达这些资源的枢纽和中介。

自治性指 Agent 应该是一个独立自主的计算实体，具有不同程度的自治能力，即部分或彻底地不受用户干预而自行工作。它应能在无法事先建模、动态变化的信息环境中独立规划复杂的操作步骤，解决实际问题；在没有用户参与的情况下，独立发现和索取符合用户需求的资源与服务。

社会性指 Agent 具有一定程度的社会性，即它们可以跟 Agent 的用户、资源以及其他 Agent 进行通信交流。

反应性指 Agent 能感知所处的环境，并对相关事件作出适当反应。

主动性指 Agent 能遵循承诺采取主动行动，表现出面向目标的行为。如 Internet 上的 Agent 可以漫游全网，为用户搜集信息，并将信息主动提交给用户。

智能性指 Agent 具有一定层次上的智能，包括从预定义规则到自学习人工智能推理机等一系列的能力。如，理解用户用自然语言表达的对信息资源和计算机资源的需求；帮助用户在一定程度上克服信息内容的语言障碍；捕捉用户的偏好与兴趣；推测用户的意图并为其代劳。

协作性指更高级的 Agent 可以与其他 Agent 分工合作，共同完成单个 Agent 无法完成的任务。

移动性指具有移动能力的 Agent，为完成自己的任务，可以从某地移动到其他地方。如访问远程资源、与其他 Agent "会面"并与之协作完成工作。

诚实性，即可以认为 Agent 不会故意发布错误信息。

顺从性，即 Agent 不会违背命令，每个 Agent 都会尽力完成用户所要求的任务。

理智性，即 Agent 仅采取有助于自身目标任务实现的行动而不会采取妨碍自身目标任务实现的行动，至少不会盲目采取行动。

2. MAS 的特性及技术特点

1）MAS 特性

适合采用 MAS 来进行分析、建模和控制的系统都具有的特性是：环境是开放的或至少是高度动态的、不确定或复杂的；Agent 是自然的模仿；数据、控制等具有分布性。MAS 除具有个体 Agent 所具有的基本特征性，还具有分布性、并行性、鲁棒性、易扩展性、不可预测性和不确定性等特征。

在 MAS 中，Agent 的自治性、交互性和协作性都以主体的通信语言和通信机制为基础，通信机制设计的好坏、通信语言的完善程度和灵活性直接影响到 Agent 的智能程度和系统性能，所以 MAS 中通信语言和通信机制的设计和实现是 MAS 研发的核心内容之一。

MAS 的通信机制不仅要完成底层计算机间的通信，而且还实现对运行在不同计算机上的 Agent 进行通信链接，Agent 应透明地建在网络平台上，不管位于网络环境的哪个位置都不会对 Agent 本身的功能和 Agent 间的交互造成影响。另外，通信机制的设计应该适应系统的可变性，可变性包括系统中 Agent 的加入和离开等。随着 KQML、FIPAACL 等 Agent 通信规范成为了标准，Agent 通信系统的研究已经逐步从通信语言方面转移到系统通信行为方面，对于实用的通信语言的研究也都基于以上一些通信语言规范。

在辅助决策系统中，Agent 通信技术研究集中在 Agent 通信语言设计、语义理论及语言实现支撑系统三个方面，主要包括通信原语集的选取、每条原语的语义解释以及各种支撑系统的程序设计接口等内容。

Agent 间的协商与协调机制是 MAS 研究的另一个关键问题。在 MAS 中，协商不仅能提高单个 Agent 以及由多个 Agent 所形成的系统整体行为的性能，增强 Agent 及 MAS 解决问题的能力，还能提升系统的灵活性。协商机制能使 MAS 解决更多的实际问题。

尽管单个 Agent 只关注自身的需求和目标，其设计和实现可以独立于其他 Agent，但在 MAS 中 Agent 不是孤立存在的，即使在由遵循某些社会规则的 Agent 所构成的 MAS 中，Agent 的行为也必须满足某些预定的社会规范，而不能"为所欲为"。Agent 间的相互依赖使得 Agent 间的交互以及协商方式对 Agent 的研发和设计具有很大的制约性，其交互及协商机制不同，MAS 中 Agent 的实现方式也将各不相同。因此，Agent 间的协商机制研究是基于 Agent 的智能系统研发的必然要求。

2）MAS 技术特点

MAS 技术是分布式人工智能的重要分支，主要技术特点是：Agent 建模是一种基于智能技术的新方法，对复杂决策研究具重要作用；MAS 是多个 Agent 构成的自适应柔性动态系统与典型分布式计算机软件系统，通常有完全集中式、完全分布式和混合式三种组织结构模式，可满足多种建模目标需求，有效地解决大规模复杂系统建模问题；Agent技术是一种先进计算机技术，特别适合用来解决具有模块化、分散化、可变性、不良结构、复杂性等特征的应用问题。

Agent技术还具有几个优势：与传统系统（如可用数学方程描述的系统，可求解的规范系统等）方法比较，Agent技术不仅可提供建模方法，而且可以给出问题的解，还可用演示系统演化全部动力学特征，这是传统分析方法或数值方法所无法做到的；对于无法求解或当没有合适方法求解或许多参数无法计算的系统问题，采用Agent技术可详尽地研究系统多种特征，并对问题求解；对于无法采用形式描述和数学计算的问题，仍然可以通过Agent交互来解决，而这类问题恰恰广泛存在于经济系统、社会系统、生物系统、作战指挥与控制系统等复杂系统；已有基于Agent的建模和开发工具（软件）被成功应用于解决复杂决策问题。

MAS已成为计算机及自动化领域一项关键性主流技术和研究分布式智能控制的主要工具，形式化建模方法对于MAS进行描述和研究以及对系统模型分析与验证是至关重要的，也是MAS理论的一个重要研究方向。

3. 基于MAS的作战辅助决策系统结构模型

Agent是一个具备通信能力、感知能力和问题求解能力的实体，可以用Agent去代替辅助决策系统中的各个功能单元，通过系统中各个Agent的协调合作去完成复杂决策问题的求解，以实现智能化辅助决策的功能。Agent之间的合作求解主要采用任务分担和结果共享两种方式。其中，任务分担是指将一个复杂决策问题分解成几个子问题，每个子问题对应一个子问题求解Agent模块，并由管理Agent负责管理每个子任务的执行及结果处理；结果共享是指每个独立的Agent合作解决一个复杂决策问题，各Agent彼此共享结果，并由协调Agent负责对结果进行集成，形成一个完整的方案排序。基于Agent的辅助决策系统的体系结构是一个分层次的动态结构，根据问题合作求解方式的不同，可以形成面向任务分担的任务结构模型和面向结果共享的多库结构模型。

基于MAS的辅助决策系统任务结构模型如图5-37所示，它是在问题求解层采取子问题Agent协同求解，每个子问题Agent自身具有问题求解能力，即子问题Agent拥有数据、模型、知识等资源，每个子问题Agent在协调Agent统一管理控制下通过信息中心相互交流和协作。

基于MAS的辅助决策系统多库结构模型如图5-38所示。多库结构模型定义了交互界面、决策任务、决策管理、协调和决策问题管理、模型库管理等类型Agent，还包含任务协调策略。

上述两种结构模型都将基于Agent的辅助决策系统分为以下4个层次：

（1）对话层。由多个交互界面Agent组成，是用户与计算机的交互接口。

（2）任务规约层。由决策任务Agent组成，它将决策任务形成的复杂问题分解为各个Agent所能求解的子问题。

（3）控制层。由协调Agent和决策管理Agent共同组成。决策管理Agent负责将问题求解资源层所产生的决策结果进行综合和评价，以求出问题的解；黑板用于存放各Agent本身信息、Agent所需的信息和产生的相关结果信息，各Agent的信息都传递到黑板中，黑板可以提供给所有Agent共享；协调Agent通过黑板和控制模块来负责各Agent

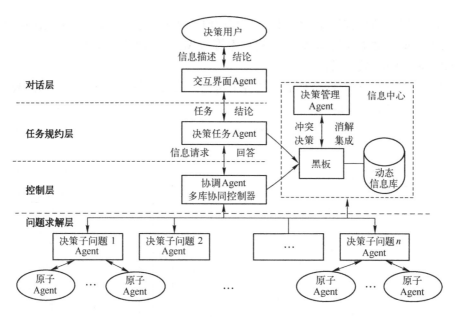

图 5-37 基于 MAS 的辅助决策系统任务结构模型

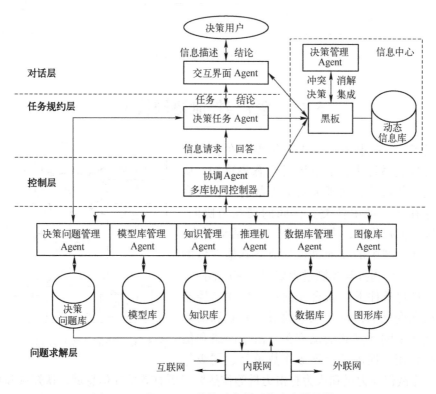

图 5-38 基于 MAS 的辅助决策系统多库结构模型

之间的信息交换和通信,控制和监督各 Agent 执行任务的情况以及进行任务分配。

(4) 问题求解层。两种结构模型中,多 Agent 协作求解方式不同。任务结构模型问题求解层是由各子问题求解 Agent 和各个原子 Agent 组成,主要任务是子问题求解 Agent

235

针对需解决的子问题根据其内部知识选择相应原子 Agent 进行求解；多库结构模型由知识库管理 Agent、数据库管理 Agent、模型库管理 Agent 等决策资源库组成，是将问题通过多库协同求解出问题的解。

根据实际需要，针对联合作战中的各个角色如武器装备、支援装备、保障装备、备战人员、指挥机构、作战原则、态势评估、战场环境等实体，通过 Agent 通信语言与相关服务达到 Agent 间交互，从而按计划实现多军兵种的协同作战，其体系结构框架如图 5-39 所示。

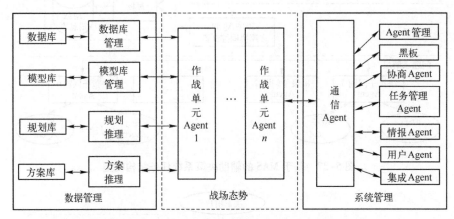

图 5-39 一种基于 MAS 的辅助决策系统体系结构框架

5.6 指挥与控制协同技术

根据指挥与控制的 OODA 环模型，在联合作战指挥与控制系统中，信息域对应态势感知，认知域对应指挥决策，物理域对应作战行动，社会域对应存在于三域中各类实体间的交互与协同。在每个域中都有共享、协同和同步三个活动要素，它们通过社会域中的互动过程形成与其他三域的协作关系。协作指挥与控制过程如图 5-40 所示。

在信息化条件下的联合作战中，指挥与控制过程是动态变化的，每个域中的所有元素和活动都与其他域中的元素和活动有关。由于网络和信息的使能作用，促进了上下级作战单元、同级作

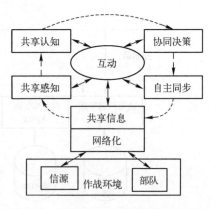

图 5-40 协同指挥与控制过程示意图

战单元、作战保障力量和火力打击力量等作战要素更有效地在信息域、认知域和物理域共享、协同乃至完全同步。指挥与控制过程中的信息从物理域和/或社会域中来，经过信息域、认知域（或通过感知直接进入认知域），再到物理域和/或社会域中，形成不同的战役或战斗指挥与控制活动。指挥员的决策和行动，直接或间接影响战场态势的发展，反过来改变了进入信息域和认知域的信息，循环往复。

5.6.1 联合作战协同的内容与要求

1. 联合作战协同的概念与特点

联合作战协同,是联合作战指挥员和指挥机构为发挥诸军兵种整体作战效能,达成联合制胜目的,在时间和空间上按照统一计划对各种参战力量的作战行动进行的组织筹划和协调控制活动。

(1) 联合作战协同属于作战指挥的范畴,是联合作战指挥员和指挥机构组织与实施作战中的一项重要指挥活动。协同问题不仅涵盖了作战指挥中协调控制的全部,同时在运筹决策与计划组织中也包含着大量的协同内容。在联合作战准备阶段,联合作战指挥员必须着眼于协同问题来确定作战方针、定下作战决心、进行作战部署,并将其纳入作战计划之中;在作战实施阶段,协调作战各要素进行一体化整体作战,控制作战节奏与作战进程是作战指挥员和指挥机构的主要任务。

(2) 联合作战协同具有广义与狭义之分。从指挥的角度,协同是指组织协同,其实质就是上级对下级协调与控制的筹划与实施,即协同主体对协同客体的调度和运作;从作战的角度,协同是指作战力量之间的协同,其实质是作战实体与实体之间如何达成配合与默契的互动行为。

(3) 联合作战协同的目的明了和任务明确。实施协同控制的过程,实际上是实现作战意图、达成作战目的所采取的具体步骤。就其协同的要素、内容而言,更加突出了参战力量的作战行动在时间与空间上的组织筹划和协调控制,以发挥整体作战威力和达成联合制胜目的为根本任务。

信息化条件下联合作战协同所涉及的战场空间、作战形式等发生了深刻变化,呈现出主体多元化、协同空间多维化、协同关系多极化等新特点。

(1) 主体多元化。协同主体是联合作战协同的客观物质基础,是联合作战协同诸要素中最具活力、最能决定作战行动的主导因素。联合作战协同是军兵种作战力量之间的协同,协同对象主要涉及两个以上军兵种的多元主体,决定了其协同目的是诸军兵种一体化优势的充分发挥。

(2) 协同空间多维化。协同空间主要是指协同对象所处的空间。联合作战将在多维战场空间上进行,其协同也将在多维战场上进行,并通过协同形成互依互动的一体化战场。只有从宏观上、全局上协调好其相互关系,才能使各战场空间上诸军兵种作战力量、作战样式、作战阶段的作战行动协调一致、相补相增,形成作战的一体性。否则,无论哪个域的作战行动出现协同失调,都可能对全局造成难以估量的严重后果。因此,联合作战协同,不仅要保证军兵种作战的高效性,而且要形成诸军兵种一体化作战的高效性,这是联合作战协同的基本表现形式。

(3) 协同关系多极化。联合作战的协同关系表现为围绕同一作战意图而以诸军兵种为核心的网状关系,就某一作战目的的协同而言则出现多极化的相互支援和配合关系,多节点、多端点、多途径的网络关系使得联合作战协同的筹划组织更加复杂,受制约因素更多,必须着眼其多极化的特点,分别进行协同,才能形成一体化作战。

2. 联合作战协同的主要内容

从力量、战场(方向)、阶段、行动、作战与保障等方面来看,联合作战协同的内容一般概括为各作战力量之间、各战场（方向）之间、各作战阶段之间、各作战行动之间、作战行动与保障行动之间的协同等。

（1）联合作战力量之间的协同。联合作战力量由各军兵种作战力量组成，应由联合作战指挥员及其指挥机构组织实施，确定各军兵种作战力量相互间的协同关系，明确协同任务、行动程序和方法，划分各作战力量的作战空间和作战时间。

（2）联合作战战场（方向）之间的协同。信息化条件下联合作战的战场范围越来越广阔，在各战场上又有主要作战方向、次要作战方向和佯动作战方向等的互相交织，错综复杂。联合作战指挥员应着眼全局，以主要战场和主要作战方向为主，周密组织各战场、各作战方向之间的协同，明确作战中变换主要战场和主要作战方向的方案和措施，使之能互相配合和支援，围绕实现作战目的，协调一致地行动。

（3）联合作战阶段之间的协同。信息化条件下联合作战，由于参战力量众多，作战样式多样，战场广阔多维，持续时间较长，因此，通常划分为若干作战阶段。联合作战指挥员应组织协调好各作战阶段，特别是作战阶段转换时各种作战力量的行动，前一阶段为后一阶段的行动创造有利条件，后一阶段与前一阶段紧密衔接，使整个作战能按计划、分步骤、有节奏地顺利发展，达成联合作战的目的。

（4）联合作战行动之间的协同。信息化条件下联合作战通常包括以信息战、火力战、特种战、机动战、心理战等为主的一系列作战行动。较大规模的联合战役，还可能包括不同样式的子战役。联合作战指挥员及其指挥机构，应组织好各作战行动之间在方向、时间、力量运用等方面的协同，使各种作战行动及样式紧密衔接，形成有机整体。

（5）作战与保障之间的协同。联合作战行动与各种保障之间具体协同的内容很多，总体上可分作战行动与作战保障之间的协同、作战行动与后勤及装备保障的协同两大类。信息化条件下联合作战，作战任务的完成和作战的有序运行，更加依赖及时、稳定、可靠的保障，因此组织作战与各种保障的协同成为联合作战协同的重要内容，应予以高度关注，周密组织好作战与各种保障之间的协同，以确保联合作战的顺利实施。

从力量、战场（方向）、阶段、行动、作战与保障等方面认识联合作战协同的内容，是一种理论上的探讨，主要从不同角度强调联合作战协同的关注点，有利于对联合作战协同内容的理解。而在实际组织实施过程中，上述五个方面的内容相互联系、相互交叉，很难截然分开。因为在信息化条件下的联合作战中，某一战场可能包含多种作战样式与行动，而某一作战样式与行动又可能存在于不同战场；在某一作战阶段，可能涉及多种力量在多个战场、多个方向实施的多种行动，而某些情况下有些行动还可能贯穿多个作战阶段甚至作战全程。如果将力量、战场、阶段、行动等之间的协同都作为联合作战协同的内容，指挥员在具体组织协同时，会觉得无从下手。力量是作战的物质基础，联合作战是多种参战力量在不同战场空间（方向）展开的一系列作战行动，联合作战协同内容的核心和根本，就是要搞好各参战力量在行动上的协同，因为各战场、作战方向是作战力量运用的空间和方向，作战阶段也是对各作战力量完成任务的进程所划分的段落，作战与保障之间的协同还是要通过协调作战力量与保障力量的行动来实现。所以，抓住作战力量及其行动组织协同，就抓住了协同的关键和根本。

3. 信息化条件下联合作战协同的要求

从协同原理、联合作战发展和组织实施联合作战等方面综合看，信息化条件下联合作战协同应把握整体协同、重点协同、主动协同、精确协同、灵活协同、发扬民主等主要要求。

整体协同是指联合作战指挥员及其指挥机构，着眼全局，依据作战总任务，对参战的各种力量和作战样式、各战场和方向上的行动，实施全过程的宏观调控，使作战力量形成整体合力。首先，对各类力量进行整体协同，即对可能参加的诸军兵种力量，按照各自的特长及优势，以总目的为着眼点，科学合理地提出相互协同的任务和要求，并对各种力量的行动实施统一的组织计划和调控，使其相互间保持不间断协同，从而形成整体；其次，对各空间实施整体协同，使各空间中各类力量的行动协调一致，形成整体；再次，对各类行动组织整体协同，既要搞好各种作战样式的协调配合，也要做好各作战阶段的转换，还要综合运用好各种战法手段，使复杂多样的联合作战行动在作战全过程形成整体。

重点协同是指联合作战指挥员及其指挥机构，对起主导作用的军兵种、主要战场和方向、关键作战行动、重要阶段和关键时节的协同。重点协同应在整体协同基础上，分清主次、区分轻重、抓住关键，精心组织。应紧紧围绕主要的战场、作战方向和作战目标、作战阶段和战役样式，对作战全局有重要影响的行动和关节组织协同，以保持主要作战行动协同稳定、高效，推动作战进程有序发展。

主动协同是指参加联合作战的各种力量，无论在何种情况下，均应围绕统一的作战目的和总体的作战任务积极配合，密切协同。首先，主动协同是克服协同困难、保持不间断协同、形成整体合力的重要保证，要强化主动协同的意识，使各级指挥员及其指挥机构充分认识主动协同在联合作战中的地位作用；其次，各级指挥员及其指挥机构要保持对所属部队的有效控制，对重大情况要主动报告，为上级的协同决策提供依据；再次，各部队在协同中断时，应按协同计划主动相互联络，同时应积极采取各种措施，灵活运用各种方式方法，主动恢复协同行动。

精确协同是指联合作战指挥员及其指挥机构应精确细致地组织各种参战力量的作战协同。应注重协同中的目标、火力、时空、频谱和保障的精确计算，充分利用指挥与控制系统和先进技术手段组织协同，提高协同的精确度，通过演练反复组织协同，使各参战军兵种之间相互熟悉作战特点和要求，掌握相互协同的作战程序和方法，提高参战部队的密切协同能力，增强协同的精确性。

灵活协同是指联合作战指挥员及其指挥机构，在战场情况发生意想不到的变化时，应审时度势，灵活变通，保持协同的稳定性和连续性。首先，战前制定协同计划时，要以实现上级意图和决心为前提，依据战场和各作战力量的实际情况，预见作战的发展趋势，将各作战空间的环境、条件及协同关系可能发生变化的时机、地点、方式、方法等，既要尽可能全面考虑，还要保持计划调整的灵活性；其次，信息化条件下联合作战，战场情况瞬息万变，应加强战中协同的随机调控，联合作战指挥员及其指挥机构一定要掌握战局发展，一旦出现始料未及的变化时，要果断决策，实时调控。

发扬民主是指联合作战指挥员及其指挥机构在组织协同时，只要时间允许，就要认真听取各部门、各军兵种的意见和建议，充分考虑各参战力量的作战特点和要求，反复协商，力求达成一致，确保协同计划全面、科学、合理。

5.6.2 联合作战协同的关系与方式

联合作战协同的关系、方式与方法有不同的认识观点,各有其优缺点。

1. 联合作战协同关系

联合作战协同关系是指可能发生在各级各类联合作战指挥机构或作战实体之间,相互支配、制约与配合的各种各样交叉而复杂的责权关系,这是影响和制约协同效能的重要因素。从原则上讲,协同关系的确定必须围绕战略意图与作战目标的实现,着眼于作战任务与协同目的的需要,并根据作战阶段的发展与战场环境的变化以及协同方式的运用等多方面因素综合考虑。一种联合作战协同关系如图 5-41 所示。

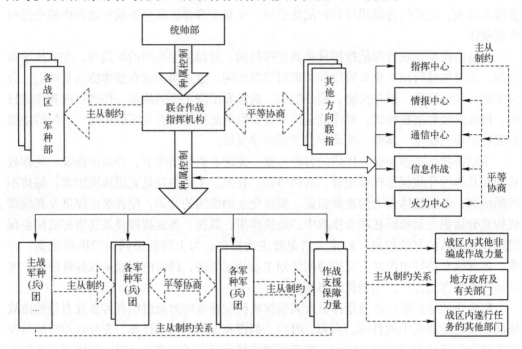

图 5-41 联合作战协同关系示意图

种属控制关系指各级指挥员根据作战编成与编组对所属部队行使指挥权所构成的控制与被控制关系。也就是说,无论是建制内的部队,还是加强或配属的作战力量,只要在其作战编成或编组内,构成纵向的隶属或配属关系,上级就有权对下级实施指挥控制。它是联合作战中最基本的协同关系。

主从制约关系指两个互不隶属,但在执行作战任务中有主次之分,并在作战行动上相互制约的单位之间建立的支援与被支援的关系。这种关系主要表现在有关作战实体平行间的横向联系上,它是联合作战协同中最广泛、最复杂的协同关系。

平等协商关系指两个互不隶属与制约的平行单位指挥员,为实现共同目标而自动建立相互关照、彼此策应的协同关系。他们通过平等协商而不是依靠行使指挥权达成统一行动的目的。

由于联合作战协同关系错综复杂,既有联合作战总体上各军兵种地位平等、相对独立的协作、策应关系,又有不同作战阶段上根据各军种所担负的任务与角色而建立起来的主从制约关系；既有纵向上各级指挥机构间的种属控制关系，也有横向上各作战实体间互不隶属与制约的平等协商关系；某些关系随着作战进程的发展需要不断调整，具有一定可变性特征。这就决定了联合作战指挥员和指挥机构必须注意协同关系的全程理顺。

2. 联合作战协同方式

联合作战协同方式是实现诸军兵种及各作战要素有效"联合"的"调解器"。系统地了解和正确掌握协同方式，不仅是化解联合作战指挥与协同"难"的关键环节，也是提高联合作战整体作战效益的重中之重。因此，必须着眼于联合作战协同层次、关系、重点等自身的特点和规律，提高联合作战协同意识。联合作战协同方式可以从不同角度进行分类，按照控制是否按计划实施角度，联合作战协同仍然需要计划协同和随机协同两种最基本方式，同时还离不开围绕任务，划分阶段，根据具体的时间、空间、目标等最基本的要素、最常见的办法组织协同。

计划协同是指依据预先制定的协同计划组织实施的协同。联合作战中，没有协同计划，协同就无法组织。未来联合作战行动涉及许多复杂因素，时效性、精确性要求很高，各军兵种部队在一定时域、空域、频域内共同行动，如果不通过计划加以调控，完全靠临时组合，不可能做到协调一致。搞好计划协同要强调预见性、适应性和运用计划工具的先进性。

随机协同是针对作战过程中各种突发性、意料之外的战场情况，对军兵种部队的作战行动随机进行的调控。以往组织协同，通常以计划协同为主，辅之以随机协同，而随着联合作战的发展和战场节奏的加快，随机协同的作用越来越突出，因此应高度重视随机协同。搞好随机协同需要关注三个点：重心点，即在联合作战中起稳定作用和支撑作用的关键部位；失衡点，即未能按预定协同方案进行有序的行动，或因特殊原因达不成有效协同的作战部队或某个重要的关节；转换点，即阶段性作战任务的完成与任务转换或作战样式、作战阶段的转换。

3. 联合作战协同的方法

联合作战协同方法是指联合作战指挥员和指挥机构组织协同时所采取的一切措施与手段。一种观点认为，联合作战协同方法有四种，即按作战任务协同、按作战阶段协同、按作战时间协同和按作战区域（空域）协同，其优点是思路比较清晰，易于理解和接受，但容易将这几种方法对立或并列。

按任务协同指联合作战指挥员及其指挥机关在总体上以任务为轴线，明确各作战力量之间的协同关系，通过规定执行任务的时间、空间范围和有关要求，协调控制各作战力量的作战行动。首先，联合作战指挥员及其指挥机关应紧紧围绕总任务的完成，科学合理地确定各作战集团、部队的任务，使各作战力量密切配合，相互支援，共同完成作战任务。其次，要围绕作战的主要任务组织协同。各作战集团、部队所受领的任务有主有次，联合作战指挥员及其指挥机关要围绕主要任务的完成，来调控其他任务的完成，同时要及时、准确地掌握各主要任务的完成情况。出现问题时，应及时调整，保证按规定完成上级赋予的任务。

按作战阶段协同指按联合作战的可能进程，将其划分为若干阶段，并根据各个阶段的任务和重心，组织各作战力量的协同。按作战阶段协同应把握好以下几点：一是要合理划分作战阶段。作战阶段的划分，既要便于组织作战协同，又要将主要作战时节突出出来。如果联合作战规模较大，由系列战役组成，可按战役展开的次序来划分作战阶段。二是要明确各作战阶段中各军兵种的作战任务、相互间的协同事项，使各作战力量的协同有据可依，保证协同质量。三是要搞好各作战阶段转换时的协同。作战阶段转换时的协同至关重要，如果衔接不好，前一阶段的协同行动失调，就会给后一阶段的协同带来困难，从而影响作战总任务的完成。

按作战空间协同指规定各军种力量的行动空间和活动范围，充分发挥各军兵种在不同空间的优势，同时，形成各个空间和领域各作战行动的相互配合。首先，要对各战场、各作战方向进行总体规划，对各作战力量在各战场空间的作战行动，在时间、范围、任务上进行严格规定，使各战场空间的作战行动有条不紊，以防止在同一空间内发生交错和冲突。其次，要根据作战力量和战场的客观实际确定主次战场，以便作战的协调控制，使各个战场空间的作战行动围绕主要战场形成整体。

按作战时间协同指通过明确各作战集团、部队发起作战行动的时间以及进行某一作战行动的持续时间，达成相互之间的密切协调。联合作战指挥员及其指挥机关应当根据各作战集团的作战任务和特点、战场环境的影响等，对各作战集团、部队的行动顺序和起止时间进行合理划分，围绕主要作战集团、部队的行动，明确协同关系和要求，组织协同动作。作战实施中，督导和保障各作战集团、部队严格按照规定的顺序和时间行动，准确掌握各作战集团、部队的作战进程和效果，根据战场情况变化和作战发展，适时调整行动顺序和时间，确保各作战集团、部队的行动在时间上紧密衔接。

在组织联合作战协同时，应综合运用这几种方法。按作战任务和按作战阶段协同是协同的基本方法，并将按作战时间和按作战空间协同的方法融入之中。无论按作战时间还是按作战空间协同，都要事先划分作战阶段，赋予各参战力量以作战任务，作战阶段是轴线，作战任务是依托。按作战空间协同，通常用于各种作战力量在同一时间内遂行任务时，也就是要区分好在同一作战时间内各种作战力量在不同战场空间的作战任务；按作战时间协同，通常用于各种作战力量在同一空间遂行任务或者打击同一目标时，要区分好多种力量在同一作战空间遂行任务或打击同一目标时的时间顺序。

另外，还有从作战实施角度，将联合作战协同的方法划分为计划协同法、随机协同法、目标协同法、自主协同法、互动协同法五种，其优点是考虑问题较为全面、具体，但存在协同方法与协同方式混淆的不足。

5.6.3 多平台协同互操作性

在联合作战中，为实现作战力量的最佳组合，形成整体优势能力，联合作战指挥与控制系统的"三互"操作尤为重要。互联是互通的基础，互联互通又是互操作的前提，网络协议是实现"三互"技术的基础，包括面向通信、面向信息处理和面向用户业务的三类协议。

1. 互操作性的定义及模型

互联是指开放系统之间、网络之间、设备或用户之间的相互联接或能够建立连接，通常包括物理线路连接和数据链路连接。它要求提供待集成的系统之间进行信息或服务交互所需要的环境或工具，包括硬件、通信和网络、系统服务、安全设备、遵循的标准规范及管理等。在系统集成中，通过采用电缆、光缆、集线器、路由器和交换机等，以及相应的通信协议，建立相关计算机及电子设备的通信连接，将原本分离的各部分连接起来，常常形成移动、多路由的网络，确保信息能够在体系内自由畅通。

互通是指不同系统、设备之间的信息能够有序联通共享。两个或两个以上互联的系统、设备或用户之间交换并使用信息或服务的过程，包括武器（作战）系统内部各组成要素之间的相互交换、各种武器（作战）系统之间的相互交换、不同军兵种武器（作战）系统之间的相互交换。互通涉及数据的格式和内容两个方面，包括文本、图形、图像、语音、视频、数据库等多媒体形式的信息。

互操作提供了一种各类社会组织和系统在一起工作的能力。在技术层面，按照IEEE 的定义，互操作是两个或多个相互独立的系统或实体之间交换信息以及对已经交换的信息加以使用的能力，包括语法上能够相互传递和交换数据、语义上能够自动精确解释所交换信息的含义并产生有用的结果两个方面。在已存在协作关系或指挥与控制关系的实体之间、系统、单元或用户之间交换信息时，可根据达成的协议和权限，允许相互间使用对方的系统、设备或功能。用户向（从）其他系统、设备或部队提供（接受）服务的能力，并利用交换服务使它们能一起高效地联合作战。互操作主要是面向用户和应用，存在于系统、平台和设备多个层次的服务和应用领域，根源来源于异构性。互操作性是相互提供服务，彼此协作，使体系高效运转，共同提高工作质量和水平。显然，为了有效地实现互操作，不同系统必须符合跨领域之间的功能操作标准，对共享信息有共同理解，采用相同的数据标准、通信协议及接口界面。要求公共计算平台具备查询、发现、调用（统一接口）设备，实现系统内（间）的互操作。在系统信息基础设施架构中，互操作性处于物理域和信息域之间，包括信息/服务的交互，按照共同的语义/标准对信息或服务进行操作，使各系统、设备能够协同，完成特定的任务或功能。技术上，尽管互操作建立在互联网协议基础上，例如 IPv6，但实际的互操作内容不是在链路层，而是在数据层，这也是互操作从技术层面进一步到达组织层面的基础，其中的关键是语法和语义的共同理解、唯一和可达。物理实现上，在设备和软件层面要实现通用化、系列化和模块化，在系统和网络层面要实现可伸缩、可重组、可替换。

关于互操作性的定义有很多，分别是从不同的视角来阐述。美国国防部军事术语词典从作战和技术两个层面给出了互操作性的定义。作战互操作性是指系统、设备或部队向（从）另一系统、设备或部队提供（得到）服务的能力，基于这些能力使得它们之间能有效地协同工作。该定义侧重于从作战角度来观察互操作性，不可避免地要超出系统的界限而包括对使用系统的人和规程以及它们之间相互作用的考察，适用于所有作战领域，包括单军种作战、多军兵种联合作战乃至多国部队联合作战。技术互操作性是指通信电子系统之间或通信电子设备的各组成单元之间直接进行满意的数据和信息交换的能力。它是作战互操作性的基础，从技术层面来考察互操作性，规定的是系统（而不是组织）之间的关系。技术互操作性所涉及的内容很多，如每种武器系统内部的各组成要素之间相互交换、军兵种或机构内部的各种武器系统之间相互交换、不同军兵种的武器系统之间相互交换等关系。从工程实现角度，通常可将互操作性定义为"通信实体集合交换特定的状态数据以及在这些数据上遵循特定的操作语义进行操作的程度"。

比较典型的互操作模型有互操作性概念等级模型（LCIM）、信息系统互操作等级模型（LISI）、北约互操作性参考模型（NATO RMI）、组织互操作性成熟度模型（OIM）。

1）互操作性概念模型级别（LCIM）

由于建模和仿真领域的需要，Tolk 和 Muguira 提出了互操作性概念模型级别（LCIM）。LCIM 模型定义了 5 个级别：0——系统特定的数据，两个系统之间不存在互操作性，数据在每个系统中以专有的形式使用，不存在共享；1——文档化的数据，数据通过公共的协议（如 HLA 对象模型模板）文档化，并可通过接口存取；2——排列的静态数据，数据通过公共的参考模型或元数据标准文档化，这意味着数据被无二义性的描述；3——排列的动态数据，在联邦或组件内使用的数据使用了如 UML 标准的软件工程方法进行了定义；4——协调的数据语义执行代码之上的数据连接由概念模型中低层的构件明显地进行描述。

2）信息系统互操作等级模型（LISI）

信息系统互操作等级模型（LISI）定义了逻辑上应用于各种系统之间信息交换的复杂性的不同等级，等级进一步定义是互操作性的综合分类，如表 5-2 所示。它适用于信息系统的整个生命周期，即从系统的需求分析到开发、采购、维护以及改善和修改。LISI 的主要特点是：便于对系统与系统之间交互的每个逻辑等级上的互操作性和一组性能的共同理解；提供一种互操作性成熟模型和一些必要的相关能力，作为各异构系统之间进行比较的基础，也作为完善单个系统的基础；提供一种评定和改善互操作性的方法学，指导需求和体系结构分析、系统开发、采购、维护和技术嵌入。

表 5-2 LISI 互操作性成熟模型

等　　级	信　息　交　换
4——企业级 共享数据与应用程序可交互操作	跨领域信息应用程序共享高级协作，如交互 COP（公共作战图）更新、事件触发的全球数据库更新
3——领域级 数据共享，应用程序分离	共享数据库混合协作，如公共作战图
2——功能级 最低通用功能，数据应用程序分离	异构信息交换组协作，如注释、图形和多层地图的交换
1——连接级 电子连接，数据应用程序分离	同构信息交换，如 FM 话音、战术数据连接、文本文件、消息、电子邮件
0——隔离级 未连接	人工网关，如磁盘、磁带、硬盘交换

3）组织互操作性成熟度模型（OIM）

组织互操作性成熟度模型（OIM）是澳大利亚国防部通过扩展 LISI 模型以达到组织互操作性所做出的努力。该模型定义了五个互操作性等级：级别 0 独立的；级别 1 特别的；级别 2 协作的；级别 3 集成的（或组合的）；级别 4 统一的。

OIM 不关心构造系统的组织，关注的是人的活动和军事行动的用户面。Tolk 考察了许多互操作性模型，如 LISI 和 NC3TA 互操作性参考模型后，建立了联合互操作性参考模型，如图 5-42 所示。

联合互操作性层次（LCI）是为方便讨论技术的和组织（政治和军事）的互操作的解决方案而提出。它并试图取代其他的模型，该模型最低的四层处理技术互操作性，最上面的 4 层是感知互操作性。知识/意识层提供从技术互操作性到组织互操作性的迁移。

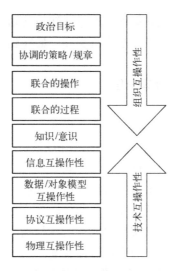

图 5-42 联合互操作性层次示意图

上述模型讨论了从技术到联合组织的互操作性问题。其中，技术互操作性包括 LISI、LCI、NATO，组织互操作性包括 OIM 和 LCI。卡内基·梅隆大学软件工程研究所开发了包括技术互操作性和组织互操作性的模型多系统组成的系统互操作性模型（SO-SI），进一步阐述了构建和维护可互操作的系统。

2. 多平台协同互操作分类

在联合作战中，需多个作战单元和实体进行协同作战。当知识和信息能在用户间直接或满意地进行共享和交换时，相应的系统、作战单元或设备间就可以实现协调行动，包括平台之间的协同、平台与系统之间协作和系统之间的互操作。由于传感器和武器数量较多，各平台所处位置不同，交战空间多元化等原因，跨系统、平台和人员的协同互操作分为以下 3 类：

1）多平台多传感器协同调配

各类传感器由于功能和性能不同，在探测与跟踪目标时，需要尽可能使用最适合的传感器。当没有最适合的传感器时，调用相关的传感器进行联合探测与跟踪。如在警戒时，在目标可能的方向，选择发现目标概率最大、探测距离最远的传感器；在跟踪时，则选用精度高的具有动目标跟踪能力的传感器。

2）跨平台武器协同控制

与单平台相比，在多平台软硬武器的统一使用中，也需对多平台软硬武器战术性能和使用特点，以及软硬武器之间在使用中的相互影响进行分析，合理分配不同的武器系统打击不同的目标，并使得多种武器系统在打击目标时最佳协同。一方面，应考虑在跨平台武器协同交战时的冗余交战问题，即多种武器协同打击某一个目标，同时不遗漏任何需要打击的目标，这需要考虑远程协同武器的使用时机，远程、中程和近程武器之间的协同，软硬武器之间的协同；另一方面，应确定远程协同武器与平台自防御武器的分工范围，考虑跨平台武器协同互操作对其他平台的影响，避免相互影响和自摧毁以及硬武器系统和软武器系统实时协调过程中的干扰。

3）指挥节点之间的互操作

这实际上是指挥节点之间的信息交互和相互之间的协调，包括上级对下级的指挥和同一级之间的沟通等方面。如此互操作性经过认知域认知，过渡到社会域中的组织互操作性，核心是按照协议和语法语义标准进行交互，最终到达物理域、信息域、认知域和社会域的贯通、同步和一体化。

3. 多传感器协同的任务和处理分层

1）传感器协同的主要任务

传感器协同的主要任务包括空间、模式、任务、时间等方面。

（1）空间协同。结合友邻的资源系统信息指示本传感器的作战目标和作战方向，保障整个作战空间对敌方的有效最佳覆盖。协同方案通常在优化某个组合目标函数的基础上形成，组合目标函数是以整个复杂目标环境为背景。在确定目标的相对优先级以及目标向探测器的分配中，必须保证优先权高的目标被分配到探测精度最好的探测器。对监测应用来说，传感器的视野必须有规律地移动（扫描），以搜索和截获新的目标或周期性地再现目标点，获得一条统一的运动目标航迹。

（2）模式协同。选择传感器的工作模式和相应的工作参数，包括搜索模式、信号功率、工作频率、信号波形、处理技术和优先级等，以获得最佳探测效果。为了突出所关注的目标，要协调管理各传感器的工作时机、工作方式和时空参数。通过对传感器的调度，可以把目标有意识地置于不同传感器的工作范围之内，提高整个系统对目标的综合跟踪能力，包括对传感器的孔径、搜索模式、信号波形、功率大小和处理技术等。

（3）任务协同。根据传感器探测任务规划，完成传感器之间目标的交接，以形成对目标的连续不间断探测。

（4）时间协同。根据当前事件、目标状态以及战术原则，预测未来事件，检测或验证所期望的事件。目标跟踪时，可以根据当前目标位置，预测目标的未来位置，控制传感器盯住跟踪中的目标。在跟踪中，随着敌我相对运动态势的不断改变，必须能可靠地预测到何时哪个传感器将丢失目标，这是由于传感器的目标探测能力依赖于传感器的可用性和监测能力。根据各传感器的可用性模型，在与其他传感器进行充分协调之后，可以制订出一个详细的对该传感器进行协调控制的时间进度表。

2）传感器协同的分层处理

联合作战指挥与控制系统的协同任务面临非常大的行为决策空间，采用单一的目标优化方法来解决整个问题是不现实的，有效的解决方法就是将其分解为多个层次的行为，然后采用自顶而下的问题求解策略，由抽象的观点到具体的推理逐步进行。下面的5个行为层次反映了联合作战指挥与控制系统的协同任务所具有的特征，这些层次涵盖了传感器协同任务应具有的功能。

层次0，即传感器控制。这是层次结构中的最低层，它负责传感器控制命令的实现，即根据控制命令设置传感器的所有相关工作参数。如，一部多功能雷达可接收搜索、目标跟踪或目标更新等命令，针对每组命令都有一组相应的控制参数。传感器控制的任务就是针对传感器调度器提交的命令，确定恰当的传感器控制参数，使系统的整体性能达到最优。

层次1，即传感器调度。本层针对上层分配的任务，根据各传感器的可用性和能力，为它们分配一个详细的时间进度表，其中包含每个时间段应做的工作。该问题不是一个简单问题，每个任务都有各自不同的特性，如刚性和柔性截止时间，不同的优先级等。

层次2，即资源规划。本层负责将需要完成的任务分配给各传感器。典型的任务有：多传感器多目标跟踪中传感器的选择、对多个目标同时进行识别而进行的传感器分配、传感器交接、对移动传感器及其平台的运动规划等。

层次3，即资源部署。为提高系统的感知能力，使其能跟上快速变化的战场环境，必要时须部署额外的传感器，并对它们进行规划。具体来说，本层负责回答：什么时候需要增加额外的传感器、数目是多少、将这些传感器部署在什么位置等问题。

层次4，即行动规划。这是传感器协同任务的最高层，它根据数据融合处理结果或操作员的干预确定系统任务。它主要关心的几个抽象问题是：需要完成的任务（搜索、跟踪和目标识别），达到的精度要求（期望的误差协方差），测量的重复频率，关心的环境区域，目标选择，确定要完成任务的优先级等。

5.6.4 多平台协同火控技术

1. 协同作战能力

协同作战概念出现于20世纪80年代，起初是美国海军根据战斗群防空战协调（BGAAWC）计划的设想和要求提出，由约翰·霍普金斯大学应用物理实验室（ADL）负责实施。BGAAWC计划提出可将传感器联网的设想，这就是协同作战系统或称协同作战能力（CEC）。该系统利用计算机、通信和网络等技术，将航空母舰战斗群中各舰艇的目标探测系统、指挥与控制系统、武器系统和预警机联成网络，从而实现作战信息共享，武器共用，统一协调战斗行动。CEC网络从建立概念到最终装备部队，经历了近20多年的持续努力。通过反复论证和逐步改进最后形成武器装备，并经过局部战争的实际考验，证明了其强大的作战效能。CEC网络技术已经成为美军联合作战互操作性的重要保证手段。

美军协同作战的定义是：协同作战指为能够更加有效地抵御威胁而设计的一种作战能力，它能够协同结合分布于两个或更多作战单位中的资源。协同作战的协同内容有：战场感知协同，指对参战各军兵种部队所具有的战场空间探测/侦察手段的统一协同控制与管理；作战指挥协同，指对参战各军兵种兵力的统一协同运用决策与指挥，包括制定协同作战决心/方案、协同作战/保障计划以及统一协同指挥等；火力打击协同，指对所有参战兵力、武器平台、主战兵器的统一协同运用，以在整个作战空间中取得对敌火力打击的最佳效果。

协同作战的重要特点是能够进行远地数据作战和在不同平台间实现接力控制。如果一个平台上的导弹系统具备拦截某一目标的能力，但该平台无法探测和跟踪目标，而另一个平台具有跟踪该目标的能力，这时可以利用异平台的跟踪数据（远地数据）来引导导弹拦截目标。对于指令制导导弹，武器系统需要不断地给导弹发送控制指令，但制导雷达的作用距离限制了导弹的作战区域。由于在不同平台间共享了一致的态势，因而系统能够利用其他平台上的雷达发送控制指令并引导导弹飞向目标。远地数据作战和接力控制使得系统能够充分利用不同平台的作战资源，扩大了防空区域，增加了拦截纵深，大大提高了多平台综合作战能力。同时，这也就意味着不仅考虑武器目标分配问题，还要考虑传感器的调度问题，使得多平台火力协同控制更为复杂。

根据目标威胁、目标与环境特性，不同武器的命中概率和精度要求，常常需要一个作战平台联合另一个作战平台进行多平台探测和武器发射，实现从相同或不同的平台发射多种武器的协同打击。跨平台控制发射的武器协同过程如图 5-43 所示。它主要涉及系统全分布式体系结构、高速数据分发、数据融合、协同作战平台的高精度定位、多平台多种软硬武器的协同控制、多平台传感器和武器协同管理、多平台多种软硬武器和传感器优化分配、协同作战时的火力兼容等关键技术。

图 5-43　跨平台控制发射的武器协同过程

假定跨平台控制发射是由作战平台 A 确定平台 B 控制平台 C 上的武器发射攻击预定的目标（多平台目标指示），平台 B 对目标进行跟踪（或由平台 A 向平台 B 提供目标航迹数据），并对平台 C 上要发射的武器进行火控解算，求取相应射击诸元，最后控制平台 C 上的武器发射。平台 C 完成发射并对发射出的武器进行中继制导或引导。在多平台协同控制中，平台 C 上的武器实际上成了平台 B 的一部分，相当于是平台 B 武器的延伸。当平台 C 处于攻击目标的最佳位置，但无法快速获得目标的位置信息和运动参数，或平台 A 和平台 B 虽处于对目标可打击的位置，但平台上未装备合适的打击武器，或可打击的武器已发射耗尽。此时，跨平台控制发射就是一种对敌目标快速准确打击的有效途径。以上平台 A 和平台 B 的工作也可由同一个平台完成，如平台 A 或平台 B 来完成。

由于 CEC 网络提供了精确的栅格锁定、极短的时延、非常高的数据率，因此一个作战平台可以在其自身雷达从未捕获目标的情况下，使用从其他 CEC 单元接收到的数据，发射导弹并引导它拦截目标。协同作战包括提示作战、远程/合成数据作战、远程发射作战和前传作战四种作战方式。

（1）提示作战。当 CEC 系统给出一条合成航迹时，如果本平台雷达没有捕获到这个目标，且根据威胁评估准则判定这一目标对本平台构成了威胁，可以利用 CEC 的提示信息引导本平台雷达捕获目标，并可在较远的距离上发射导弹拦截目标。这种方式又称提示自防御作战。

（2）远程/合成数据作战。由相控阵雷达或导弹火控雷达，通过数据分发系统（DDS）按合成航迹数据直接向导弹发射平台提供目标跟踪数据，由发射平台完成火控解算并发射/控制导弹或火炮拦截目标。

（3）远程发射作战。一个远程协同单元可以控制另一协同单元武器进行发射。在这种作战方式中，武器发射平台的武器发射装置将成为发射控制平台的一部分。

（4）前传作战。在武器发射平台发射导弹之后，在导弹的中段制导阶段或从中段制导转到末端制导（照射）期间，可以将导弹的制导从发射平台转移到另一平台，即由其他平台控制导弹的中段和末段飞行。

在协同作战时，探测与跟踪功能可以由一个作战平台完成，也可以由不同作战平台完成，但由于各作战平台所形成的统一一致的战术态势来源于各作战平台的探测信息，因此协同作战时的探测功能可以看作由各作战平台共同完成。协同作战的功能流程及关系如图 5-44 所示。

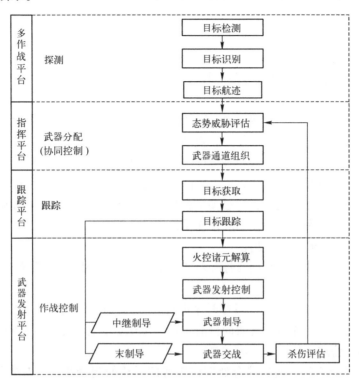

图 5-44　协同作战功能流程及关系示意图

（1）探测。通过探测传感器获得目标点迹数据以及目标敌我询问应答信息，建立威胁目标航迹表。每个作战平台所建立的目标航迹表以及所测量的目标点迹数据将相互共享，以形成统一一致的战场态势。

（2）跟踪。根据武器通道组织命令和目标指示数据，跟踪平台上的火控系统使用配备的火控跟踪器或搜索跟踪一体化的传感器，如相控阵雷达、声纳等，捕获跟踪目标后所测量的数据，滤波求取目标运动参数，提供给武器发射平台用于火控解算和控制武器作战；当所使用的武器需要进行中继和/或末制导控制时，可使用跟踪平台上的跟踪（照射）器，实施对已发射武器的中继和/或末制导控制。

（3）武器分配（协同控制）。在协同作战时，在各作战平台数据共享形成的统一一致的战场态势的基础上，根据威胁目标航迹表进行战术态势评估，进行目标分配和武器通道组织，实施武器的协同控制。武器分配功能通常由预先指定的指挥平台来完成，由于各作战平台都具有统一一致的战场态势和能够嵌入协同武器分配功能模块，因此，从理论上讲可指定任一作战平台担负指挥平台的职责。当指挥平台接收到目标已被击毁的报告后，可重新分配该武器对其他目标进行作战。

（4）作战控制。根据武器通道组织命令，武器发射平台上的火控系统可直接使用探测跟踪平台提供的"火控"质量的目标航迹数据或其火控系统滤波求取的目标运动参数，解算武器发射/射击诸元，以及控制武器发射平台上的跟踪（照射）器，实施对武器的中段和/或末制导。在武器拦截后，由武器发射平台上的火控系统评估武器是否已杀伤预定的目标，如果目标未被击毁，则继续作战；如果目标已被击毁，则将结果立即报告给指挥平台。

2. 协同火控系统

协同火控系统是指能够综合使用多平台的探测信息或其他平台的探测信息，综合控制多平台多种类型武器对目标进行协同作战的火力控制系统。它能将战区内分布的编队和其他有关作战单元，通过无线网络有机连接在一起，构成一个具有相互协同、相互支援和相互补充的作战整体，协调和控制各作战单元的武器作战，以扩大作战的空间范围，充分发挥编队内武器的作战能力，提高编队的综合作战效能。因此，协同作战所要达到的主要目标是：充分利用和合理分配编队内的武器，提高编队总体作战效能；增加不发射武器的平台对目标的探测，提高编队探测能力；通过构建一个分布式系统，提高编队的生命力和持久作战能力；通过多平台传感器信息融合，提高探测能力和可靠性，扩展战斗空间；充分利用硬杀伤和软杀伤手段。

1）协同火控系统的主要功能

通过对协同作战所要达到的目标和功能需求的分析，协同火控系统应具备的主要功能如下：

（1）分布式无线组网通信。可按时序进行收/发通信和网控管理，实现协同作战平台之间分布式无线组网连接。各协同作战平台可按规定的时序轮流发送和接收数据，实现各协同作战平台之间信息的实时共享。

（2）平台相对定位。通过综合处理相控通信天线的测量数据，对参与协同作战的各平台进行精确的相对定位。

（3）信息融合和目标识别。能够对来自多平台的目标信息进行融合处理，生成满足火控质量的合成航迹，实现对目标的综合识别，保证各协同作战平台获得一致的战术态势图像。

（4）威胁判断和协同作战辅助决策。依据合成航迹数据，自动完成威胁估计，提取所需协同打击的目标，根据所提取的打击目标、各协同作战平台的位置、可使用的资源状况和战术性能，制定最佳协同作战方案。

（5）目标跟踪。根据协同作战方案和相关数据，在规定的时刻控制跟踪传感器对所分配的目标进行跟踪，求取目标运动参数。

（6）武器发射和制导控制。根据协同作战方案和相关数据，进行武器射击诸元的计算，在规定的时刻控制所分配的武器发射或射击，以及对发射后的武器进行制导控制。

（7）打击效果评估。可利用目标合成航迹和作战状态等信息，自动或人机相辅地完成打击效果评估，决定是否需要再次作战，并据此实时更新协同作战方案，避免冗余作战。

（8）显示和人机交互。能够显示协同作战所需的战术态势图像、可使用的资源状况和形成的协同作战方案等信息，并具有人机交互和干预手段。

（9）系统统一定时。可通过系统内部定时发送时统信号和时间码信息，实现系统内各协同作战平台的时间精确对准。

（10）数据记录。可记录协同作战过程中的命令和战术数据。

2）协同火控系统的基本构成

协同火控系统的一般组成包括高速数据分发系统、多平台信息融合功能模块、多平台武器协同控制功能模块和平台综合火控系统，如图5-45所示。

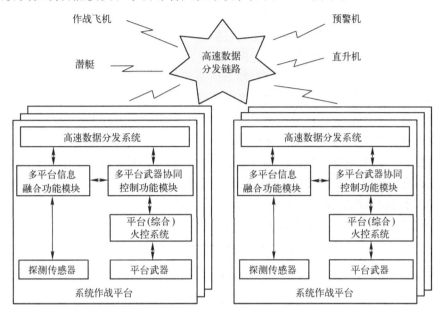

图5-45 协同火控系统一般组成示意图

（1）高速数据分发系统。高速数据分发系统是协同火控系统的重要组成部分，是由计算机控制的高速无线数据传输系统，具有宽带、大容量、保密及抗干扰的通信能力，主要完成信息的实时、定向通信功能，保证数据传输的物理联通，同时向有关节点提供精确的定时。高速数据分发系统具有分布式无线组网通信、平台相对定位、实时数据分发、系统统一定时等功能。

（2）多平台信息融合功能模块。多平台信息融合功能模块是协同火控系统的核心部分之一，接收并融合来自各协同作战平台的探测、跟踪传感器的测量数据和火控跟踪（滤波）数据，产生一个基于合成航迹和合成识别数据库的战术态势图像。在协同火控系统所有的多平台信息融合功能模块中，形成的战术态势图像是完全一致和同步的。在信息融合中，考虑了平台之间时间对准、精确的相对几何位置和传感器测量精度，可提供火控质量的航迹与航迹更新给多平台武器协同控制功能模块，用于协同武器的控制。多平台信息融合功能模块具有信息融合、目标识别、统一战术态势图像、数据库综合管理等功能。

（3）多平台武器协同控制功能模块。多平台武器协同控制功能模块是协同火控系统的核心，接收来自多平台信息融合功能模块所提供的战术态势图像，进行威胁估计，提取打击目标，制定最佳协同作战方案，组织武器通道，通过综合火控系统实现对多平台传感器和武器的实时动态调度，完成对协同作战任务。通常由预先指定的担任协同指挥任务的协同作战平台，制定和向其他协同作平台发布协同作战方案，由其他协同作战平台中的多平台武器协同控制功能模块，向该平台的舰艇（综合）火控系统发送协同控制命令和相关数据（不是全部的战术态势数据）。多平台武器协同控制功能模块具有威胁判断和打击目标提取、协同作战辅助决策、多平台武器协同控制、图形显示和人机交互、打击效果评估等功能。

（4）平台综合火控系统。在协同作战中，平台综合火控系统所需完成的主要功能是：目标跟踪，即根据多平台武器协同控制功能模块发送的协同控制命令和相关数据，在规定的时刻控制跟踪传感器对所分配的目标进行跟踪，求取目标运动参数；武器发射控制，即根据多平台武器协同控制功能模块发送的协同控制命令和相关数据，进行所分配武器射击诸元的计算，在规定的时刻控制所分配的武器发射或射击；武器制导控制，即根据多平台武器协同控制功能模块发送的协同控制命令和相关数据，在规定的时刻控制跟踪传感器对发射后的武器进行制导控制；打击效果回告，即根据武器作战后的目标状态信息和相关数据，对打击效果进行评估，并将评估结果实时发送给多平台武器协同控制功能模块。需要注意的是，在协同作战时，上述功能不是由一个作战平台独立完成的，而是由跟踪平台和武器发射平台上的火控系统分别完成。

3）协同火控系统的简要功能流程和接口信息关系

协同火控系统的简要功能流程如图 5-46 所示。

图 5-46　协同火控系统的简要功能流程示意图

（1）目标探测信息获取和分发。由各协同作战平台的传感器对其作用范围内的空中、海上和水下区域独立进行搜索，建立目标航迹，当确认为威胁目标后，可使用搜索跟踪一体化传感器对目标进行跟踪，同时将传感器原始测量数据、所建立的目标航迹和火控质量的跟踪数据，通过高速数据分发系统数据发送给其他协同作战平台。

高速数据分发系统的基本工作过程如下：先由指挥平台上的高速数据分发系统，通过天线阵扫描和发射询问信号，搜索其他协同作战平台的高速数据分发系统。其他协同作战平台也以类似的方式进行扫描，寻找位于指挥平台视距之外的另外一些协同作战平台。当一个协同作战平台以全向扫描方式捕获到一个信号时，则发布它的相对坐标，定位精度可达到米级。在此阶段操作完成之后，所有协同作战平台都能知道其他协同作战平台的所在位置，并开始与视距内的其他协同作战平台通信。所有协同作战平台都执行一个共同的调度算法，在精确的时间同时向指定的不同的协同作战平台，发送数据报文。由于采用了相控阵天线，每个协同作战平台都能跟踪与其相通信的其他协同作战平台。各协同作战平台之间的通信，可在几毫秒的时间帧内完成。高速数据分发系统可提供微秒级的同步精度。如果某一协同作战平台在网络上断开，可自动进行网内调整，重新进行连接，并可引入新的协同单元。所有协同作战平台均可根据需要提供中继。

（2）多平台信息融合。各协同作战平台中的多平台信息融合功能模块，接收并融合来自各协同作战平台的传感器的测量数据、航迹数据和火控质量的跟踪数据，产生一个基于合成航迹的战术态势图像。在协同火控系统中所有的多平台信息融合功能模块中，所形成的战术态势图像是完全一致和同步的。

（3）威胁判断和打击目标提取。各协同作战平台中的多平台武器协同控制模块，直接利用一致的战术态势图像，自动完成威胁估计，提取所需协同打击的目标。

（4）生成多平台武器协同作战方案。各协同作战平台中的多平台武器协同控制模块，依据所提取的协同打击目标和各平台中传感器和武器的状态，生成多平台武器协同作战方案。多平台武器协同作战方案将主要包括协同打击的目标批号、由哪个平台的传感器负责对目标进行跟踪探测、由哪个平台的火控系统和武器负责控制和发射打击或拦截、由哪个平台的传感器负责对所发射的武器进行制导控制，所打击目标的协同跟踪数据，以及发射武器的时刻和对武器制导时间等。

（5）多平台武器协同作战方案的确定和分发。由于各协同作战平台所装备的多平台武器协同控制模块完全相同，在获取到多平台信息融合模块提供的统一一致的战术态势图像，以及通过数据分发系统获取的各作战平台传感器、武器状态信息的基础上，能够生成完全一致的多平台武器协同作战方案，因此，可以指定编队中任一装备有高速数据分发系统、多平台信息融合模块和多平台武器协同控制模块的平台担负协同指挥平台的角色。协同指挥平台中的多平台协同控制模块所生成和经指挥员确认的多平台武器协同作战方案，通过数据分发系统传送到其他协同作战平台的多平台协同控制模块；由多平台协同控制模块进行命令解释后将协同火力控制命令和相关数据，通过平台作战系统网络发送给平台火控系统。

（6）多平台传感器的协同跟踪。根据协同火力控制命令和相关数据，负责对目标进行跟踪的平台火控系统控制跟踪传感器对目标进行精确跟踪，使用跟踪传感器的跟踪测量数据滤波求取平台地理坐标系下的目标运动参数，通过平台作战系统网络发送给多平台协同控制模块，由多平台协同控制模块最终通过数据分发系统发送给负责武器控制发射的协同作战平台的平台火控系统。

（7）多平台武器的协同控制。根据协同火力控制命令和相关数据，负责对目标发射武器进行打击的平台火控系统根据目标批号，对目标进行跟踪的平台火控系统所提供的平台地理坐标系下的目标运动参数，以及平台的相对位置数据，转换求取平台地理坐标系下的目标运动参数，并由此计算所分配使用的武器的发射或射击诸元，同时根据协同火力控制方案所确定的武器发射或射击时刻，控制武器的发射和制导等。

协同火控系统的接口信息关系如图 5-47 所示。

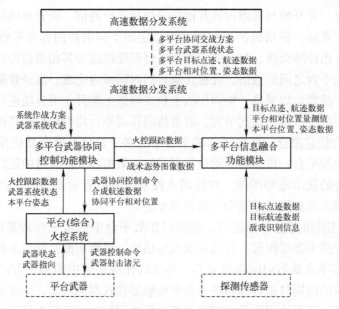

图 5-47 协同火控系统的接口信息关系示意图

思 考 题

1. 什么是通信系统？其构成要素包括哪几部分？
2. 如何划分联合作战通信网络？
3. 联合信息传输系统一般包括哪些通信网系？
4. 简述文电处理系统的功能及模型组成。
5. 简述目录服务系统的功能及组成。
6. 从信息流程和技术构成角度，指挥与控制技术分为哪几个层次？
7. 简述信息在作战域中的转换过程。
8. 简述信息融合的 JDL 模型构成及其含义。
9. 信息融合采用的基本结构和主要方法有哪些？
10. 什么是作战辅助决策？有哪些主要支持技术？
11. 简述联合作战协同的主要内容和方式。

第6章 联合作战指挥与控制对抗的主要技术

信息化条件下,联合作战主要表现为敌对双方整个作战体系之间的对抗,围绕指挥与控制系统效能的削弱与反削弱、摧毁与反摧毁的智力抗衡、技术较量和优势争夺,已成为现代联合作战指挥与控制的一个重要特征。指挥与控制对抗是指作战过程中指挥与控制的电磁频谱、计算机和信息网络等一系列对抗活动,是信息化战争的一种样式,重在研究相应的战法及综合运用指挥与控制对抗的攻击及防御等手段。

本章在介绍指挥与控制对抗基本概念基础上,主要阐述指挥与控制对抗的攻防技术、系统抗毁再生技术和作战保障技术等主要技术知识。

6.1 指挥与控制对抗的基本概念

6.1.1 指挥与控制对抗的内涵

美军在及时总结越南战争中实施电子干扰的经验教训后,于20世纪80年代提出了 C^3 对抗(C^3CM)的概念。1988年美国国防部给出了 C^3CM 的定义:在情报的支援下,综合运用作战保密、军事欺骗、心理战、电子战和物理摧毁等手段,阻止敌方获得信息,影响、削弱或摧毁敌方的 C^3 能力,同时保护己方的 C^3I 系统不受敌方类似行动的影响。20世纪90年代的海湾战争使美军意识到,随着 C^3 对抗重要性的日益增加,特别是应重点对抗敌方的指挥与控制环节,并将 C^3 对抗的概念发展为指挥与控制战(C^2W),充分反映出现代作战体系对抗的特点。指挥与控制战(C^2W)功能要素如图6-1所示。

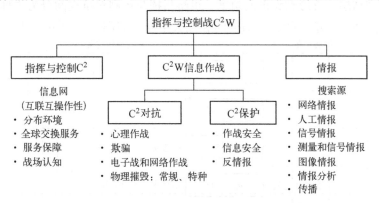

图6-1 指挥与控制战(C^2W)功能要素

在美军联合出版物 JP3-13.1 中指出:指挥与控制战是在情报的相互支援下,综合运用作战保密、军事欺骗、心理战、电子战和物理摧毁等手段,阻止敌方获得信息,影响、削弱或摧毁敌方的指挥控制能力,同时保护己方指挥控制能力免遭敌人同类行动的影响。1996年8月,美国陆军部正式颁布了"FM-100-6信息作战条令",明确提出了指挥与控制战是力量"倍增器",可强化部队的威慑能力,并强调实施指挥与控制战必须执行参联会 MOP30 号条令和"第 3-13 号联合出版物——指挥与控制战行动联合条令"所界定的指挥控制攻击和指挥控制防护的基本原则。该条令还强调必须把作战保密、电子战、心理战、军事欺骗与精确打击或物理摧毁等各种可利用的手段结合起来,实施"一体化"协同作战,才能产生最大的作战效果。这一系列条例、条令的颁布和实施,形成和完善了指挥与控制战理论,并确立了它在未来战争中的核心地位。

指挥与控制对抗是 OODA 环过程中的一种智力对抗、技术较量和优势争夺的综合活动,其实质内涵是对敌方指挥与控制系统的攻击,保护己方指挥与控制系统不受敌方和作战环境与其他因素的影响,从而达到以己方最小损失换取敌方最大损失,实现兵力的真正倍增目的。因此,指挥与控制对抗的作战方法主要表现为"指挥控制攻击"和"指挥控制防护"两个方面。

指挥控制攻击旨在攻击构成敌方作战指挥与控制能力的所有要素,通过阻止敌方获得信息,削弱或摧毁敌方的指挥与控制系统,从而阻止敌方有效地指挥控制其部队的目的。它的真正价值不在于具体的攻击目标,只能用对敌方成功地实施作战行动能力的影响来衡量。有效的指挥控制攻击的目标是作战指挥与控制系统遂行的基本职能中的一种或多种,包括探测与搜集有关事件和情况的真实信息、报告采集到的信息、判断情况、拟定多种行动方案、确定一种符合要求的行动计划、根据决心下令采取行动等。

指挥控制防护是谋求保护己方作战指挥与控制能力的所有要素,通过充分发挥己方优势或不让敌方获得信息,使敌方所进行的智慧与控制攻击失效,从而保持对己方军队的有效指挥控制。它的主要任务是使己方各级司令部能有效地遂行探测、报告、判断、决策和执行命令的职能。指挥控制防护虽然是防御性的,但要有效地实施指挥控制防护,就必须将其视为积极行动,使用所有可供使用的手段,来破坏敌方的指挥控制攻击计划,包括采取作战保密、信息保密等防护措施,也可使用火力摧毁敌方的干扰设备、防空配系和军事欺骗手段等,从而使指挥控制防护作战形成一个防护体系。

从低层到高层、有形到无形的角度,可将指挥与控制对抗空间分为物理空间、电磁空间、网络空间、信息空间、认知空间和社会空间,如图 6-2 所示。由此可见,指挥

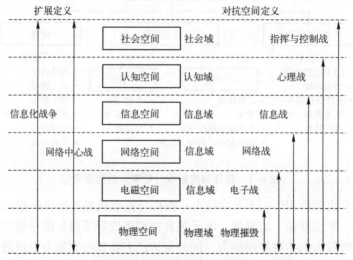

图 6-2 指挥与控制对抗空间及其概念分布示意图

与控制对抗是社会空间（包括军事领域和非军事领域）的主要对抗方式，下层空间的物理摧毁、电子战、网络战、信息战、心理战都只是对现代战争的有限描述，也是指挥与控制对抗的重要作战形式和作战手段。

6.1.2 指挥与控制对抗的作战样式

指挥与控制对抗主要包括作战保密、军事欺骗、情报战、心理战、信息战、网络战、电子战和物理摧毁等作战样式。

作战保密是一个过程，目的是防止敌方获得对己方作战行动至关重要的信息，消除可能被敌方利用的表现征候和其他信息源，通过延长敌方的决策时间，为己方作战行动创造有利条件。作战保密通常包括以下步骤：识别重要信息、判断威胁、分析弱点、评估风险、采取作战保密行动、评估保密效果和调整保密措施。作战保密涉及作战行动的各个方面，如作战预案和决心、部队部署和行动、部队实力、保障和补给方式等。保密方法包括情报保密、通信保密、雷达保密、辐射保密等措施。

军事欺骗是诱使敌方指挥员定下错误决心的重要手段，主要类型有战略军事欺骗、战役军事欺骗、战术军事欺骗、军种军事欺骗和支援作战保密的军事欺骗等。军事欺骗的基本作战方法是故意在己方作战能力、军事力量、作战企图和作战行动等方面误导敌方军事决策者，诱使其采取或停止某些行动，为己方完成任务创造有利条件。欺骗行动的核心是利用敌方的弱点，通过向敌方指挥员展示他所期望出现的一系列行动，来控制其思维，使其对己方力量或意图做出错误判断。

情报战是情报的采集、传输、处理环节上各种对抗行动的总称，主要包括电子情报战和人工情报战。其中，电子情报战的主要手段是电子情报侦察与反侦察。电子情报侦察是一种以主动侦察与监视为主要工作内容的情报获取手段，属于战场探测与感知领域，包括使用红外线、紫外线、电磁、声像、电子嗅觉等探测与采集装置，向用户提供用于指挥与控制对抗的信息。电子情报反侦察即是利用电子侦察设备截获并搜集敌方各种电子设备辐射的电磁或声信号，经处理和分析后，根据辐射源信号的特征参数和空间参数，确定其类型、数量、功能位置及变化，为指挥与控制对抗决策提供作战情报。

心理战是运用心理学的原理和方法，以人类的心理领域为战场，有计划地采用各种手段，对敌方的认知、情感和意志施加影响，在无形中打击敌方的意志，以最小的代价换取最大的胜利和利益，通过宣传等方式从精神上瓦解敌方斗志或消除敌方宣传所造成影响的对抗活动。其目的是劝诱或促使敌方采取对发起者达成目标有利的态度或行为。

电子战主要表现在电磁频谱领域，指为削弱、破坏敌方电子设备的使用效能和保护己方电子设备正常发挥效能而采取的综合措施。它包括电子进攻、电子防御和电子支援三个部分，电子攻击是指运用电子干扰、电子欺骗或定向能来破坏、摧毁或利用敌方使用电磁频谱的能力；电子防护是指保护己方使用电磁频谱的权力，要求能全面保护己方的有关人员、设备和设施；电子支援是指利用有关信息，在战场指挥员的直接控制下，搜寻、侦听、查明、定位有意和无意发射电磁能的发射源，以找到敌方所采取的直接威胁己方的行动。

信息战是在信息空间进行的一种作战行动，指采取行动保护己方信息系统的完整性，以防止被利用、破坏或干扰，同时利用、破坏或摧毁敌方的信息系统以及为取得武力应用的信息优势所展开的作战活动过程。它包括夺取信息优势、信息攻击和信息保护，主要作战对象是信息、以信息为基础的处理过程、信息系统和以计算机为基础的网络。

网络战又称网络对抗，是敌对双方在计算机网络空间上为夺取和保持制信息权而进行的斗争，即敌对双方为争夺网络制信息权（信息的获取、控制和使用权），通过利用、控制和破坏敌方计算机网络系统，同时保护己方计算机网络系统而展开的一系列作战行动。网络对抗属于信息对抗范畴，是信息对抗的形式之一。在网络对抗中，敌对双方攻击和防护的对象是计算机网络系统，包括信息、信息过程和信息系统；所采用的作战手段是各种先进的信息武器；其目的是夺取和保持网络信息优势，进而夺取和保持网络制信息权。网络对抗按规模分为战略级网络对抗、战役级网络对抗和战术级网络对抗；按性质分为网络攻击和网络防御。网络攻击是指采用各种技术手段，利用、控制和破坏敌方计算机网络系统的行动，可分为主动攻击和被动攻击、本地攻击与远程攻击等，主要手段是依赖网络病毒技术、"黑客"技术、网络"嗅探"武器和网络肌体破坏武器等，通过网络后门、计算机漏洞和计算机芯片等途径进行攻击，利用特种作战、专用设备、无线遥控激活病毒及诱骗等多种手段攻击对方重要的信息系统。网络防御是指采用各种网络安全技术手段，使己方计算机网络不被敌方所利用、控制和破坏的行动，或者说就是保护在网络上存储和流动的数据，使其不被窃取、修改或破坏，保障数据的保密性、完整性和可用性，可分为主动（积极）防御和被动（消极）防御，主要措施是审核验证访问用户的身份、访问控制相应级别的操作权力、加密重要数据、监测系统是否被入侵或感染病毒、遭受攻击后的备份快速恢复等。

物理摧毁是指利用作战力量和火力来摧毁或消灭敌方部队和设施，包括陆、海、空等部队实施的直瞄和间瞄火力，以及特种作战部队采取的直接行动等。在指挥与控制对抗中，物理摧毁的重点不再是打击敌主战武器平台，也不是敌方有生力量，而是毁灭性地打击敌方的指挥与控制能力，如打击敌方首脑机关、指挥中心、情报中心、数据融合中心、武器控制中心、网络控制中心，切断敌方通信，摧毁侦察系统的各种传感器、导航定位系统等。

指挥与控制对抗的作战手段常常是综合运用的。如作战保密往往伴随着信息防御、网络防御、电子防御；军事欺骗通常以信息攻击、网络攻击、电子进攻为主要手段，并辅之以心理战；心理战可以与物理摧毁同时使用，以增强震撼效果，可以用网络、电磁波作为宣传手段；网络战也可以使用电子生物武器或高能量非核电磁脉冲炸弹直接从物理上摧毁敌方的网络和计算机系统等。

6.2 指挥与控制对抗的攻防技术

6.2.1 电子进攻与防护

1. 电子进攻

电子进攻是一种软、硬兼备的进攻性手段。主要用于对威胁性电磁信号进行电磁干扰压制，扰乱敌方电磁频谱，或采用反辐射导弹、定向能武器摧毁敌方高威胁电磁辐射源，使其丧失工作效能。采用电子干扰压制敌方电磁频谱的应用称为"软杀伤"。采用反辐射导弹或高能武器摧毁辐射源，是一种不可逆转性杀伤，故称为"硬杀伤"。在电子进攻中，软、硬杀伤常常混合应用。

一般情况下，电子进攻多在进攻作战和防御作战中用作战术进攻和防卫武器，与其他武器装备配合作战，使敌方通信失灵，无法实施指挥，使敌方雷达"致盲"、制导失灵，无法探测和攻击地面/海上/空中目标，以夺取战场制电磁权、制海权和制空权，也可以向敌方通信系统注入欺骗信息，扰乱敌方战术决策和指挥。必要时，也可采用电子进攻对敌方战略目标实施攻击，包括采用电磁能、高能武器、反辐射导弹等摧毁措施。利用电子进攻可以重点对敌对方的高层指挥节点和信息枢纽节点进行攻击，称为"信息斩首"或"点穴"攻击。在联合作战指挥与控制中运用要害"点穴"法时，需要合理地确定要害目标、采取软硬打击相结合的策略、集中足够"点穴"力量攻击目标，以获取理想的点穴效果。

1）有源干扰技术

利用无线电干扰机向指定空域辐射电磁干扰信号能量，压制和扰乱敌方雷达和通信台站的接收系统接收有用信号，使其降低或丧失工作效能。通常把这种阻止、削弱敌方有效使用电磁频谱的行为称为有源干扰，这是电子进攻的基本组成部分。有源干扰又分为雷达有源干扰和通信有源干扰。雷达有源干扰包括遮盖性干扰和欺骗性干扰，遮盖式干扰多用于干扰目标搜索类雷达，而欺骗性干扰多用于干扰目标跟踪类雷达。通信有源干扰采用向敌方通信接收系统发送一定样式的干扰信号，将虚假信息传送给敌方，使敌方通信系统无法接收或恢复发送端所传送的模拟或数字信息，降低敌方通信的有效性和可靠性，主要包括瞄准式干扰、阻塞式干扰和扫频式干扰。

2）无源干扰技术

无源压制性干扰指应用具有一定空间密度的导电媒质在空中滞留期间反射的强干扰回波，使雷达接收通道饱和，阻止或妨碍雷达对干扰区中真实目标的探测。如在自卫干扰时，由自卫平台（舰船、飞机等）用发射器向空中发射箔条弹，利用偶极子体在空间散开所形成的偶极子云强回波引开敌方火力（如雷达制导的导弹等），保护舰船或飞机安全。

3）光电干扰技术

光电干扰是指红外波、可见光直到紫外波段的对敌光电武器和光电侦察设备实施压制和欺骗使其不能正常工作的技术，通常包括对红外制导导弹和炸弹进行干扰、对激光制导导弹和激光探测设备进行干扰等。

4）物理摧毁技术

根据电子支援情报，用各种火力、电磁能或定向能等摧毁敌方指挥中心、通信枢纽、雷达、通信台站、广播中心等有辐射源的目标，或其他重要目标、装备、人员。主要配置及手段包括：地面电子干扰站、电子干扰飞机、直升机与无人驾驶机干扰平台、投掷式电子干扰设备、反辐射武器和其他电子攻击武器。

2. 电子防护

如果说电子侦察是电子进攻的前提，那么反敌侦察则是反敌电子进攻的第一道防线。有效地屏蔽己方信息，使敌无法准确及时地获取己方信息，是实现信息系统安全与稳定的首要条件。这就要求利用屏蔽、滤波和接地等技术，控制己方电磁泄漏，并利用有利地形、地物等隐蔽配置，综合运用伪装网、伪装涂料、角反射器等器材，对重点目标进行反雷达、反红外、反光电伪装。

作战指挥中心、通信枢纽、情报侦察系统和无线通信、有源雷达，以及各类武器系统等都或多或少存在着空间电磁辐射和目标征候暴露，这些都成了敌方电子侦察和电子进攻（干扰和摧毁）的对象。因此，必须系统地规划，采取以反电子侦察、反干扰和反摧毁为基础的电子防护措施，提高己方反情报战的能力，保守所使用的电磁频谱和军工设施的机密，保障使用和管理电磁频谱的有效性以及人员和设施的安全。当电子防护侦察告警系统截获到威胁信号时，能实时发出告警信息，必要时告警系统能对电子防卫系统的有源/无源干扰系统实施防卫控制。

1）雷达防御技术

雷达反电子侦察的主要方法是采用技术措施和战术措施。其中，技术措施包括采用相控阵天线技术、超低副瓣技术、跳频、捷变频、变换信号参数、采用低截获概率信号、被动定位雷达等技术；战术措施主要有控制功率辐射时间、辐射空间、频率使用、信号参数和工作模式的选择使用以及频段雷达和武器系统等。

雷达反电子干扰的主要战术技术可以归纳为采用无源杂波干扰抑制技术、发挥新体制雷达抗干扰性能（如双/多基地雷达等）、采用多种目标观测手段、雷达组网以及摧毁干扰源等措施。

2）通信防御技术

无线电通信主要的反电子侦察采用的战术技术措施有扩频通信技术（低截获概率技术）、自适应跳频技术、猝发传输、信息加密、无线电通信伪装以及控制发信时间、频率和功率等。通信反电子干扰主要有扩频通信技术、自适应技术、猝发传输技术、纠错技术以及通信组网等技术。

3）光电防御技术

光电防御技术包括烟幕技术、光电隐身技术、箔条、热抑制技术等。而反光电干扰技术又包括综合编码技术、多光谱技术、复合制导技术和滤波技术等。

其中，烟幕技术是一种简单易行、成本低廉、效果明显的防御手段，主要的烟幕器材包括内装烟幕剂的烟幕罐、烟幕手榴弹、车辆排汽烟幕系统、航空烟幕撒布器、直升机烟幕系统等。滤波技术是利用干扰信号和目标信号的频率差异或空间方位的差异来区分干扰信号和目标信号，而后滤除干扰的影响。

4）反隐身

反隐身是针对隐身目标的特点和弱点，采用低波段雷达、多基地雷达、无源探测或大功率微波武器等多种手段，探测隐身目标或烧蚀其吸波材料。

针对敌方对己方电磁信息侦察的威胁，应采取多层次信息防御，运用隐匿规避法、限时定量法、欺骗障眼法、干扰掩护法等信息反侦察措施，可切实保护己方电磁信息的安全，阻敌收集己方信息。隐匿规避法是为规避敌方对己方电磁信息的侦察，而将己方电磁频谱特征及内容相对地加以隐蔽的电磁频谱防御方法。电磁信息的隐匿规避，一般通过隐蔽频谱、隐蔽电文、隐蔽信息特征等途径来实现。限时定量法是限制电磁信息的传输时间和传输量的电磁频谱防御方法。欺骗障眼法是利用敌方对己方电磁信息截获的机会，传递假电磁信息，使敌获得的情报不可靠，影响其信息攻击效能，可采取信源欺骗、信道欺骗、信息欺骗等方式。干扰掩护法是指利用电子干扰手段，在某一特定环境内或某一方向上发射干扰信号，该信号的电磁能量限定在己方信息设备所允许的电磁兼容限度内，以保护己方电磁信息不被敌侦控，一般必须在主要作战方向和重要作战时节使用。

6.2.2　信息攻击与防御

信息对抗是指阻挠或破坏敌方信息设备与系统正常地获取、传递、处理和利用信息，保障己方信息设备与系统正常地获取、传递、处理和利用信息的各种措施和行动，包括信息攻击和信息防御两个方面。其目的在于确保己方对敌信息优势。信息对抗与信息优势的形成过程如图6-3所示。

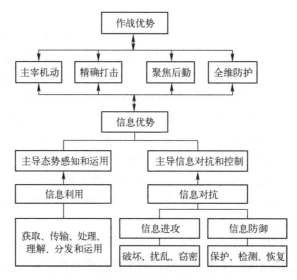

图6-3　信息对抗与信息优势的形成过程

信息对抗由信息对抗系统（又称信息作战系统）组织实施。信息对抗系统是为完成特定的信息对抗任务，将若干个功能不同的信息对抗设备有机地联结在一起，组成协调一致工作的信息攻击和信息防御系统。典型的信息对抗系统由情报侦察、指挥与控制、信息攻击、信息防御和系统通信网络等五部分组成，如图6-4所示。

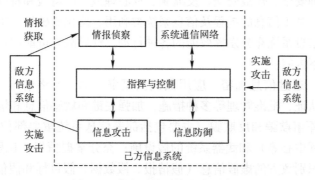

图6-4　信息对抗系统组成示意图

261

其中，情报侦察用于侦察和分析敌方指挥与控制系统的特点和弱点，以便采取有效的信息攻击策略。指挥控制用户根据情报获取的情报信息，选择正确的信息攻击和防御策略，并协调系统进行工作。信息攻击用于根据侦察的情报和特定的攻击对象，选用合适的攻击手段和攻击策略，对选定的目标实施有效的攻击。信息防御用于根据敌方信息攻击系统和信息攻击手段，选用合适的信息防御手段和信息防御策略，对特定的目标实施有效的防御。系统通信网络用于协调和保障系统各部分之间的通信。

1. 信息攻击

信息攻击是指在情报支持下，综合运用作战安全、军事欺骗、心理战、电子战、物理摧毁和特种信息行动以及计算机网络攻击等手段，利用、恶化或破坏敌方的信息、基于信息的进程及信息系统的各种行动。主要手段包括：

（1）窃取、截获和利用敌方信息。通过各种侦察手段窃取或截获敌方信息系统对己方有用的情报，进行处理、破译和利用，以支援己方作战。

（2）军事欺骗。在己方作战能力、企图和行动等方面，故意错误地引导敌方决策者，以使其采取有利于己方完成任务的具体行动；向敌方的各种信息系统、传感器以及传媒发出假情报、假数据、假目标、假信号等，使敌方获得错误信息，做出错误决断。

（3）进攻性心理战。利用各种传播媒体向敌方宣传己方政策、意图及事实真相等，影响敌方军民认识、敌方士气及敌方决策，降低敌方战斗力或使之停止抵抗等。

（4）电子战。使用电磁能干扰敌方的各种传感器及通信系统，使敌方丧失信息探测和信息传输能力，以削弱或使敌方丧失作战能力。

（5）物理摧毁。使用精确制导武器或其他武器攻击敌方的各种信息系统或其要害部位，应用强电磁能、定向能、辐射能或电子生物等破坏敌方信息系统或其电路，破坏敌方信息系统的电力供应等保障系统等。

（6）计算机通信网络进攻。通过通信网络、计算机网络或无线手段，向各种信息系统的硬件、软件发起进攻，使敌方信息、基于信息的进程及信息系统运行环境恶化甚至直接导致瘫痪，使敌方丧失"耳目"，丧失指挥控制能力。

（7）精心设计信息系统，使其具有对各种信息攻击、电子攻击与物理攻击所必需的指挥、控制、通信和情报的支援能力。

2. 信息防御

信息防御是指集成与协调政策、程序、人员与技术以防护信息与信息系统，通过实施信息确保、物理安全、作战安全、反欺骗、反心理战、反情报和特种信息行动等，从而防止己方信息、基于信息的进程及信息系统被利用、恶化或破坏，确保己方信息、基于信息的进程及信息系统充分发挥效能的各种行动。针对敌方可能的信息进攻，己方信息防御应包括以下内容：

（1）反情报。通过信息加密，应用低截获概率技术，严格信息分发制度和程序，加强情报保密的认证、批准管理等多种措施，加强关键和敏感信息和情报的保密等。

（2）防御性军事欺骗和反欺骗。主要包括部署信息系统重要部位（雷达站、通信天线及节点、指挥中心等）和武器系统的假设施；充分掌握情报，识别敌方真实意图；采用相应技术，识别敌方的虚假信息（假情报、假数据、假目标和假信号等）。

（3）防御性心理战。采取多种方式，加强思想宣传教育工作，及时揭露敌方宣传企图，保持旺盛的战斗力，做出正确决策。

（4）电子防御。在己方实施电子战或敌方实施电子战时，己方的各种信息系统，特别是各种传感器和无线通信、导航定位等系统，必须具备抗干扰能力，以保证各种信息系统正常发挥功能。己方武器系统也必须具备抗干扰功能。

（5）防物理摧毁。主要包括对己方信息系统的系统加固、电路加固；对己方信息系统和武器系统以及作战平台进行伪装或隐身；建造备用、机动或地下的信息系统；干扰敌方来袭的精确制导武器；建设自主式信息系统应急供电保障设施等；提高信息系统的重组能力。

（6）计算机、通信网络及软件的安全防护。主要包括隔离（防火墙）、探测和清除非法入侵；提高操作系统和应用软件的抗病毒免疫力。

（7）系统防护。在己方指挥与控制系统设计时，必须充分考虑信息、基于信息的进程和各种信息系统的信息防护、信息确保与安全能力，以防止被利用或破坏。

6.2.3 网络攻击与防御

网络攻击与网络防御的关系是矛和盾的关系。攻击的方法不同，防御的手段和措施也不同，攻击与防御手段具有很强的对抗性和挑战性。

1. 网络攻击过程模型

简单来说，指挥与控制网络攻击就是以计算机、网络为工具和途径的信息破坏活动。根据 Howard 提出的计算机和网络攻击的基本分类，一个完整的网络攻击实施过程一般都可以看成由攻击者、工具、访问、结果和目标 5 个基本要素组成，如图 6-5 所示。

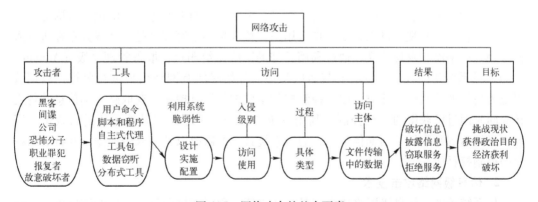

图 6-5 网络攻击的基本要素

任何一个简单网络攻击都由贯穿于攻击过程的各要素组成，其攻击过程也存在多种模型。一种典型网络攻击过程可参考美国计算机应急反应小组（CERT）协调中心发布的模型，它包括一个通用的程序序列：调查并"描绘"计算机网络拓扑图，即对被攻击网络的拓扑结构进行探测和侦察；选择攻击目标并通过一定方式取得对被攻击系统的访问权，扩大侦察监视范围；进一步扩大已获得的系统访问权或植入特定的木马程序；根据攻击所期望达到的目的，发动信息攻击（包括进程破坏、服务占有、信息监听等）。以上攻击序列可以划分为初始入侵和信息利用两大阶段，如图 6-6 所示。

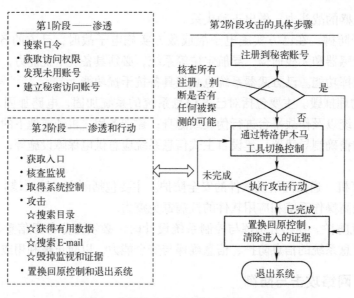

图 6-6 网络攻击两阶段过程示意图

第 1 阶段是初始入侵阶段。攻击者通过一定方式（如拨号接入、远程 Internet 访问）建立与被攻击网络中某一台计算机的连接，通过口令破解方式或某些网络系统中默认未改变的用户名和口令（如 UNIX 和 Windows NT 的 GUEST 用户口令）来获得简单的一般用户访问权限。一旦成功进入一台较脆弱的主机后，使用特定的网络命令（如 UNIX 的 finger 命令）很快地对网络系统的结构和系统账号及密码进行探测，进一步探索和利用网络漏洞，并为后续的入侵建立一个秘密账号。

第 2 阶段是信息利用阶段。攻击者通过一定手段对网络整体进行渗透来获取进一步的访问权，同时监视已进入系统的现有用户，特别是确定管理员是否在线并正在进行入侵探测，如果没有发现监视，通过利用已知的网络系统弱点，取得管理员级（Administrator）的系统访问权限，然后安装后门程序。开始对所有网络用户进行监视，以期获得更为高级的控制权，并对已取得控制权的主机进行信息探索，获取感兴趣信息并将之转存同时通过已获得的主机控制，利用系统"信任"关系，对其他主机进行攻击。当攻击目的达到并取得了预期信息后，通过系统日志的修改以消除入侵证据，并将后门程序的控制权释放。

2. 信息级网络攻击技术

从系统角度，信息级网络攻击工具主要包括：用于情报和目标定位的密码攻击、网络利用；用于武器投送（感知投送、网络投送、物理投送）的目标访问手段（报文、计算机、通信链路、数据库、设备）和弹药投送；用于影响目标系统的具体信息（以硬件、软件或抽象数据的形式存在）。

其中，信息武器是在目标信息系统中执行恶意逻辑功能，用于实施干扰和瘫痪敌方网络系统，是网络进攻的主要手段之一，如图 6-7 所示。在攻击网络时，信息武器能影响敌方信息系统或计算机网络的特殊信息。恶意逻辑也称为逻辑感染、坏码或信息炸弹，可以安装在软件、固件或硬件逻辑之中，执行干扰破坏、拒绝或摧毁的功能，主要包括细菌、蠕虫、病毒、特洛伊木马、逻辑炸弹和后门等。

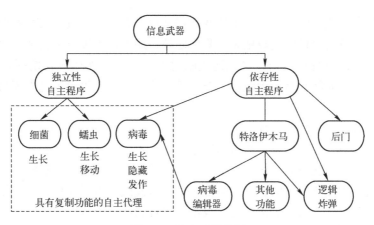

图 6-7 信息武器分类

（1）细菌是一段独立的、具有自我复制能力的代理程序。它能在一台独立的计算机上产生多种版本，并不断以几何级数自我复制，占尽网络资源，使网络瘫痪。与病毒不同，细菌不依附于其他程序，可以独立存在。

（2）病毒是一段非独立的、具有自我复制能力的代理程序。它将自己的代码写入宿主程序的代码中，感染宿主程序。当运行被感染的宿主程序时病毒就自我复制。然后，其副本再感染其他程序，如此周而复始。它一般隐藏在宿主程序中，具有潜伏能力、自我繁殖能力，被激活后产生破坏性。

（3）蠕虫是一段独立的可执行程序，可以通过计算机网络把自身的拷贝传给其他计算机。蠕虫像细菌一样，可以修改、删除别的程序，也可以通过疯狂的自我复制来占尽网络资源，从而使网络瘫痪。同时，蠕虫又具有病毒和入侵者双重特点，像病毒那样可以进行自我复制，并可能被当成指令去执行；又像入侵者那样，以穿透网络系统为目标。蠕虫利用操作系统中的缺陷或网络管理中的不当之处进行复制，将其自身通过网络复制传播到其他计算机上，造成网络瘫痪。

（4）特洛伊木马是包含隐藏敌意功能而又貌似合法的程序。这些程序可以直接插入到应用程序或那些把源代码转变成目标代码的汇编程序中。这种程序通常包含一个有条件测试，用来激活恶意功能。它并不传染，但设计者可利用其隐藏的功能达到目的，如寻找网络上的漏洞或窃取某种信息。

（5）逻辑炸弹是嵌入计算机程序中的一组逻辑。它平时不起作用，只有当网络状态满足触发条件时，才被激活而起作用。根据激活方式，逻辑炸弹分为时间激活型和逻辑激活型。当它满足一定条件（逻辑条件或时间条件）后，会释放病毒和蠕虫或进行其他攻击，如破坏数据和烧毁芯片。

（6）后门又称陷门，是一种被安装的一种逻辑，提供一个秘密的信息通道或进入系统的秘密入口，只有攻击者能用，并不为他人所知。通过它可以不用常规接入认证方式进入系统。通常是攻击者在攻击目标系统成功后，为下次再进入目标系统而故意留下的。它必须能够做到在管理员改变密码以后，仍能够再次侵入，使再次侵入被发现的可能性减至最低。

所有这些级别的逻辑（程序）以及可由此演变而来的许多用于特定目标的混合程

序构成了纯信息级武器的基础，如果这些武器被攻击者或其授权人通过物理手段或网络手段发送出去，就会对目标造成威胁。除此之外，还有物理级攻击技术，通过物理手段对物理基础设施进行直接攻击，可以造成临时拒绝、干扰破坏或长期摧毁，如动能武器、生化武器、定向能武器、无源传导技术等，这些入侵性手段也是指挥与控制对抗中使用的主要武器。

在联合作战指挥与控制过程中，可以利用"黑客"手段进入敌方计算机网络系统，获取其计算机的最高控制权限；通过窃取系统的有效用户名，并猜测其口令，进而用合法的身份进入系统，获得对系统的控制权，以实施攻击。目前，"黑客"入侵和攻击的发展与演变具有入侵或攻击的综合化与复杂化、入侵或攻击规模扩大、入侵或攻击分布化、攻击对象转移、攻击人员多样化和攻击后果日趋严重等特点。

3. 网络安全防御技术

网络安全防御是保护信息系统各种防御手段中的重点手段，包括物理层、技术层和人员方面，各种技术之间存在相互依赖、相互制约和相互约束的关系，不能被简单地分解成若干问题及其解决方法。因此，应从网络安全防御系统工程的总体出发，系统地、完整地建立网络安全防御基本框架。

1）网络防御方式

网络防御是一个动态防御过程，可分为主动防御和被动防御，必须将主动防御和被动防御有机地结合，才能达到信息安全的目的。被动防御是指消极等待的防御措施；而主动防御是指与网络攻击相配合，采取积极主动的防御，如刺探、扫描、破解、监听、匿踪、取证、灾难恢复等，能及时了解敌方的动向，采取相应措施以增强网络安全性。网络防御方式包括入网访问控制、网络权限控制、目录级安全控制、属性安全控制、网络服务器安全控制、网络监测和锁定控制、网络端口和节点安全控制、防火墙控制和入侵检测系统等。

入网访问控制为网络访问提供了第一层访问控制。它控制哪些用户能够登录到服务器并获取网络资源，控制准许用户入网的时间和准许它们在哪台工作站入网。用户入网访问控制分为三个步骤：用户名识别与验证、用户口令识别与验证、用户账号默认限制检查。用户口令必须经过加密，最常见的加密方法有：基于单向函数的口令加密、基于测试模式的口令加密、基于公钥加密方案的口令加密、基于平方剩余的口令加密、基于多项式共享的口令加密、基于数字签名方案的口令加密等。经过上述方法加密的口令，即使是系统管理员也难以得到它。用户还可采用一次性用户口令，也可用便携式验证器（如智能卡、生物识别）来验证身份。

网络权限控制是针对网络非法操作所提出的一种安全保护措施。根据访问权限，可将用户分为系统管理员、一般用户和审计用户三类。通过权限控制，用户和用户组被赋予一定的权限。网络权限控制明确用户或用户组可以访问哪些目录、子目录、文件和其他资源，指定用户对这些文件、目录、设备执行哪些操作。网络权限控制分为：受托者指派控制和继承权限屏蔽控制（IRM）两种。受托者指派控制用于控制用户或用户组使用网络服务器的目录、文件和设备。继承权限屏蔽相当于一个过滤器，可以限制子目录从父目录那里继承哪些权限。

目录级安全控制是指网络应控制用户对目录、文件和设备的访问。用户在目录一级指定的权限内对所有文件和子目录访问有效，网络还可进一步指定用户对目录下的子目录和文件的访问权限。对目录和文件的访问权限一般有 8 种，即系统管理员权限、读权限、写权限、创建权限、删除权限、修改权限、文件查找权限和存取控制权限。各种访问权限的有效组合，能有效地控制用户对服务器资源的访问。同时，又可以让用户有效地完成工作，从而加强了网络和服务器的安全性。

属性安全控制是指网络系统管理员应指定对文件、目录和网络设备等访问属性。它可以将给定的属性与网络服务器的文件、目录和网络设备相关联。属性安全在权限安全的基础上提供更高的安全性。网络上的资源都应预先标示出一组安全属性，利用属性往往能控制：向文件写数据、复制文件、删除目录或文件、查看目录和文件、执行文件、隐含文件、共享、系统属性等几方面的权限。

网络服务器安全控制是指网络允许在服务器控制台上执行一系列操作，包括：设置口令锁定服务器控制台，以防止非法用户修改、删除重要信息或破坏数据；设定服务器登录时间限制、非法访问者检测和关闭的时间间隔。用户使用控制台可以进行装载和卸载模块，也可以进行安装和删除软件等操作。

网络监测和锁定控制是指网络管理员应对网络实施监控。服务器应记录用户对网络资源的访问情况，对非法的网络访问，服务器应以图形、文字或声音等形式报警，以引起网络管理员的注意。如果非法之徒试图进入网络，网络服务器应自动记录企图进入网络的次数，如果非法访问的次数达到设定数值，那么该账户将被自动锁定。

网络端口和节点安全控制。网络中，往往使用自动回呼设备、静默调制解调器保护服务器的端口，并以加密形式来识别节点的身份。自动回呼设备用于防止假冒的合法用户，静默调制解调器用于防范"黑客"的自动拨号程序对计算机进行攻击。网络还常对服务器端和用户端采取控制，用户访问网络必须携带可证实其身份的验证器。在身份被验证之后，用户才可以进入用户端，然后用户端和服务器端需要再进行相互验证。

防火墙是一种保护计算机网络安全的技术措施，用于阻止"黑客"访问某机构网络，控制进/出两个方向，以阻止外部网络的入侵。在网络边界上，通过建立网络通信监控系统来隔离内部和外部网络。从实现方式上，防火墙可以分为硬件防火墙和软件防火墙。防火墙、验证和加密只能尽量防止入侵者进入网络，但入侵者有可能来自内部，因此设计网络安全时，一定要留意可能存在的内部威胁。为解决此问题，既要防患于未然又要迅速反应，防患于未然需要为网络清除所有漏洞，以免被人利用。利用入侵检测系统（IDS）可以做到这点。

2）身份认证与口令安全技术

身份认证是指验证某个通信参与者的身份与其所申明的一致性，确保通信参与者不是冒名顶替，是安全系统应具有的最基本功能。利用数字证书完成身份认证是目前最为安全有效的一种技术手段。在电子商务等实际应用场合中，用户的身份认证采用基于"RSA 公钥密码体制的加密机制"、数字签名机制和用户登录密码的多重保护。服务方对用户的数字签名信息和登录密码进行检验，全部通过后，才对此用户的身份予以承认。用户的唯一身份标识是服务方发放给用户的"数字证书"，用户登录密码以密文方式进行传输，确保了身份认证的安全可靠。身份认证系统加强了原有基于账户和口令的访问控制，提供了授权、访问控制、用户身份识别、对等实体鉴别、抗抵赖等功能。在口令设置上，用户应尽量使用长口令，最好是英文字母与数字、符号的组合，并避免使用难于记忆的口令。系统设计者可以使用的主要认证机制和用于攻击的对抗措施如表 6-1 所示。

表 6-1 通用认证方法和对抗措施

认证基础	认证机制	对抗措施
个人知识	用户掌握的静态（可重用）口令和个人 ID 编号（PIN）	口令可能被捕获（包括嗅探或截获）或被猜测并被重用
	动态（一次性）口令，通过顺序动态算法得出，取决于时间或查询次序	口令记录或产生顺序必须被捕获或被猜破
个人所有权，或持有权，或位置	挑战和反应：电子令牌或智能卡设备对鉴别者的挑战提供了唯一的回应（有效的一次性口令）	一定要捕获有效的挑战 – 回应组合对，并在有效的时间窗口回放，或破坏回应特征模式
	基于地址的响应：回叫系统通过呼叫申请者认证远程通信路径的来源建立连接	回叫过程将认证路径连接到攻击者，冒充回叫过程
	基于位置的响应：用户必须通过使用位置令牌，以有效的 GPS（全球定位系统）位置回应来验证在地球上的物理位置	一定要捕获物理位置并冒充 GPS 数据捕获令牌
个人特征	密码认证：电子令牌或智能卡设备提供密码交换（数字特征）	一定要折中或破坏密钥管理或加密系统捕获令牌需要捕获特征和/或伪造生理特征
	生物测量：区别个人独特的生理特征，如视网膜扫描、指纹、面部热成像、声波纹	
	将令牌装置植入体内	需要捕获特征和/或伪造生理特征

麻省理工学院为 UNIX 开发的 Kerberos 认证和密钥分配系统中，采用相对复杂的口令认证系统，表明了可以利用序列步骤在一个非安全网络上进行远程认证（此方法可防止攻击者通过窃听网络或软件"嗅探"的手段捕获口令）。Kerberos 认证协议包括以下步骤：初始请求、认证服务器（AS）回复、初始认证、证书授权服务器（TGS）回复、在服务器 S 处的最终认证。

3）访问控制技术

访问控制技术是系统中确定允许进入系统的合法人员对哪些系统资源有何种权限，可以进行什么类型的访问操作，并防止非法人员进入系统和合法人员对系统资源非法使用的技术。实施访问控制的主要任务是对存取信息访问权限的确定、授予和实施，目的是在保证系统信息安全的前提下，最大限度地共享资源。根据控制方式的不同，访问控制可分为任意访问控制和强制访问控制。

任意访问控制又称为自主存取控制。拥有任意访问控制权限时，用户可在系统中自主地规定存取资源的实体。也就是说，用户可以选择能够与其共享资源的其他用户。根据其应用的方式不同又可分为：目录表访问控制、控制表访问控制、矩阵访问控制和能力表访问控制等。

强制访问控制可以通过无法回避的访问限制，来防止某些对系统的非法入侵。在这种强制控制下，系统给主体和客体分配不同的安全属性。这些属性除系统管理员外，任何用户和系统目标都不能直接或间接地改变，不能像访问控制表中的条目那样可以直接或间接地修改。在实施访问时，系统通过比较客体和主体的安全属性，来决定主体能否访问客体。

4）入侵检测技术

入侵检测技术可以监视计算机系统或网络中发生的事件，并对其进行分析，找出危及信息机密性、完整性、可用性的隐患或找出试图绕过安全机制的入侵行为。当出现内部攻击、外部入侵和误操作时，入侵检测系统作为一种积极主动的安全防护工具，为计算机网络和系统提供实时防护，能在计算机网络和系统受到危害之前进行报警、拦截和响应。按数据来源的不同，入侵检测系统分为基于主机的入侵检测系统和基于网络的入侵检测系统。基于主机的入侵检测系统通常安装在被保护的主机上，主要是对该主机的网络实时连接以及系统审计日志进行分析和检查，当发现可疑行为和安全违规事件时，系统就会向管理员报警，以便采取措施。基于网络的入侵检测系统一般安装在需要保护的网段中，实时监视网段中传输的各种数据包，并对这些数据包进行分析和检测，如果发现入侵行为或可疑事件，入侵检测系统就会发出警报或切断网络连接。基于网络的入侵检测系统如同网络中的摄像机，只要在一个网络中安放一台或多台入侵检测引擎，就可以监视整个网络的运行情况，可在"黑客"攻击造成破坏之前，预先发出警报。基于网络的入侵检测系统自成体系，它的运行不会给原系统和网络增加负担。入侵检侧系统使用的主要检测方法有：基于攻击特征的模式匹配法、协议分析法和基于行为的统计分析法。其中，模式匹配法主要适用于对已知攻击方法的检测，首先通过分析攻击的原理和过程，提取有关攻击的特征，建立攻击特征库，然后对截获的数据进行分析和模式匹配，具有识别准确、误报率低等优点，但它对未知的攻击方法却无能为力，当新的攻击方法出现时，必须及时更新特征库。协议分析法是先对收到的数据包进行协议解析，根据解析结果将数据包"分流"到不同的检测方法集，检测方法集再根据包结构及内容自动调节检测方式（必要时会进行二次检测），这种匹配算法能有效地减小目标的匹配范围，提高了检测速度，同时也使系统对攻击检测更加准确。基于行为的统计分析法对未知攻击和可疑活动有一定的识别能力，但误报率高。主流的入侵检测产品具有：实时检测和报警；将基于主机的入侵检测系统和基于网络的入侵检测系统相结合；实现分布式入侵检测；综合使用模式匹配法、协议分析法和基于行为的统计分析法；采用专用硬件平台，使处理速度达到千兆级；能与防火墙配合，实现与防火墙的联动等功能。对网络入侵检测的大量研究已经证明了对复杂网络进行全面检测所面临的技术挑战，几种实现检测机制的技术途径包括：已知样式模板、威胁行为模板、通信量分析、基于状态的检测等。除了技术检测和保护性反应外，为了达到威慑目的，对网络或电子攻击入侵者进行识别和定位的常规调查性反应也是必需的，包括审计、内容监视、环境监视和最后阶段搜索。

漏洞扫描技术是采用各种方法对目标可能存在的已知安全漏洞进行逐项检查，然后向系统管理员提供安全分析报告和修补建议。漏洞检查分为两种：系统内部检查，由系统管理员作安全检查；系统外部检查，类似于"黑客"的漏洞扫描。

5）防火墙技术

防火墙位于两个网络之间，是内部网络和外部网络之间建立的一个安全控制关卡，对进出内部网络的服务和访问进行控制和审计，以保护内部的网络和资源。防火墙技术就是一套集身份认证、加密、数字签名和内容检查为一体的安全防范措施技术，是建立在现代通信网络技术和信息安全基础上的应用性安全技术。利用防火墙技术可以阻挡外部网络不安全因素对内部网络的影响,防止外部网络用户未经授权的访问或入侵对内部网络造成破坏。总体上看,防火墙具有五大基本功能:过滤进出内部网络的数据;管理进出内部网络的访问行为;封堵某些禁止的业务;记录通过防火墙的信息内容和活动;对网络攻击进行检测和报警。

从功能上,防火墙技术分为文件传输协议(FTP)防火墙、远程登录(TELNET)、防火墙、电子邮件(E-MAIL)防火墙等。根据防火墙防范的方式和侧重点不同,防火墙技术措施有多种类型,但从基本原理上讲可分为数据包过滤、应用网关和代理服务三种。在指挥与控制系统中,这几种防火墙技术通常一起使用,以弥补各自的缺陷,增加安全性。

数据包过滤技术是在网络层中对数据包实施有选择地通过的技术。它主要根据TCP/IP包的包头信息来决定是否允许数据包通过,用于网络层提供较低级别的安全防护和控制。数据包过滤防火墙,又称筛选路由器,通常安装在路由器上,可对进出内部网络的所有信息进行分析,并按一定的信息过滤规则对进出内部网络的信息进行限制,允许授权信息通过,拒绝非授权信息通过。包过滤防火墙的过滤规则主要根据源地址、目的地址、源端口、目的端口、协议号等而定。采用这种技术的防火墙,优点是速度快和实现方便,但受路由器内部资源的限制,对所发现的非法数据包一般只是删除而不作记录和报告,故不具有安全审计功能,安全性能较低,同时由于不同操作系统环境下TCP和UDP端口号所代表的应用服务协议类型有所不同,因而兼容性较差。状态包过滤防火墙是在包过滤防火墙TCP/IP包过滤的基础上,增加了对连接状态的维护和检查。它对建立连接的数据包的检查粒度更细,对后续的数据包只需检查其是否属于已建立连接的数据包即可,不需全部进行规则匹配。这样的处理机制不仅使安全性得到增强,而且也大大提高了包转发效率。

应用网关技术是建立在网络应用层上的协议过滤和转发功能的防火墙技术。它针对特别的网络应用服务协议即数据过滤协议,能够对数据包分析并形成相关的报告,具有登记、日志、统计、报告、审计和用户认证等功能。简单地说,应用网关就是在使用不同格式的数据之间翻译数据的系统。与数据包过滤不同,应用网关不使用通用目标机制来允许各种不同类通信,而是针对每个应用,采用专用目的处理方法。这样,不必担心不同过滤规则集之间的交互影响及对外部提供安全服务的主机中的漏洞,而只需仔细检查选择的应用程序,因而比其他任何方法安全得多。应用网关易于记录并能控制所有的进出通信,可对因特网的访问做到内容级的过滤,控制灵活而全面,安全性高,但需要为每种应用写出不同的代码,维护比较困难,且速度较慢。

代理服务是设在防火墙网关中的专用应用级编码。它可以让网络管理员允许或拒绝某个特定的应用程序或一个应用程序的某个特定功能。由于数据包过滤技术和应用网关技术的一个共同特点是:它们仅仅依靠特定的逻辑检查来决定特定的数据包是否允许通过,一旦特定的网络数据流满足逻辑,防火墙内外的计算机系统就直接建立起联系,因而保留了防火墙外部网络直接了解防火墙内部网络结构和运行状态的可能。而代理服务是通过两个终止于"代理"上的"链接",来实现防火墙内外计算机系统之间的应用层"链接",即"代理"使用一个客户程序,与特定的中间节点连接,然后中间节点与所期望的服务器进行实际连接。因此,外部计算机的网络链路只能到达中间节点(代理服务),而内外部网络之间不存在直接的连接。这样,即使防火墙发生问题,外部网络也无法与被保护的网络连接,从而达到隔离防火墙内外计算机系统的目的。此外,代理服务还可提供详细的日记记录和审计功能,从而大大提高网络的安全性。

6) 数据加密技术

数据加密技术是确保系统信息安全最重要的环节,不仅可以为报文、用户身份认证提供保密性,而且为报文收发提供保障(不可抵赖性)。其核心思想是:既然网络本身并不安全可靠,那么就对所有重要信息进行加密处理。密码技术提供了一种数学的信息转换(通过加密和解密)过程,将信息在公开的明文格式和安全的密文格式之间转换,以达到使对方无法从截获的乱码中获得任何有意义的信息和使对方无法伪造任何乱码型信息这两个目的。

密码加密过程的最终强度和共性在于其转换算法的数学表达式。通用密码系统包括密码报文路径和分配数字变量或密钥的方法,密码报文路径又包括加密、传输和解密的过程,而数字变量或密钥控制着加密变换的过程。加密过程使用替代、排列或数论方法(或组合方法)将明文转换成密文。控制转换算法的密钥变换提供了改变转换方式的能力,所以可能的密钥数量(密钥空间)直接影响着算法对抗攻击的强度,密钥生成就是改变密钥变量的过程。一个通用密码系统的基本分类如图6-8所示。秘密密钥算法在计算上比公共密钥系统效率更高,更适合于高速率大容量数据的加密。

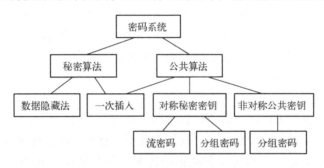

图6-8 通用密码系统分类

加密是指在密钥的控制下,通过密码算法将敏感的机密明文数据变换成不可懂的密文数据。数据加密技术主要涉及数据加密方式和数据加密技术体制两个方面。

数据加密方式是通过对数据进行隐藏、变换以达到信息保密的方法和途径,主要有四种方式:节点加密,即相邻节点之间对传输的数据进行加密,每个节点都要安装加、解密的保护装备,其原理是在数据传输过程中,传输链路上任意两个相邻的节点分别为信源和信宿,除链路的头节点外每个相对信源节点都先对接收到的密文进行解密,把密文转换成明文,然后用本节点设置的密钥对明文进行加密并发出密文,相对信宿节点接收密文后重复相对信源的工作,直到报文达到目的终端点;链路加密,即对通信链路上传输的数据进行加密,其原理是某节点发出明文,经过通信站时利用通信站进行加密形成密文,然后再进入通信链路进行传输,当密文经链路传输到达某一相邻中继节点或目的节点时,先经过通信站对密文解密后节点再接收明文;端对端加密,即在信息源对数据进行加密,在整个传输过程中,数据都以密文形式传输,直到到达目的节点时才进行解密,不管数据在传送过程中经过多少中间节点,数据都不被解密;存储加密,即对存储在各种媒体内的数据采取加密，主要包括数据库加密和文件加密，数据库加密与文件加密的区别在于数据库加、解密是以数据记录、数据项为单位进行，而不是以文件为单位进行，数据库中明文数据之间的各种对应关系应在密文数据中有所对应，以便用户访问数据记录、数据项，并提供灵活的查询、检查、排序功能。

数据加密技术体制，主要有以下三类：单钥加密，指加、解密都用同一把钥匙，发信方用某把钥匙将重要信息加密，通过网络传给收信方，收信方再用同一把钥匙将加密后的信息解密，这是比较传统的一种加密技术，快捷、简便，即使传输信息的网络不安全，被别人截走信息，加密后的信息也不易泄露；双钥加密，指加、解密过程中使用两把相关互补的钥匙，分别称公钥和私钥，公钥是公开的，可以通过网络告知发信方（即使网络不安全），而私钥则只有每个人自己知道，发信方需要用收信方的公钥将重要信息加密，然后通过网络传给收信方，收信方再用自己的私钥将其解密，除了私钥持有者，没有人即使是发信方也不能够将其解密，只知道公钥是无法导出私钥的；数字签名，主要用来证明发送方身份，验证攻击者有没有对报文进行修改，数字签名的基本过程是信息发送方先对原始数据进行杂凑运算得到消息摘要，再采用自己的签名私钥对消息摘要进行加密运算，验证签名的基本过程是信息接收方对收到的原始数据采用相同的杂凑运算得到消息摘要，并使信息发送方的签名公钥对数字签名进行解密获得消息摘要，将二者进行对比，以校验原始数据是否被篡改。

密钥的生成、存储、分配和全面保护，对于所有密码系统的安全而言都是极其重要的。因此，物理、信息和感知层的安全性一定要保护密钥管理功能，包括密钥安全策略、密钥分层结构、密钥分割、密钥周期控制和密钥契约等。

7）网络信息嗅探防御

网络嗅探器本用于捕获、分析网络协议和数据包，帮助管理员管理和监测网络运行状况。利用网络嗅探器可以进入敌方计算机网络系统，并成功地实施信息攻击。网络嗅探器利用了计算机网络系统分析技术、软件驱动嗅探技术和硬件磁感应嗅探技术等，以及服务否认、信息篡改、中途窃取和欺骗等技术，具有被动性和非干扰性的特点。因此，利用网络嗅探入侵内部网络，窃取网络中的重要信息具有很强的隐蔽性，采用常规办法很难检测其存在。

网络嗅探器是通过将网卡设置为混杂模式，利用数据链路访问技术对网络嗅探，实现对数据链路层的访问。通常，使用网络嗅探器是在网络中进行欺骗的开始，它可能造成捕获口令、捕获专用或机密信息、危害网络邻居安全或用来获取更高级别的访问权限、窥探低级的协议信息等危害。

一般根据所传输数据的重要性、安全性以及所需成本，来决定采用相应的预防网络嗅探器监听的措施。预防措施一般包括对传输信息加密、采用一次性口令、采用交换式网络拓扑结构、防止地址解析协议（ARP）欺骗、网络分割、虚拟网技术等几种方式。

8）防卫工具和服务

除了各种安全措施外，系统和网络管理员需要多种工具来进行安全评估（系统针对某种策略和标准的安全性）和审计（跟踪与特定的安全相关事件有关的活动序列）。表6-2所示为安全管理方面的主要工具和服务类别。

表 6-2　主要安全工具和服务评估

类别	描　　述
工具	缺陷扫描器：对内部和外部进行彻底地扫描，以发现实现或配置中可能存在的缺陷。 内容扫描器和反病毒工具：扫描文件、存储器和下载信息，寻找恶意逻辑、病毒感染的证据。检查文件完整性，密切观察病毒活动行为。 口令扫描器：扫描用户选择口令的缺陷。 完整性扫描器：扫描文件验证数字签名来保证完整性（未被修改）
服务	独立风险分析：独立的人员对设施和系统的风险进行评估。 扫描器更新：根据当前情报对抗病毒和缺陷扫描器进行经常地更新。 安全咨询：在威胁活动、发现的缺陷、补丁和漏洞方面给出咨询意见。 证书：对确定安全程序的实现进行独立验证（定期和随机的抽样调查），证明达到了特定安全水平

9）电磁泄漏防护技术

指挥与控制系统设备在工作时，信息以电磁波形式辐射出去，易被敌方接收并重现出来，从而造成泄密。有效减少和防止电磁泄漏的技术（TEMPEST），源于1981年1月美国国家保密局为高度保密项目电子设备制定的标准，即NACSIM5100A标准。这一标准涉及理论研究、设计实现、测试、设备以及基础材料、元器件等各个领域，标准中对安全设备的生产、测试、评估、使用以及各安全等级信息泄露的临界值等，都作了具体规定。我国也制定了有关民用、军用的TEMPEST标准。

TEMPEST技术主要有两种防护措施：抑制和屏蔽电磁辐射，包括对设备加装金属屏蔽、改善电路布局、电源线路滤波和信号线路滤波、设备有效接地和减小传输阻抗、使用绝缘接插件、不产生电磁辐射和抗干扰的电缆以及密封性能好的插头和插座等；采用干扰性防护措施，主要是在系统工作的同时施放伪噪声，用以掩盖系统的工作频率和信息特征，使敌方无法探测到信息的真实内容，从而达到保密目的。

6.2.4　对软件的攻击与保护

1. 针对指挥与控制软件的攻击方法

针对指挥与控制软件的攻击方法主要有实时攻击法和发射耦合法等。

1）实时攻击法

实时攻击法是利用己方遍布战场空间的计算机系统和有特殊功能的计算机病毒，对敌方计算机系统进行实时攻击的方法。实时攻击可对敌方计算机网络分类危害，影响敌方组织实施作战过程。

运用实时攻击法时，可利用敌方计算机系统传输与作战指挥控制有关指令的时机，通过计算机病毒修改敌方传输的指令等达到攻击的目的。除单、双工无线电台网络外，作战指挥与控制信息都可借助计算机进行信道分配、资源管理、路由监测、显示处理，特别是信息系统干线节点间的无线信道更容易被计算机病毒攻击。充分利用敌方计算机系统工作时的运行条件，可为有效的计算机病毒攻击创造条件。也可利用缴获的敌方计算机系统施放计算机病毒，影响敌方利用计算机信息。作战指挥与控制对抗时，可派遣特种作战部（分）队深入敌方纵深，向已缴获的计算机设备加载计算机病毒，使其与敌方正在使用的相关指挥与控制网络相连，利用计算机病毒的传染性，逐步扩大计算机病毒的攻击范围，还可利用计算机病毒的渗透性、传染性，向与敌方信息系统有关联的其他系统加载计算机病毒。

2）发射耦合法

发射耦合法是一种针对性地向敌方指挥与控制系统发射计算机病毒数据流、使计算机病毒绕过敌方检查系统、直接耦合于其作战指挥与控制系统的计算机攻击方法。作战指挥与控制对抗时，运用发射耦合法，理论上具有一定的导向性，技术上具有一定的挑战性。

运用发射耦合法时，可通过大功率微波计算机病毒枪（炮）或装置，发射精确控制的电磁脉冲，将计算机病毒注入敌方计算机系统的特定部位；也可将大功率微波与计算机病毒的双调制技术直接耦合，连续地发射经计算机病毒码调制的大功率微波，将计算机病毒注入正处于接收信息状态的计算机，从而进入敌方计算机系统；还可将计算机病毒转化为与敌方数据传输相一致的代码，在战场空间或区域内以无线电方式传播。利用敌方进行信息侦察与截获情报的机会，让敌方接受和分析经特殊设计的计算机病毒，从而使计算机病毒感染信息侦察与截获系统，继而感染与信息侦察截获系统相连接的指挥与控制系统。

运用发射耦合法时，必须依据作战的实际需要控制发射耦合时机，在条件允许情况下控制发射耦合范围，及时收集发射耦合效果，采取保护己方计算机系统不被耦合的措施等。

2. 针对指挥与控制软件的保护方法

影响指挥与控制系统安全的因素很多，来自敌方的信息侦察和信息攻击是最严重的威胁之一。对计算机系统进行防御，可采用多技术保护法、以管促保法和灾难恢复技术等。

1）多技术保护法

从技术角度保护计算机系统的安全是计算机防御的主要方法。多技术保护法是指采用先进的网络技术和计算机防御技术等，对计算机系统实施防护的方法。

运用多技术保护法时，应建立具有全网拓扑结构、网络配置及网络参数统一管理、监督与控制能力的计算机网络；对网络实体的环境安全、电磁干扰和辐射的保护要有安全技术措施；有预防计算机病毒攻击的技术措施；有必要的冗余度和降级自理能力，网络安全设施的接口设备和软件的适应能力；应采取多重安全控制技术手段；必须登记用户进入网络的各种活动，网络信息的存取控制应在逐级授权技术软件的支持下运作；有监视和控制网络负载状态的能力；还要使计算机网络能确保计算机的实体安全、系统安全和预防计算机病毒，包括传输可靠、有效鉴别、传输控制、联网安全、密码保护等方面的技术安全；使计算机网络便于指挥员在相应技术支撑下，落实反计算机侦察、反计算机攻击的战术对策。

2）以管促保法

以管促保法是指应用系统论的管理措施，进行保护计算机信息安全的方法。运用以管促保法，主要涉及指挥与控制系统的网络管理、设备管理、信息管理、人员管理和法规管理等内容。

3）灾难恢复技术

灾难恢复技术是指启用灾害备份功能，进行安全备份和安全存储。一旦网络遭到攻击（包括物理灾难和网络恐怖）并完成取证后，要及时恢复网络上的资料、文档和数据，将损失降到最小。

6.3 指挥与控制系统抗毁再生技术

抗毁性是指挥与控制系统的一个重要指标。它是指当系统中出现确定性或随机性故障时，系统维持或恢复其性能达到一个可接受程度的能力。

6.3.1 基于路由冗余的抗毁再生技术

在指挥与控制系统的范畴内，抗毁的最有效办法是采用分布式结构，包括分布式信息源、分布式通信网络、分布式指挥所，其中也包括了资源分布、功能分布和人员分布等。随着计算机及网络技术的发展，分布式系统由于其独有的特点，成为了信息系统广为采用的基本体系结构。为了提高网络的抗毁性，一般比较关注某一节点或链路被毁后的网络结构和如何产生新的路由，即网络重构能力。若将指挥与控制系统等效为一个网络图，则图的连通度可以反映出系统的抗毁生存能力。

1. 抗毁性简要分析

在分布式指挥与控制系统中，确定性的抗毁性度量取决于网络拓扑结构。具体地讲，仅与网络中节点对之间的链路或节点分散路径的数量有关。而随机性的抗毁性度量则不但取决于网络拓扑结构，还取决于网络中每个节点和链路的可靠性。在联合作战环境下，指挥与控制系统因其使命的特殊性，是敌方首要的打击目标。所以，节点和链路的可靠性不仅与物理设备的质量有关（称为自然有效概率），而且还与敌方的打击程度和打击效果有关（称为外界损坏概率）。自然有效概率是平均寿命的函数，而外界损坏概率却是一个非确定因素，是一个随机量，只能通过经验估计得到。

网络拓扑结构可由图论推演，只要给出指挥与控制系统对应图的连通度，便可知道系统中有多少节点或信道被损毁后，还剩余多少部分仍然能保证信息的可靠传输和处理。如果已知指挥与控制系统的对应网络图，便可运用 Malhotra 最大流算法求出任意一对顶点间的边连通度，经过图形变换又可求出任意顶点对间的点连通度。通过求出所有可能顶点对间的边连通度和点连通度，就可求出整个图的边连通度和点连通度。若一个图的边连通度为 $k+1$，则在该图中拿去任意 k 条边，图仍然连通。同样，若一个图的点连通度为 $k+1$，则在该图中任意拿去 k 个顶点，图仍然连通。

2. 抗毁生存能力优化措施

1）优化系统结构

在指挥与控制系统设计中，考虑到作战环境下系统灾害性损毁的不确定性，一般用 k 个节点或 k 条链路损毁后仍能保证系统正常功能的概率值来表征系统的生存能力。如要求系统在 5 条链路或 5 个节点损毁后，仍能保证系统正常工作的概率为 99%。这样，就可以采用蒙特卡罗方法进行分析和优化。

假设系统为 $G=(V,L)$，其中，V 是节点的集合，L 是链路的集合，每条链路或每个节点都有相应的正常工作概率 P。系统中的信息量可用节点间所要传送的分组集合 $\{d_{ij}\}$ 来表示，其中 $i,j \in V$。设 S 为节点对间能被系统有效传送信息量的百分比，$P(k)$ 是路径 k 存在的概率，则

$$S(i,j) = \frac{\sum_k [d_{ijk} g P(k)]}{\sum_k d_{ijk}} \tag{6-1}$$

假设迂回路径存在的概率为 $P(m)$，则

$$S(i,j) = \frac{\sum_k [d_{ijk} g P(k)] + \sum_m [d_{ijm} g P(m)]}{\sum_{k,m} d_{ijk}} \tag{6-2}$$

从式（6-2）可知，由于迂回路径的存在，从而减弱了 $P(k)$ 对网络的影响，增加了节点间可传送信息量的百分比，从而系统的抗毁生存能力得到了提高。当然，如果整个系统真正实现全连通，甚至都有备份路径，这是最安全可靠且最具有生存能力的。但是，这样做所投入的资金也最大，势必造成资源的浪费。如何保证在满足一定的抗毁生存能力条件下，使投入的资金最少，这是一个最优规划问题。

假设一个网络拓扑图如图 6-9 所示。以信道损坏为例，如果指挥与控制系统对应的网络图已知，并设每条信道损坏的概率为 P，P 包括自然损坏概率和外界损坏概率。自然损坏概率是设备平均寿命的函数，外界损坏概率是一个不确定的随机数。

通过计算机模拟来进行随机试验，试验时每条信道对应有一个随机数产生器，根据其随机数的取值可决定某时刻

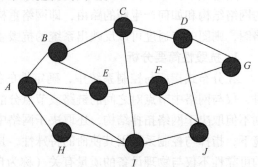

图 6-9　网络拓扑结构

此信道是完好或已被损坏；然后，检查整个系统是否还能正常工作，或检查系统中仍能继续相互通信的节点对所占的百分比；将此过程进行大量反复试验，取平均值就能得到一个近似结果。反复计算 P，还能得出网络断开概率或网络连通概率，也可得到不能继续通信的节点对所占百分比随 P 变化的曲线。图 6-10 中曲线（a）给出了该网络断开概率依赖于 P 变化的曲线。

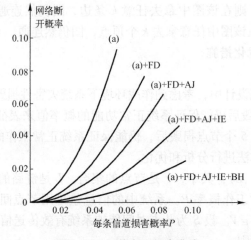

图 6-10　网络断开概率曲线

由图 6-10 可知，如果要求系统在每条信道平均损坏概率为 5% 时，网络的断开概率小于 1%，则该网络显然达不到此要求。要想达到此要求，就需要在网络中增加新的信道来降低网络的断开概率。考虑到图 6-9 网络拓扑结构中，没有信道直接相连的节点对之间，端对端信息是依据由大到小的排列顺序来逐条增加信道的，假设候选的信道顺序依次为 FD、AJ、IE 和 BH 等。每增加一条信道，进行一次计算机模拟试验，则可画出一条曲线，可看出需要增加 FD、AJ、IE 和 BH 四条信道方可满足上述要求。

2）避免串联系统过多

尽量简化系统分类、减少串联元部件的数目、采用标准化接口等，可以减少转换设备，从而提高系统的抗毁生存能力。与串联系统相比，并联系统则具有较高的系统可靠度。在并联系统中，为保证系统运行的连续性，一般采用动态热切换技术，即当系统发生故障时，利用硬件热备份立即隔离系统的故障部分，并用硬件备份替代故障部分运行。在切换过程中，系统应处于不间断运行状态或降功能运行状态。至于系统中冗余数量的设置，则要依据统计分析结果来具体确定。

3）加强系统的物理防护

由于作战环境恶劣，致使计算机易受振动、温度、湿度及电磁脉冲的影响。因此，必须采用军用加固计算机技术，提高抗干扰能力和抗破坏能力。加强系统的物理防护，尤其是重点部位和重点设备的物理防护，采用分散配置、抗核加固、机动隐蔽、修筑工事、增厚防护装甲等手段，以增强系统的抗硬打击能力，提高系统的抗毁生存能力。

4）提高系统设备的质量

提高系统设备的质量主要是延长其故障间隔时间，从而提高单个设备的可靠度，进而增强整个系统的抗毁生存能力。因此，应加强设备和系统的可靠性设计，提高系统的固有可靠度和任务可靠度，以延长系统的生命周期。在系统设计中，应采用分布式结构来减轻故障危害程度，避免形成致命的故障类型，并尽量降低故障对系统的危害程度；加强系统的标准化、系列化和模块化设计，提高系统的维修性和保障能力；加快系统设备的国产化进程，提高设备的国产率是防止"芯片捣鬼"和"芯片细菌"的有效途径。

5）加强系统抗毁性管理

机动、抗毁和自适应能力是系统的重要性能。系统重组重构技术是提高系统机动、抗毁和自适应能力的关键技术。静态同构系统的重组重构是比较易于实现，在以服务器（工作站）为主体架构的指挥与控制系统中，将每个工作站装上全部指挥席位的战术应用软件，便可将其升级为任何一个指挥席。而动态重组重构却要求重组重构后，指挥席能够无缝地接续系统的当前工作状态，如情报综合处理席正在进行态势分析时突然失效，系统将立即进行重组重构，将一个原来无关席位的工作站设置为情报综合处理席位，来接替原情报综合处理席位的工作，此时新的情报综合处理席应该从原来的情报综合处理席中断的工作状态开始接续工作，而不是重新开始。所以，动态重组重构尤其是异构平台的重组重构，是一个需要重点研究解决的问题。

6）加强分布式数据管理

在分布式系统中，系统的各部分或多个部分，可能要使用同样的功能、计算或数据文件等应用资源。使用这些资源，需要保证数据一致性、文件副本一致性、访问唯一性等。指挥与控制系统中的数据一般分为静态数据和动态数据两类。静态数据如背景地图、既设工事、待战地域等，一般被系统的多个部分所使用，在使用过程中不会动态地修改数据，且在使用过程中数据也不被改变；动态数据如作战计划、方案、兵力部署、敌情通报等，在使用过程中会有改变，因此管理起来就会更加复杂一些。

在分布式系统中，数据库采用分布与集中相结合的方式，数据和服务都在数据库服务器上，用户端使用时仅向服务器请求服务，这样就解决了数据的共享控制和一致性管理问题。但这样使用数据库，对实时系统存在着致命的缺点，就是访问速度太慢。因此，在指挥与控制系统的设计中，可以将所有的数据都交给数据库来管理，对于需要保持一致性但又不需经常修改的数据，由数据库向需要使用的部门分发只读的使用副本。对于需要频繁或实时使用的数据，则最好使用共享数据区的方法，但需要注意克服共享数据区的致命弱点，即防止这些数据被破坏。

6.3.2 基于 SOA 的系统抗毁再生技术

1. 基于 SOA 的指挥与控制系统抗毁设计思想

服务抗毁是指系统运行后台进程之后，实时监控系统状态，当发现服务遭到破坏时，针对故障状态采取不同恢复策略，控制数据流方向，自动进行系统重建。正常情况下，由本地作战信息节点提供服务。当本地节点发生故障时，远端作战信息节点就会自动地切换为对外提供服务方式，使外界觉察不到服务的中断；当本地节点故障排除后，系统自动与远端节点数据同步，重新切换为由本地信息节点提供服务，确保系统的可靠性和健壮性。实现服务抗毁的关键是当故障发生后，能迅速确定故障点和有效数据源，并迅速触发相关子系统，采取有效策略使系统能够对外提供不间断的服务。

基于 SOA 的指挥与控制系统的抗毁能力是指：当系统出现确定性或随机性故障时，或部分组成要素和局部子网遭受人为或自然的软压制、硬摧毁时，系统能够维持及恢复其性能和效能达到一个可接受程度的能力。该能力的量化表示，可依据系统所提供的各种服务的随机毁损情况给出，也可依据系统各节点的组成及动态变化给出确定性度量。突出抗毁性而非可靠性，仅是为了强调战场环境下指挥与控制系统的抗毁和抗干扰能力，以区别于侧重装备保障与维修实效性相关的可靠性。由于联合作战指挥与控制系统提供的服务众多，所以网络抗毁度量计算量大。不同的抗毁度量模型，对应不同的指标集和度量算法。基于 SOA 的指挥与控制系统抗毁设计思想主要是：

（1）将指挥与控制系统看作是一个自组织网络簇，服务被分配在簇中若干节点上，每个节点提供若干服务，且所有节点上部署的服务之间是非独立、高覆盖的，簇内所有节点上的服务分类一个高冗余的完备服务集。

（2）基于 SOA 的指挥与控制系统，在簇中必然有一个成员具有 UDDI（服务注册中心）功能。所以，可将具有簇成员管理功能的簇首设置为 UDDI。UDDI 中的服务目录被设置为本簇和其他所有簇（其他指挥与控制系统）中各成员节点所提供服务的 P2P 片段信息。

（3）若干个指挥与控制系统之间相互进行服务分配时，各系统的簇首作为 UDDI 以 P2P 方式进行连接和服务目录的分配。每个簇首中的 UDDI 被设置成为本簇和其他所有簇中各成员节点服务的 P2P 片段信息，且这些片段信息是非独立、高覆盖的，所有簇首的 UDDI 片段信息分类一个高冗余度的服务目录完备集。

（4）根据自组织网络的特点，每个节点都可以作为路由来转发信息。在一个簇内，如果某节点请求本簇其他成员节点提供服务时，可使用本节点上的先验路由表，将请求信息发送到可提供此服务的节点而获得服务。在作战时，如果某节点或某几个节点被摧毁，而剩余节点所提供的服务仍然可分类完备服务集时，则剩余节点请求服务可采用按需路由方式，及时发送探测信息、更新各自路由表、快速构建连通路径，得到所要求的服务，实现簇内抗毁。

（5）所有簇的所有节点提供的服务注册目录信息，以内容片段分发方式被分配到各个簇首上。根据 P2P 网络的特点，当某个或某几个簇首被破坏，而剩余的簇首上的 UDDI 片段信息之和仍然可分类一个完备的服务目录集时，则在被破坏簇首的簇中，根据移动自组网络选举簇首原则，推举出新的簇首。新的簇首以 P2P 信息获取方式得到一个新的 UDDI 片段信息，以维护簇间（各指挥与控制系统之间）提供服务与消费，实现簇间抗毁。

2. 基于 SOA 的指挥与控制系统抗毁结构

一种基于 SOA 的指挥与控制系统抗毁结构如图 6-11 所示。C1、C2、C3 表示三个基于 SOA 的指挥与控制系统（簇），节点 1、3、4 表示各簇的簇首，簇首之间以 P2P 方式连接，中心管理员 M 将各簇所有节点的服务片段分发到 1、3、4 节点上。每个簇内的各成员节点，都可以提供一种或几种服务，根据自身的先验路由表，各节点都是互相连通的，这样就很容易让用户找到提供服务者。所以，在簇内节点之间提供服务可以不通过簇首的 UDDI，降低了 UDDI 的重要性，从而增加了簇内的抗毁可操作性。

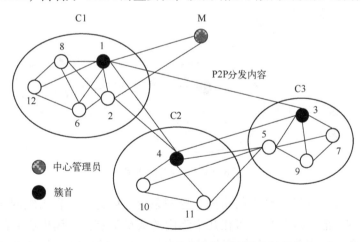

图 6-11 基于 SOA 的指挥与控制系统抗毁结构

若当节点 12 被破坏后，节点 12 上所提供的服务就不再存在，如图 6-12 所示。如果节点 12 在被摧毁前为节点 2 提供服务，那么节点 2 就必须在节点 12 被破坏后，运用重构的自身路由表，不通过本簇簇首上的 UDDI，直接找到提供服务的节点 6，这样就完成了簇内服务的抗毁。

当簇首 1 被摧毁后，按照最小 ID 原则，推举出节点 2 为新的簇首，如图 6-13 所示。簇首 3、4 采用 P2P 内容分发方式，将一个新的总服务目录片段发送到新的簇首节点 2 上。此时，C1 中的节点 6 想得到一项本簇成员节点所不能提供的服务，但又不知

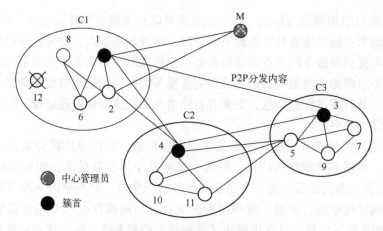

图 6-12　节点被毁的系统结构

道服务提供者在哪里，那么节点 6 首先对簇首 2、3、4 进行轮询，有可能从任一簇首如 3 处得知所需服务在簇 C2 中的节点 10 上。那么，根据自组织网络的特点，每个节点都有路由转发功能，节点 6 的服务请求可以通过路径 6→2→4→10 到达目的节点，这样就完成了簇间的服务抗毁。

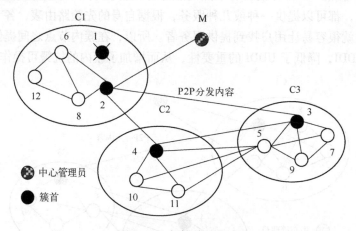

图 6-13　新簇首的生成

综上所述，可以将基于 SOA 的指挥与控制系统映射为一个自组织网络簇，系统中各部分所提供的功能（服务）分布在几个簇内的成员节点上，簇内服务的抗毁依靠成员节点的路由重构而实现；将各指挥与控制系统所发布的总服务目录以 P2P 的方式分发到每个新产生的簇首上，簇间的服务抗毁依赖于成员节点对所有簇首的轮询和簇首之间的路由转发。

6.4　指挥与控制的作战保障技术

信息化条件下，为达成高度一体化联合作战，作战指挥与控制对信息的依赖性很大，随着指挥与控制系统成为敌方重点打击和破坏的目标，使得作战指挥与控制环境变得更加恶劣而复杂，对指挥与控制的精确性、时效性合融合性等提出了更高的要求。因此，确保联合作战指挥与控制能迅速、准确、稳定和高效地实施，保障诸军兵种及其他力量合得上、联得紧、协同好，并达成一体联动，已成为联合作战指挥与控制必须研究和解决的重要问题。

联合作战保障包含的内容很多，按业务范围，可分为作战保障、后勤保障、装备保障和政治工作等类型。其中，作战保障是指为保障作战任务的顺利实施，由联合作战指挥机构统一筹划和采取的各种保证性措施及行动的总称，主要包括侦察情报、通信、目标、机要、测绘导航、气象水文、工程、作战伪装、交通、安全、作战评估、特种武器防护、电磁频谱管制以及战场管制等保障内容。后勤保障是指为参战的人员和武器装备系统提供直接或间接的人力、物力、财力等资源保障所采取的措施和活动的统称，主要包括物资保障、卫勤保障、运输勤务、兵员补充、经费保障和后方防卫等保障内容。装备保障是为保持武器装备良好技术状态所采取的措施和相应活动的统称，主要包括装备补充、装备维修、装备管理、弹药保障等保障内容。政治工作特指在联合作战期间的思想和组织工作，是联合作战中战斗力的重要因素，包括拟制政治工作保障计划、筹措政治工作经费、物资器材和设备等保障内容。

6.4.1 作战保障的主要任务与内容

作战保障的基本任务就是保障指挥员及其指挥机构，实施快速准确、灵敏高效、稳定不间断的指挥，保障联合作战部队协调、隐蔽、安全、顺利地进行作战准备和完成作战任务。

一般来说，联合作战作战保障的内容可分为通用作战保障和专项作战保障两大类，二者相辅相成、缺一不可。联合作战通用作战保障指各参战军兵种之间相同或相近的保障力量共同实施的相同内容保障项目，如图6-14所示；联合作战专项作战保障是指参战各军兵种根据自身的特点和作战需要，由军兵种为主自行组织实施的相关保障措施及行动，如海军的航海、防险救生、防御等保障，空军的领航、航行管制、机场安全等保障，火箭军的作战阵地、诸元计算等保障。

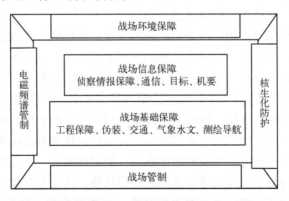

图6-14 联合作战通用作战保障内容示意图

侦察情报保障指运用各种侦察力量，采取多种途径和手段为获取作战情报信息所进行的活动。其基本任务是及时、准确、全面、高效并不间断地获取作战所需的敌方及作战地区政治、经济、军事、地理、气象（水文）等方面的情况，为指挥员及时、正确地进行决策和实施指挥提供各种实时、可靠、有价值的情报支持。情报信息保障主要侧重对敌情和战场环境信息保障，从获取的难度上看，敌情信息保障最难，但作用又最大，因此它是情报信息保障的重点。侦察情报保障的主要内容包括：建立多维、一体化、覆盖全战场的侦察情报配系，全天候、不间断地组织敌情侦察和情况调查，搜集敌我双方各方面的信息，并查证核实与鉴别；建立诸军兵种通用的情报数据库系统，并做好各类信息、数据的收集、整理、分类与储存，以便于作战指挥与控制的查询和调用；进行情报信息处理，判明情报信息的真伪和价值，生成通用态势图或敌情通报以供使用，并提出使用建议；建立信息共享机制，以联合作战指挥机构通信部门为核心，与诸军兵种以及其他力量情报部门和用户相联结，建立情报信息通播网和横向交流渠道，达成情报信息共享。

目标保障是为保障联合作战指挥员指挥决策和中远程武器作战，以目标保障部门为主，组织开展的目标情报侦察搜集、打击目标选择、目标成果整（修）编、目标打击效果判定等一系列措施和行动。其主要任务是：根据联合作战行动需要，向上级提出目标成果保障及目标情报侦察支援需求；组织目标侦察，搜集处理目标情报信息，判明目标性质、位置和动态变化等相关情况；对新发现的目标进行快速整编，形成作战目标成果，及时供作战部队使用；接收和管理上级配发的作战目标成果，并转化为目标数据；及时提出目标选择和火力打击建议，提供打击目标清单和目标资料信息。精确可靠的目标保障对打赢信息化条件下联合作战意义重大，必须充分发挥各种目标保障力量的整体效能，健全联合保障机制，以高技术保障手段为主，以传统保障手段为辅，相互补充、增效，在平时预有准备的基础上，连续跟踪，动态补充，确保目标和评估保障的高时效性。目标保障的主要内容包括：统一计划，统一组织，实行目标保障归口和整编成果共享；加强平时对目标的搜集与处理，及时更新目标数据库；拓展目标情报来源，通过综合分析、多方印证，确保目标成果可靠、可信、可用；综合运用航天侦察、航空侦察、无人机侦察、弹载侦察等先进手段，在谍报侦察和特种侦察配合下，及时获取准确可靠的目标毁伤效果信息，并对目标毁伤效果实施有效评估，向指挥员提出对目标后续打击的建议，为指挥员后续打击行动决策提供依据。

通信保障是指组织与运用各种通信装备和手段，保障联合作战指挥与控制中各种作战信息的快速、顺畅、隐蔽、可靠地传输的一切通信活动。其基本任务是组织实施通信联络，保证作战指挥、协同、后方和报知等信息的顺畅传递。通信保障应遵循"综合组网、综合平台、综合运用"的原则，主要内容包括：组织联合作战指挥机构与上、下级指挥机构之间的通信联络，构成上下级作战指挥通信网；建立同级指挥机构的横向通信联络，即联接各指挥所之间的通信联络，构成联合作战指挥机构的一体化指挥通信网；建立各军兵种及其他力量之间的通信联络，构成横向的一体化指挥协同通信网；建立联合作战指挥机构与同级友邻部队之间的通信联络，构成与友邻的协同通信网；组织联合作战指挥机构内部各部门之间的通信联络，如指挥控制、情报、通信、火力协调、信息对抗、政治工作、后勤保障、装备保障等中心（部门），以及其他部门之间的通信联络，构成机构内部的一体化通信网。

机要保障是为顺利实施指挥和作战而进行的密码通报、密码保障和密码装备保障等一系列措施与行动。其主要任务是为联合作战指挥和行动提供保密、快速、准确的核心密码通报，为指挥与控制系统、武器平台和业务信息提供可靠的密码防护，重点是保障联合作战指挥。机要保障的主要内容是：精心组织筹划，合理区分保障任务，明确密码配用原则，合理调配人员、密码、装备和器材等；建立纵横贯通、稳定可靠、安全保密的核心密码通报体系；在构建指挥所、信息系统和武器平台等密码系统时，配置相关密码参数，制定安全策略，及时提供密钥保障和技术支持，综合运用加密保护、安全认证、访问控制等密码技术手段，组织实施密码防御和应急响应行动；战时应加强密码管理与保障，严格值勤制度，落实密码保密规定；分级建立密码管理系统，随时监控密码装备运行情况，并加强维护保养，使其保持良好的工作状态。

测绘导航保障是为满足联合作战对战场地理环境信息、导航定位和精确授时需要而采取的措施和行动。其主要任务是：提供系列比例尺军用地图、遥感影像、大地控制测量成果及军用标准格式的数字地图，及时获取、处理变化的战场地理环境信息，制作提供专题测绘导航产品，组织指挥所测绘导航勤务，实施战场地理环境分析和测绘导航技术保障，提供卫星导航定位和授时服务等，不间断提供及时、精确、可靠的测绘导航保障。测绘导航保障的主要内容是：建立以军队为主、军民结合、诸军兵种一体的测绘导航保障体系，对其使用、维护、防卫、抗扰等实行统一领导和归口管理；将传统手段和先进技术有机结合，以多种形式准确描述战场基础地理环境信息、战场地理形态、战场环境信息及其对联合作战行动的影响，为指挥决策和部队行动提供技术支撑；依托一体化指挥与控制平台，建立战场地理环境信息共享和信息传输网络，利用航空航天遥感、无人机测绘和情报侦察等手段，广泛搜集战场地理环境信息，快速更新、制作、分发测绘导航信息和产品；严密组织卫星导航定位技术系统管理维护，加强地面导航站（台）防卫和抗干扰措施，为参战诸军兵种部队及时准确提供位置信息和统一的时间系统。

气象水文保障是为保障联合作战指挥员及其指挥机关正确利用气象水文条件，指挥部队作战而采取的各种保障措施和行动。气象水文保障主要内容是：组织气象观测和水文调查，搜集气象水文预报和资料；分析研究气象和水文资料信息，得出结论并提出使用建议；定期或不定期向参战诸军兵种发布气象水文预报和灾害性警报，指出可能引发的自然灾害。气象水文两者紧密相关，虽然多变但也有一定的规律。因此，气象水文保障不仅要注意短期天气水文预报，更重要的是要重视作战地区中、长期天气趋势预报，特别是对联合作战行动可能带来灾难性后果的气象水文情况，要及时发出警报，以避免造成不必要的损失和危害。

工程保障是指为保障联合作战行动所采取的一切工程措施的总称。它的基本任务是建立和完善工程防护体系，保障作战指挥与控制的稳定和主要部署的安全；构筑和维护道路、桥梁、机场、码头等，保障部队的顺利机动；建立工程障碍体系，限制和破坏敌方的机动；实施工程伪装和给水保障。其目的在于提高参战力量的战场生存能力、指挥与控制效能以及武器装备的使用效能。

作战伪装是为欺骗迷惑敌方所采取的各种措施的总称。它的基本任务是综合运用各种手段，隐蔽作战企图和重要目标；保存作战力量，减少损失；欺骗迷惑敌方，使敌方产生错觉。其目的是为达成作战突然性和夺取联合作战主动权创造条件。作战伪装的主要内容是：根据作战计划，统一组织实施伪装行动；针对敌方侦察特点，明确提出伪装要求，有针对性地组织伪装，并对主要作战集团的伪装行动加强督促和指导；注重运用谋略，广泛采取欺骗行动，组织兵力、火力和电磁佯动，增强伪装、欺骗的效果；要制定伪装保密规定，严格伪装纪律，为实现作战行动的突然性创造条件。

交通保障是指运用军地联合交通保障力量，为保障作战力量机动和各种运输保障任务的完成，而采取的各种道路（航线）交通保障措施和行动。其主要任务是规划、建立战场交通网，统一组织交通保障；抢修和防护交通网，维护交通线的完好；加强对交通线的管理，保障交通线的畅通。交通保障的主要内容是：组成军地结合、各军兵种一体的交通运输联合指挥机构，统一规划联合作战交通网建设，统一制定交通保障计划，统一区分交通线的使用和管理，统一动员、部署和使用联合交通保障力量，统一组织交通线的抢修和防护，建立铁路、公路、水路、空运和管线运输结合，多路、多方向、纵横交错、互相衔接的立体交通运输网，多法并用，提高和改善交通设施的通过和吞吐能力，确保部队机动和补给需要。

安全保障是为保障联合作战指挥与控制系统的生存安全与信息安全，而采取的保障措施与行动。指挥与控制系统的安全保障必须以防敌信息攻击与硬打击相结合。安全保障主要内容包括：组织指挥机构的警戒与防御，抗击敌兵力火力的袭击，保障指挥机构的安全；组织指挥机构的防护，及时消除袭击后果；组织信息防御与管理，特别是做好电磁屏蔽与兼容的各项工作，保证各种指挥与控制设备和系统的正常运转和隐蔽安全。

作战评估保障是为保障联合作战指挥与控制的科学预测和准确掌握作战效果、优选优化决心方案、精确协调控制作战行动而采取的保障措施和行动。作战评估保障的主要内容包括：作战目标价值评估，即对预选打击目标的价值（军事、政治、经济、心理震撼等）进行综合评估，评估所选定的打击目标对联合作战全局的影响程度，以便从中优选打击目标，排出打击目标的先后顺序供指挥员决策参考，并对打击目标最佳打击部位评估，着眼目标体系结构的破坏，寻找最佳打击点，提高打击效果；作战方案评估，即对每个预选方案的优劣进行评估，提出优选优化的建议；作战效果评估，针对具体打击目标的作战效果评估，根据搜集到的目标毁伤情况，评估目标打击效果（含目标毁伤程度评级及其对作战的影响），为采取下一步打击行动提供依据，并对某一作战阶段、时节或某一联合作战行动作战效能评估，以确定某一阶段、时节及某一作战行动是否达成了预定目标，是否要继续采取进一步行动，以及采取进一步行动需要做些什么，如力量使用、资源准备、火力选择等，为作战过程中的情况处置提出建议。

特种武器防护保障是指为避免或减少敌核生化武器和精确制导武器等袭击、杀伤和破坏所采取的防护措施。它的基本任务是及时查明和通报敌核生化武器等特种杀伤破坏性武器使用准备和袭击情况；掌握作战地区内民用核、化学工业设施情况；严密组织对作战力量和重要目标的防护并处置遭袭击的后果；最大限度地避免或减轻敌方特种武器的袭击和杀伤破坏，确保联合作战的顺利实施。对特种武器防护的主要内容是：查明并判断敌核生化武器的部署情况以及使用的可能性，建立上下结合、群专结合、军民结合的观察体系，及时发现敌人袭击征候，统一发放预报和警报；制定周密的防护计划，指导各参战部队健全防护组织，完善防护设施，组织临战防护训练；当敌方实施核生化武器袭击时，应当迅速查清袭击的目标和规模、受损受染情况，及时组织防护；一旦遭敌核生化及其他特殊杀伤破坏性武器袭击，指挥员及其指挥机构应及时组织展开抢救、抢修、洗消、灭火等工作；当作战地区内核、化学工业设施遭到破坏时，应当组织地方技术力量和就近部队的专业力量共同处置。

电磁频谱管制是指为降低电磁信号对作战行动的影响，保障己方作战体系稳定、可靠、实时、高效运行而采取的行动和措施。其主要任务是制定电磁频谱管制计划，区分管制任务，明确管制的职责、时间、区域、频段；组织电磁频谱监测，重点对指挥所、重要阵地、机场和港口等地域的电磁环境，以及大功率发射源和主战武器的工作频段进行监测；运用多种方式和手段，最大限度地解决电磁频谱使用中的各种矛盾；组织开展干扰查处，及时消除自扰、互扰；指导、协助地方政府管制电磁频谱。战场电磁频谱管制的主要内容是：在电磁频谱分配上，应根据战场电磁环境和电磁频谱资源实际，以及用频武器装备的数量及性能特点，做到科学规划和合理分配；在电磁频谱的使用上，要根据划分的电磁频谱范围和设备技术性能，合理使用频率，提高频谱的利用率；在电磁频谱的协调上，应关照全局、突出重点、把握关节，及时协调各类用频台、站（阵地）之间和各种作战行动之间的频率使用，避免自扰互扰，确保主要方向、重要时节、关键部位、主要作战行动和主战武器装备的频率使用；在电磁频谱的监控上，要对战场电磁环境实施全频域、全方位、全时段的监视，严密掌控战场电磁态势；对监测发现的敌方电磁频谱使用情况和对我实施电磁干扰情况，及时进行综合分析判断，提出处置建议并通报有关部门，指导部队正确使用频率，保证频率使用的协调有序和武器装备效能的充分发挥。

战场管制是各级指挥机构为保障作战而组织的各种战场强制性管理工作的总称。它的基本任务是对各类战场空间实施强制性管理；组织战场警戒与交通调整勤务，维护战场秩序，保障各种作战行动的顺利进行。联合作战指挥机构应根据作战需要和战场实际统一计划，对各类战场和电磁领域进行管制，密切协调各方力量，加强战场管制的检查和督促。战场管制的主要内容是：根据联合作战需要和各作战集团的作战空间，统一计划组织陆、海、空、天战场和信息领域的管制；明确管制责任，区分管制任务；组织战场警戒与防护；加强对各作战集团之间、军地之间战场管制的协调，并加强检查督促，确保战场管制严而有序；各军兵种根据各自的管制职责，制定相应的管制规定。

6.4.2 综合保障信息系统的基本构成

综合保障信息系统是指挥与控制系统的重要组成部分，指采用先进的数据处理技术、网络技术和数据库技术，实现指挥控制功能与信息管理功能的有机结合，为指挥机构、作战部队和主战武器提供作战、后勤、装备等保障能力的信息系统。它将扩大联合作战指挥与控制系统的信息来源，增强对战场态势的感知度、对战场情况掌握的准确度和透明度，是实现"精确保障"的物质基础，也是战斗力的重要支撑。

由于各国军队的编制、体制和管理方式有差异，所以综合保障信息系统涵盖的内容也不尽相同。其基本任务是搜集、分析、处理和管理保障信息；及时按需分发保障信息，实现"推拉式"和灵巧"提拉式"的保障信息分发、查询与管理机制；提供综合保障辅助决策能力；指挥控制所属保障部（分）队实施作战行动保障。

综合保障信息系统是为作战、训练提供作战保障（除指挥控制、侦察情报、信息基础设施）、后勤保障、装备保障、政治工作保障等的信息系统，可分为领域专业功能和通用支持功能两部分，二者紧密结合形成面向作战业务流程、面向保障业务流程、面向共用服务的功能结构形式，以简单、方便、快捷的方式，实现综合保障信息系统的保障任务。

综合保障信息系统主要由气象水文保障信息系统、地理空间信息保障系统、工程保障信息系统、核生化防护保障信息系统、政治工作信息系统、后勤保障信息系统、装备保障信息系统等构成，如图6-15所示。各级综合保障信息系统均应采用客户机/服务器/浏览器（C/S/B）技术结构和基于IP的网络通信技术结构，这是目前流行的系统技术结构。C/S/B为"推拉式"紧急信息的快速传送服务和一般信息的"提拉式"查询服务提供了技术支撑。

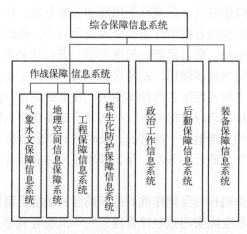

图6-15 综合保障信息系统的基本构成

1. 气象水文保障信息系统

气象水文保障信息系统是指为部队建设、遂行作战、训练和其他任务，提供及时、准确、可靠和有针对性的气象水文情报的信息系统。该系统主要包括气象水文信息的采集系统、传输系统、数据库系统、分析预报系统等，通过对当前和历史上的相关气象水文信息进行搜集、整理、处理和分析，生成预报和警报信息等，向有关部门、作战部队定时或实时分发，并可随时接受对气象水文信息的查询。

气象水文信息采集系统主要由采集气象和水文信息的各类技术手段综合而成。气象信息采集主要依赖陆基、空基和天基等相结合的大气探测系统，运用地面气象观测、高空气象观测、大气遥测等技术手段，必要时还进行野战机动气象观测，以满足联合作战行动的需要。水文信息采集主要依赖水下、水面和空中遥感相结合的立体观测体系，综合运用观测船只、无人浮标和海洋遥感等技术手段。根据作战与战备需要，还组织气象侦察获取战区和敌方的气象水文信息。

气象水文信息传输系统主要用于气象水文台站与气象水文中心的气象水文信息传输，也用于向被保障单位提供气象水文信息。该系统主要采用有线和无线通信，其中以光通信、短波通信、超短波通信和卫星通信为主要手段。

气象水文数据库系统是指为向作战指挥机构和气象水文保障单位提供资料查询、管理和应用服务，综合利用计算机处理和数据库管理技术，按照统一的数据结构和数据处理、数据表示模型建立的信息系统。该系统主要包括由数据库管理、存储、网络交换和客户端应用设备等硬件部分，以及由操作系统、数据库管理系统等系统软件和实时气象水文资料处理、实时气象水文资料管理、历史气象水文资料处理、历史气象水文资料管理、军事气象水文统计分析、统计产品管理、客户端访问检索等应用软件部分组成。

气象水文分析预报系统用于根据气象水文保障任务需要，分析处理各种大气、海洋探测资料，对某一范围未来一段时间内的气象水文变化作出预测和报告。通过分析天气与海洋水文要素的分布和空间结构、演变过程等，进行气象水文预报。其中，天气预报主要可分为短期（3天以内）、中期（3~10天）和长期（一般为1个月）三种类型。

2. 地理空间信息保障系统

地理空间信息是反映地理系统及其因素的特征、动态、节奏、周期和分布情况等各种信息的集合，通常包括数字地理、图像地理和文件等信息。地理空间信息保障系统是指利用信息技术与手段，以特定的地理坐标系作为空间定位基础，对地理空间实体的空间特征信息和属性特征信息进行组织管理、存储、查询、空间计算分析、可视化表达输出、专业模型处理和应用的信息系统。该系统主要包括地理空间信息获取系统、地理空间信息处理系统、地理空间数据库系统等，主要用于在恰当的时间、以恰当的方式为作战指挥、作战行动、武器制导和作战目标保障等提供全过程、准确的战场环境地理空间信息。

地理空间信息获取系统主要包括测绘卫星、遥感飞机和航天飞机等平台搭载的具有测绘功能的传感器，用于及时、准确地获取多频段、多时相、高分辨率的遥感图像信息，采集各种地理空间信息保障所需的数据。为全面、准确地获取地理空间信息，还需要地面测绘、地面监测、统计调查、空间数据挖掘等多种途径作补充。地面测绘是获取规划区域地理空间信息最传统的方式，注重利用遥感技术和全球导航系统辅助完成测绘工作。地面监测主要是通过布局在一定空间上的特定观测仪器，对特定区域的地理特征及过程进行动态连续观测，主要用于采集定点或指定区域的动态变化信息。统计调查适用对象往往是区域范围内一定级别的行政单元信息，一般采用逐级统计、抽样调查并加以平衡处理得到。空间数据挖掘是利用数据分析技术，从数据库中获得对特定主体描述的空间位置信息，如在地理信息系统软件平台支持下的空间查询和空间分析等，可以理解为空间数据挖掘。

地理空间信息处理系统主要用于对获取的地理空间数据进行专业处理，生成适应作战需要的各种电子地理数据信息，并对其进行统一管理，提供规范化保障服务。这些数据信息主要包括系列比例尺矢量地图数据、像素地图数据、正射影像数据、数字高程模型数据、不规则三角格网数据和栅格数据等。

地理空间数据库系统包括地图上各种要素信息、有关战场环境信息、遥感影像信息和态势信息，所有信息都以数据形式保存，并附有空间坐标属性。该系统可制作或更新各种军用地图，生成可视化电子地图，为相关信息系统提供基础地理信息，为武器的地形匹配制导提供地形高程数据等。

3. 工程保障信息系统

工程保障信息系统是指挥与控制系统不可或缺的组成部分，支持工程保障指挥员指挥控制所辖专业保障部（分）队、征用、组织和管理民用工程保障资源，利用工程器材和装备；提供铁路和公路工程、桥梁和舟桥工程、渡河工程、军用水中工程、军港工程、军用机场工程、阵地和工事工程、布雷和排雷工程、军事爆破工程、伪装工程、军用输油管线工程、军队供水工程和营房工程,以及为国民经济建设服务的民用工程等保障的支持能力。

各级工程保障信息系统均由通用工程保障信息系统和专用工程保障信息系统组成。其中,专用工程保障信息系统由指挥与控制、辅助决策、道路与桥梁保障、布雷与排雷保障、伪装与示假保障、工程爆破作业保障、野战工程保障等分系统组成。其中,指挥与控制分系统用于向指挥员提交工程保障决心建议;接受上级指示和命令;拟制工程保障计划和方案,下达保障指示和命令;组织指挥所辖部(分)队实施各种战场工程保障作业。辅助决策分系统用于根据作战目标、上级意图、作战条令以及相关制度、标准和规范等,自动/半自动生成决心建议;选优与评估保障方案;对战场突发情况提供决策支持,确定不同工程保障装备和器材的维修时限并及时告警。道路与桥梁保障分系统用于根据上级指示、命令和部队工程保障装备能力,拟制铁路、公路、桥梁、舟桥保障计划和方案,并组织所属部(分)队实施。布雷与排雷保障分系统用于根据上级指示、命令和部队装备保障能力,拟制布雷、排雷保障计划和方案,并组织所属部(分)队实施。伪装与示假保障分系统用于根据上级指示、命令和部队保障能力,拟制伪装、示假保障计划和方案,并组织所属部(分)队实施。工程爆破作业保障分系统用于根据上级指示、命令和部队爆破作业能力,拟制工程爆破作业、破障作业保障计划和方案,并组织所属部(分)队实施。野战工程保障分系统用于根据上级指示、命令和部队工程保障装备能力,拟制野战工程保障计划和方案,并组织所属部(分)队实施。

4. 核生化防护保障信息系统

核生化防护保障信息系统用于探测核生化污染信息,发布核生化污染警报,提出相应的应对和防护措施,并对核生化防护部队实施有效的指挥、控制、组织与管理。

按核生化防护保障信息系统的层次级别分为战略级、战役级和战术级,其任务也不尽相同。各级核生化防护保障信息系统均由通用核生化防护保障支持分系统和专用核生化防护保障支持分系统组成。其中,专用核生化防护保障支持分系统由信息探测与处理、预报与警报信息发布、辅助决策、指挥与控制等分系统组成。信息探测与处理分系统用于搜集战场核生化污染信息,进行分类处理,分析并确定污染等级、污染范围。预报与警报信息发布分系统用于向所辖部队和部门发布不同地域核生化污染等级和污染边界警报信息,并提供在不同气象条件和地形条件下的相应指导性应对措施。辅助决策分系统用于建立敌方各种核生化武器污染程度和伤害效果数据库;在不同污染等级下的应对措施和决策;结合以往案例,提供在不同气象条件和不同地形条件下防核生化污染的应对措施和决策;根据部队使命、任务和消耗量,进行防化器材设备合理库存决策。指挥与控制分系统用于向指挥员提供防核生化污染的决心建议;拟制探测和洗消计划,组织所辖部队实施洗消作业;组织实施作战值班;拟制探测设备、洗消设备和器材的申请配发或采购计划。

5. 后勤保障信息系统

后勤保障信息系统的主要任务是利用信息技术实现后勤保障的信息获取、指挥控制、辅助决策、后勤保障与作战指挥的密切协同,以信息化手段支持各级后勤机构在平时和战时完成后勤保障任务。

从功能层面看，后勤保障信息系统包括军需物资供应保障网、运输保障支援网、医疗卫生保障网、后勤信息保障网。军需物资供应保障网主要包括军需物资基地仓库管理、在运物资管理、军需物资采购、陆地军需物资配送、海上军需物资供应保障、机场后勤保障等信息系统。运输保障支援网主要包括运输基地管理、空中运输指挥控制、海上运输指挥控制、陆上运输指挥控制、运输保障等信息分系统。医疗卫生保障网主要包括战地医院管理、医疗技术支援、伤病员状况信息保障等信息系统。后勤信息保障网主要包括后勤指挥决策、后勤信息管理、后勤共享信息支援等信息系统。

后勤保障信息系统除具有人机交互、电子标图、文书拟制、资料管理等指挥与控制系统的简单功能外，还具有信息获取、信息管理、辅助决策、指挥控制、数据处理和分析、指挥模拟训练等功能。信息获取功能是指后勤保障信息系统利用后勤保障装备或传感器，获取后勤保障辅助决策和指挥控制所需的后勤保障信息，主要包括后勤保障运输兵力情况、各级各地军需物资保障状况、医疗保障状况、技术支援状况、战斗勤务保障任务的有关信息、战场情况的有关信息、后勤保障力量以及后勤保障要素状况的有关信息等。信息管理功能是指后勤保障信息系统依据信息管理和分发策略，对掌握的后勤保障信息，按照分发管理策略指定的分发地点、分发方式和时限进行自动管理和实时分发；对需要进行记录的信息，按照目的、方式等进行记录，以便战后进行分析或重演；对需要进行存储或加密的信息，按照存储管理策略指定的存储地点、存储形式和加密手段进行存储。辅助决策功能是指后勤保障信息系统为后勤保障指挥提供相关的决策参考，具体体现在根据作战目标、后勤保障对象的需求和后勤保障兵力及后勤保障支援能力，提出后勤保障决心建议；提供各种战役、战斗的合理的后勤保障方案；提供实施联合作战的、在统一规划下的各军兵种后勤保障方案；提供与后勤保障对象、装备保障力量、地方保障力量的协同方案等。指挥控制功能是指后勤保障信息系统根据获取的各种后勤保障需求和战场态势信息，指挥所属后勤保障兵力遂行后勤保障任务，具体体现在执行上级后勤保障机构和所属作战指挥机构的命令，处理下级后勤保障机构或部（分）队的请示、报告等，根据后勤保障方案，向下级后勤保障机构或部（分）队下达指挥命令，向友邻或保障协同机构发送协同信息。数据处理和分析功能是指后勤保障信息系统对获取的信息进行相应处理和分析，使其转变为后勤保障辅助决策和指挥控制的参考数据，它能够实现对后勤保障信息系统工作数据的统计分析，并以直观的图形方式表现出来，以此向决策和管理者提供必要的统计数据。指挥模拟训练功能是指辅助制作后勤保障指挥过程的模拟训练想定，并根据训练想定利用后勤保障信息系统进行后勤保障指挥模拟训练；根据后勤保障信息系统的记录信息，对以往的后勤保障工作过程进行重演。

6. 装备保障信息系统

装备保障信息系统是对部队装备的研制、试验、采购、配发、维护、维修、补充、延寿、报废等全寿命周期进行管理的系统。

装备保障信息系统担负的任务具有层次性。战略级装备保障信息系统配置于最高装备管理机构，主要任务是进行装备的全局性管理和保障，包括通用装备和专用装备的发展规划与计划、预先研究、编修装备管理条令和条例、制定装备管理制度和标准，以及装备试验、定型、采办、训练、维修和延寿等全过程的管理和保障。战役级装备保障信息系统配置于战区装备保障机构，其和平时期的主要任务是处理日常业务，支持部队训练、演习和武器装备试验；战时的主要任务是向指挥员提出装备保障决心建议，拟制战役通用装备与专用装备保障计划并组织实施，进行装备的配发、维修和补充，实现装备及备件自动化库存管理。战术级装备保障信息系统配置于军及军以下装备保障机构，重点负责各军兵种专用装备的保障，其和平时期主要任务是实现装备库存自动化管理，支持部队训练、演习和武器装备试验；战时主要任务是向指挥员提交装备保障决心建议，指挥控制所辖部（分）队实施战场装备及备件补充保障和战场装备维修保障。

装备保障信息系统由通用装备保障支持分系统和专用装备保障支持分系统组成。通用装备保障支持分系统包括通用信息处理平台分系统、通用信息传输平台分系统、通用支持软件服务分系统、安全保密管理分系统、环境保障管理分系统等。专用装备保障支持分系统由装备需求信息搜集与处理、指挥与控制、辅助决策、装备及备件库存控制与管理、运输控制与管理等分系统组成。其中，装备需求信息搜集与处理分系统用于搜集装备及备件需求信息、库存信息、生产信息，拟制、上报装备及备件采购方案；根据上级指示、作战基数和部队使命、任务需求，拟制装备及备件分配方案；搜集新型装备需求信息，制定新型装备发展规划和计划以及预先研究规划和计划。指挥与控制分系统用于向指挥员提出装备保障决心建议；根据装备及备件入库、出库运输计划，制定装载计划；按照优先路径，指挥运输部队执行运输任务；跟踪、指挥、控制在途运输承载平台；拟制平时和战时装备维修计划，合理配置装备维修站点、科学调度、使用装备维修资源，指挥装备维修部（分）队平时维修和战场维修任务；拟制新型武器装备试验保障计划，指挥所属部（分）队执行新型装备试验保障任务；拟制部队训练、演习保障计划，指挥所属部队执行训练、演习保障任务。辅助决策分系统用于生成装备及备件保障决心建议，支持指挥员定下决心；对战场突发事件提供装备保障辅助决策支持；平时依据部队需求和经费支撑能力确定合理库存。装备及备件库存控制与管理分系统用于根据部队需求计划和装备保障能力，科学、合理地控制装备和备件库存，拟制库存储备方案；拟制库存装备及备件管理制度；建立装备及备件库存管理数据库；按管理时限动态提示对库存装备及备件进行检查、维护和保养；在线动态提出增加某种装备及备件库存量建议；按分配方案配发装备及备件；装备及备件入库、出库时，实时更新库存管理数据库。运输控制与管理分系统用于拟制装备进库、出库运输计划，合理选择运输路线、跟踪、指挥、控制运输路径上的运输承载平台；建立装备及备件运输承载平台规范化管理数据库，对运输承载平台实施定期维护与管理，实时反映运输承载平台的技术状态。

6.4.3 海湾战争中美军作战保障技术

海湾战争是一场典型的高技术局部战争，以美国为首的多国部队使用了除核生化武器以外几乎所有新型武器，对加快战争进程、影响战争结局起了十分重要的作用，而新武器、新战法等发挥作用的背后，则是大量及时、高效的作战保障技术支撑。主要表现在以下方面：

（1）通信保障技术稳定可靠，确保了多国部队指挥控制灵敏高效。海湾战争中，美国为首多国部队兵力超过70万，飞机数千架，坦克和装甲车4000多辆，航空母舰8艘，分散部署在宽阔的沙漠地带和波斯湾上，而盟军司令部要对这么多国家、军兵种部队实施高效的指挥控制，协调一致地对伊军实施大纵深、快速机动的空地一体联合作战，没有稳定可靠的通信保障是不可能的。因此，多国部队动用了大量先进通信装备，美军还在海湾发射和调用多颗通信卫星，建立起太空、空中、地面和海上多维一体的通信网络，采用适时适地的多种通信手段，包括有线（地缆、海缆）、无线（卫星、高频、甚高频、中频，同时具备低频、甚低频应急通信能力），以满足作战需要，如图6-16所示。为提高通信的安全性，多国部队的通信系统都采取抗窃听、侦收、干扰和抗毁措施，如美军的短波电台采用自适应技术，超短波电台采用跳频技术。为增强通信系统的抗毁性，构建了地面机动指挥中心，开设了预警机空中指挥所。先进、稳定、实时的通信保障，确保了多国部队指挥控制灵敏高效，使多波次空袭行动有条不紊，地面与空中作战行动紧密配合。

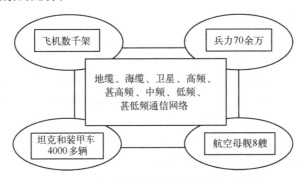

图6-16 海湾战争中美军通信力量示意图

（2）侦察预警技术多维一体，保障了多国部队作战行动有的放矢。在海湾战争中，多国部队充分利用陆、海、空、天、电等多种电子侦察平台和手段，实现了多平台、多手段、全方位、不间断地侦察。在此期间，多国部队用于主/被动电子侦察的卫星多达34颗，电子侦察与监控飞机300余架。在地面侦察方面，仅美军在海湾地区就设有39个无线电监听站、8个电子侦察营、5～7个电子战情报连、11个航空和装甲侦察中队，约13000人。通过建立地面、空中、空间等多维一体的情报侦察体系，使战场变得单向"透明"，多国部队基本上对伊军的部署及其雷达、防空导弹、通信系统的技术性能等了如指掌。及时准确的情报保障，使多国部队的"沙漠风暴"以及随后的"沙漠军刀"行动真正做到了有的放矢，大大提高了打击效果。

（3）核生化防护技术组织严密，确保了多国部队有备无患。在两伊战争中，伊拉克军队曾多次使用化学武器，使伊朗军队身受其害。海湾战争中，美军为防御伊拉克化学武器的袭击，除实施核威慑，声称以核报复作为回击伊军使用化学武器的对等手段外，扎扎实实地进行了核化生防护的各种准备。美军先后在海湾地区部署4个陆军化学营营部、12个重型洗消连、12个双重任务连、3个烟幕连、4个核化生侦察排以及若干防化增援小队。整个专业防护力量包括45个单位，6028名士兵，450多辆侦察、探测、洗消和发烟车辆。多国部队还向每位参战员配发个人防护服和装具，为一线作战部队配备化学报警器材、侦毒器材和防护帐篷。在"沙漠盾牌"行动期间，各部队还进行防生化训练和演练。为及时救治化学战伤员，美军还专门调用2艘医院船到海湾。可以说多国部队从最坏着想，做好了核化生防护的充分准备。

（4）其他作战保障技术。海湾战争中，多国部队的其他作战保障也非常得力，如导航定位方面，美军使用 GPS 系统对海湾部队和舰队进行导航定位，并紧急采购数千部"导航星"全球定位机动接收机，优先装备陆军和海军陆战队。在电磁频谱管理上，针对海湾战争电磁环境恶劣、电台数量多以及武器系统发出的电磁波、对敌方的干扰等情况，美军采用了 AN/TR2Q-35（v）和 AN/TRQ-42（v）战术频率管理系统，以避免互相干扰，造成混乱。

思 考 题

1. 简述指挥与控制对抗、指挥与控制战的基本内涵。
2. 指挥与控制对抗主要有哪些作战样式？
3. 分别说明电子进攻和电子防护的概念和主要内容。
4. 什么是信息对抗？信息对抗系统由哪些部分组成？
5. 美国计算机应急反应小组协调中心发布的网络攻击过程模型包括哪两个阶段？
6. 信息安全保密技术有哪些？如何加强联合作战指挥与控制系统的信息安全？
7. 如何优化指挥与控制系统的抗毁再生能力？
8. 简述信息化条件下作战保障的地位作用和主要内容。
9. 综合保障信息系统的定义、组成和作用是什么？

第 7 章 联合作战指挥与控制评估及仿真技术

指挥与控制系统效能评估是运用现代科学方法，对系统的性能及作用效果进行评定和估测，用以确认系统性能的高低，发现系统存在的薄弱环节，提高系统的应用效果，帮助指挥员提高指挥控制能力。对指挥与控制系统进行效能评估时，建立评估指标体系是效能评估的基础和关键环节，而指挥与控制系统的效能评估方法和步骤，则是指挥与控制系统效能评估的必要保证。

本章在介绍系统效能评估的基本概念基础上，主要阐述指挥与控制系统效能评估的内容、过程、指标体系、主要评估方法和基本思路，以及指挥与控制系统建模与仿真的概念、特点、模型体系、主要方法和典型仿真系统示例等专门知识。

7.1 指挥与控制系统效能评估的基本概念

7.1.1 指挥与控制系统效能评估的含义

1. 系统效能评估

一般而言，效能是一个系统满足一组特定任务要求程度的能力（度量），或是系统在规定条件下达到规定使用目标的能力。这里，"规定的条件"指环境条件、时间、人员和使用方法等因素，"规定使用目标"指所要达到的目的，"能力"则是指达到目标的定量或定性程度。

效能度量是效能大小的尺度，可用概率或其他物理量表示。从静态角度，效能度量有指标效能和系统效能（综合效能）；从动态角度，效能度量主要有作战效能。其中，指标效能是对系统内影响效能单个因素的度量，或是对系统内某单一装备所能达到程度的度量。指标效能的度量较简单，仅能反映系统的某个或几个方面，当只关心效能某一方面时，可以采纳指标效能。美国工业界武器效能咨询委员会（WSEIAC）定义："系统效能是预期一个系统能满足一组特定任务要求的程度的度量，是系统有效性、可信赖性和能力的函数"。它是从系统角度对影响系统效能各因素进行的综合评价，反映系统本身所蕴涵的能力，对因素的分析全面，涉及的系统可大可小，是分析系统完成任务能力的有力工具，具有很强的实用价值。根据《GJB 1364—92 装备费用——效能分析》，作战效能（或兵力效能）的定义是："在预定或规定的作战使用环境以及所考虑的组织、战略、战术、生存能力和威胁等条件下，由代表性的人员使用该装备完成规定任务的能力"。它是任何武器装备系统的最终效能和根本质量特征，涉及的因素很多，具有对抗双方的作战能力随时间变化而变化的动态性特点。

评估是按照明确的目标来测定对象的属性，并将这种属性变为主观效用的行为，即明确价值的过程。其实质是从评估对象主体中提取本质属性，使之转换成主观或客观的尺度，再用该尺度度量评估对象。系统效能评估就是根据明确的作战目的，由专门的组织依据大量的客观事实和数据，按照一定的规范和程序，遵循适用的原则和标准，运用科学、公正和可行的方法，对系统效能进行客观衡量、评价和估计，并提出改进的建议和措施的评判活动。通常，系统效能评估包括构建评估的指标体系、根据给定条件计算效能指标值、由诸效能指标值求出效能综合评估值三个主要环节。

2. 指挥与控制系统的效能评估

指挥与控制系统是一个复杂的人机系统，与其他武器系统相比，具有异地分布、本身不具有直接杀伤能力、人因的重要作用等特点。对指挥与控制系统的效能进行评估，不仅对指挥与控制的理论发展具有重大意义，而且有利于认识指挥与控制系统在作战中的地位和作用，找出制约其效能发挥的因素，为提高指挥与控制系统效能提供科学依据。

指挥与控制系统的效能分为自身效能和使用效能。自身效能指系统功能所蕴藏的有利作用，反映了系统的静态特性。使用效能是一个指挥与控制系统满足一组特定任务要求所达到的程度，反映了在使用指挥与控制系统的某种条件下，部队执行作战任务所能达到预期目标的程度，具有一定的相对性。指挥与控制系统的效能评估结果，应是对其自身效能评估和在作战条件下使用效能评估的总和。也就是说，指挥与控制系统的效能是指本身功能所蕴藏的有利作用和在特定作战环境下使用该系统，对作战进程和结局所产生的有利影响程度。有利影响程度包括对部队的潜在战斗能力转化为实际战斗能力的影响程度、对部队战斗力的影响程度和对部队作战行动速度的影响程度等。

因此，指挥与控制系统的效能评估是利用定性和定量相结合的方法，分析、计算、评价指挥与控制系统自身和在执行特定作战任务时所能达到预期目标的程度。从总体上来说，指挥与控制系统效能可以表示为：指挥与控制系统效能 $E = F$（自身性能，使用环境，使用者）。从评价框架的角度来看，国内外 C^4ISR 系统评价框架主要有费用—效能分析（COEA）评价框架、模块化指挥控制评价结构（MCES）、面向使命的方法（MOA）、指挥所效能分析工具（HEAT）、进化升级路径（EUP）方法等。

7.1.2 指挥与控制系统效能评估的内容

指挥与控制系统效能评估的内容因目的不同而异，单项效能评估与综合效能评估的内容也有所区别，可以从不同角度确定指挥与控制系统效能评估的内容。

1. 从作战指挥活动的角度看效能评估内容

指挥与控制系统是一个结构复杂、功能强大的信息系统，根本目的是为作战指挥与控制服务，具有自身的运行环境和特定使命。因此，指挥与控制系统的效能评估，应紧密围绕着作战指挥与控制活动来进行。从作战指挥与控制活动的角度看，指挥与控制系统的效能评估应主要由自身效能、战斗力倍增效能、对抗效能三个部分组成。战斗力倍增效能和对抗效能属于使用效能。

（1）自身效能的评估。指挥与控制系统由若干分系统组成，每个分系统包括若干子系统，每个子系统又包括各种设备，每个设备还包括各种部件。指挥与控制系统自身效能取决于这些设备和部件的性能，以及它们之间实现有机结合后的整体效能。

（2）战斗力倍增效能的评估。指挥与控制系统本身并不能直接给敌方造成损失，主要是通过指挥控制所属的武器系统和兵力，最大限度地发挥武器系统的作战效能和所属兵力的战斗潜力，从而对作战过程和结局施加影响。

（3）指挥与控制系统对抗效能评估。随着联合作战环境的变化、敌方的进攻侵袭和干扰破坏，可能会使指挥与控制系统不断遭到破坏，指挥与控制系统就需要不断地进行调整和变化，使其运行状态始终保持在一定的水平上。因此，必须对指挥与控制系统的对抗效能进行评估。

2. 从技术实现角度看效能评估内容

从指挥与控制系统的技术实现角度来看，指挥与控制系统效能评估的内容应包括系统的可靠性、快速性和有效性等内容。

（1）可靠性评估主要包括系统故障率、平均修复时间、连续工作时间等方面。可靠性是衡量指挥与控制系统质量的一个主要标志。

（2）快速性评估主要包括系统响应时间和运行速率。现代联合作战中，作战行动的日益复杂化给指挥与控制系统的硬件、软件以及决策者带来了苛刻的时间限制。因此，快速性在指挥与控制系统效能评估中占有重要地位。

（3）有效性是将测得的系统性能与任务要求相比较，得出反映系统符合要求的程度。

3. 从联合作战系统角度看效能评估内容

联合作战评估是指利用评估理论、方法和仿真模拟技术，对打击目标、决策方案、打击效果等做出定性或定量评价，从而为联合作战行动提供科学合理的依据。

（1）打击目标评估是指对指挥员所选定的打击目标战略价值到战术价值进行综合考虑分析，确定该目标的打击价值。如政治约束度、威慑程度、威胁程度、时间敏感度、薄弱环节度、附带毁伤和伤亡等。

（2）决策方案评估是评定多个预选决策方案的优劣，确定出一种最优方案作为作战行动基本方案的过程。如符合作战目标要求的程度、作战效益、付出代价、风险度和应变性等。

（3）打击效果评估主要是分析火力对目标的打击效果，判断是否达成预期目的，为指挥员下一步决策行动提供依据。这是实现从目标选择到火力打击一体化的重要问题，它不单纯是对打击效果评估，同时也是对目标选择与决策两个行动过程的实践评估。如作战损伤、弹药效力等。

7.1.3 指挥与控制系统效能评估的过程

一般情况下，指挥与控制系统效能评估过程包括：系统的界定与状态描述、规定约束条件、定义指标体系、建立评估模型、数据收集与分析、检验评估结果6个步骤。

1. 系统的界定与状态描述

系统的界定就是确定评估对象的范围，目的是弄清研究对象与其相关系统的关系，提高研究问题的针对性和全面性。研究对象边界确定后，其任务也就明确了，然后进行系统状态描述。系统状态描述的内容一般是确定系统的可工作状态、不可工作状态及使用维修方式、可靠性框图，还包括系统在执行任务过程中每个时刻所应处的状态及每个状态所持续的时间等。

2. 规定约束条件

规定约束条件就是明确系统各层次的范围，包括列出系统有待评估的全部要素范围并加以分类。确定指挥与控制系统效能评估的约束条件应包括内、中、外三层，内层是指挥与控制系统本身，中层是其控制的部队，外层则是其面临的环境。

内层的指挥与控制系统本身由四部分组成：物理部分包括硬件、软件、武器平台及有关基础设施；组织结构部分主要是使物理部分能有机结合的各种协议和标准；使用系统的人员部分主要指他们的军事素质和运用系统的能力；系统运行部分主要包括信息流程、指挥员使用系统的程序和方法。前三部分可看作是系统的静态表现，而最后一部分则是系统的动态行为。

中层是指挥与控制系统直接控制的部队，效能评估的最终目的就是考察系统对这些部队战斗力的倍增程度。

外层即环境层，是实施评估时所假定的环境因素。它描述指挥与控制系统工作所处的时空、电磁环境以及所有作战行动参与者的行为和能力。环境层必须代表可能的未来条件，并定量地描述所假定的诸多因素可能采用的数值范围。假定的因素包括敌我双方的兵力部署、作战原则、官兵能力和地形天候等。在考虑规定约束条件时，一般应注意选择各因素的代表性、实用性和针对性，应优先考虑那些对评估结果影响较大的因素。

3. 定义指标体系

效能评估指标体系是通过自顶向下分析指挥与控制系统的任务，综合考虑指挥与控制过程及物理实体和系统结构三个方面的相互关系，按照一定的结构层次关系，对效能评估中涉及的一系列评估指标进行排列组合，使其成为一个有机整体。依据该指标体系，评估指挥与控制、情报侦察、预警探测、通信传输、信息对抗、作战信息保障等达到各种功能要求的程度及整个系统的自身效能和作战中体现的使用效能。长期的效能评估研究经验证明，建立科学合理的效能评估指标体系，是效能评估研究中最关键的环节。没有效能评估指标体系，评估研究就无法进行，且指标体系建立不合理，也谈不上评估结论的正确性。

在效能评估中，虽然很多指标可以定量描述，但由于影响效能的各种指标、数据的物理属性和数值量级相差都很大，而且量纲也各不相同，所以在进行综合前，必须对影响效能因素的各种定量指标统一进行量纲的归一化处理。

4. 建立评估模型

评估模型是效能指标体系中从指标到系统效能的映射函数，应确保真实世界的系统结构得到合理而科学的描述。对指挥与控制系统不同的阶段、分系统、目的的评估所使用的方法不尽相同，正确、合理建立评估模型对效能评估的准确性与实用性至关重要。

指挥与控制系统的效能评估宜采用定性与定量相结合、动态与静态相结合的方法。在对大规模多任务的复杂系统进行效能计算和分析时，由于很难用一个分析模型反映系统的所有工作状态和全部使命任务，因此，一般应根据其不同的使命任务分别进行评定，以得到准确、全面的系统效能。

5. 数据收集与分析

数据收集与分析是收集系统（或相似系统）的使用数据或演习数据和专家的主观判断结论，把各种分散的信息经过分类加工，汇集成表示总体特征的信息，并开发处理这些数据，发现有用的知识，作为效能评估的重要依据，以改善评估模型，提高效能评估的精度。

6. 检验评估结果

即检验评估结果是否正确。这是效能评估的最后阶段。但迄今为止，还没有令人满意的方法。通常采用模拟法、专家检验法、演习或试验验证法、实践或战例验证法等。

7.2 指挥与控制系统效能评估的指标体系

指挥与控制系统的总体效能与效能指标间一般存在三种关系：线性系统的总体效能等于各指标项所体现的效能之和；有序、稳定、协同的非线性系统，其总体效能大于各项指标效能之和；处于无序、混乱状态的非线性系统，其总体效能小于各项指标效能之和。

评估指标是用来衡量和计算效能的标准，由指标名称和指标数值两部分组成。一项指标只能反映评估对象的一个局部，而一系列互为联系、互为因果的指标进行系统组合而形成的评估效能指标体系，才能够反映对象的全部。因此，对指挥与控制系统进行效能评估时，应先制定出一个科学、完整的指标体系。只有正确合理地选取指标体系，才能对指挥与控制系统进行全面、客观地认识，从根本上保证评估的科学性。

7.2.1 建立系统效能评估指标体系的基本原则

指挥与控制系统效能评估指标体系是系统效能预期达到的规格、标准及相互关系的整体，应由指挥员、系统分析员和专业技术员反复论证和共同协商决定。它的建立应遵循以下基本原则：

（1）可测量性。即尽量选择易于定量计算的指标和容易准确确定的关键指标。系统效能的各项指标只有满足可测性，才能进行比较、估算和评价。对于可用数据直接描述的指标，应通过观察、统计、测定等方法，在数量上有明确的结论；对于数量上模糊的指标，应运用现代科学的方法，比较客观地给出相对数值，也可以运用模糊数学的方法加以量化处理。

（2）完备性。即指标体系能够较全面地反映系统各个方面的全部内容，特别是系统的关键性能指标更应选准、选全。这是正确评估系统效能的基础，只有这样才能对指挥与控制系统有一个合理、客观、全面的评估。当然，强调完备性的同时，允许根据实际分析评估需要，省略一些虽有影响但属次要的因素。

（3）独立性。即指标体系中同层同类指标之间，应尽可能避免明显的关联度。系统效能评估指标既要紧密联系，又要相对独立，同一层次指标内涵不应相互重叠，应独立地从效能的某一个侧面进行描述。对隐含的相关关系，要以适当的方法消除。

（4）客观性。所选的指标应能客观地反映指挥与控制系统内部状态的变化，逼真地把所研究的问题同系统有关的不确定性联系起来，不应因评估员不同而有所差异。

（5）一致性。系统指标体系的确立应与评估目的保持一致，评估指标要面向任务，对于系统的不同任务应采用不同的评估指标，保证指标的选取与系统所要担负的任务密切相关。

(6) 灵敏性。系统效能应能随着指标体系中指标参数的改变而发生相应变化，若系统指标体系中的指标参数已发生变化，而系统的效能值不发生变化或变化不明显，这样的指标对整个系统的效能评估就没有意义。

(7) 可理解性。选取的指标应简明易懂，且使用方便，使指挥员、系统分析员和专业技术员能准确理解和接受，便于形成共同语言。

7.2.2 指挥与控制系统效能评估指标体系结构

从不同需要出发分析系统的效能，可以建立不同的指标体系。根据指标度量的级别和指标确立的原则要求，评价指挥与控制系统所必需的指标包括尺度参数、性能指标、效能指标和作战效能指标。尺度参数是物理实体固有的性质和特征，其数值决定着系统静态的性能和结构。性能指标是度量系统行为属性的指标，如吞吐量、误码率、信噪比等。效能指标是度量系统在其运行环境中完成使命情况的指标，如检测概率、响应时间、指定目标数等。作战效能指标是度量指挥与控制系统与其作战部队和武器相结合后完成使命情况的指标。尺度参数和性能指标一般与环境无关，属于技术指标范畴，容易获得；效能指标和作战效能指标必须与人员和武器相结合，且应考虑作战环境和对抗条件及使用员的熟练程度等。

从作战需要出发，指标体系既要体现指挥与控制系统效能的系统性、完整性和层次性，又要反映各指标的重要性和特殊性，还要体现各层次间的相关性。依据建立指标体系的一般方法，首先要将系统的效能作为指标体系的顶层目标，再把其分解为一个个问题，每个问题称为一个元素，然后对于每个元素根据隶属关系，继续分解直至最低层元素可以相对容易地度量为止，从而形成系统效能的递阶层次结构，一种指挥与控制系统效能评估的指标体系结构如图7-1所示。

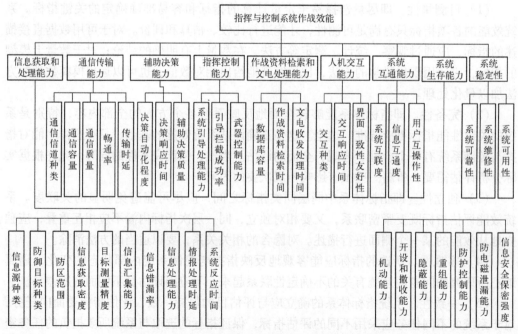

图7-1 指挥与控制系统效能评估的指标体系结构

第一层为一级指标，即目标层，是系统效能的总体指标；第二层为二级指标，从信息获取和处理能力、通信传输能力、辅助决策能力、指挥控制能力、作战资料检索和文电处理能力、人机交互能力、系统互通能力、系统生存能力、系统稳定性9个方面来反映系统的效能；第三层为三级指标，是直接反映二级指标的可测量或检验的分指标。

1. 信息获取和处理能力

信息源种类是指获取目标信息的电子设备或手段。如雷达、声纳、卫星、预警机和红外（激光）设备等。

防御目标的种类是指系统所防御的作战对象。如对空防御的飞机、巡航导弹和近程空对地导弹等，对天防御的中远程导弹、潜射导弹和洲际导弹等，对海防御的水面舰艇、水下潜艇和海上飞机等。

防区（责任区）范围也称覆盖范围，是指信息源的作用范围。如战场侦察的纵深与宽度，雷达、声纳探测设备的覆盖半径、预警高度，以及其他信息获取设备的覆盖范围等，常表示为：千米、平方千米。

信息获取密度是指单位时间内系统获取的目标信息总量，常表示为：次/秒、事件/分、批/分、点/秒、字节/秒。

目标测量精度是指系统得到的目标信息与实际目标相符合的程度，即通过观测和测量的数值偏离其真实值的程度。两者之间的差称为误差，故目标精度常用误差表示，误差越大则精度越低。影响精度的主要因素是雷达或其他探测设备的测量误差和计算机处理计算误差等。为了将这些误差限制在容许的范围内，应对不同的问题，合理地确定有效数字的位数和选用科学合理的算法，并精心编程来实现。常表示为：米、千米、×%。

信息汇集能力是指系统对多种信息源的信息进行提取、识别、分类、相关处理及融合处理等的能力。度量标准为：好、较好、一般。

信息错漏率是指在信息获取、传输和处理过程中出错、丢失的那部分信息量占整个收集到的信息量的百分比，常用×%表示。

信息处理能力主要指系统存储容量和系统综合处理目标容量（批数）等的能力。信息存储量是指系统可存储信息（敌、我、友等）的总量，度量单位为兆字节。综合处理容量是指系统在规定条件下，能同时接收处理的目标信息数量，如接收和处理批数（引导解算批数），主要取决于计算机的数据处理能力。常表示为：接收×××批/秒、综合处理×××批/秒。

情报处理时延是指情报信息从探测设备捕获报告开始，经通信传输、情报处理中心处理、显示器显示或其他方式输出所滞后的总时间。如雷达情报，由雷达录取设备报告目标开始，到系统处理中心处理后上报指挥员（或显示）所滞后的时间，为该系统的处理时延。度量单位为秒。

系统反应时间是指系统从接收到情报、命令或指令到作出反应和行动这段时间。通常，将系统的反应时间区分为作战指挥系统反应时间和武器系统反应时间两类，度量单位为：秒、分。作战指挥系统反应时间，是指情报探测设备或其他侦察手段获取情报信息，到系统作出决策（计算机辅助决策或指挥员决策）、下达命令、部队开始行动所需的时间，也可细分为信息传输时延、信息处理时延、辅助决策或人工决策时延、文电和命令下达时延、部队反应时延等。武器控制系统反应时间是指从接收到目标指示，到射弹离开发射装置瞬间所需的时间，另外对于半自动化武器控制系统反应时间还与人工干预水平有关。

2. 通信传输能力

通信信道种类是指通信信道的类别，如光缆、卫星、短波、超短波、散射和微波接力等。

通信容量是指单位时间内输入/输出系统的信息流量，度量单位为比特/秒（bps）。

通信质量是指发送端送出的正确信息，经通信信道传输后，接收端接收到的信息出现误码的概率，即误码率。度量单位为10^{-n}。

畅通率是指整个通信传输时间内信道有效传输时间的比率。度量单位为×%。

传输时延是指信息发送端发出信息至接收端收到该信息的时间差，主要取决于通信网的结构和通信设备的质量。度量单位为毫秒。

3. 辅助决策能力

决策自动化程度主要是指决策方案形成过程中，指挥员需要人工干预计算机动作的次数和频繁程度。常用次/分表示。

决策响应时间是指从系统开始决策到最终作出决策方案所需的时间，包括情报提取、信息融合、比较评估、人机对话、预案形成、方案优选等。度量单位为：分、秒。

辅助决策质量是指系统中计算机辅助决策与最终决策相符合的程度。常用符合、比较符合、基本符合表示。

4. 指挥控制能力

系统引导处理能力是指系统引导我机/舰拦截敌机、敌舰的批数，即计算机引导拦截解算的批数；显控台和通信信道容量以及指挥员等的指挥控制能力。常用"我机（舰）××批"表示。

引导拦截成功率是指系统能引导我机/舰拦截敌机、敌舰成功的概率。所谓引导成功是指引导我机/舰至发现敌机、敌舰并占据有利攻击阵位的程度。常用×%表示。

武器控制能力是指系统对各种火炮、导弹、鱼雷等武器系统的指挥控制能力。如对上述武器进行目标指示和任务分配的能力。目标指示主要给上述武器系统指示要打击目标的方位、距离、高度、批号和时间等信息；武器分配主要是将所指示的打击目标分配给具体武器的作战方案。常用"（目标指示）批/单位时间内、（武器分配）批/火力"表示。

5. 作战资料检索和文电处理能力

数据库容量是指作战资料、文电和数据等的存储容量。度量单位为字节。

作战资料检索时间是指从输入检索指令到得到所需作战资料所花费的时间。度量单位为秒。

文电接收发和处理时间是指文电接收、处理或/和转发、分发所需时间的平均值。度量单位为秒。

6. 人机交互能力

交互种类是指系统提供给指挥员和操作员与系统"交互对话"手段方式的种类。

交互响应时间是指从使用者向系统发出操作指令开始，到系统对该指令做出反应所需的时间。度量单位为秒。

界面一致性是指系统在不同工作内容情况下，使用者与系统交互的规范化程度。

界面友好性是指交互的手段和方式对操作者易学、易操作、易记忆和方便灵活的程度。常用好、较好、一般表示。

7. 系统互通能力

系统互联度是指系统之间实现逻辑链路连接，达到信息安全、完整合有效传输的程度。实现系统互联的基础是网络硬件产品的兼容性及网络低层通信协议的一致性。

信息互通度是指系统之间实现资源共享、信息兼容的程度。信息互通的基础是网格互联及信息处理协议的一致性。信息互通是发挥系统整体作战效能，衡量系统整体功能和生存能力的重要尺度之一。

用户互操作性是指用户（包括系统设计与开发人员、使用人员和维修人员）交互作用的程度。实现用户互操作的基础是应用支撑软件的开发集成及用户服务协议的一致性。用户互操作通常要在操作系统、信息格式、用户接口和应用程序四个方面进行交互和通信。

8. 系统生存能力

机动能力是指系统能够快速位移运动的能力。机动性通常包括可装载性（机载、车载、舰载等）、可运输性和移动速度等。

系统开设和撤收能力是指系统工作状态与非工作状态之间转换的能力。系统开设时间是指系统到达指定位置后，由非工作状态转换到互联可执行规定功能的状态所需的时间；撤收时间是指系统从互联工作状态转换到转移状态所需的时间。度量单位为：分、秒。

隐蔽能力是指系统自身或借助外界的物体、器材和环境进行掩盖和隐藏的能力。常用好、较好、一般表示。

重组能力是指系统出现故障或遭到外来破坏时迅速恢复正常工作状态的能力。它主要反映系统的容错能力、自组织能力和结构重组能力。常用好、较好、一般表示。

防护控制能力是指系统防止外界对其非法操作和影响其正常工作的能力。如抗电子干扰、防病毒、防误操作、防敌人截获、跟踪和监控等。常用强、较强、一般表示。

防电磁泄漏能力是指系统能防止自身工作时辐射电磁信号的能力。度量单位为：分贝（dB）、微伏/米。

信息安全与保密强度是指系统具有保障其工作方式、工作内容和主要性能参数不被无关人员或敌方获知的能力。一般可用密码、工作认定和密钥量等来衡量。常表示为：核心机密、绝密、机密、秘密和内部。

9. 系统稳定性

系统可靠性是指系统在规定条件下和规定时间内完成规定任务的成功概率，一般以系统平均故障间隔时间（MTBF）来表示，MTBF愈长，可靠性愈高。系统平均故障间隔时间是指系统中两个相邻故障之间的平均时间，可用系统正常工作时间的总和除以运行期间系统故障的次数而获得。度量单位为小时。

系统可维修性是指系统发生故障后，在规定的条件和规定的时间内能够完成修复的概率，一般以系统平均修复时间（MTTR）来表示。系统平均修复时间是指系统发生故障后，通过维修使系统恢复到正常工作状态所需的平均时间。度量单位为：分、小时。

系统可用性是指系统处于正常可用状态的程度，也称系统有效性或系统有效度。系统有效度一般以 A 来表示，度量单位为 ×%。

应当指出，对于某一特定指挥与控制系统的性能指标，应在该系统建设目标、制约因素等确定后，在性能指标体系中选择、确定其具体指标和指标参考值。

7.3 指挥与控制系统效能评估的方法和思路

7.3.1 系统效能评估的主要方法

效能评估方法很多，按评估方法的性质，效能评估方法分为：主观评估法，主要有直觉法、专家调查法、德尔菲法（Delphi）、层次分析法（AHP）；客观评估法，主要有加权分析法、理想点法、主成分分析法、因子分析法、乐观和悲观法、回归分析法；定性与定量相结合的方法，主要有模糊综合评估法、灰色关联分析法、聚类分析法、物元分析法和人工神经网络法。按评估所采用的数学方法，效能评估方法分为：统计法、解析法、作战仿真（模拟）法。这些方法各有其特点和利弊，有的只适用于系统评估的某个环节，有些适合于其中的几个环节甚至全过程。在系统效能评估过程中，一般要用到多种方法。

从指挥与控制系统的自身效能与使用效能评估的角度出发，可以将效能评估方法分为静态评估方法、动态评估方法和综合效能评估方法。如，层次分析法（AHP）为静态评估方法，系统效能分析方法（SEA）为动态方法。从评估的过程看，常用的系统效能评估方法有兰彻斯特方程、作战模拟、影响图方法、SEA 方法、原型仿真、网络理论、层次分析、系统动力学方法和加权平均等。从评估的目的看，评估方法也存在着针对性。如模块化指挥控制评价结构（MCSE）是一种结构化的自顶向下的评估方法，是评估指挥与控制系统较好使用的工具。而度量指挥与控制系统与作战结果的关系，则使用兰彻斯特方程、作战模拟和影响图方法。单项指标的评估则可采用 SEA 方法、原型仿真和影响图方法、Petri 网方法、排队网络、层次分析法、Trade-off Study、DARE、灰色理论、指数评估方法等。

1. PAU 方法

PAU 方法由美国海军提出，其系统效能评估模型由性能、可用性和适用性三个主要特性组成。其中，性能是指系统在规定的环境下可靠地工作时完成任务目标的能力，用性能指数 P 度量；可用性是指系统准备好并能充分地完成其指定任务的程度，用可用性指数 A 度量；适用性是指在执行任务中该系统所具有的诸性能的适用程度，用适用性指数 U 度量。

系统效能用效能指数 E 度量，基于 PAU 方法的系统效能指数的数学描述是：在规定的条件下工作时，系统在给定的一段时间内能够成功的满足工作要求的概率。即

$$E = PAU \tag{7-1}$$

式中，E 为系统效能指数；P 为系统性能指数；A 为系统可用性指数；U 为系统适用性指数。

2. PRD 方法

PRD 方法定义系统效能指数为：系统在给定的时间内和规定的条件下工作时，能成功地满足某项工作要求的概率。它采用的系统效能评估模型由战备完好率、任务可靠度和设计恰当性三个部分组成。其中，战备完好率是指系统正在良好工作或已准备好，一旦需要即可投入工作的概率；任务可靠度是指系统在要求的一段时间内持续良好工作的概率；设计恰当性用系统在给定的设计限度内工作时，成功地完成规定任务的概率来度量，即

$$E = P_{OR} R_M D_A \tag{7-2}$$

式中，E 为系统效能指数；P_{OR} 为战备完好率；R_M 为任务可靠度；D_A 为设计恰当性。

3. ADC 方法

结构分析法是美国工业界武器系统效能咨询委员会（WSEIAC）提出的系统效能评价方法，即 ADC 方法。这种方法以系统总体构成为对象，以所完成的任务为前提，对系统效能进行评估。它的目的在于根据系统的有效性、可信赖性与能力三大要素评价系统。其中，有效性是指在开始执行任务时系统状态的度量；可信赖性是指在已知系统开始执行任务时所处状态的条件下，在执行任务过程中某个瞬间或多个瞬间的系统状态的度量；能力是指在已知系统执行任务过程中所处状态条件下，系统达到任务目标的能力的度量。即

$$E = ADC \tag{7-3}$$

式中，向量 A 表示开始执行任务时系统的可能状态；可靠性矩阵 D 描述系统在执行任务期间的随机状态；C 表示能力向量。

该方法提供了一个评估系统效能的基本框架，考虑了系统结构和战术技术特性之间的相关性，强调了系统的整体性，可以很容易地对 ADC 模型加以扩展使用，如添加环境、人为因素等影响因子向量，能客观地反映系统的效能，具有概念清晰、易于理解与表达、应用范围广等特点。公式中能力矩阵的确定直接关系到评估结果的准确性，如何确定能力矩阵是该方法的关键点。但纵观其评价过程可以发现，该评估方法实际是用于评估系统单项效能的，系统效能评估还需要最终的运算，因此若将其用于复杂大系统评估时，需与其他评估方法配合使用。

4. 指数法

20 世纪 50 年代末期，美国把国民经济统计中的指数概念移植于作战评估，用来反映各军兵种几十种武器及人员在一定条件下联合的平均战斗力结果，取得了较好效果，于是指数法在作战评估中逐渐得到了广泛研究和应用。

指数法是通过所建立的各个综合分析模型，对系统的各种能力进行分析与综合，从而获得单一指数的综合分析方法。其核心是对分析对象进行层层分解与综合。主要步骤如下：

（1）规定典型任务。根据系统使用要求，明确一个或几个典型作战任务。若不能明确任务或系统作用的对象，则指数分析法就难以实施。

（2）建立系统功能分解图。将系统按硬件组成功能关系进行层次分解，从而获得系统层次分解图或倒立树。树的最底层一般是技术指标层，最顶层是系统效能层。

（3）建立指数集。指数集是度量功能分解图上每个元素的指数的集合。树的最下

层为基本指数，最顶层为所分析系统的综合指数，即效能指数，中间层为子系统的单项综合指数。

（4）建立综合模型。综合模型是将下层指数综合为上层指数的数学计算公式，一般采用加权计算。综合模型不止一个，每次分解就需要一个综合模型。模型的输入与输出均是指数，某层模型的输出是其上一层模型的输入。

（5）计算基本指数。利用系统效能分析方法，求出每个基本层次所能完成规定的典型任务的程度，并将其转换为无量纲的指数。

（6）进行综合分析。利用各个综合模型，由基本指数开始向上综合，最终得到系统的综合指数。如武器的理论杀伤力指数是指一个士兵使用某类武器，向目标区单位面积内的目标进行射击，在单位时间内打中目标并使其失去战斗能力的数量。它与武器的射速、每次袭击目标数量、武器的威力半径、射程、精度及可靠性等因素有关。

（7）确立各级评估指标的权值。评估系统的作战效能，可从叶节点开始，逐次提升计算上一级指标值，但需要对隶属于同一上级指标的诸指标统一确定权值。权值的确定可根据指标的实际意义咨询专家。

5. 层次分析法（AHP）

层次分析法（AHP）由美国匹兹堡大学教授 T. L. Saaty 于 20 世纪 70 年代末提出，是一种实用的多层次权重解析结构分析方法。AHP 方法把复杂问题表示为有序的递阶层次结构，通过定性判断与定量计算相结合，将经验判断给予量化，对各种方案进行排序的决策分析方法。

AHP 模型方法的基本思想是：以先分解后综合的系统思想整理和综合人们的主观判断，对复杂系统所要分析的各种因素，根据问题的性质和要达到的总目标，将问题要素分解成不同的组成因素并将这些因素按目标、准则和方案分类；然后，依照因素之间的相互关系及隶属关系，按不同层次聚集组合，形成一个多级递阶层次结构，包括目标层、准则层和方案（或措施）层三个基本层次；以上层某一因素为准则，对下层各因素进行分析和比较，按判断尺度建立判断矩阵，再通过一定的计算，以得到不同因素的优先级权重；最终，归结为最低层（方案、措施、指标等）相对于最高层（总目标）相对重要程度的权值或相对优劣次序的问题，为抓住主要因素提供依据。

运用 AHP 方法构建多级递阶层次结构时，一般具有四个步骤：第 1 步，建立由目标层、准则层、方案层构成的层次结构模型；第 2 步，根据准则层构造方案层的判断矩阵，计算各层次元素相对于该准则的权重；第 3 步，进行层次单排序及一致性检验；第 4 步，计算各层次元素对系统目标的合成权重，进行层次总排序及一致性检验。

层次分析法的主要特点是：它将对象视作系统，按照分解、比较、判断和综合的思维方式进行决策，有助于分析、评估多目标、多准则的复杂系统；思路清晰，方法简便，结果简单明确，适用范围广；将定性与定量相结合，提供了较好的权重计算方法，具有很强的推广应用价值；评估结果以指标得分与权重乘积的累加和体现；属于主观评估法，由专家打分方式获得判断矩阵，使评估结果具有较强的主观性，结果可能难以服人，采用专家群体决策的办法是克服这一缺点的一种有效途径；它没有从系统角度综合描述系统的性能，无法解释和体现作战能力的整体特征，不适合精度较高的问题。

6. 模糊综合评估法

模糊综合评判法是以模糊数学为基础，应用模糊关系合成原理，对受多种因素影响的对象，把所考虑的各种因素用隶属度函数进行量化，按多项模糊准则参数对系统的隶属度等级状况进行综合评判的一种方法。该评估方法首先定义一组评语（评价等级）集合，如优、良、中、一般、差等，然后通过多个专家打分，获取所有评价指标的评价矩阵，再将所有指标的评价值利用一组设定的隶属函数将这些评价值转化为隶属度和隶属度权重，生成相应隶属度权重矩阵，最后通过引入指标权重向量，经过模糊变换运算最终得到一个具体的评估结果。

应用模糊综合评判的一般步骤是：步骤1，确定评判对象所考虑的因素，即指标集 $U=\{u_1,\cdots,u_n\}$；步骤2，确定评语等级集合 $V=\{v_1,\cdots,v_m\}$；步骤3，按单因素进行评判，建立指标集与评语集之间的模糊关系矩阵 $\mathbf{R}=(r_{ij})_{n\times m}$，其中，$r_{ij}$ 为指标集 U 中要素 u_i 对评语集 V 中评语 v_j 的隶属度；步骤4，确定被评判对象，相对于 U 中各因素的隶属度行向量 A；步骤5，选择合适的合成算子"。"，将 A 与 R 合成，得 $B=A\circ R$，最后按最大隶属度原则，给出被评判对象的评判等级。

模糊综合评判是把各种单因素的信息最大限度地考虑进去，以得到一个信息依据充分的总判断。其评判的结果是一个向量，而不是一个点值，这是模糊判断与其他评判方法不同的地方。它既可以用于主观指标的综合评判，也可以用于客观指标的综合判断。在该算法中，合成规则的选取至关重要，需要根据不同的要求做出合理的选择，在该算子的选择上大多倾向于对应项相乘，然后取最大。当然，具体怎么取应当考虑评判的主要标准。

对于系统效能评估，要考虑的因素比较多，不但要考虑作战系统本身的固有能力，还要考虑战场环境、人文环境、技术环境等对其效能发挥的影响。这些因素对效能的影响大还是小，在实兵演习、模拟试验和作战战场上很难用一个确定的值来表示，只能借助于模糊概念进行研究。另外，对于敌方对系统软打击的描述也很难得到准确值，是一个模糊概念，因此，用模糊理论对系统效能进行评估是符合实际的，也是必要的。

7. 系统效能分析方法（SEA）

系统效能分析法（SEA）由美国麻省理工学院 A. H. Levis 在20世纪80年代提出的一种系统有效性分析方法。它是一种有代表性的系统动力学方法，实质是把系统的运行与系统要完成的使命联系起来，观察系统的运行轨迹与使命所要求的轨迹相符合的程度。系统的运行轨迹 L_s 与使命轨迹 L_m 相重率高，则表明系统的效能高。

SEA法的基本思想是：当系统在一定环境下运行时，系统运行状态可以由一组系统原始参数的表现值描述。对于一个实际系统，由于系统运行不确定因素的影响，系统运行状态可能有多个甚至无数个，那么在这些状态组成的集合中，如果某一状态所呈现的系统完成预定任务的情况满足使命要求，就可以说系统在这一状态下能完成预定任务。由于系统在运行时落入何种状态是随机的，因此，系统落入可完成预定任务状态的"概率"大小，就反映了系统完成预定任务的可能性，即系统效能。而为了能对系统在任一状态下完成预定任务的情况与使命要求进行比较，必须把它们放在同一空间内，这一空间恰好可采用性能度量（MOP）。

SEA方法以系统、使命、域、本元、属性和有效性指标6个概念为基础，其框架如

图 7-2 所示。其中，系统是由部件、部件的互联和一组操作方法组成的有机整体，指挥与控制系统、计算机网络等都是典型系统。使命是赋予系统必须完成的任务，由一组目标和任务组成，使命的描述应尽可能明确，以便能构造出解析模型。域表示一组条件或假设，是系统和环境存在的条件和假设。本元是描述系统及其使命的变量和参数，以集合 $\{X_i\}$ 表示系统的本元，以集合 $\{Y_i\}$ 表示使命的本元，如通信网络中，本元可以包括链路数、节点数、链路故障等，使命本元可以是源—目的的节点对的名称、各点之间的数据流的速率等。属性是描述

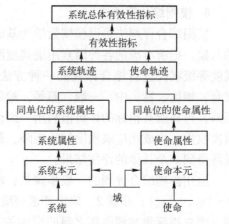

图 7-2　SEA 方法框架

系统特性或使命要求的量，以集合 $\{A_s\}$ 和 $\{A_m\}$ 分别表示系统属性和使命属性，如通信系统的系统属性可包括可靠性、平均延时和生存能力等，使命属性可表示为对系统属性的要求，如最小可靠性、最小平均延时、最大生存能力。有效性指标是从系统属性与使命属性比较得到的量，它反映了系统与使命的匹配程度。上述 6 个概念中，前三个概念描述了要研究的问题，后三个概念则定义了分析该问题所需的关键量。

应用 SEA 方法的分析步骤是：步骤 1，定义系统、环境和背景，并确定系统的本元，这些本元应互为独立；步骤 2，确定分析中所需的系统属性，属性表示本元的函数，属性的值可以通过函数计算或通过模型、计算机模拟或实验数据得到；步骤 3 和步骤 4，对使命执行类似第 1、2 步的分析，选择描述使命的本元并确定它的要求；步骤 5，将系统属性空间和使命属性空间变换成一组由公共属性空间规定的公共等量属性，使它们成为有相同单位的属性，对属性值进行归一化，使属性在 [0, 1] 范围内，这样公共属性就是一个单位超立方体；步骤 6，对系统进行效能分析，其核心是通过比较系统属性和使命属性，评价系统完成使命的情况，利用得到的两条轨迹来评价系统的有效性。

SEA 方法的难点在于如何建立系统属性参数、使命参数到性能度量空间的两个映射，以及如何确定两个轨迹的公共区域，它们也是整个评估过程的重点，必须借助一定的方法，把相同的结构、功能、行为和原始参数对系统运行过程的影响描述出来，从而体现它们在系统完成使命过程中所起的作用。这种映射一般是非线性的，比较难于建立，这也给 SEA 方法的使用带来了困难。

8. 德尔菲法（Delphi）

德尔菲法又称专家调查法，是一种以专家为信息索取对象的调查方法。它由调查组织者拟定调查表，按照规定调查程序，通过信函方式分别向专家征询意见。专家之间通过调查组织者的反馈材料匿名地交换意见，经过几轮的征询和反馈，专家们的意见逐渐集中，最后获得有统计意义的专家集体评价结果。德尔菲法依靠有专业知识的评估专家的共同智慧和经验，博采众长，经综合得出对系统效能及其包括的各项指标内容的评估，能充分发挥专家的集体智慧，有效地避免了个人认识的不完整性，评估效果比较客观，还可以克服"唯上"和"唯权"等造成的片面性。德尔菲法依靠的是专家们的经

验，对有关指标只能作主观的、以定性为主的评价，因而科学性和准确性不够，通常需要与其他预测评估方法联合使用。另外，此法需要多轮反复，评估时间较长，在战斗过程中或时间紧迫的情况下对系统效能进行评估时难以采用。

9. 灰色理论评估法

从信息论的观点看，部分信息明确和部分信息不明确的系统称为灰色系统。在系统效能分析过程中，不可避免地会遇到一些不完全明确的问题。区别于白色系统（其信息完全明确）和黑色系统（其信息完全不明确），指挥与控制系统是一个典型的灰色理论系统。灰色理论评估法主要通过对部分已知信息的生成、开发，提取有价值的信息，实现对系统运行行为、演化规律的正确描述和有效监控，将灰色系统淡化、白化。

灰色理论的方法对样本量及样本分布规律都没有要求，因此，可以使用灰色白化权函数聚类法对复杂大系统的效能进行评估。所谓灰色白化权函数聚类法，就是根据灰数的白化权函数将一些观测指标或对象聚集成若干个可以定义的类别，将系统归入某灰类的过程，用于检测对象是否属于事先设定的不同类别，以便区别对待。灰色白化权函数聚类法计算方法简单，综合能力较强，准确度较高，可决定对象所属的设定类别。其评价结果是一个向量，描述了聚类对象属于各个灰类的强度。根据向量对聚类结果进行再分析，提供比其他方法丰富的评判信息。对于评判等级领域属于灰类的问题都可以应用这种方法，可用于多因素多指标的综合评价，克服了传统单一值评价多指标多因素的弊病。

10. 系统模型法

使用系统模型是评估作战效能的一条可行途径。目前，使用较多的是影响图方法、兰彻斯特方程方法和蒙特卡洛方法。

（1）影响图方法是麻省理工学院 James Bum 于 20 世纪 70 年代提出的一种复杂系统规范建模分析方法。这种方法起源于系统动力学，在构建系统动力学微分方程模型的基础上进行分析。首先，找出表征系统运行过程所必须的系统参量，通过分析系统参量间的相互依赖、影响关系，得出一个有向图；然后，根据有向图和系统参数的实际含义，得出系统状态的微分方程；最后，由系统状态微分方程考查系统各尺度参数和性能参量对系统使命任务的影响，从而对系统的整体效能做出评价。从影响图建模方法的建模过程来看，它从实际系统出发进行建模，能够比较真实地反映原始系统的特性，并包含了系统的各个因素。然而，对复杂系统而言，一般情况下很难找到有效的微分方程模型。

（2）兰彻斯特战斗理论是现代战争理论的经典基础。兰彻斯特方程法就是基于兰彻斯特战斗理论的一种效能评估方法。它在一些简化的假设条件下，建立了一系列描述交战过程中双方兵力变化数量关系的微分方程组，通过战斗效能比和交换比等指标的计算得出效能评估结果。该方法主要用于作战效能的评估，优点是将战斗过程中的因素量化，并利用解析方程描述客观的约束条件，但考虑的情况比较理想，而现代联合作战具有复杂多变的特点，用解析方程无法反映出随机因素和模糊因素的影响。

（3）蒙特卡洛方法基于统计理论描述了作战的随机过程，但在描述作战效能时有两大障碍：一是基本状态数量的巨额维数；二是信息处理与认识过程的描述。蒙特卡洛方法只能采取枚举法，列出所有可能的信息活动及其发生概率，这在微观仿真中都是很困难的，然而不这样又难于将信息对决策的作用、对策对战果的影响表示出来。

11. 模拟分析方法

模拟分析方法是指用建模仿真技术建立系统的仿真模型并进行仿真实验,由仿真实验得到系统数据,经过分析及处理后得到系统效能指标评估值。用作战模拟方法分析评估系统作战效能的优势在于它可以很全面地描述系统之间复杂的交互作用,从而有效地表达对抗体系内所有的协同作用和对抗行为。由于复杂系统参数众多,在模拟时会产生大量的数据,对这些数据的分析就非常重要。探索性分析法就是比较典型的一种。

探索性分析法(EA)是20世纪90年代美国兰德公司在研究国防规划与武器装备论证问题时提出,是一种用于高层次系统规划与论证的不确定性分析方法。其基本思路是考察大量不确定性条件下各种方案的不同后果,通过对多维不确定空间的有效探索,获得对系统的知识。它全面分析了各种不确定要素对结果的影响,在一定意义上讲,这是一种更加全面的灵敏性分析。该方法有助于在深入研究某个问题领域的细节之前,获取对该领域的全面把握,可以极大地辅助各种方案策略的开发和选择,还可以阐明某种给定的能力在"何时"(如什么环境下、对其他因素做哪些假设)是充分或有效的。同样,也可以反过来分析,如在完成某项任务时,在特定的环境中,相关的指挥与控制系统,需要什么样的能力以及采用什么样的作战方案。探索性分析方法在"恐怖的海峡"、"网络中心战"等战略评估和概念演示中得到了广泛的应用。

虽然探索性分析为解决复杂系统问题带来了新途径,但实践中这种方法的使用有很大困难,如维数多、计算量大、难以从大量数据中得出有价值的信息等,因此这种方法多年来没有得到大规模应用。通常,在使用探索性分析之前,要先使用传统灵敏度分析,以便确认系统的重要变量,同时需要解决高效建模与仿真手段、数据分析技术和先进计算技术等关键技术。

7.3.2 指挥与控制系统效能评估的思路与计算方法

1. 指挥与控制系统效能评估的基本思路

指挥与控制系统效能评估的一种基本思路是:先引入"满意度"概念,统一各指标的量纲;然后,借鉴层次分析法思想,确定各指标权重;最后,确立效能分析的计算步骤。

1) 引入"满意度"概念

在已经建立的系统效能评估指标体系中,既有定量指标,又有定性指标,且定量指标还有不同量纲之别,导致很难对指标体系进行量化分析。为解决这个问题,引入"满意度"概念,用它来统一衡量各种指标的价值量。

设 M 是指标体系中的任一指标,其满意度记为 $M(M)$,且规定 $0 \leqslant M(M) \leqslant 1$。由于每个指标都用满意度表示,这样就可以把系统效能指标中的定性判断和定量数值换算成统一的、能接受的、符合规律的价值量,从而为科学地实施分析奠定可靠的基础。对总目标而言,任一目标的满意度越大越好,最理想的满意度为1,最差的满意度为0。引入满意度概念后,实现了各项指标的定量化、无量纲化和归一化。这样,就可以对系统效能评估指标进行换算和计算分析。

2) 借鉴层次分析法思想

层次分析法(AHP)的主要思想是把系统效能分析的总目标分解为多个组成因素,

并按因素间的隶属关系将其层次化，组成一个层次结构模型，然后自下而上逐层分析，计算各层指标的权重值，并获得最低层指标对于最高层指标（总目标）的权重值。在已建立的关于指挥与控制系统效能评估的指标体系中，同一层次中各指标的相对重要性不同，因此，可以借鉴 AHP 法关于权重的思想，分析各指标的重要性，计算出各指标的权重值。

3) 确立效能评估的步骤

在建立了系统效能评估指标体系的基础上，系统效能评估应遵循的基本步骤如图 7-3 所示。

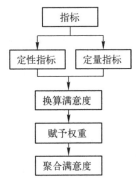

图 7-3　指挥与控制系统效能的计算步骤

第 1 步是确定各级指标的权重值，采用专家打分方法，确定各层次指标的权重值，对于底层指标的各因素也应确定其权重值；第 2 步是确定底层指标的满意度，根据底层目标的定性判断或定量分析而得到特征值，换算出其满意度的值；第 3 步是聚合各层指标满意度，从底层开始逐层"合并"计算指标满意度，最后形成对效能总目标的评价。

2. 指挥与控制系统效能评估的计算方法

指挥与控制系统效能评估既有满意度、指标权重等单要素的计算，又有系统整体效能的分析。应根据系统效能评估需要，选择恰当的计算方法，使用合理的计算模型。

1) 指标满意度计算方法

（1）定性指标满意度的计算方法。定性指标是指不能直接对其进行定量描述的指标。对于定性指标应进行量化处理，基本思路是：首先，针对待评估的定性指标，确定该指标评价因素集合，定义该指标评判等级集合，并确定各评判等级的满意度向量，通过专家对该指标评价因素进行打分获取相应的评价矩阵；其次，通过该指标评价因素的评价矩阵与该指标各因素相应权重集合进行线性运算，获取该指标相对于各评判等级的隶属度；最后，通过该指标相对于各评判等级的隶属度与各评判等级的满意度向量进行线性运算，即获取该指标的满意度。

（2）定量指标的计算方法。定量指标是指能用具体数值表示的指标。对定量指标的满意度可通过计算其满意度函数获取。定量指标可分为三类：极大型，即取值越大越好；极小型，即取值越小越好；阈值型，即以某一常数为最优，在该常数左侧是越大越好，右侧是越小越好。与之相应，定量指标的满意度计算方法也有三种。

设 X 为系统效能评估指标体系中的某一指标。

当 X 为极大型时，可构造如下满意度函数：

$$S(x) = \begin{cases} 1 & x \geq M \\ \dfrac{x-m}{M-m} & m < x < M \\ 0 & x \leq m \end{cases} \quad (7-4)$$

式中，M、m 分别为 X 的最大值和最小值，下同。

当 X 为极小型时，可构造如下满意度函数：

$$S(x) = \begin{cases} 0 & x \geq M \\ \dfrac{M-x}{M-m} & m < x < M \\ 1 & x \leq m \end{cases} \quad (7-5)$$

当 X 为极阈值型时，可构造如下满意度函数：

$$S(x) = \begin{cases} \dfrac{x-m}{C-m} & m \leq x \leq C \\ \dfrac{M-x}{M-C} & C < x \leq M \end{cases} \quad (7-6)$$

式中，C 为一常数。

2）指标权重的计算方法

为实现对系统效能的综合定量评估，应对每个指标的权重进行科学的评定，通常采用专家打分方法，来计算确定各指标的权重值。指标权重是指该指标相对于同层同类其他指标的重要程度，可用一个数值 ω 来表示，称为权系数。通常要求权系数应满足：任一权系数 ω_j 取 0 与 1 之间的实数，即 $0 \leq \omega_j \leq 1$；任一指标的所有下属指标的权系数之和等于 1，即 $\sum \omega_j = 1$。对指标权重计算的基本思路是：先确定指标权重标度，在此基础上构建两两比较矩阵，然后计算指标权重，最后进行一致性检验。

3）效能计算的基本方法

计算系统效能可先计算出各层指标的权重及底层定性指标各评价因素的权重，再按照定性和定量指标的计算方法获取底层指标的满意度，最后自下而上逐层"合并"计算满意度。

第1步，计算各指标权重及底层定性指标的评价因素相应的权重。依据权重计算方法，可获取各指标权重分别为：ω_{bi}，$i=1, 2, \cdots, 9$；ω_{ej}，$i=1, 2, \cdots, 40$。

第2步，计算底层指标满意度。系统效能指标体系中，底层指标分别为 C_i，$i=1, 2, \cdots, 40$，按照指标满意度计算方法，分别对定性和定量指标进行满意度计算。

第3步，逐层聚合满意度。按照自下而上的顺序，采取"加权求和"的方法，逐层进行满意度"合并"运算。

目标层 A 的满意度 $S(A)$（即系统效能）为：

$$S(A) = \sum_{i=1}^{9} \omega_{bi} \cdot S(B_i), \quad i = 1, 2, \cdots, 9 \quad (7-7)$$

第二级指标的满意度 $S(B_j)$ 为：

$$S(B_j) = \begin{cases} \sum_{i=1}^{10} \omega_{ej} \cdot S(C_i), j = 1 \\ \sum_{i=11}^{15} \omega_{ej} \cdot S(C_i), j = 2 \\ \cdots \\ \sum_{i=38}^{40} \omega_{ej} \cdot S(C_i), j = 9 \end{cases} \quad (7-8)$$

第三级指标的满意度 $S(C_j)$ 根据定性或定量指标满意度的计算方法即可获取。

4）依据评估结果调整方案

设系统效能最理想的满意度为 S_m，最低可接受的满意度为 S_n，这两个值可根据训练实践的经验数据，结合咨询专家确定。当 $S_n \leq S(A) \leq S_m$，则认为系统效能评估可以接受；当 $S(A) > S_m$，则需要考虑评估的可信性，必要时可重新进行评估；当 $S(A) > S_n$ 时，则应抓住效能评估过程中起关键作用的主要指标（因素），针对系统的运用方案进行适当调整或重新制定，然后再进行评估。如此反复，直到 S_A 进入 $[S_n, S_m]$ 这一区间为止。

7.4 指挥与控制系统建模与仿真

人类战争的最大特点是不可重复性，过去的不能复现，未来也不能预演。因此，建模与仿真技术就成为了人们研究战争的一种重要方法，主要应用于作战研究、作战训练、作战评估和装备采办等方面。自有战争以来，军事人员便开始了作战过程的建模与仿真，只是随着时代的不同，采用的建模与仿真方法不同而已，已经历了智力推演、沙盘对抗、实兵演习、计算机仿真等技术阶段，正在向集成化、智能化、网络化、规范化和虚拟化的方向发展。

7.4.1 指挥与控制系统建模与仿真的概念

1. 建模与仿真的基本概念

模型是对客观事物在形态、结构、属性、过程以及运行规律等一个或多个方面的简化反映和抽象描述。建模与仿真（M&S）就是静态地或按时间地利用模型（包括仿真器、原型、模拟器）开发数据，并以此数据为基础进行管理或技术决策，是作战模拟不可或缺的部分。仿真系统是建立在它需要运行的模型的基础之上，即指运行仿真模型并且用于仿真分析、研究、训练、装备论证等目的的系统。因此，指挥与控制系统建模与仿真是通过建立指挥与控制系统的各类模型，运用仿真技术手段实现对指挥与控制系统的分析和评估，或利用仿真系统进行作战指挥与控制模拟训练的活动。

美国国防部给模型的定义是对一个系统、实体、现象和过程的物理的、数学的或其他合乎逻辑的表现形式；给仿真的定义是在时间上实现一个模型的方法。在建模和仿真主计划中，美国国防部将模拟划分为建模、仿真两个部分：建模是指创建系统的一种表达；仿真则指运行和演练这种表达，可以是完全自动的，也可以是交互式的或可中断的；同时指出这两个词本身可以互换使用。美国陆军部对"仿真器"的定义是：一个仿真器是一个武器系统或某件装备的物理"模型与仿真"。也就是说，仿真器是一种仿真设备，特指那些能够产生近似于真实实验条件或操作条件的设备。

对于模拟由多种定义，一般而言，模拟就是利用物理的、数学的模型来类比、模仿现实系统及其演变过程，以寻求过程规律的一种方法。模拟的核心思想是相似性，包括几何相似性和数学相似性两类。美国国防部对"模拟"的定义是："运用模型描述在时间轴上的活动和交互。模拟可以是完全自动的（也就是没有人的干预而自动执行），也可以是交互式的或者是可中断的（也就是在执行期间可以对它进行人工干预）。模拟是对所选现实世界或假想条件下事件和过程特征的动态描述，它借助于从最简单到最复杂的方法和设施的辅助，依据已知的或假想的过程和数据运行。"

按国际标准化组织（ISO）标准的名词解释，模拟与仿真的相关定义是：模拟（Simulation）是选取一个物理的或抽象的系统的某些行为特征，用另一个系统来表示它们的过程；仿真（Emulation）主要是用硬件来全部或部分地模仿某一数据处理系统，以至于模仿的系统能像被模仿的系统一样接受同样的数据，执行同样的程序，获得同样的结果。在应用和实践中，模拟和仿真两个概念通常具有比较一致或近似的含义，均表示对客观世界的模仿，一般已将"模拟"与"仿真"统一归于"仿真"范畴，且都用Simulation一词来代表。

与仿真密切关联的另一个概念是作战模拟，也称为作战仿真，指为分析或训练目的，运行一定的作战模型以展现类似作战的过程或特性的活动。按照美国国防部1-02号联合出版物的释义，作战仿真被定义为：作战仿真……是对在实际的或假想的环境下，按照所设计的规则、数据和过程行动的两支或多支部队进行对抗的"仿真"。从本质上说，作战仿真可以在不造成破坏性后果的情况下对战争进行分析，然后用于指导战争。作战仿真是一个过程，借助于这个过程，在实施演习期间，通过指挥与控制参演者分配下达任务，并由训练仿真系统反映出训练效果。在对抗环境里，作战仿真过程允许参演者采用各种战术和军事行动对抗敌方。这个过程迫使参演者对敌方的作战计划和作战行动做出反应，以完成所扮演角色承担的任务。《中国人民解放军军语》对作战模拟的定义是：按照已知的或假设的情况和数据对作战过程的仿效。主要包括实兵演习、沙盘作业或图上作业、兵棋博弈、计算机作战模拟等。通常用于研究、检验作战计划，评价武器装备效能，研究新的作战理论等。由于作战过程与作战实体、行动和环境等因素密不可分，因此，作战模拟也可定义为：运用计算机技术和模拟方法，对作战实体、作战行动、作战环境和作战过程等进行推演、预测、再现和仿真，用于研究作战过程和战术战法、分析军事局势和策略、论证武器装备效能及应用等军事目的的技术、方法和活动。它是现代军事科学理论、军事运筹学方法、军事系统工程和现代信息技术相结合的产物。

作战模拟有多种分类方法，按模拟过程的真实或虚拟程度，作战模拟可分为真实模拟、构造模拟和虚拟模拟，真实模拟采用全人工或实物模拟方法，构造模拟采用计算机模拟方法，虚拟模拟采用混合型模拟方法；按所用模型对现实的抽象程度或所采用的模拟方法，作战模拟可分为解析模拟、计算机模拟、作战对抗模拟和实兵演习；按模拟的规模，作战模拟可分为格斗模拟、战斗模拟和战役模拟；按模拟交战兵力范围，作战模拟可分为单类武器系统的作战模拟、单一兵种作战模拟和协同兵种作战模拟；按模拟的应用领域，作战模拟可分为作战研究、装备论证和效能评估、作战训练等。

开展作战模拟需要有人员、设备、规则和想定（或脚本）4个要素方面的支撑条件。其中，人员指参加作战模拟的人员，主要包括负责作战模拟工作的管理员、对抗双方的局中人、科学研究人员和辅助人员；设备是指作战模拟的基本工具，简单的可以是沙盘、地图等，现代作战模拟必须有一套联网的计算机仿真系统；规则用于在作战模拟中按实战条件给交战各方部队的作战行动加以限制和约束，能被作战模拟人员所充分了解，并严格执行；想定指作战模拟中对作战环境和作战过程的详尽描述，是作战模拟的蓝图和指南。

作战模拟的基本过程包括准备、模拟和分析3个阶段。其中，准备阶段是为进行作战模拟细致地做好所有基本工作的阶段，包括确定目标、明确形势、总体设计、获得输入数据、设备准备、模型和软件准备、人员组织、后勤保障、编写想定以及初步检验性能等；模拟阶段是交战双方在计算机上进行模拟作战的具体实施阶段，是作战过程正在进行的阶段，表现为一系列的回合，每一个回合代表一个固定模拟战斗时间周期；分析阶段是对计算机输出数据进行全面分析，经整理分类和编辑，以各种形式说明数据的意义，通常是一个报告。

2. 指挥与控制系统建模与仿真特点

指挥与控制系统是一类复杂系统，服务于指挥与控制活动，与作战密切相关。它包含了多种技术因素和不确定性因素，在建模与仿真中呈现出以下主要特点：

（1）基于面向信息流的建模与仿真。指挥与控制系统是基于信息的分布式系统，其指挥与控制活动过程就是从信息的获取、传递、存储、处理到信息应用和反馈的全过程。因此，指挥与控制系统的建模与仿真实际上是对信息流动过程的建模与仿真，是对信息的获取、传递、存储、处理和应用进行描述，以及为完成这些信息功能，仿真系统所必须采取的行为过程和逻辑上、物理上的效果。指挥与控制系统的仿真信息流程如图7-4所示。

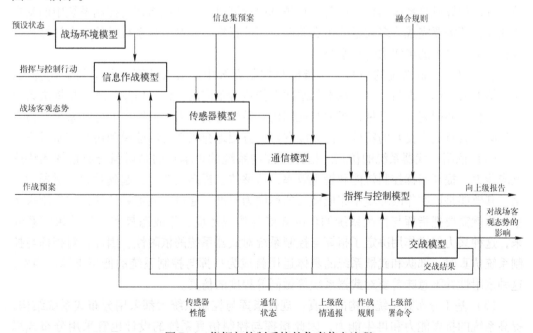

图7-4 指挥与控制系统的仿真信息流程

仿真信息流程是对指挥与控制仿真中各模型域之间信息关系的抽象，描述的是一种动态关系，是战场实际信息流在仿真世界里的映射。仿真信息流的基本过程是：仿真开始，根据预设的战场状况，战场环境模型域的仿真成员向整个联邦仿真域公布战场的地理气象等信息，各模型域的仿真成员订购这些信息，并根据该信息更新自身状态；指挥与控制作战模型域的仿真成员，根据剧情最初设定的交战双方的信息、作战行动和地理气象等信息，确定作战行动对其他模型域仿真成员的影响因子；传感器模型域的仿真成员扫描战场，结合地理与气象信息、传感器自身性能、干扰及作战等因素，确定作战目标并将目标信息提交给通信模型域的仿真成员；通信模型域的仿真成员综合己方通信设备及网络状态、指挥与控制作战及地理与气象、电磁干扰等因素，确定通信系统能力及对信息传输的影响，并将这种影响叠加到被传输的信息流上，最后将信息传输给指挥与控制模型域的仿真成员；指挥与控制模型域的仿真成员融合接收到的各种信息，形成感知态势供指挥与控制模型域的决策成员进行决策分析和判断，决策成员根据感知态势、地理与气象信息和上级命令，按作战规则进行决策、下达命令并上报本级决心；交战模型域的仿真成员执行上级命令、计算敌我毁伤情况，并将计算结果向整个联邦仿真域公布，传感器、通信等相关仿真域的成员根据毁伤情况更新自身状态；判断是否结束仿真，若不结束仿真，则返回仿真开始。

基于指挥与控制系统仿真的离散性，信息的仿真不宜采用连续变量来描述，而是将指挥与控制系统中的信息看作是服务对象，把指挥与控制系统组成部分所进行的信息处理过程看作是对服务对象的服务过程。所以，构成指挥与控制系统的仿真状态变量，既有连续变量（如对抗双方的兵力指数），也有离散变量。指挥与控制仿真系统是一个混合状态的异步动态仿真系统。

（2）基于计算机系统支持的半实物仿真。指挥与控制系统以计算机作为信息处理的工具，计算机是系统的核心设备，在仿真中计算机除了完成指挥与控制系统中的基本功能外，还需要完成许多大量的仿真功能，因此指挥与控制仿真系统是建立在计算机系统支持基础之上的半实物仿真系统。

（3）基于人机系统的仿真。在指挥与控制系统中，引入计算机并不是要代替人，而是辅助人工作，人与计算机在不同层次上担负着不同的工作，信息处理与指挥决策由人与计算机共同完成。可见，指挥与控制仿真系统是属于人在回路中的仿真系统，仿真过程必须具有人机交互的特性，使人能友好而方便地介入系统的建模和仿真实验过程。

（4）依附于武器系统的仿真。指挥与控制系统的根本目的是增强合成指挥和快速反应能力，提高指挥控制效能和管理效率，从整体上提高战斗力，起到兵力倍增器的作用。其效能是以在作战环境中完成使命的程度为标准，通过对武器系统的倍增作用来衡量。这就需要把指挥与控制系统的作战效能与作战环境、作战态势和作战结果联系起来，这种兵力倍增作用决定了指挥与控制系统对武器系统的依附性。因此，对指挥与控制系统仿真时，部队和武器系统的具体运用就成为指挥与控制系统的低层支撑。当然，这种依附性并不意味着要对武器系统等做同等程度的仿真。

（5）基于分布式系统结构的仿真。现代指挥与控制系统大都采用分布式系统结构，提高系统的抗毁能力和再生能力，因此指挥与控制仿真系统的设计也宜采用分布式思想，可以按照功能分割的原则，把系统划分为若干个相对独立的模块，这些模块可以是指挥与控制仿真系统的功能单元,也可以是支持功能单元的数据库。数据处理和通信控制单元之间用局域网技术连接起来,协调运转,从而完成整个仿真系统的功能。

(6) 基于实时系统的仿真。信息化条件下,指挥与控制系统的信息处理过程的准确性和快速性是赢得战争必不可少的条件。所以,准确快捷的信息传输和较小的时间延迟是对指挥与控制系统的基本要求之一。因此,指挥与控制系统仿真中,必须具有实时控制、实时操作和实时响应的能力,实现可执行性的动态仿真过程。

(7) 基于复杂作战应用环境的仿真。由于一切作战活动的目的、要求、环境、态势都具有不确定性和动态时变性,使得指挥与控制系统仿真很难建立起逼真的仿真环境条件,也不太可能形成指挥与控制系统的公认的简明模型。因此,度量指挥与控制系统仿真模型的正确性验证方面充满了困难。仿真模型的建立和运行过程中,其逼真度和可信度都成为较难评估的指标,仿真结果往往不存在解析的最优解,而只是在一组约束条件下的满意解,系统效能的评估往往要与专家评判相结合。

(8) 是一项复杂的系统工程。开展大型指挥与控制系统建模与仿真,技术难度大,需要聚集多方面的专业人才,建立和开发大量不同类型和用途的模型、软件代码以及设备,最终将它们集成在一个网络系统中协调运行。因此,指挥与控制系统建模与仿真是一个项复杂的系统工程。

7.4.2 指挥与控制系统建模与仿真的方法

1. 指挥与控制系统仿真模型分类

指挥与控制系统仿真应该包括作战行动中所涉及的各类作战实体、实体之间的交互关系、作战环境、作战效果评估等模型,主要分为实体模型、兵力编成模型、环境模型、通信模型、感知模型、作战过程模型、指挥与控制模型、交战模型和评估模型九大类模型。

实体模型是对作战过程中所涉及的各种作战单位进行抽象。按照作战单位的功能不同可以将作战实体模型分为通信平台模型、火力平台模型、指挥与控制平台模型、情报侦察与监视平台模型和信息对抗作战平台模型。

兵力编成模型是根据具体的作战任务,通过作战规则选择具体的作战实体,描述兵力的组织结构。作战任务的不同将直接导致兵力编成的变化,兵力编成是一种临时的、动态的兵力组织结构。组织结构的完整描述问题一直是组织设计在各领域应用中的热点研究问题,并在不同问题的解决上提出了众多不同的解决方法。主要的描述方法包括:有色 Petri 网、元矩阵、网络描述、组织元、核心元素关系和组织树等。这些描述方法的重点体现在两方面:一是强调通过静态结构视图的运作过程来比较组织结构对组织效能的影响,具有代表性的是 Monguillet 变结构理论,该理论通过建立组织的有色 Petri 网模型得到很好的验证;二是强调静态的完整描述,试图找到组织结构的核心元素,通过这些核心元素建立整体视图,以此来建立组织结构描述,具有代表性是 Cathleen 的元矩阵思想,这一思想在指挥与控制系统的拓扑结构描述中得到了应用。

环境模型是对作战所依赖的环境进行建模。作战所处的地理环境,如水系、地貌、土质和植被等;作战发生时的气象环境,如天气和气压;电磁环境,如电磁的密度等。三种环境共同作用于作战全过程，对作战的实施，包括作战方式和作战时机的选择有着重大的影响。

通信模型是对作战过程中各实体之间的通信进行抽象，主要用于对通信过程的性能及效能进行分析。

感知模型是对作战过程中各作战实体之间的感知关系进行建模，感知关系描述一个实体模型所能感知的其他实体模型，如雷达实体模型能够在满足一定条件的情况下感知飞机实体模型。

作战过程模型是针对具体的作战任务和目标制定各作战实体的行动序列，如何时、何地、在何种情况下对何种目标采取何种具体的作战行动，以及各作战实体的作战行动之间的协同关系。

指挥与控制模型是对作战过程中兵力组织之间的指挥控制关系进行抽象，描述了指挥控制命令在战场空间中的流动过程。指挥与控制模型用于对各作战实体之间的指挥控制关系进行建模，它直接与兵力编成模型对应，兵力编成模型是一种树状的层次结构，其中包含了一定的指挥控制关系。由于作战环境具有高度的动态性和不确定性，所以指挥控制关系也具有相应的不确定性，即在某一指挥控制实体丧失指挥控制能力的时候，指挥控制关系必须快速地进行重组，即指挥控制关系能够实现动态的迁移。

交战模型是对具体的交战行动进行建模，包括交战发起方、交战发起武器、交战目标、交战目标武器、交战发起时间、交战持续时间、交战技术参数等内容。针对交战平台模型，可以按照对抗功能和手段进行细分，按照对抗功能可将交战平台模型分为硬摧毁作战平台模型和软杀伤作战平台模型，而按照对抗手段则可将作战平台模型分为雷达对抗平台模型、通信对抗平台模型、光电对抗平台模型、导航对抗平台模型和网络对抗平台模型。

评估模型主要是根据特定的评价指标体系对作战方案的效能进行评估。评价指标体系的建立是评估作战方案效能的依据。要想评价和分析整个作战方案的效能，必须先确定系统的度量标准，并在此基础上，通过分析计算这些度量值，才能正确地评价系统的效能。所以评估模型应该包括评估方法和评价指标体系。

2. 指挥与控制系统建模与仿真的主要方法

指挥与控制系统建模与仿真的主要方法包括作战模拟、系统试验床、Petri 网方法、基于 Agent 的建模方法、基于分布交互仿真（DIS）或高层体系结构（HLA）的建模与仿真等。

1）作战模拟的常用方法

作战模拟模型的种类较多，涉及内容较广，以至于任何一种分类方法都不可能完全描述清楚。就作战模型而言，一般的建模方法主要有以下几种。

（1）基于严格数学理论的建模方法

数学是建模活动的基础，严格的数学理论具有完备的假设、定义、公理、推导规则、方法、结论及解释的一套数学结构体系，如代数学、统计学、博弈论等。运用严格的数学方法，可以完成作战模拟中许多模型的构建任务。

冯·诺伊曼建立的博弈论是在作战模拟中应用严格数学理论建立模型的典型代表，

其建立的博弈论研究了有两个或两个以上对手（局中人）的竞争系统。局中人的行动方案称策略，每种策略有得失。局中人是有理智的行动者，为在竞争中获得最大收益，有能力权衡得失，选择最优策略。博弈论把策略的得失表示为定量形式进行研究，为最优策略选择一种算法。这种理论可以应用于描述坦克对坦克、飞机对飞机、舰艇对舰艇等简单格斗局势的成败评估，也可以应用于战争危机的对策分析。

（2）基于统计试验的建模方法

基于统计学的建模方法主要是利用概率论、数理统计理论等对不确定性问题进行建模的方法。其中，典型代表是起始于20世纪40年代的蒙特卡洛方法，该方法用法国和意大利交界处摩纳哥公国的著名赌城蒙特卡洛来命名，又称统计试验法，它的理论基础是概率论中的大数定律。在解决某些复杂的军事运筹学、作战模拟问题时，统计试验是一种基本有效的方法。研究经验表明，过程中随机因素愈多，就愈适合采用蒙特卡洛方法。1950年，美国工程师约翰逊提出了使用蒙特卡洛法来描述作战过程。

蒙特卡洛方法的基本思想是：针对要求解的数学、物理、工程技术以及生产管理等方面的问题，首先建立一个该问题随机过程的概率模型，确定问题解的指标；然后通过对模型或过程的观察或抽样试验，来计算解的指标的统计特征，给出解的近似值和它的精度。应用蒙特卡洛方法进行模拟的基本步骤是：构造概率模型，即确定要研究问题的各种概率特性，如该问题中的随机变量，随机函数等随机概率特征，并用数学语言描述这些特征，建立相应的概率模型；实现给定分布的抽样，即采用随机抽样方法产生具有给定概率特征的随机现实，也就是随机变量和随机过程的样本，并根据概率模型模拟随机事件的现实；运行模型，即根据上面所获得的随机现实，按所建立的概率模型进行多次重复运算，重复次数可依据经验或模拟结果设定，以既保证精度又满足时间要求为最好；统计处理数据并给出模拟结果，即对所得到的数据进行统计处理，给出模拟结果并估计所得结果的精确度。

使用蒙特卡洛方法的作战模拟模型又称随机型作战模拟模型。在随机型作战模拟中，使用蒙特卡洛方法模拟各种随机现象，研究随机现象的分布规律，以简易的方法产生符合这些分布规律的随机变量的抽样系列，从而得到关于所模拟战斗的各种定量数据。蒙特卡洛方法在推广使用时面临一些障碍问题：一个是基本状态变量的巨大维数，因为构造一个事件驱动的微观蒙特卡洛仿真是十分耗时和昂贵的，且不适用于分析、设计和评价各种分布式结构的指挥与控制系统；另一个是它无法描述信息的处理与认知过程。因此，蒙特卡洛方法在描述指挥与控制系统中的信息活动时，只能采用枚举法列出所有信息活动及其发生概率，但这也是非常困难的事情。

（3）半理论半经验的建模方法

由于作战过程非常复杂，因此必须采用半经验半理论的技术途径，才有可能建立出可行的作战模型。半理论半经验的建模方法既有科学根据又有经验成分，典型代表是1914年英国工程师兰彻斯特（F. W. Lanchester）首先创立的兰彻斯特方程。

兰彻斯特在对从古代战争到近代战争进行全面研究和宏观分析基础上，应用半经验半理论方法，在一些简化假设的前提下，建立了一组描述作战双方战斗力量消长变化关系的微分方程，即经典兰彻斯特方程，并由此分析得出了兵力运用的一些原则，形成了兰彻斯特战斗理论，已成为现代作战模拟发展的基本源泉之一。

在连续系统的数学模型方面，一般采用半经验、半理论的兰彻斯特方程来描述战斗过程。兰彻斯特方程描述的是两类既相互斗争又相互依存的事物之间的关系，即以系统解析模型为基础，用数学方程式来表示模型参数、初始条件和其他输入信息以及模拟时间与结果之间的一切相互关系。随着信息化条件下多维立体战争的出现，现代战争所包含的各种复杂因素已远远超过建立兰彻斯特方程所假设的简化条件，尤其是随着指挥与控制系统的发展，使得兰彻斯特方程在描述现代战争时受到了很大局限，也难以适合研究指挥与控制系统。目前，在考虑各种实际战斗条件下，仍然有很多模型还在利用兰彻斯特方程的基本结构，从不同角度对兰彻斯特方程进行了改进和扩展，构成了形式多样、适于不同条件的兰彻斯特方程。使用兰彻斯特方程描述指挥与控制系统的一般思路是：通过改变点目标毁伤和面目标毁伤的比例大小，来定性反映指挥与控制系统对作战的影响，但它无法反映系统内部因素对战场中的作用，也无法反映指挥与控制系统在作战过程中的动态变化过程。另外，有些对兰彻斯特方程的扩展工作是基于现代非线性数学方法，如采用突变论来改进兰彻斯特方程，但它们难以与实际的作战环境相符和反映作战的动态过程。可见，要在这类描述作战损耗的方程中加入与信息的获取和损耗等有关内容是很困难的，其最终结论、结果也是不完善的。

面对兰彻斯特方程模型描述指挥与控制系统的局限性，美国麻省理工学院（MIT）的 Jalncs R. Burns 提出的一种针对系统动力学的规范化建模方法，即影响图建模方法。采用影响图建模方法，可以建立指挥与控制系统在作战环境下的微分方程模型，这种方法面向问题，比较适合于复杂战争环境的建模。

（4）基于经验的建模方法

由于作战的复杂性，许多过程或规律很难用解析方法描述。基于经验的建模方法的典型代表是美国军事历史学家杜派（T. N. Dupuy）上校提出的指数法，它是将与作战有关的因素量化为可以相对同一个量进行对比的数字。杜派认为，可以通过对历史战例的分析，得出作战过程的规律，从而达到研究作战、预测分析作战的目的。

指数法的特点是：所建立的模型一般结构简单、简便易行；能反映军事人员的作战经验，易被接受和掌握；模型数据量适中，计算分析快捷方便；指数比较概括粗糙，难以反映细节等。指数法适于对多兵种合成作战单位的高度聚合描述及大规模作战的模拟。

杜派的定量判断模型（QJM）是一种经验模型，通过对大量历史战例数据的分析、拟合来建立武器效能指数模型、部队战斗力指数模型及作战结局评估模型。这些模型的计算结果能较好地接近历史战例数据。

在经验模型中，需要考虑的关键问题是模型的逻辑性和输入数据的选择，只要把握好这两点，输出结果就是自然而然的事情了。一旦认为一个经验模型已经基本完善，就可以对其做出评估，即是否能很好地帮助组织思考、是否能改进行动计划以及是否能够增进一项决策的实施效果。

2）系统试验床

一般来说，系统试验床可以认为是支持快速制作原型的工具与支持原型运行、演示、测试的硬软件平台的集合，是开发指挥与控制系统的手段和物质基础。由于指挥与控制系统中的某些部分过于复杂，难以建立合适的数学模型，而这些部分却能够用实物替代。也就是说，指挥与控制系统试验床的物理表现形式为实装、仿真器和计算机仿真模型。所以，这种方法也称为半实物仿真。

3) Petri 网方法

从指挥与控制系统特征上来看，信息活动是离散的，由事件驱动的，因此指挥与控制系统中的信息活动构成了一个离散事件系统。从理论上来说，离散事件系统的建模方法一般可适用于指挥与控制系统功能的建模。但指挥与控制系统功能除了离散事件的特性之外，还具有分布、并发、同步等特性，要完成指挥与控制系统功能的建模，要求所采用的离散事件系统建模方法必须能恰当地描述这些功能特性。离散事件系统的描述方法很多，Petri 网是具有强大生命力的一种方法之一。自 1962 年 C. A. Petri 创立 Petri 网以来，Petri 网在指挥与控制系统功能建模研究中越来越受到重视。Petri 网是描述和分析离散事件动态系统的一种建模工具，不仅能够自然地描述同步、并发、资源争用等特性，而且本身自含执行控制机制，非常适于指挥与控制系统描述的需要。由于 Petri 网本身也有一些不足之处，如描述元素过于简单，只能描述一些简单事件，对复杂系统的描述会导致模型过于庞大等。因此，在基本 Petri 网的基础上进行了各种各样的扩充，提出了许多种扩充的 Petri 网，可以归为谓词/转移网和有色 Petri 网两大类，这两类 Petri 网都可以实现指挥与控制系统功能的建模与仿真。另外，美国 George Mason 大学 C^3I 中心的研究人员，将面向对象技术和 Petri 网方法引入指挥与控制系统建模中，使基于离散事件的建模方法可以很好地支持自底向上和自顶向下的建模，但语义信息和语用信息的描述是关键问题。

4) 基于 Agent 的建模方法

联合作战指挥与控制系统是由诸多要素共同组成的复杂适应系统（CAS），其建模与仿真的目的是要能够正确地描述出系统的整体行为，从而能够对系统的整体能力和整体效能进行研究和评估。为此，先必须对组成系统的各个实体及实体的局部行为进行建模，然后通过对实体间的交互建模实现对系统整体建模，并得到系统整体"涌现"行为。这就要求在建模方法上能够满足从局部出发，通过大量的交互，最后能够反映出整体的特征。复杂适应系统（CAS）理论把复杂系统的主要特性描述为涌现行为，而信息化条件下的联合作战整体效能正是通过"涌现"形成的，以 CAS 理论为依据的建模方法，可以为联合作战体系及指挥与控制系统的建模提供一条可行的解决方案。基于 Agent 的建模方法就是这样一种方法。

基于 Agent 的建模与仿真是利用 Agent 思想，对复杂系统中各个仿真实体构建模型，通过对 Agent 及其相互之间（包括与环境）的行为进行描述和刻画，以获得复杂系统的宏观行为。对于一个目标系统，在 CAS 理论框架下，建立基于 Agent 的模型的思路和具体步骤是：第 1 步是明确研究目的，即在分析、调查的基础上明确要解决的问题及实现的目标，根据研究目的确定系统的构成、边界、环境和约束等内容；第 2 步是确定 Agent 的种类以及 Agent 的颗粒度，即确定模型由哪些个体组成，具有几类 Agent；第 3 步是确定模型的信息流，由于个体与环境（其他个体对于自身而言也是环境）之间的主动的、反复的交互作用就是在进行信息交流，因此基于 Agent 建模的信息流向是一个关键的环节；第 4 步是确定模型每一类个体的目标和行为，旨在描述个体行为之前必须明确个体演化目标，而个体行为则是模型的核心，只有将微观个体的行为描述清楚了，才可能涌现出合理的宏观结果，基于 Agent 建模的难点就在于对个体行为的描述；第 5 步是确定仿真平台实现模型，选择一个较为合适的仿真平台编程实现模型，通过对建立的原型模型不断修改和完善，最终得到一个完善的模型。

基于 Agent 的建模与仿真的主要特点是：具有系统描述的自然性，即在一定层次下对目标应用系统进行自然分类，然后建立一一对应的 Agent 模型；采用自底向上的方式，在建模过程中强调对复杂系统中个体行为的刻画和对个体间通信、合作和交流的描述，试图通过对微观（底层）行为的刻画来获得系统宏观（上层）行为；适合于分布计算，将 Agent 分布到多个节点上，支持复杂系统的分布或并行仿真，但必须考虑通信开销；具有模型重用性，基于 Agent 思想建立的复杂系统各仿真实体模型，由于其封装性和独立性较强，可以使一些成熟、典型的 Agent 模型得到广泛的应用，以提高建立目标应用系统的效率；支持对主动行为的仿真，Agent 是描述个体主动性的有效方法，Agent 可以接收其他 Agent 和外界环境的信息，且按照自身规则和约束对信息进行处理，然后修改自己的规则和内部状态，并发送信息到其他 Agent 或环境中，Agent 的这种行为模式适合对主动行为的仿真；具有仿真的动态性和灵活性，即 Agent 实体在仿真过程中可以与用户进行实时交互，且具有增加和删除实体的能力；提供了既别于极端还原论又别于单纯统计思想的新方法，将系统宏观和微观行为有机地结合起来。

5）基于 DIS/HLA 的建模与仿真

早期的作战模拟系统，由于功能相对单一、数据存储量不高，且控制机制也不是非常复杂，加之当时的主流机型是小型机、大型机，因此主要采用集中式体系结构。随着网络技术以及微计算机的发展，集中式体系结构已无法满足联合作战指挥与控制仿真系统的需求，基于联合作战指挥与控制系统在物理上和逻辑上的分布特性，必须采用分布式仿真系统体系结构，建立包含系统开发、运行支撑、演示、控制管理和分析评估等功能的通用仿真环境，开发各类联合作战指挥与控制仿真系统。

美国国防部一直在分布式交互仿真体系结构研究和应用中处于领先地位，已历经 SIMNFT、分布式交互仿真（DIS）、聚合层仿真协议（ALSP）、高层体系结构（HLA）的演进，并已进入基于网格仿真和面向服务仿真相关体系框架研究应用的阶段。其中，DIS 是一种实现联网仿真的技术体系，采用一致的结构、标准和算法，通过网络将分散在不同地理位置、不同类型的仿真应用和真实世界互连、互操作，建立了一种具有人机交互、时空一致性、互操作性和可伸缩性的综合环境，适用于实时仿真。ALSP 是允许将各层的仿真和军事演习进行集成的一组仿真接口协议和基础设施支撑软件，适用于聚合级仿真，能大规模地支持分布式仿真和不同范畴的军事演习。大量应用实践表明，DIS 标准和 ALSP 协议无法将各类模拟系统在更大范围内集成到一个综合环境中，尤其是在解决建模与仿真（M&S）中的互操作性和可重用性问题时，DIS 显得力不从心。为此，美国国防部在其建模与仿真（M&S）的目标中，提出了高层体系结构（HLA），力图解决 DIS 和 ALSP 未能解决的多类模拟系统在综合仿真环境下的互操作和可重用性问题。HLA 从全局观点出发，全面规划出基于网络的开放的分布式仿真体系结构，其基本思想是采用面向对象的方法来设计、开发和实现仿真系统的对象模型，以获得仿真联邦的高层次的互操作和重用，适用于不同类型仿真系统的集成，已成为现阶段仿真系统中应用最为广泛的体系结构技术。

7.4.3 基于 Agent 的指挥与控制决策建模

在指挥与控制仿真中，最早明确提出和采用 Agent 技术的是英国国防研究局，在 C^3I 及战场建模研究中，采用面向对象、多 Agents 及基于知识的系统技术，开发了 GeKnoFlexE 的模型。美军在 Stow97 的指挥部队（CFOR）开发研究中明确提出基于 Agent 来构建指挥实体，WarSim2000 仿真系统也是一个基于 Agent 的结构。

1. 指挥决策模型的功能属性

作战指挥决策的一般过程是：任务分析，指明确上级意图、本级任务、友邻的任务及完成任务的时间；判断情况，指判断敌我双方情况，进行地形分析以及作战地区的天气等环境情况；计划生成，指综合指挥所所有参谋员意见，形成初步决心（战斗发起时间、战法、兵力部署、任务区分及协同事项等）；发送计划，即将计划上传下达；计划融合，指根据上级的批复以及下级的计划，形成最终战斗命令；计划执行，指想方设法完成计划，同时严密监视执行情况和效果；重新决策，指根据战场反馈信息进行重新决策。因此，一个有效的指挥决策模型应当具有以下几个功能属性：

（1）具有重新决策的能力。在与未料到的敌方进行交战后，CA（指挥所的 Agent）要能重新分析战场态势，以确信它仍有能力来完成当初的计划，并做适当的调整。

（2）对未知环境的反应能力。所建立的指挥实体必须要有较强的反应能力，能自主地处理战场上的变化情况。

（3）构建的系统具有伸缩性。它不仅应当能适应大小规模的作战仿真，还应考虑支持战役/战术级的计划决策。

（4）支持多 Agent 的协调。现代战争是信息化条件下的联合作战，良好、准确、及时的协调是取得作战胜利的重要条件，因此，所构建的指挥实体结构要能保证各 Agent 间具有良好的协调功能。

（5）重用性。一般的指挥 Agent 都是为了专门的目的而被开发，很少考虑其重用性。

2. 基于 Agent 指挥与控制网络集成概念模型

信息化条件下，为适应联合作战对指挥与控制体制"扁平化"和指挥与控制信息共享的要求，指挥与控制网络将是纵向"短"，横向"宽"的具有一定组织层次、连通各级各类指挥控制节点的网状拓扑结构。因此，必须对指挥控制决策组织关系及职能使命进行分析，建立起相应的基于 Agent 指挥与控制网络集成概念模型。

图 7-5 给出了基于 Agent 指挥与控制网络集成概念模型，这是一个网状分层递阶的职能群 Agent 结构，每个职能 Agent 都具有各自的指挥控制职能，描述了指挥与控制网络中一个相应的指挥控制节点。在整个模型中，上一层是其下属层的协调智能体，对其下属层的指挥控制行为进行协调，并提供指挥信息和命令。或者说，上层是指挥控制协调层，下层是指挥控制执行层。当然，上层的指挥控制决策又离不开下层给其提供的信息，下层智能体对其职能范围内做出的局部态势预测、情况判断，为上层的全局决策提供支持。这样，通过各智能体的相互协作，共同完成联合作战的指挥控制职能。因此，根据 Agent 的特性，可以方便地利用 Agent 技术构建指挥与控制决策模型。

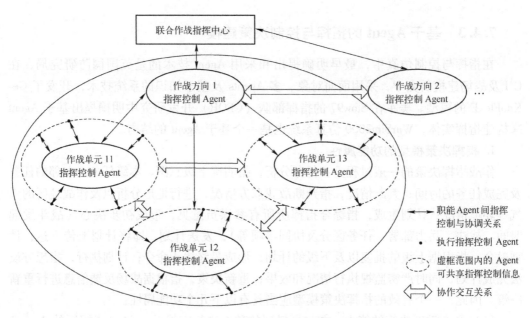

图 7-5 基于 Agent 指挥与控制网络集成概念模型

3. 指挥决策 Agent 模型

在指挥与控制网络综合集成概念模型中，每个职能 Agent，无论处在指挥控制的哪个层次，都具有指挥决策职能。如果职能 Agent 所处的指挥控制层次越高，则指挥决策的艺术成分越高；相反，如果职能 Agent 所处的指挥控制层次越低，则指挥决策的反应式、程序式成分越高，该职能 Agent 所代表的指挥控制行为便于用一连串连续的指令或函数来描述，可直接控制火力打击行动。因此，对指挥决策的基于 Agent 的仿真建模，可以考虑采用慎思型和反应型结合的混合 Agent 结构。其中，慎思结构的 Agent 内部通过符号表示环境模型，并进行推理和决策，这种结构适合于仿真深思熟虑的智能决策行为；反应型结构不需要进行复杂的推理过程，只需对当前的感知和行为规则进行简单的映射，因而执行效率很高，这种结构适合仿真战场指挥控制实体紧急情况下的快速决策行为。由于联合作战中指挥控制节点的指挥决策行为既包括深思熟虑行为，也具有紧急情况下的反应式的行为，所以指挥决策 Agent 适合采用混合结构。

一种指挥决策 Agent 模型结构如图 7-6 所示。图中，各个虚线框本身也是一个 Agent 结构，所以整个指挥 Agent 也就是一个多 Agent 的聚合结构。

1) 指挥决策 Agent 模型工作过程

感知模块主要是感知外部环境的变化，并将结果传给信息处理模块。

通信模块主要是负责 CA 与外部其他 Agent 的信息交互，如信息感知 Agent 的交互、指挥控制 Agent 的交互、火力打击 Agent 的交互等。

信息处理模块接收来自感知模块及通信模块传来的信息，包括语音指挥信号等其他战场信息，然后将其进行分类处理，可采用模糊逻辑方法将这些信号进行模糊化处理，经模糊推理决策，最后进行去模糊化处理得到分类信息的属性。若是一般信息，则将信息送到态势评估模块；若是特殊信息如战场情况发生剧变，有有利战机可乘，需要立即采取行动，则将信息送到应急反应模块。

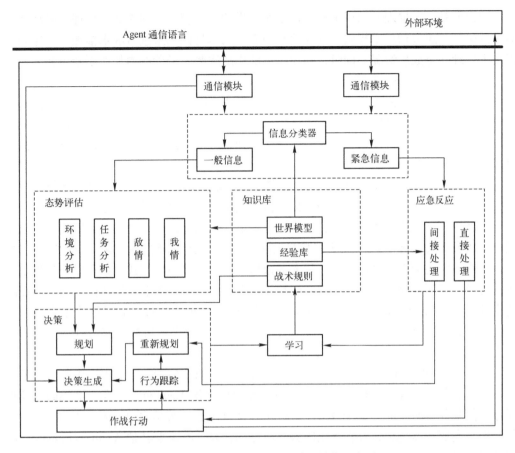

图 7-6　一种指挥决策 Agent 模型结构示意图

态势评估模块接收从信息处理模块传来的信息，并结合知识库中的世界模型，主要是外部其他 Agent 及地理风情等情况，如对方的作战特点、作战地区的地理特点等，然后根据这些战场信息进行环境分析、任务分析、敌我情况判断等，并将结果送入决策模块。

决策模块是指挥 Agent 的核心，根据态势评估结果并结合知识库中的战术规则进行作战规划，生成作战决策，并产生作战行动。在作战过程中，要时常保持对作战行动的跟踪，看是否决策有效，如果情况发生变化，则立即进行重新决策。另外，决策模块还接收由应急模块传来的信息，如下级指挥员的决策计划等，则决策模块会融合这些信息重新决策。每次决策情况又可传入学习模块，以更新知识库。

应急反应模块有两种情况：一种是必须立即采取行动，如上级用语音指挥传来的紧急支援或加速前进等，这种情况基本上不作推理，即使推理也是采取知识库中的简单经验知识；另一种情况指虽然是紧急情况，但还不至于要立即采取作战行动，只是修改原有作战决策，如上级派来配属支援部队，或是下级接收到作战任务后的上报计划，则应融合这些情况而重新进行部署、决策。对于反应模块，还应用神经网络进行大量的自适应学习，使它能作更加合理的反应。当然，更多的情况是两种情形并行处理，一方面停止行动，另一方面重新规划。

知识库是进行推理的知识来源，包括对世界的认识模型，即作战的地理气候环境和对手情况等，还包括战术规则库和经验知识库，战术规则用来进行战术推理，而经验知识用于处理紧急战场情况。同时，知识库还随作战次数、经验的增加而不断更新。

2）指挥决策 Agent 的通信

（1）指挥决策 Agent 的内部通信。指挥决策 Agent 是由多个 Agent 构成的聚合结构，它的内部通信可采取直接通信和黑板通信两种形式。知识库与其他模块的通信采用黑板通信，其他的都采用直接通信方式。知识库的知识存放于黑板上，其他模块可根据需要直接读取黑板上的知识。

（2）指挥决策 Agent 的对外通信。指挥决策 Agent 的对外通信方式取决于作战规模的大小。如果作战规模小，则采用黑板通信和直接通信混合方式。如作战中当上级指挥员给下级指挥员下达作战任务时，需要介绍敌情、上级意图、本级任务、所属部分队编成、配属及作战任务等，可把所有信息写入黑板中，让下级指挥决策 Agent 使用。另外，在作战中还少不了直接通信，且大多数情况下是直接通信方式。如在作战过程中遇特殊情况，指挥员要对下级的下级实施越级指挥，这时就要采取直接通信，而下级在战场中发现新情况或通知同类 Agent 或向上级 Agent 请求火力支援，此时则采用直接通信方式。因此，综合以上情况，指挥决策 Agent 的对外通信采用黑板通信与直接通信结合的方式。

对于基于 DIS/HLA 的大规模作战仿真，由于通信任务频繁，网络负载大，则可建立一个通信服务器（其实也是一个 Agent），专门负责各 Agent 间的通信。各 Agent 都得保存通信服务器的地址，每个 Agent 在启动时将自己的有关信息（名称、地址、能力、状态等）向服务器登记，并在退出时删除自己的信息。在需要其他 Agent 的信息时，向服务器询问。

（3）通信语言。Agent 间的通信语言使用较多的有 KQML 和美军的 CCSIL，还可采用中国科学院计算机研究所基于 KQML 开发的 SACL 语言。

7.5 联合作战建模与仿真系统示例

7.5.1 一种典型的指挥与控制仿真系统

指挥与控制仿真是 C^4ISR 系统仿真的核心所在，因此将指挥与控制系统仿真与作战仿真环境相结合，可以构建一种功能和结构较完善的指挥与控制仿真系统。

1. 系统构成

一种典型的指挥与控制仿真系统由红方、蓝方和白方三大部分构成，主要包括仿真控制管理分系统、红蓝双方仿真实体、指挥与控制系统的仿真、模型资源分系统等，如图 7-7 所示。基于不同的仿真目的，可以根据需要适当地调整系统的规模、实体类型和数量等。

该仿真系统为开展红、蓝双方作战对抗仿真提供了一个物理平台。在特定的想定背景条件下，采用虚拟或真实的兵力，通过对指挥与控制系统的建模与仿真，能实现作战仿真的全过程。

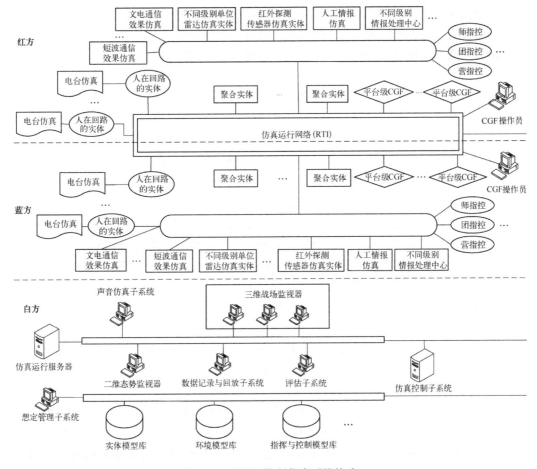

图 7-7　指挥与控制仿真系统构成

1）仿真控制管理分系统

仿真控制管理分系统是该仿真系统的控制中心，在宏观和全局上对作战态势进行设计、引导和控制，在微观和局部上对各作战行动实施调节和梳理，包括仿真控制子系统、二维态势监视器、三维战场监视器、声音仿真子系统、数据记录及回放子系统、评估子系统以及仿真运行服务器（如 RTI 服务器用于基于 HLA/RTI 的仿真系统）等。

仿真控制子系统的功能包括实体初始化、想定数据加载、仿真进程控制、实体的冻结与解冻等。

二维态势监视器用于导演部，通过电子地图表示作战地域，用军标表示作战实体。军标的运动表示相应实体的机动，如果实体在作战过程中被击毁或灭亡，则用军标加上特定的标记表表示该实体的毁伤状况。导演部通过观察军标就可以判断战场情况的变化并做出相应的调整。仿真结束后，对于人在仿真环内的作战仿真系统，回放记录数据时，可用二维态势监视器回放作战演练过程。参演员可以通过二维态势监视器，观看在作战过程中的机动协同、火力运用情况，找出不足，以便提高训练效果。

三维战场监视器通过虚拟现实和视景仿真技术，采用投影显控系统，表现高逼真度的战场环境。三维战场监视器观察战场的位置（视点）可以随意选择，如将视点位置放在整个战场的上空,俯视战场情况,也可以将视点移至某一战场实体上观察情况。通过视点的灵活设置,可以观察每个战位在作战过程中的细节情况。

声音仿真子系统可以由硬件电路实现,也可以通过软件实现,主要用于在战场仿真环境中再现各种仿真对象的空间声音,通过对它们的仿真,营造良好的战场声音效果。声音仿真分系统通过逼真的声音模拟,配合特殊的画面,可以增强人员的沉浸感,提高视景仿真的逼真度,还可以播放作战仿真过程中点对点的语音通信。在战场的不同位置,声音效果是不一样的,播放的声音应具有三维立体声的效果。

数据记录及回放子系统是指挥与控制仿真系统的重要子系统,利用记录的仿真数据,可以开展装备效能评估、军事需求论证以及战术、战法、战损、装备保障等研究。数据回放可以使参演员在训练之后观看作战过程,加深对演练过程的再认识,使后续训练取得更好的效果。数据记录过程中,不但要记录实体的机动、火力及交互等情况信息,还要记录作战仿真过程中双方指挥控制和通信活动情况以及情报侦察等信息。在作战演练及回放过程中,指挥控制指令、通信内容都可以通过单独的窗口以文字方式显示,语音通信中的语音也被实时地记录和保存下来。

评估子系统用于分析作战演练过程的数据,评判演练效果。它不是简单地评判作战结果的输赢,而是通过分析演练双方在作战过程中的弹药消耗率、命中率、机动协同能力、指挥协同能力等,判断作战结果,同时可能针对某一特定装备评判其作战效能。根据不同应用目的,评估子系统具有不同的内容。

2)仿真实体

指挥与控制仿真系统中的红蓝双方均包括平台级 CGF、聚合级 CGF、人在回路的实体、半实物仿真、CGF 操作员等实体。按照实体表现形式,分为人在回路的实体(真实的参演员)、计算机生成兵力实体;按照实体聚合程度,分为平台级实体、聚合级实体;按照实体属性,分为红方实体、蓝方实体;按照指挥层次,分为指挥实体、操作员实体等。

在指挥与控制仿真系统中,明确实体之间的交互关系既是对系统的一种应用说明,也是系统结构设计、功能设计的前提条件。

指挥与控制仿真系统和作战仿真环境的交互是指二者之间的数据交换。指挥与控制仿真系统从作战仿真环境中接收的数据包括实体(平台级和聚合级)空间位置(包括三个坐标方向上的位置以及俯仰、侧倾和旋转角度)、实体战损状况(包括武器弹药消耗量、实体可能被毁伤的程度)。这些数据是指挥与控制仿真系统用于做出指挥决策的主要依据。指挥与控制仿真系统发送给作战仿真环境的数据包括机动方向、机动速度、集火射击、分火射击等。

指挥与控制仿真系统中实体之间的交互,既有红、蓝双方的对抗所带来的交互,也有各方内部实体之间协同作战的交互(作战实体在指挥与控制系统的支持下,完成内部不同级别实体间的指挥控制)。从指挥与控制角度来说,指挥与控制仿真系统中实体之间存在的首要关系是级别层次关系和隶属关系,级别关系和隶属关系是指挥控制的前提。在指挥与控制仿真系统中,为了进行训练和战术研究,一般将人在环、实装在环的仿真实体单独组成一个基本作战单位,尽量避免因交互的复杂性导致难以实现指挥与控制仿真。

人在环实体之间发生的指挥行为可以通过语音指挥网实现，语音指挥网由仿真电台或真实电台直接地物理连接起来实现。多个 CGF 实体组成一个基本作战单位。一个 CGF 实体作为该作战单位的指挥实体，负责接收上一级指挥实体或指挥 Agent 发送过来的指挥控制指令。人在环实体或指挥 Agent 与 CGF 实体之间指挥的交互通过发送指令字段来完成，CGF 实体将接收到的指令字段和数据库中的字段进行比较，在与某一字段字符相一致的情况下，CGF 实体执行该字段相对应的动作。作战仿真环境中，一种实体之间的指挥交互关系如图 7-8 所示，图中箭头方向为高一级指挥实体（Agent）指向低一级作战实体。

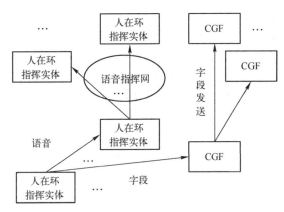

图 7-8　实体之间指挥交互关系示意图

指挥与控制仿真系统的指挥控制关系涉及参加作战的所有实体，必须充分体现指挥与控制系统在作战过程中的作用和重要性。

3）指挥与控制系统的仿真

指挥与控制系统的仿真包括通信设备仿真模型或仿真器、各类情报侦察获取设备、不同级别的情报侦察处理仿真（信息融合）以及指挥与控制决策仿真设备等。

4）模型资源分系统

模型资源分系统包括实体模型、指挥与控制模型、环境模型、作战想定等数据库。其中，实体模型包括红、蓝双方兵力实体模型，各种类型的装备仿真模型；指挥与控制模型包括与指挥与控制系统相关的装备模型等；环境模型包括自然环境模型，如地形、大气、海洋、电磁等，还包括人文环境模型，如房屋、树木、湖泊等。

2. 系统表现形式

根据系统不同的应用目的，指挥与控制系统的部分功能可能采用真实系统代替，由此出现了指挥与控制仿真系统的不同表现形式。按照指挥与控制仿真系统和作战仿真环境的不同结合方式，可以分为以下三种类型：

1）真实指挥与控制系统和虚拟作战仿真环境构成分布式交互仿真系统

作战仿真环境中的态势信息输入指挥与控制系统后，指挥与控制系统实时地显示态势变化。在指挥与控制系统的态势显示和辅助决策分系统的支持下，指挥员做出决策，并将指挥控制指令发送到作战仿真环境。在作战仿真环境中，演练员根据所接收到的指挥控制指令执行相应的战斗行动，这种仿真运行模式适用于不同地域、不同军兵种之间的大规模联合作战演习。美军的全球联合军事演习多采用这种方式进行检验、测试和评估其指挥与控制系统，并训练指挥员和作战人员。该方法能够达到很好的训练效果，但仿真演习需要动用大规模的指挥与控制系统和庞大的人力和物力，费用巨大。

真实指挥与控制系统和作战仿真环境的交互，必须解决的一个关键问题是两者之间体系结构的不统一问题。如在美军的作战仿真系统中，指挥与控制系统或 C^4ISR 系统开发规范是美国国防部所属的 C^4ISR 开发团队制定的 DⅡ COE 体系结构框架，而仿真环境所使用的 HLA 规范是国防部建模与仿真（M&S）办公室所制定的，两者必然存在体系结构上的不统一。在多种作战仿真环境和多类指挥与控制系统互联的情况下，采取一定的措施便于两者的集成是必要的。

由于系统既可以采用人在环的指挥实体，也可以使用指挥决策仿真实体，实体交互的多态性加大了交互信息的复杂程度。指挥与控制仿真系统和 M&S 的接口是该系统需要解决的重点问题之一。因此，美国军方还成立了仿真与 C^4ISR 协作组，推动实现 M&S 和 C^4ISR 系统之间的无缝结合，综合 M&S 和 C^4ISR 的标准和体系结构，确认 M&S 和 C^4ISR 的需求以支持协作性，如图 7-9 所示。

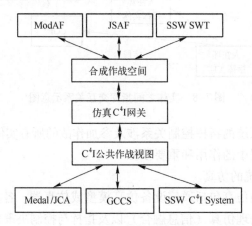

图 7-9　M&S 和 C^4ISR 之间的接口

美国的许多仿真专家还提出了多种作战系统建模与仿真和指挥与控制系统之间的接口解决方案，其中的一种形式如图 7-10 所示。其中，指挥与控制系统和建模与仿真系统分别是独立的两个系统，通过网络的连接和交互协议进行交互。

2）构造性指挥与控制仿真系统与构造性作战仿真环境相互作用

在整个仿真系统中，系统仿真运行是无人参与的，系统的决策和指挥控制指令由指挥 Agent 或指挥决策仿真实体完成。战场仿真传感器将战场态势信息发送给指挥与控制 Agent 或指挥决策仿真实体，该 Agent 或指挥决策仿真实体获取战场信息后，通过自身的决策机制做出对战场态势的判断，然后向相关的其他指挥与控制仿真实体或 CGF 实体发出相应的作战指令。在这类指挥与控制仿真系统中，强调的是指挥与控制系统中指挥与控制机制的研究，对于指挥与控制系统的某些功能仿真给予了适当简化或省略而不会对仿真结果带来较大影响。

3）虚拟的指挥与控制仿真系统和虚拟的作战仿真环境相连接

在指挥与控制仿真系统和作战仿真环境中都可以有人的直接参与，这种类型的仿真

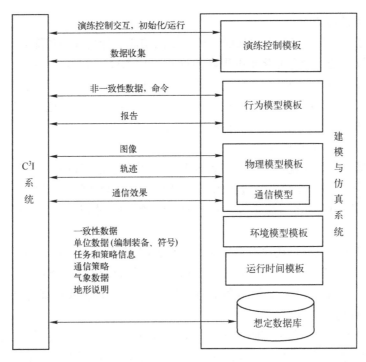

图 7-10　指挥与控制系统和建模仿真系统之间的交互

系统较为复杂，包括 CGF、人在环实体、各种类型的仿真器和相应的仿真实体模型，如可以通过高层体系结构（HLA/RTI）将作战过程的情报侦察、指挥控制、通信等有机地结合，实现不同实体之间的交互。这种类型的指挥与控制仿真系统具有较强的灵活性，能够构建不同规模、基于不同仿真目的的仿真系统。由于该类型仿真系统实体的多样性，使得它的应用具有较强的灵活性。在较小规模的人在环、装备在环的指挥与控制仿真系统中，这种类型的仿真是很合适的。

7.5.2　JWARS 联合作战仿真系统

美军的联合作战仿真系统 JWARS（Joint Warfare System）、联合仿真系统 JSIMS（Joint Simulation System）和联合建模与仿真系统 JMASS（Joint Modeling and Simulation System），并称为美军三个重大"联合"系统，其目的是通过提供不同类型使命任务各执行阶段逼真的联合训练，来支持现役部队的训练/教育。其中，联合作战仿真系统 JWARS 由国防部长办公室主持签约开发，是用于联合军事行动的战役级分析仿真系统，能为美国国防部长办公室、联合参谋部、后勤部和美军作战司令部等用户提供联合作战仿真，包括作战计划与实施、兵力评估研究、系统采办分析、概念与条令开发。

1. JWARS 的能力与组成结构

为完成对 21 世纪军事行动的分析，要求 JWARS 提供联合作战的全面完整的描述。这种全面完整的描述，将使可视化进入作为美军作战概念整体一个组成部分的 C^4ISR 系统和过程、作战过程中后勤的影响（包括战略后勤与战区后勤）、战役层次的机动战等领域。

1) JWARS 的能力

JWARS 的主要功能包括平台功能、仿真推演功能、分析评估功能等。

（1）JWARS 是一个专业化水准很高的推演仿真系统，由 Smalltalk 计算机语言、高质量的计算机辅助软件工程（CASE）开发完成。它是一个事件驱动的仿真系统，描述了联合作战谱系上以前未曾达到的战役级军事力量行为与交互。这种高层次视图包括：三维战场空间的显式表示；地形和气象的效果；后勤对军事力量的制约；关键信息流的显式表示；基于感知的指挥控制。

（2）JWARS 的开发包括以前推演系统开发过程中未曾有过的用户的介入，包括团体用户、个人用户对于系统设计过程的参与和研究小组连续不断地对系统仿真的操作使用等活动。此外，JWARS 开发全程由正规的 V&V 签约人监督，编写的程序要通过正规的 β 版和作战测试。

（3）JWARS 开发项目还没有最后完成。在 JWARS 开发过程中，每一个前期版本在全生命周期内都将持续不断地进行修改完善，仿真系统仅仅是一个复杂、具有较高分辨率的数据工具，需要高度专业化的多学科分析小组和军事领域专家的充分合作，以描述、实施和解释仿真实验。

（4）JWARS 在支持美国国防部作战研究与计划制订过程中，能够为分析员提供一个分析研究的工作平台。这一工作成效（工具）的不足或局限性主要受到当前军事建模与仿真技术知识的限制。在 JWARS 研制开发过程中，所取得的建模方法与技术进展将对如《美军 2010/2020 联合作战构想》这样的作战原则、文件及相关概念验证，发挥极其重要的作用。

2) JWARS 的组成结构

JWARS 包括人机交互（HCI）系统、管理控制系统（JACS）、仿真系统、环境服务器和数据模型等部分，其组成结构如图 7-11 所示。

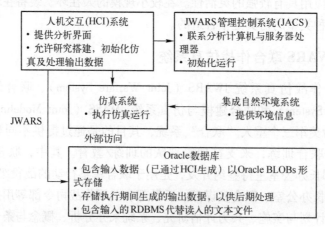

图 7-11　JWARS 组成结构示意图

（1）人机交互（HCI）系统。

HCI 系统提供进入仿真的用户接口。用户可选开发者环境、实体建模者环境、分析者环境三个环境中的任意一个。其中，开发者环境提供新对象的开发，并扩展到"Smalltalk 可视时代"环境，诸如自动代码生成，还包含一个图形用户界面，允许现场开发者在"作战空间实体"（BSE）增加一定限度的新动作；实体建模者环境允许用户通过连接平台、传感器、通信、后勤和 C^2 对象并为这些对象生成实例数据，从而在实现 Smalltalk 对象中建立 BSE，剧情开发也是实体建模者环境的一部分；分析者环境最为丰富，可以生成研究题目、管理研究题目，进行偏差仿真并分析其结果。HCI 系统发展成序列工作步骤，这些步骤根据 JWARS、ORD 作战要求文档、工作流程/视频流程及分析者的见解所产生的要求确定。

为了缓解与解耦 HCI 和仿真系统有关的问题，JWARS 通过发布—签署机制进行两个子系统之间的信息交换。被交换的数据必须明确定义，且任何数据交换都要对两个系统进行修改。发布—签署机制有不停地发布数据的发布系统，但只有当签署人系统出场时，数据才在系统之间传送。即便 HCI 系统不在场，为 HCI 构建一个发表"包"的计算时间也是相当可观的。因此，JWARS 设计时要求在构建这些签署"包"之前，检查签署人系统是否在场。同样，仿真向 HCI 发布的数据与该仿真也是不同步的。因此，在任何给定时间由 HCI 接收到的数据可以被认为落后于当前仿真状态。这就要求任何 HCI 与仿真的交互只能在仿真暂停时出现。为了减少这种延迟，仿真系统希望周期性观察是否有与其连接和同步的 HCI 系统，以保持 HCI 与仿真的相对时间同步。

（2）JWARS 管理控制系统。

JWRAS 管理控制系统（JACS）允许 JWARS 分析者启动多批仿真，分布在网络上运行，并能在这种分布式环境中监控各仿真的运行情况。每一仿真运行必须与运行单个剧情的单个用户相联系。JACS 系统允许多个用户同时在相同硬件上运行多个仿真，允许用户将 HCI 系统连接到任何正在运行的仿真上并监控其结果。每台指定用于 JWRAS 仿真的计算机都有"迷你"JACS，它带有规定该计算机性能的参数。一个中央 JACS 与各"迷你"JACS 系统通信，并与所有 HCI 系统保持连接。当用户提交仿真时，它立即调度仿真运行，这种仿真通常将基于可用的计算机资源，从不同随机点可大量重放。用户也可调度仿真推迟运行。中央 JACS 通过"迷你"JACS 系统的报告对每一个正在运行中的仿真保持跟踪。

（3）仿真系统。

仿真系统是 JWARS 系统的核心。每当运行一次仿真重放时，JACS 就会启动仿真系统。JACS 传给仿真一个数据包，该数据包给出仿真所需的信息，以便从 Oracle 数据库中检索出合适的数据集。仿真从数据库中检索初始化数据，初始化并进行重放，收集输出并存储到数据库中。将它连接到 HCI 系统时，按照 HCI 的引导，产生日志信息和地图数据。

仿真系统划分为问题域和仿真域，系统功能中结合了问题域的作战空间实体（BSE），BSE 通常代表了真实环境系统的汇集，如编队、战斗群、战舰和司令部是 JWARS 的 BSE。BSE 由物理设备以及使用设备并做出决策的行为组成。仿真域提供 BSE 所需的服务，以便相互交互和与环境交互；还提供离散事件引擎以便运行仿真，具有数据收集机制以存储仿真结果。仿真域在所有实体中保持"真实"模型和它们的状态。BSE 保持作战空间的感知，这种感知通过传感器数据和与其他 BSE 通信而产生。允许 BSE 与环境之间交互的算法可以修改，不必重新运行 BSE。这一特点在提高仿真的运行时间性能上至关重要。传感器交互算法的逼真度已经被修正了多次，但不必改换

BSE 传感器。作战空间实体是可与其他对象交互或与环境交互的唯一对象类型。作战环境中只有一种对象类型可极大地简化问题域与仿真域之间的接口，BSE 的设计允许在所能表现的方面有最大的灵活性。

（4）环境服务器。

一个单独的环境服务器为所有"仿真"系统提供环境数据。一种压缩地形数据库（CTDB）格式的地形数据集是联合作战的"表演箱"所要求的，数据集的详细内容由用户定义。数据集越详细，服务器运行得越慢。服务器装载了基于真实环境数据的三维气象和一般环境条件，并与 CTDB 综合。

仿真系统从环境服务器中检索所需的数据。数据是通过环境服务器对 JWARS 仿真可用的，该数据是时变的，一般每 4~6 小时变化一次。环境服务器能提供原始数据或经处理过的数据。

（5）JWARS 数据模型。

JWARS 是一个数据驱动模型，一次运行就需要数百兆字节的输入数据，并写出数十万个输出记录。用户必须能够将产生输出数据集和轨迹变化的输入数据，与来自基线数据集输入数据联系起来，这需要使用配置管理方案。有若干理由从基于文件的配置管理系统选择数据库，主要是：JWARS 的源数据集存储在数据库系统内；数据库实际上是系统独立的，不像文件系统；数据库优化用于大量数据的存储和检索；数据库有数据脱机归档的内建机制。

用数据库方案，JWARS 系统数据输入/输出转换在内部进行，在存储数据之前，将对象转换为字节流。实际上，JWARS 用标准 RDBMS 作为一个对象存储。建立 JWARS 数据模型是一个迭代过程，因为性能是驱动因素，对 Smalltalk 和 Smalltalk Oracle 接口方式本身，JWARS 系统接口要求大量再设计。大多数数据库接口设计用于事务处理，在此，用户只与大量数据档案中的少量数据反复交互。仿真模型经常不需要大量的数据，而且实际上从不重复检索相同记录。许多正规的数据超高速缓存，将在存储覆盖区和执行速度两方面影响仿真性能。

当数据库存储或检索对象时，要保存的合成对象的大小及其复杂性都极大地影响性能。同样，HCI 系统通常希望数据比仿真执行所需的表达更简单些，其结果引发出单一输入数据对象。这种对象按作战功能区域分层组织，有 300 多个分别存储的部件，根据 GUI 要求来组织这些部件，读取一个部件的仿真可将数据转换成有全部作战功能的对象。

基于对象的数据模型，使开发者很容易再组织数据，包括增加和删除数据结构而不触动 Oracle 数据库表。当作 Oracle LONGRAW 类型存储的对象在 JWARS 系统外是不可编辑、不可视的。输出设备也按输入数据相同方式处理，并与全程可跟踪（输入到输出）的运行信息一起被标记。

2. JWARS 的开发域

JWARS 是一个集中于战役层次的"端到端"的军事行动的仿真推演系统，能够描述军队从港口装载到作战全频谱范围的军事行动，提供了一个观察战役从"港口到散兵坑"的全战役精细场景的视图，包括战略与战役后勤的潜在影响。

该系统被集成为一个完整的执行软件包，由完成战役研究与分析的三个软件域组成,这三个软件域分别是问题域、仿真域和平台域。JWARS 的软件域概况如图 7-12 所示,问题域提供用于分析目的、能够描述作战功能的软件;仿真域提供驱动仿真运行的"引擎",且提供三维的战场空间描述,从概念上这个战场空间就是战场空间实体(BSE)居留其中的"合成自然环境"(SNE);平台域提供 JWARS 硬件及帮助分析员或其他人员获得仿真输入/输出数据的人机交互界面(HCI)。

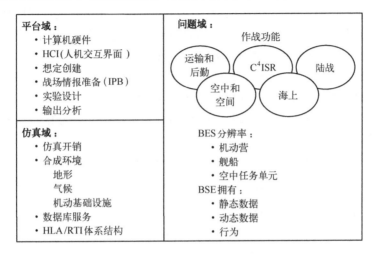

图 7-12 JWARS 的软件域

1) JWARS 问题域

在 JWARS 中,表示军事力量(兵力)与系统的基础构成模块称为战场空间实体(BSE),战场空间实体组成如图 7-13 所示。

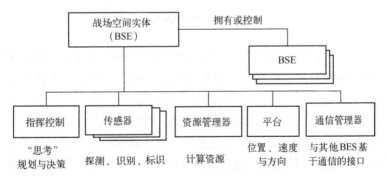

图 7-13 战场空间实体组成

BSE 的陆上演习分队的分辨率是营,空战是飞行编队,海上力量是舰(船),关键情报侦察监视(ISR)系统是单个平台(如 JSTARS 和 U2s)。此外,也有一些特殊的 BSE,如港口、机场、主要指挥部门(如师司令部)和化学营。BSE 数据表达了实体的静态与动态属性。静态数据表达了不随时间改变的值,如作战分队的法定编成力量、导弹系统的火力范围。动态数据(如部队战斗力、位置)能够随着时间的推移而改变。这些数据也指明了 BSE 彼此之间及其与环境之间的交互行为。所有的 BSE 实体都有指挥控制能力。指挥与控制的复杂性主要取决于相应 BSE 的特性。

一个JWARS想定包括所有参演部队的战场空间实体集，也包括仿真推演过程中战场空间实体的执行计划。JWARS 一个极其重要的贡献是仿真了部队战前的活动。JWARS想定设计时间从真正作战实施前很多天就已开始，包括部队从驻地到战区的转移行动过程的模拟。从作战上，战役的这部分被称为"企图立案"。以前的战役层次模拟对于这一训练课题常常以一组基于"离线分析"的假设形式出现，并把它作为战役模型作战模拟运行的起始条件。现在这种较为完备的综合集成的战区视图将会提供以前系统未曾有过的 C^4ISR、战略后勤与后备部队补给的作战价值及可视化效果。

在JWARS模拟过程中，各个BSE的交互（如感知、战斗损耗）由一组类型各异的算法来操作、裁定完成。这些算法由领域专家提供给JWARS或需要时由系统自身生成。算法的特性与分辨率主要取决于：所建模型的活动类型，与此算法相关的模型功能，居留于开发想定中数据的易采集性。图7-14概略描述了算法类型与它们相关联的交互之间的相互关系。

		很多实体 ⟵⟶ 实体较少		
内概率过程 Monte Carlo 评估 （随机数：随机的）	离散输出	ISR传感器 TBM防御 海雷裁决	空地打击 潜艇行动	空战载体 海军空空交战
非 Monte Carlo 评估 （非随机数：确定或概率的）	离散输出	间接火力打击	计划综合	情报融合
	小数输出	直接火力 地面战损	间接火力 地面战损	空地战损
内确定过程	离散输出	部署规划　机动	实体对实体	空战命令　行动方案分析

图7-14　JWARS算法

在 JWARS 中，所有 BSE 之间的交互作为仿真事件按计划调度。单个事件的重要性从图 7-14 左侧的不很重要至右侧非常重要来表示。确定性算法基本表达了地面作战分队装备的损耗。从个体上，这些单个事件对战役行动影响很小，它们的总量使用小数（片段）累计。但从累加性角度看，这些事件结合能对战役产生重要影响。对于这种情况的处理，也使用确定性算法，像集体任务规划并不将这些事件作为单个事件按小数形式的影响率处理。情报（多数据）融合问题使用 Bayes 技术建立概率模型处理。实体分辨粒度频谱右侧的事件对战役级决策有重要影响，它们成功与否也采用离散输出结果的随机算法评定。

JWARS 提供了两种不同的观点来分析 JWARS 的仿真结果。首先，评估各种算法的集成是一种评估仿真效果或"战场态势"的方法。这些算法虚拟地裁决模型中所有 BSE 之间的交互，也直接决定实体集合效能的测度。因此，通过评估类似的物理现象来比较判定不同算法的效率和有效性是十分理想的（如直接火力对 CAS）。其次，所有算法都依赖"反馈模型"的可信性，或依赖权威的数据源来支持它在 JWARS 仿真的行动。正在实施的用于支持 JWARS 的联合数据保障计划（JDS）已经确认了许多用于构建 JWARS 数据库的"反馈模型"。

JWARS 系统开发从设计开始都是以 C^4ISR 为中心来考虑。这就意味着：JWARS 所有 BSE 的指挥与控制都是基于"感知的事实"，而不一定是"真实的事实"或"客观的事实"、"实际发生的事实"。这比以前战役级仿真的指挥与控制基于"真实的事实"前进了一大步。所有 JWARS 系统仿真对象之间交互的信息流都使用空军战争学院开发研制的观察（Observer）、判断（Orient）、决策（Decide）、行动（Action）环模型，即 C^4ISR 的 OODA 环范式被虚拟与可视化，如图 7-15 所示。

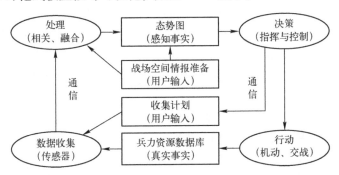

图 7-15 JWARS 逻辑结构

JWARS 逻辑结构中，表示了 JWARS 中实现 OODA 环构想的信息流程。这个流程从图 7-15 中环路底部中心开始，依序顺时针循环。JWARS 像所有仿真系统一样，都有一个战场"真实事实"的抽象，描述了所有仿真部队兵力、计划、可能的行为以及他们赖以生存环境的真实信息数据库。这是必要的，因为仿真系统的所有 BSE 必须用"提供"给它们被相信是对手兵力真实信息的数据进行初始化。这与实际作战战场情报准备（IPB）是类似的，包括初始情报收集计划。

在 OODA 环路左下角的椭圆框是数据收集框，或称 OODA 环的观察阶段。JWARS 系统的 BSE 使用传感器收集对方部队的情报信息。这种信息的质量是 BSE 传感器和被传感器探测到的信号的函数。以态势报告和裁决结果形式出现的信息也是仿真交战双方指挥控制所使用的信息源。这些观察结果（情报）被"打包"成报告，经由通信系统显式地发送给其他的 BSE，如联合特遣部队司令部。这些 BSE 的表达形式要求与以上指挥控制行动构想（OODA 环）一致。特别注意的是：JWARS 系统引入了所有显式消息的通信延迟，延迟量由一个 BSE 所接入的通信网络类型以及消息发送时网络负载背景因素来确定。

信息处理与感知事实节点被映射至 OODA 环中的判断概念。处理节点表达了指挥员战场感知所必需的活动。JWARS 使用一组模式匹配融合算法综合集成新报告和以前感知所掌握的相关信息，并考虑了处理、挖掘、传递所带来的信息延迟。感知事实节点类似于态势图，在 JWARS 中它被称为 JEF（JWARS 装备与兵力）。JWARS 的每方都有一个或多个 JEF，并可对公共态势图（COP）进行评估。

决策节点表达了 JWARS 的指挥与控制（JWARS C^2）。该节点采用以下不同的方式实现：

（1）用户输入交战双方部队兵力计划。一个例子是经由可视化的人机界面表达的执行矩阵，用作给指挥员决策提供支持的输入模板。模型使用这些模板能在仿真执行期间基于当前态势做出高水平的决策。一个样例是使用 X 分队预定于 D 日开始的反击行动。用户输入这个计划以及其他在做出决策时将会考虑的准则（如分队作战能力、位置）；然后，在仿真时间运行到 D 日时，指挥与控制（C^2）系统基于给定准则评估该分队的作战能力，开始下达指令，要求该分队完成分派给它的任务。如果这个分队不能够按照执行矩阵下达的任务执行，仿真的 C^2 推理系统就会报告该分队行动偏离了原定计划，并要求修正。

（2）JWARS 建立了用于决策的运行机制。一种机制是规则处理机，允许用户通过人机交互界面改变模型内部 C^2 关键变量的参数值，这些决策应该构建在领域专家的输入基础上；还有一种机制是规划机与行为模板，它们产生在一定时间内需要仿真兵力执行的任务与计划，如包括空战命令发生器（ATO）、情报收集规划机、战略空运调度机和机动方案规划机。

（3）JWARS 给用户提供了决策规则集的输入界面，以安排联合特遣部队层次指挥控制的阶段与状态的概率空间（各种可能性）。

2）JWARS 仿真域

JWARS 仿真域提供了仿真系统能够正常运行的全部资源开销。这些资源包括事件表、随机数发生器、坐标系统和数据收集代理等必需的基础设施，也包括表 7-1 所示系统管理器一类的资源，它们是开发 JWARS 问题域功能模块的软件工程师实现的面向对象的程序编码。

表 7-1 仿真域管理器

管 理 器	功 能
空间管理器	地理空间过滤器，以最大程度地减少战场空间交互
运动管理器	控制 BSE 的运动
交互管理器	当 BSE "看见"对方时告知 BSE
环境管理器	告知各 BSE 它所处的物理环境
裁决管理器	评估交战结果
事件管理器	管理时间和活动
数据收集器	在仿真运行期间收集数据
仿真管理器	将所有组件捆绑以共同完成一项仿真

这种设计模式提供了系统模块化结构，使 JWARS 实现新的构想时变得相对容易。Smalltalk 开发环境使得多处理机分布并行的计算需求能够较好地实现，同时也使得 JWARS 有能力从分布计算技术突飞猛进的发展过程中轻松获益。

JWARS 仿真域也提供了 BSE 运行的合成自然环境（SNE）。这个战场空间映射到 WSG-84 地理标准椭球体上，使用全球坐标系统（GCS）。这种表示形式能够使 JWARS 中全部实体的位置是全球一致的。此外，仿真系统使用环境数据，如地形、天候、机动网络、海洋探测学等影响军队作战、保障分队与系统的作战效能，这种环境影响 BSE 之间的交互。建模考虑到的环境特性包括可视性、海洋状态、地形粗糙度与风。在一个 60 天的演习想定中，JWARS 将查询成千上万次环境管理器以了解相关环境信息。地形数据是从美国国家图形图像局（ANIMA）获得的标准地形数据，采用压缩的地形数据库格式（CTDB）存储。它使用 ERDC Vicksburg 开发的算法，在用户定义的机动单元网格处理地形数据，并进入整个机动网络，以此支持战役层次战区之间精确的机动过程的描述。天候数据源自美国国防部建模仿真办公室（DMSO）的环境想定发生器（ESG）。

JWARS 作战需求文档（ORD）突出对输入/输出数据的跟踪需求。因此，必然要求有一个健壮的数据库管理系统。JWARS Release1.1 版本使用 Oracle 8 作为数据库引擎，满足输入/输出数据都以 Oracle 形式被存储。大部分数据都是二进制数，要求 JWARS 人机交互界面对其进行可视化管理，然后 HCI 提供工具与控件满足完成指定的跟踪需求。

与其他正在开发的仿真系统类似，JWARS 被要求与 HLA/RTI 兼容。这种要求部分将通过作为 Visual Age Smalltalk 开发环境一部分的运行界面（RTI）绑定来完成。这将使开发包含 JWARS 的仿真联邦变得相对容易。此外，使用 Visual Age Smalltalk 开发的其他仿真系统，也将能够重用运行界面（RTI）绑定，潜在地减少它们的开发费用。

3）JWARS 平台域

IWARS 平台域包括仿真系统运行的硬件、控制仿真系统与用户交互的人机交互界面（HCI）。HCI 被用于支持想定创建、战场情报准备、运行控制与输出分析。通过使用 HCI 与仿真系统交互，能够满足绝大多数分析需求。

JWARS 用 IBM Smalltalk 开发完成。Smalltalk 生成一个"虚拟机"，使计算机程序代码能够主动适应主机环境，极大地减少了为使软件适应专用的硬件环境配置所必需的开发工作量。JWARS 当前版本运行使用客户—服务器体系结构。服务器端仿真运行在 UNIX 环境下（当前是 SUN），HCI 运行于 Windows 4.0 平台上。JWARS 允许多个用户同时建立与运行仿真系统。专用用户需求依赖于用户站点需求，正在协调作为野战演习过程的一部分。

HCI 设计建立在 RAND 公司"分析员工作流"研究成果的基础上。系统也包括限制用户修改 JWARS 的安全特性。JWARS 最常见的一个用户是分析员，有能力创建和修改想定，说明仿真运行参数，且对 JWARS 输出结果给出分析。建模员有更大的灵活性，能够创建新的实体，且修改现有实体的结构。开发员能够对整个系统进行调整、改变。站点管理员享有与其单个 JWARS 用户相一致特权的局部控制能力。

JWARS 使用由仿真域提供的设备收集数据，用户能够通过 HCI 选择他们所希望收集的数据。在仿真执行期间，数据通过 Oracle 数据库收集与存储。在仿真运行后，分析员能够使用 JWARS 本身提供的分析工具使仿真结果可视化。

3. JWARS 问题与局限

JWARS 在战区级作战建模层次上发挥着专业级仿真分析工具的作用。但是，对于潜在的 JWARS 用户来说，该系统仍然存在某些建模问题与局限性，反映了军事建模与仿真技术的知识边界与局限。

（1）JWARS 算法尽管经过权威部门的"确认"，但仍不能保证是全局一致的。例如，在间接火力打击算法（及其反馈模型）中的假设，很可能与空地战损算法（及其反馈模型）中的假设是不相容的。

（2）JWARS 的"分辨粒度"在作战需求文档（ORD）明确要求作战功能部分给出

界定，对于支持系统开发是极其有用的，但并不能保证表达类似物理事件的数据与事件的分辨率是相容的。

（3）第三个建模问题是数据。这一问题的出现既有技术原因，也有管理原因。图7-16描述了用于建立JWARS想定的过程和工具。从技术上（同样源于第一问题的推论），数据要求在军事各领域、各层次是一致的，且与支持仿真运行的环境数据是兼容的。从管理上，为编写、输入一个实际运行的想定，JWARS需要非常庞大的数据。为满足这一需求，将需要消耗大量资源。联合数据保障计划（JDS）已成为满足数据分析员与研究资源需求的基础。

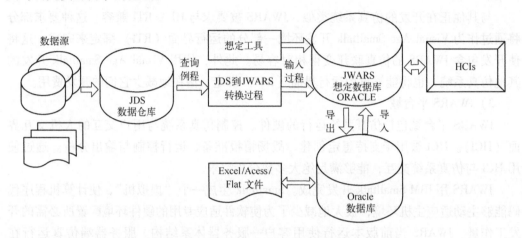

图7-16 建立JWARS想定的过程和工具

JWARS给国防部分析专家提供了研究作战问题的一个非常优秀的工具，实现了许多全新的建模构想，且这些构想十分复杂，使用该系统需要一个必要的学习过程。为了最后将一个"端到端"的JWARS结果提供给高层领导人，需要建立一个富有经验的专业化用户库。JWARS开发过程中，建模方法和技术所取得的进展将使研究新的军事构想与原则成为可能。关于JWARS系统设计与算法的更多信息可以从网站 http://www.jointmodels.army.mil 查阅。

思 考 题

1. 什么是系统效能？系统效能评估有哪些主要方法？
2. 简述指挥与控制系统效能评估的基本步骤。
3. 如何科学合理地建立联合作战指挥与控制系统效能评估的指标体系？
4. 解释建模与仿真的含义及其用途。
5. 解释作战仿真和作战模拟的基本含义。
6. 指挥与控制系统建模与仿真有哪些特点？
7. 指挥与控制系统建模与仿真主要有哪几类方法？
8. 基于Agent技术，如何构建一个联合作战指挥与控制决策模型？
9. 简述美军联合作战仿真系统JWARS的基本组成及其各软件域的功能。

第 8 章 联合作战案例及其指挥与控制分析

联合作战是战争发展到一定阶段的产物,并在战争实践中逐步得到发展。尤其是从 20 世纪 90 年代到 21 世纪初爆发了几场局部战争,如 1991 年爆发的海湾战争被誉为第一场高科技战争,1999 年爆发的科索沃战争被誉为第一场以空制胜的战争,2001 年爆发的阿富汗战争被誉为第一场反恐怖战争,2003 年爆发的伊拉克战争被誉为第一场初具信息化形态的战争等,可见信息时代的联合作战指挥与控制特征正在逐步突现,研究和实践形成的联合作战理论已成为指导信息化条件下联合作战的基本原则。

本章以海湾战争、伊拉克战争、一江山岛登陆作战为例,对第二次世界大战后的典型局部战争中联合作战进行简要描述,初步分析了其联合作战特征以及指挥与控制特点,以增进对信息化条件下联合作战指挥与控制的理解和思考,深刻认识新军事革命浪潮对联合作战指挥体制、领导管理体系、部队力量结构和军民融合发展等方面改革建设的推动作用。

8.1 海湾战争及其指挥与控制分析

8.1.1 海湾战争简况

海湾是指波斯湾,位于印度洋阿拉伯海西北部,在阿拉伯半岛和伊朗高原、两河流域(幼发拉底河和底格里斯河)之间,南经霍尔木兹海峡同阿曼湾相接。1990 年 8 月 2 日凌晨 2 时(当地时间),伊拉克基于自身战略需要,在动员了 14 个师的基础上,以其 5 个师的地面部队在空军支援下,突然大举入侵科威特,于当日下午占领了科威特全境,从而挑起了海湾危机。鉴于美国和西方国家在中东的战略利益,以美国为首的多国部队进行了武装干涉,海湾战争由此爆发。

在海湾战争中,以美国为首的多国部队的作战企图是实现"解放"科威特,推翻萨达姆政权。充分利用其空、海军力量和有利战略态势,首先摧毁伊拉克重要军事经济目标,瘫痪伊拉克空军作战能力,切断伊拉克通往科威特的供应线,然后出动地面部队,围歼或赶走伊拉克驻科威特的军队,力求速战速决。伊拉克的作战企图是以防御为主,力求尽早把多国部队拖入地面作战,在地面作战中进行持久较量。在迫不得已时有条件地从科威特撤军,以终止这场战争。以美国为首的多国部队兵力超过 70 万人、坦克 3500 辆、作战飞机 5400 架、各类舰艇达 245 艘。伊军共拥有 110 万人(其中在伊拉克南部和科威特战区约 54 万人)、坦克 5600 辆、飞机 700 多架、火炮 6000 门、舰艇 40 艘。

海湾战争是在陆、海、空、天、电等各个战场进行的一次大规模联合作战,主要分为"沙漠盾牌"行动、"沙漠风暴"行动和"沙漠军刀"行动三个阶段。其中,"沙漠风暴"(大规模空袭)和"沙漠军刀"(地面进攻)作战行动,历时 42 天。

第一阶段"沙漠盾牌"行动时间为 1990 年 8 月 7 日至 1991 年 1 月 15 日。美国为将伊拉克驱逐出科威特，从本国、欧洲等地区向海湾地区进行大规模远程兵力投送和军事部署。在军事运输司令部统一计划和指挥下，共投送 3 个军部及地面战斗部队、战斗支援部队和大量支援保障部（分）队。

第二阶段"沙漠风暴"行动时间为 1991 年 1 月 17 日至 2 月 23 日。美国参谋长联席会议制定了代号为"沙漠风暴"的战略计划，基本作战指导思想是在少伤亡的前提下迅速取胜，主要任务是：首先用突然的、大规模的战略空袭一举摧毁伊拉克境内的生化和核武器工厂、导弹基地、通信指挥中心、雷达设施和军民用机场，力求一举歼灭；对科伊境内的精锐装甲和陆军部队实施大规模的战术轰炸，至少将其 50% 力量歼灭；在此基础上，美海军陆战队和空降兵在科伊边境实施大规模登陆或着陆，切断伊军增援和补给线，协同正面的多国部队以两面夹击的钳形作战方式一举解放科威特；在伊科边界坚固设防，美特种部队在伊境内捉拿战犯，视情况继续打击伊境内的有生力量。该阶段以美国为首的多国部队对伊拉克实施 38 天联合火力打击，共出动飞机 9.4 万架次，美驻海湾的军舰共发射约 280 枚"战斧"巡航导弹，对伊科境内军事战略目标和伊驻科战区地面部队及其后勤补给线进行持续精确空袭，投弹量达 88500 多吨。伊在初战时，以"藏"的办法顶住了多国部队大规模空袭，挫败了敌方的空战制胜、速战速决的企图，迫使美延长空袭作战时间。为改变被动挨打的局面，伊向以色列和沙特发射了 71 枚地地导弹，其中被拦截 45 枚，未对战局产生大的影响。多国部队的空袭，使伊损失惨重，指挥与控制系统遭到严重破坏，战争潜力大为削弱，后方补给线被切断，伊在科战区的 14 个师战斗力削弱了 60% 以上，二线部队战斗力仅剩 50%～75%。

第三阶段"沙漠军刀"行动时间为 1991 年 2 月 24 日至 28 日。该阶段的战役决心是以部分部队从沙科边境作正面突破，而主力则从沙伊边境突破，快速向伊拉克纵深推进，进行战略迂回，切断侵科伊军退路，尔后围歼之。以美国为首的多国部队于 2 月 24 日凌晨（北京时间为上午 9 时）发动了"沙漠军刀"行动的地面战争，历经 100 小时。多国空、海军日出动 2000 架次飞机，对伊拉克腹地的战略目标保持强大压力，使伊军难以增援前线，还以强大的空中火力支援地面部队展开进攻。运用声东击西的欺骗战术，出其不意地从西线直取伊拉克南部地区，切断伊军退路并形成了对伊军的南北夹击之势，使伊拉克军队处于被动就歼的境地。第 101 空中突击师连续实施"蛙跳"战术和第 82 空降师先后在伊纵深地区实施机降和伞降作战，形成了前进基地。美军第 123 装甲师、第 1 机步师及配属的英军第 1 装甲师沿伊科边界方向发起主要突击。面对多国部队直插过来的 11 把"军刀"和高强度的空中打击，伊拉克 1991 年 2 月 26 日下令在科威特的伊军全线撤退，这等于宣布投降。1991 年 2 月 27 日凌晨，美军海军陆战队进驻科威特城。

1991 年 4 月 11 日，安理会宣布海湾战争正式停火，标志着海湾战争正式结束。在这场 42 天的战争中，有 38 天是空中打击，地面作战只进行了 100 小时，伊军 48 个地地导弹发射架被炸毁，42 个师被歼灭或重创，损失坦克 3710 辆、装甲车 2000 余辆、火炮 2140 门，被俘伊军 17.5 万人。据美方宣称，多国部队在战争中共伤亡 610 余人（其中美军死亡 79 人，伤 253 人，失踪 44 人），被俘 11 人，美两栖攻击舰与巡洋舰各 1 艘因触雷炸伤。

8.1.2 海湾战争中联合作战指挥与控制分析

1. 海湾战争中联合作战主要特征

海湾战争是以美国为首的多国部队运用各种新式兵器对伊拉克实施的一场所谓"外科手术式"结合"地毯式"空中轰炸和坦克装甲集群突袭的现代高技术局部战争，是美军对"空地一体理论"的一次实践，创造了突袭战、信息战和导弹战等全新作战方式，理顺了美国及多国部队的指挥关系，建立了统一的指挥体制和协调机构。这场战争以信息技术为中心，以精确打击为手段，使传统作战样式发生了重大变化，真正实现了全纵深、立体化的联合作战。主要表现在以下方面：

（1）空中力量发挥了决定性作用，空中作战地位上升，空中和远程火力攻击成为主要作战行动。海湾战争是从联军对伊拉克全境所有的重要军事目标实施战略性空袭开始的，联军很快就取得了战局制空权，在长达38天的空中作战中，摧毁了伊军实力的50%、指挥与控制系统的80%，基本解除了伊军武装，联军取得了巨大的作战效果。整个海湾战争全程，多国部队的空中力量占有绝对优势，投入2780架固定翼飞机，同时还动用转翼飞机1600多架，运用A-10攻击机、AH-64攻击直升机和B-52轰炸机等挂装精确弹药，高度毁瘫了伊拉克军队，使伊拉克政治、军事高层领导受到了极大打击，严重削弱了伊军的工业生产能力，破坏了伊军的指挥、情报、通信和后勤系统，将伊军地面部队的数十万人孤立在科威特战场。海湾战争开创了以空中力量为主体赢得战争的先例，表明战略空袭和反空袭是未来战争的主要作战样式，有时甚至是唯一的战争样式。在作战过程中，伊拉克军队始终处在没有制空权的情况下实施作战，战场生存能力极大削弱，几乎无法实施有效的作战反击行动。

（2）电子战的软打击已成为致胜的重要手段，日趋成为未来战争的核心，对战争进程和结果产生了重要影响。多国部队发动的大规模突袭是以电子压制拉开序幕，在海湾地区上空部署了56颗卫星，作战行动过程中经常出动100多架电子战飞机、电子侦察飞机和通信干扰机，压制干扰伊军电子通信和侦察能力。以美国为首的多国部队充分利用了自身的强大技术优势，组成电磁作战力量，对伊拉克军队的指挥中心、通信中心等进行了持续的电磁干扰和电子毁瘫，严重影响和瘫痪了伊拉克军队的指挥与控制系统。因此，电子战争力量优势日益浮现，制电磁权可能成为未来战争双方激烈争夺的新制高点。

（3）作战空域空前扩大，战场向大纵深、高度立体化方向发展，"空地一体"的机动作战效果明显。在地面作战阶段，多国部队以绝对优势的空中力量实施全纵深突击，大量使用空中机动部队和空降部队，避实击虚，夺取和控制战役战术要点，以快速深远突击和迂回包抄，合围聚歼伊军主力兵团。战场已不存在明显的前方和后方，高技术武器大大提高了作战能力，使作战行动向高速度、全天候、全时域发展。持续38天的空袭是以空中力量为主配合大量的精确制导武器对敌人的远程攻击，没有前后方和明显的战线划分，开辟了许多新的战争样式。

（4）信息技术和夜视器材改变了夜战的地位。海湾战争中，美军从作战飞机到单兵轻武器都装备了现代化的夜视器材，包括先进的前视红外仪、红外搜索跟踪系统、微光夜视器材、热成像探测系统及夜视镜等。夜视器材的广泛使用，便于部队实施昼夜连续作战，扩展了人的视觉能力，缩小了夜间作战与昼间作战的差别，提高了作战时间利用率，使多国部队的夜战能力大大超过伊军。

2. 海湾战争中联合作战指挥与控制特点

1）指挥机构高度权威

高度权威的指挥机构是取得联合作战胜利的重要保证。为保证对参战各军种部队实施高度集中统一指挥，美军在伊拉克入侵科威特后很短时间内，依据有关法律，组成以中央总部为基础的战区联合司令部，包括战区陆军司令部、战区海军司令部、战区空军司令部和战区特种作战司令部。与此同时，又规定和明确了各军种司令部与战区军种司令部的关系和职责。由于机构设置合理、指挥关系明确，从而确保了战区总司令对军兵种的统一指挥。

在多国部队向海湾地区部署的同时，美军和多国部队逐步建立和完善了指挥体制。美国采取了减少从华盛顿到战场司令官之间的指挥层次，授予美军中央总部司令、战场司令官诺曼·施瓦茨科普夫以军事全权负责。中央总部特种作战司令部是一个二级联合司令部，负责协调指挥各军种的特种作战部队。以美国为首的西方国家部队由中央总部司令施瓦茨科普夫负责，他对美军部队实施战斗指挥，对英军部队和其他一些西方国家的部队实施作战控制，对法军部队实施战术控制。以沙特为首的地区联合部队叫联合部队司令部，负责对所有阿拉伯（伊斯兰）部队实施作战控制。西方国家的国家指挥当局继续对其部队进行指挥，而伊斯兰国家则授权沙特阿拉伯对他们的部队进行指挥。多国部队间的联军指挥关系如图8-1所示。

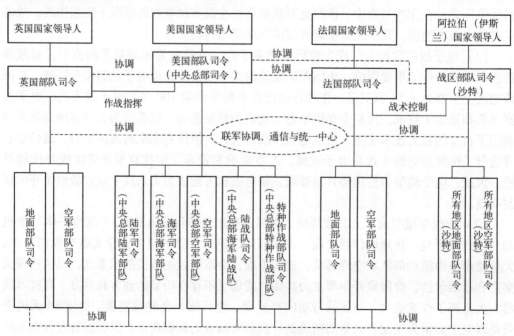

图8-1 多国部队间的联军指挥关系

2）提前制定周密的作战方案

提前制定周密的作战方案是取得联合作战胜利的重要基础。美军在海湾战争中之所以指挥反应迅速，部队行动有条不紊，其中一个很重要的原因就是事先有方案、有准备。中央总部在战争爆发前的1990年春,就针对伊拉克的威胁制定"基本计划纲要",到1990年7月又将此计划纲要扩充为"作战计划草案",此后还依此计划进行了代号为"内部观察90"的演习。由于事先有了对该地区作战的总体构想和基本方案,因此,当中央总部受领任务后,就可以很快给国家最高指挥当局提出报告建议,并指挥部队行动。

3) 具有先进的指挥与控制手段

先进的指挥与控制手段是取得联合作战胜利的重要物质条件。可以说,美军在海湾战争中的作战指挥之所以如此出色,很大程度上是依赖先进的高技术指挥与控制手段。在作战期间,美军运用包括战略侦察卫星、通信卫星以及电子战设备在内的几乎所有高技术手段,建立起从地面到外层空间的情报侦察、预警指挥、通信联络、电子对抗于一体的指挥与控制系统,从而极大提高了战场"透明度",增强了指挥与控制对抗能力,提高了作战指挥的时效性,保障了联合作战的顺利进行。

尽管美军的高技术指挥与控制手段在作战期间发挥了巨大作用,但也不是完美无缺的。在通信方面,由于设备兼容性不够,给军种间的协同造成许多困难和不便。这一问题在海军与空军之间尤为明显,因为海军的航空母舰缺乏与美军空军计算机辅助系统联机的超高频通信设备,所以,不得不利用信使来传递空中任务指令磁盘,这在一定程度上影响了指挥的时效性。另外,军种指挥机构配置分散,给相互之间的协商带来不便。海湾战争期间,由于各军种行动空间和作战特点不同,战区军种司令部难以配置在相互距离较近的同一个地区,加上各军种司令部具有双重任务,既要参与中央总部的指挥与协调工作,又要指挥本军种的部队行动,这样就造成了中央总部与军种司令部、各军种司令部之间相互隔离,妨碍了军种司令官一起制定计划和协商问题,使各军种的协调变得更加困难。

8.2 伊拉克战争及其指挥与控制分析

8.2.1 伊拉克战争简况

2002年9月12日,美国总统布什在联合国大会上指控伊拉克拥有大规模杀伤性武器。在未经联合国授权情况下,美英联军对伊拉克采取了军事行动,于2003年3月20日凌晨爆发伊拉克战争,4月9日美国部队侵入伊拉克首都巴格达。

在伊拉克战争中,美英联军的作战企图是集中决定性优势力量,通过采取一系列快速决定性的作战行动,震慑并迅速击败伊军,占领整个伊拉克。伊军作战企图是依托城镇,分区防御,军民结合,防反并举,活用战法,持久制敌。美英部队共29.5万人,其中美军超过25万人,英军4.5万人,装备有1070辆装甲车、2000多枚导弹、1000多架各型战机、100余艘各型舰艇;美国在海湾地区部署有6个航母战斗群,英国有1个航母战斗群,美国另有3个航母战斗群待命。伊军共有现役军人38.9万,其中包括共和国卫队8万人,可使用的坦克1800~2000辆,其他装甲车3000多辆,约300架战斗机,约100架过时的苏式攻击直升机,275架通用/运输直升机。这场战争的主要作战行动大体经过了"斩首行动"、"震慑行动"、"扩大战果和清剿行动"三个阶段。

第一阶段是名为"斩首行动"（2003年3月20日至22日）阶段。美国首先用人力和高技术等各种侦察情报手段，对伊拉克领导人的藏身地点和行踪进行全方位的实时监视。在事先获得萨达姆所在位置的情报信息后，果断地实施了"斩首行动"，首次攻击就投掷了40多枚巡航导弹，海空火力一起指向伊政府各首脑目标，并随即对伊首都巴格达战略指挥与控制等重要目标实施攻击，企图一举消灭萨达姆及其高层领导。尽管"斩首行动"没有达到预期效果，但美军的整个作战体系仍呈现出以信息技术为主导进行精确打击的联合作战行动特点。

第二阶段是名为"震慑行动"（2003年3月22日到4月9日）阶段。第一次"斩首行动"未达到目的后，迅速发起了"震慑行动"，进行空袭伊指挥与控制系统、通信网络等重点目标。美军更多地使用了精确制导弹药对伊进行打击，出动作战飞机少则约1000架次/天，多则2000架次/天，同时还出动地面重型装甲部队多路进击，快速推进。在天、电力量的支持下，有海空一体联合、空地一体联合，还有多种形式的心理战、情报战相配合。面对美军的大规模空袭，伊军采取了隐蔽、欺骗、干扰和抗击等多种抵抗行动，在一定程度上减少了美军的空袭破坏和杀伤，"震慑行动"初期美军的进展并不太顺利，但经过调整后，美军很快恢复了进攻势头，并于4月6日兵临巴格达城下，4月9日美军坦克部队直插巴格达市中心，巴格达陷落。该阶段美军作战行动虽以地面进攻为主，但整个作战体系中的陆、海、空、天、电联为一体，信息与火力紧密结合，作战样式体系化的特点非常明显。

第三阶段是"扩大战果和清剿行动"（2003年4月10日至5月2日）阶段。该阶段主要作战行动包括攻占提克里特作战、北方战线对摩苏尔和基尔库克的作战、以巴格达为主的清剿与搜捕。美军原来准备从土耳其进入的第四机械化步兵师从科威特进入伊拉克，作为美军第一支完全数字化的部队，该师的各种作战平台从单兵装备到坦克、装甲车、火炮、直升机等，均实现了数字化信息共享和通联，且通过数字化指挥系统，还能与海、空、天等美军其他作战系统实现实时信息化共享，作战样式体系化的能力更为突出，但由于该师过于笨重，机动力并不可观。2003年5月1日，美国总统布什在"林肯"号航空母舰上宣布"美国在伊拉克的主要作战行动已经结束"。

主要作战行动结束后，美军作战行动转入稳定行动阶段。2003年12月13日美国在提克里特抓获萨达姆，2006年12月30日萨达姆被处以绞刑，2007年9月13日美国总统布什宣布将从伊拉克撤出。由于伊拉克恐怖活动不断，局势动荡不安，美军伤亡严重，重建伊拉克步履艰难，美军深陷于越战式的泥潭中，直至2010年8月19日，才将最后一批作战部队撤离伊拉克。

在攻打伊拉克的军事行动中，美军仅阵亡138人，而截至2010年8月16日，驻伊美军的死亡人数却上升为4415人，另有约3.2万人受伤。截至2010年8月19日，美国用于伊战的开支已达7423亿美元。7年零5个月的作战中，大约有10万伊拉克人死亡。

8.2.2 伊拉克战争中联合作战指挥与控制分析

1. 伊拉克战争中联合作战主要特征

与1991年海湾战争、1999年科索沃战争以及2001年阿富汗战争相比，2003年3

月20日爆发的伊拉克战争,其技术含量和信息化程度更高,联合化趋向尤为明显,反映了世界信息化时代新军事变革加速发展的趋势。主要表现在以下几个方面:

(1) 陆海空天电多维侦察探测手段综合运用,战场态势感知能力更强,基本做到了战场态势"透明化"。信息化时代,各国军队都认为驱散"战争迷雾",看清"山背后是什么",是实施联合作战的首要任务。海湾战争后,美军投入巨资开发高新技术,提高战场感知能力,基本实现了全维立体侦察、信息实时感知、态势直观可视和战场单向透明。主要包括:一是"侦得严"。运用陆海空天电多维空间,各种侦察手段互为补充,对作战地域实施全方位、全天候、全时辰侦察监视。伊拉克战争中,美军仅在空、天两维,就动用了67颗侦察卫星、100多架侦察预警飞机和90多架无人侦察机。2003年3月26日,伊拉克战争中伊军想利用恶劣的沙尘暴天气,派出麦地那装甲师从巴格达附近南下增援,刚一露头就被美军发现并遭到了毁灭性打击。二是"融得成"。通过拓展信道带宽,增大数据传输容量,提高信息传递速率,将各种手段获取的情报信息,实时或近实时地发送至联合情报中心,并在通用数据库和智能化技术支持下,将伊军、美军、盟军和战场环境等综合集成,直接生成战场态势。三是"看得清",即国防部和各军兵种均构设了标准统一、格式一致的 C^4ISR 系统,横联各系统,纵贯各层级,将综合战场态势迅速发送至不同用户,上达国防部长和总统,下至联合部队司令、军兵种和野战部队指挥员,甚至前沿士兵,都可以同步调看实时战场态势。据了解,海湾战争时,美军战术指挥员只能了解到10万平方千米战区内约15%的重大事件。到了伊拉克战争,美军数字化部队指挥员可了解100万平方千米内90%以上的重大事件,其他作战部队也可了解战场20万平方千米内50%~70%的重大事件。战区司令弗兰克斯足不出户,就可从挂在指挥中心的6块大屏幕,清楚地看到每2.5分钟更新一次的战场态势,比海湾战争的2小时一次有了质的飞跃。

(2) 联合作战指挥体制与网络系统日臻完善,有效达成了指挥与控制"实时化"。信息化时代联合作战的信息优势不能仅限于获取积累更多更好的信息,而在于有效地转化为决策优势,并直接服务于部队联合作战行动。美军已建立了高效的指挥与控制机制和 C^4ISR 系统,初步达到了"指挥实时化、发现即摧毁"的目标。首先,指挥机构合成高效。美军各联合总部平时机构编成就注重高度联合,战争一旦爆发,无需作大的调整即可迅速履行作战指挥职能。伊拉克战争中,由中央总部负责指挥,受领任务后48小时就完成了指挥转进。设在卡塔尔的前指有权迅速从全军范围抽调部队,指挥部署在战区内的所有部队作战。其次,协同方法快速灵活。依靠 C^4ISR 系统实施网络化指挥,使得近乎实时的指挥与控制和协调成为可能。尤其是明确以达成"目标"为原则,采取分级委托的方式,由战前决心部署转为战中随机协调、由"聚焦计划"转为"聚焦行动",大大提高了作战协同效率。伊拉克战争中,美军各军种根据战场需要临机自主协同,空军如遇召唤实时出动和实时打击,担负空袭的战机仅1/3按预先计划行动,2/3靠临时协同执行任务。再次,信息控制反应灵敏。通过指挥与控制系统数字化改造,美军指挥通信终端增加了167%,信道带宽提高了10倍,数据传输速率由海湾战争时不到1.2Mb/s,猛增至伊拉克战争时的20Mb/s以上,从传感器发现目标到作战平台实施打击的时间,由22h缩短至10min,作战指令传输仅需5s,基本把"发现即摧毁"变成了现实。

（3）诸军兵种各系统各层级集成融合，基本实现了作战力量的高度联合化，指挥与控制决策、"发现即摧毁"能力更强。信息化时代的战争中，随着打击力量日趋多元，作战空间全维拓展，传统的加强和配属组合方式，非但不能适应现代战争的需要，反而会制约整体战力的发挥。谋求各种打击力量的"最佳聚合"，是一体化作战能力最终形成的关键所在。如美军以信息网络为纽带，形成了作战力量的一体化。在武器系统上，通过加装数字化信息系统，将各种作战平台、打击兵器、侦察传感、指挥与控制系统链接成有机整体，提高了武器装备的反应速度和打击精度。在伊拉克战争中，美军使用的"战斧"巡航导弹因增加了 GPS 制导，打击精度达到 3m，比海湾战争时提高了 1 倍。原来空军摧毁单个目标需要出动战机 4 架次，如今 1 架战机携带的精确制导炸弹一次就能炸毁 10 个目标。在作战单元上，采取小型、独立模块编组，既可单独遂行任务，也可随时按需调整力量，拼装成新的作战单元。在伊拉克战争中，美军把来自空军、海军航空兵和陆军航空兵的 30 多个机型的战机临时组合，统一划归联合部队空中作战司令部指挥，大大提高了作战效能。在作战要素上，主要是将情报侦察、指挥控制、信息对抗、火力打击、综合保障等作战要素融为一体。在伊拉克战争中，美军为担负空袭任务的飞机安装了目标数据实时接收与修正系统，可在赴目标区的飞行途中，通过卫星直接接收情报中心发出的数据，并对导弹的制导数据进行适时的修正和更新，实现了情报获取与打击摧毁的整体联动。美军在海湾战争中从发现目标到打击目标有时长达十多个小时，而在伊拉克战争中已缩短为几分钟。

（4）全纵深精确打击与瘫痪作战体系能力不断提升，充分体现了作战形态"三非化"。"三非"作战是美军在海湾战争后提出的作战理论，其核心就是要充分发挥装备技术上的绝对优势，牢牢把握战场主动权，快速瘫痪敌作战体系，最大限度地避免己方伤亡。信息化时代，各国都不断研发高新技术武器，着力提升军队的整体作战能力，使作战指挥与装备运用产生了明显变化。一是交战方式"非接触"。战争中充分利用战略轰炸机和航母战斗群，通过发射巡航导弹，投掷精确制导炸弹，实施防区外和超视距的攻击，并贯彻"直接打敌重心"的思想，突出打首脑、打首都和打节点，力求在短期内摧垮敌方作战意志。在伊拉克战争中，美军日出动战机超过 1000 架次，使用的精确制导弹药比例达 68%，是海湾战争时的 8 倍多。二是力量运用"非对称"。倚仗先进的武器装备，夺取并保持制天权、制空权和制电磁权，采取以空对陆、以海对陆、以陆对陆的不对等方式，对敌实施全方位、全空域、全时域的打击，通过打"技术差"和"空间差"抵消对手兵力优势。在近几场局部战争中，美军均采用这一模式，令对手毫无招架和还手之力。三是作战行动"非线性"。改变以往"一线平推、层层剥皮"的传统战法，将空袭战、信息战、特种战交替使用，火力战与机动战紧密结合，在广阔战场内实施快速有效、同步多维的非线性作战，使敌首尾难顾，彼此无法呼应。在伊拉克战争中，美军同步展开地面和空中行动，并开辟南、北、中三大战场，使伊军处处被动挨打。

（5）联合作战综合保障模式实现聚焦式转变，大致形成了作战保障"精确化"。现代战争随着参战军兵种增多、战场范围扩大，保障方式日渐复杂，传统保障机制无法适应瞬息万变的战场需求。海湾战争中，美军前运了 4 万多个集装箱，七成以上不清楚装的是什么，仗打完了还有 8000 多个没有启封。美军经检讨反思，先后提出了"聚焦式后勤"、"可视化后勤"、"即时性补给"等理论,借鉴"沃尔玛"等现代物流公司高效经营模式,依托全球网络和数据链,初步建立了"适时、适地、适量、适配的信息化后勤保障"。主要包括:一是运行机制实现"联勤、联储、联供"。改革后勤保障体制,将各军种管控的补给仓库统一交给国防后勤局管理,各军种战略运输力量"聚集"于运输司令部旗下,并改变军种自行保障、逐级保障和分散筹储、临时预储等做法,开设按功能划分的大型军事物流中心,建立起信息主导、统一指挥、模块组合的后勤装备保障体系。这样,保障渠道的选择、保障力量的使用、保障资源的分配,均可发挥最佳效益。二是物资管控实现"即时、准确、直观"。引用自动货单系统、电子数据交换及后勤检测终端等新技术,建立"联合全资产可视系统",准确反映战场物资消耗和装备损耗情况,自动生成作战部队物资需求图像,前方与后方、战地与基地、需求与能力之间,可全程自动跟踪、全程实时评估、全程动态显示。三是补给投送实现"随机、超越、直达"。借助"在运物资可视系统"和 GPS 定位系统,实时追踪各种保障力量和保障物资的调运动态,随时发出指令对参战部队实施补给,甚至把军工厂纳入保障体系,建立"从工厂到战场"的投送模式,简化了保障的环节。海湾战争时,美军 1 个机步师仅向前推进 30 多千米,就因油料及其他保障跟不上被迫驻足待补。而伊拉克战争中,在同样的地点与同样的对手作战,同样是 1 个机步师,由于实行了即时精确保障,5 天深入伊境 500 多千米,推进速度最快一天达 170km。

2. 伊拉克战争中联合作战指挥与控制特点

虽然伊拉克战争的主要作战行动持续时间不长,只有短短 43 天,但美英联军凭借先进的作战理论,使用优良的武器装备,采取灵活的作战行动,充分发挥了信息作战、夺取制空权作战、太空作战和特种作战的威力,打了一场漂亮的信息化条件下的局部战争,有效达成了预期目的。总体上看,伊拉克战争中美军奉行的作战指导思想是效果战思想,而不像海湾战争那样奉行消耗战思想。快速决定性作战、网络中心战、非对称作战和综合火力战等作战思想或理论,都是在这一思想的指导下实践的。这场战争检验了美军最新的联合作战思想和理念,可以说是信息化条件下联合作战的开篇之作,是人类战争史上第一场初具信息化形态的战争。

1)网络指挥,精确高效

伊拉克战争是美军首次实现真正意义上的陆、海、空和海军陆战队的联合作战。美军全球信息栅格(GIG)的网络化结构,使以往各军种之间复杂的作战协同变为简单易行,美军运用最先进、最强大的网络技术,持续获取透明的战场态势。信息传送到最高指挥员的 6 个显示屏上,几分钟就能更换一次画面。开战不久,联军就实施了空地协同,较早地发动了地面战。空中力量在实施精确打击的同时,为地面部队提供有效的近距离支援。在海湾战争中,信息在指挥与控制链中经过数小时至数天的传递,指挥员才下达命令,而伊拉克战争中美军灵活的指挥与控制网能有效地整合指挥与控制系统,使武器装备发挥出最大效能,缩短打击的准备时间,使指挥员能同时指挥分散在各方向和地域的作战部队,并形成整体合力。美军有一半以上的装备实现了信息化,在战场上构成一个互联互通的网络环境,可及时交换战场信息、指示目标,更有效地发挥各种火力单元的效能。如一体化弹道防御,"爱国者"导弹可直接接收 DDG-75 "宙斯盾"驱逐舰为其提供的预警信息,美机大约三分之二是在升空之后根据随时收到的战场信息和目标指令执行轰炸任务。

2) 全面震慑，精确打击

伊拉克战争中，美英联军几乎同时动用了陆、海、空军的作战力量，是自海湾战争以来历次局部战争中运用作战力量最多的一次。正如布什所说是一次力量的展示，即旨在从精神上起到一个全面震慑的作用。在具体指挥作战中，实施了有限度的精确打击，但从整个战争进程看，联军有限度的精确火力打击取得了与大规模空袭的同等效果，联军以巡航导弹等防区外发射武器和带卫星导航系统的航空兵器为主导的精确制导武器，已成为对伊的基本打击手段和主攻兵器。这种定点集中火力打击，其高集中、高频率、高强度均超过历次局部战争。在伊拉克战争中，美军的空袭注重在多种距离上出动作战飞机和发射导弹，实施"全距离攻击"。既有从距伊边境很近的科威特、土耳其等一线基地发起的近距攻击，也有从卡塔尔、多哈等二线基地发起的中远程攻击，同时还有从美国费尔福德三线基地和海上等更远地方发起的远程攻击。全距离作战指挥的核心是防区外打击，这是美军"非接触性"作战概念的具体体现和运用，而且空袭行动中，夺取制空权、战略空袭和战术空袭同时展开，起到了全面震慑的作用。

3) 空地一体，快速推进

海湾战争之后，无论是"沙漠之狐"作战、科索沃战争，还是阿富汗战争，美军很少在作战伊始就动用其地面部队。然而，这次战争中，美军地面进攻在空中打击及远程导弹突击之后不到12小时内便开始发起。北京时间21日凌晨1时，美国第3机步师炮兵于当地时间20日晚20时左右，在空中火力支援下开始对伊拉克发动了第一阶段的地面攻击；接着，美军地面部队在陆军航空兵的掩护下兵分两路向伊拉克挺进。一路从左侧向巴格达挺进，美军第7骑兵团协同第3机步师于21日凌晨从科威特城出发，以60km/h向巴格达推进，2小时后美英地面部队便攻占并全面控制了位于巴士拉南部约60km处的边境城市乌姆盖斯尔，第二天即深入伊拉克纵深160多千米，同时占领了伊拉克西部沙漠地区两个代号为"H-2"和"H-3"的重要机场；另一路从右侧向巴士拉挺进，美国海军陆战队第一远征队开始从科威特进入伊拉克境内，并向巴士拉方向推进。美军在开战伊始，便立即动用其陆海空天力量同时参战，尤其是迅速运用地面部队，这是联军指挥充分运用其武器装备与作战对手之间的技术差、时间差，打一场"非对称作战"。

4) 心战攻民，力战夺帅

在战争爆发前后，联军指挥充分发挥强大的军事、经济实力和世界上最发达的现代传媒体系，向伊拉克境内发放了数以万计的传单，劝诱伊拉克军队投降，鼓动伊拉克人民推翻萨达姆政权。战争爆发后，西方媒体，特别是美国媒体一直控制着全球战争宣传的主动权，不断发出美军顺利推进的消息，不断播发伊拉克方面节节败退的画面，这种宣传产生了一定的效果。此次"斩首行动"亦空前"透明"，不仅邀请了多达上百名的各国新闻记者深入美军基地、战舰和指挥中心参观，而且临战前还再三向他们走漏风声，告诉记者战争马上开始，以至于多家新闻媒体记者毫不夸张地"现场直播"了此次战争的"开幕式"。巴格达当地时间3月19日晚，几乎稍加关注时局的人都能感觉到，战争马上就要来临了。果然，美军的"战斧"巡航导弹次日凌晨便如约而至巴格达，这种耀武扬威的攻心战在某种程度上影响了伊拉克民心。

这次伊拉克战争的目的非常明确,就是要推翻萨达姆政权。因此,对萨达姆本人及政府要员的打击成为美军这次战争的重中之重。开战伊始,联军就直指萨达姆当时所在的巴格达南郊一地下城堡,这就是联军所谓的"斩首行动"。接到对萨达姆实施打击的命令后,位于卡塔尔乌代德空军基地的两名美空军飞行员驾驶两架F-117隐身飞机紧急出动,直奔目标。每架飞机均携带两枚具有穿透钢筋混凝土能力的"联合直接攻击弹药"(JDAM),同时位于红海和波斯湾水域的8艘潜艇和军舰上的人员,立即根据从中央情报局总部传来的数码目标资料编制了巡航导弹和精确制导炸弹的飞行数据,并发射"战斧"巡航导弹对伊拉克进行了打击。

5) 全面渗透,特种攻击

在伊拉克战争没有打响前,美军就指挥多条战线开始了对伊的特种作战行动。美军特种作战主要起到的重要作用有:一是弄清萨达姆以及其他高级领导人的行踪。战争期间,联军之所以能对多处萨达姆行宫和伊拉克高官住宅实施准确轰炸,这与美军特种部队的活动密切相关。二是抢占机场和保护油田。3月22日,即开战后第3天,美陆军特种部队"绿色贝雷帽"攻占了巴格达以西沙漠中的两个机场和伊拉克北部的两个机场,美海军特种部队"海豹"小队偷袭并抢占了两个重要的石油天然气枢纽站和一些油井。三是实施心理战。"倒萨"行动开始后,美军特种部队通过撒传单、投食品、开广播、打电话、制造谣言和发电子邮件等手段,对伊拉克平民开展大规模的心理攻势。四是实施特种侦察,为作战行动提供情报支援。美国的军用卫星、U-2高空侦察机、无人侦察机等可对固定目标进行侦察和定位,但对机动目标却无能为力,这就需要特种部队深入敌后,并引导战机进行攻击。五是开展特种攻击,对重要目标实施先期破坏。根据需要攻占伊拉克无线广播电台、电视台、情报中心等关键信息设施,截断伊拉克的内外联系,使伊军听不到、看不见,成为"聋子"和"瞎子",被动挨打。

6) 超越指挥,纵深合围

海湾战争中,联军是在空袭38天后才开始地面作战。在伊拉克战争中,美英联军根据伊军没有在边境一线建立坚固的防御阵地,投入地面部队交战不会遭到大的抵抗,掌握了绝对的制空权,其地面部队在进攻中不会面临空中威胁和指挥与控制手段信息化问题,实施了超越指挥。在开战后第二天就投入了地面部队,不仅投入地面部队快,且在初期以30~40km/h的速度向巴格达方向推进,各路大军不是采取由南向北一线平推的战法,而是大胆冒进直插伊拉克战略中心的巴格达,以求尽快对其形成合围之势。

7) 火力压制,力避攻坚

阵地攻防战是整个伊拉克战争对抗最为激烈的部分。在开战后一个星期左右,美英海军陆战队集中了大量部队对乌姆盖斯尔和法奥半岛实施进攻,但遭到伊军的顽强抵抗。在此情况下,联军指挥并未要求进行强攻,而是以远程火炮适当压制。美英联军攻入伊拉克之后,与伊军摆开了"一字长蛇阵",指挥美英联军先头部队从三个方向接近巴格达后,但并不急于拿下巴格达,只是对其围困。联军指挥没有急于进攻主要考虑:一是进一步做好攻城准备。这里除了准备好充足的物资器材保障外,就是从多个方向集结力量,造成对巴格达的合围之势。二是摸清伊拉克共和国卫队的部署情况,进一步消耗伊拉克共和国卫队的抵抗能力。联军除了使用空中火力,地面炮兵也参加了大规模火力压制。三是摸清伊军采取的战术。经过巴格达城外的几日交战,美英联军已经知晓伊军战术,即在城市外围遇到联军,只作零星抵抗,并迅速撤入城内,企图将对方引入城内打巷战、游击战。

在伊拉克战争中,联军联合作战指挥也存在着对战场全局情况判断上多次出现重大失误、作战计划不周密、协调不力、误伤多等一些问题。

(1) 美军在对战场全局情况判断上多次出现重大失误。一是错判了土耳其对美军使用其军事基地的最终态度。在土耳其大国民议会于3月1日晚否决了允许美军使用其军事基地的议案后,美军还是认为最终会获得土耳其军事基地的使用权。直到开战后的第4天才发现"借道土耳其、开辟北方战线"的希望完全落空,只好命令运输船队南下苏伊士运河,绕道科威特卸载,但此时改变作战计划为时已晚,给正在进行的作战行动造成了不利影响。二是错判了战争初期伊拉克军民的抵抗意志。美军认为,只要炸弹一响,伊军就会投降,"什叶派"穆斯林就会夹道欢迎"解放者"的到来。在国家生死存亡的紧要关头,宗教矛盾会暂时让位于民族矛盾,同根同种的阿拉伯人会捐弃前嫌、同仇敌忾和团结一致地抵抗外来侵略者。因此,伊拉克军民战争初期的顽强抵抗完全出乎美军的预料,使其一度陷入困境之中。三是错判了战局的发展方向。当遇到伊拉克军民的顽强抵抗且无大批的伊军投降时,美军竟然慌了手脚认为战争正朝着持久战的方向发展。于是,从美国总统布什到国防部长拉姆斯菲尔德,再到中央司令部司令弗兰克斯都放出风声说,战争不会很快结束,要准备打持久战,并且匆忙做出了增兵10万的决定。

(2) 作战计划不周密。美军作战计划不周密的主要表现有:一是没有预留预备队,开战不久被迫增兵。伊拉克战争中,为了试验"快速决定性作战"新思想,美军拟使用小规模部队绕过设防伊军快速推进,直扑伊军作战"重心"巴格达。既然是试验,就可能出现各种预料不到的情况,应该留有充足的预备力量,以对付各种情况。但从战场上发生的情况看,美军根本没有预留充足的预备兵力。在沿途遭到伊军的袭击和骚扰,作战行动才进行到一周,美军就感到前线兵力吃紧、后勤补给困难,只好暂时停止前进,等待国内增派援兵。二是B方案不完善,北方战线开辟晚。美军于3月23日决定放弃A方案后,本应立即实施B方案,迅速开辟北方战线,以配合南线的进攻。可是,美军实施B方案的行动非常缓慢,不仅投送的兵力非常有限,且展开作战行动的时间也很晚,即3月29日(开战10天后)。由于北方战线没有压力,伊军指挥当局得以把注意力集中在南方战线上,增加了美军向巴格达推进的困难。虽然战场上临时出现意想不到的情况是正常的,但出现这样的失误不能不归咎于作战计划不周密。

(3) 协调不力误伤多。联合作战需要周密的协调,以避免造成误伤。在伊拉克战争中,尽管只有美、英、澳三个盟友参加作战行动,但还是发生了两架"海王"直升机相撞、英军"旋风"战斗机被美军"爱国者"导弹击落、F-16战斗机准确击中"爱国者"导弹阵地雷达等7起误伤事件。这些误伤事件表明,联军在敌我识别和作战协调方面都存在着比较严重的问题。

8.3 一江山岛登陆作战及其指挥与控制分析

8.3.1 一江山岛登陆作战简况

一江山岛主要由南一江和北一江两个岛屿组成,地形险要,地理位置重要。1955

年1月,为制止国民党军队(敌方)对东南沿海的侵袭,积累登陆作战经验,华东军区陆海空三军部分力量,在参谋长张爱萍的统一指挥下,发起了对一江山岛的进攻。

一江山岛国民党军队包括一江山岛地区司令部突击第4大队、突击第2大队第4中队及炮兵第1中队,兵力约1100人,编有三线阵地和四层火力网。我军参战兵力有军种3个、兵种17个,加强营4个、炮兵营9个,各种火炮295门,海军各种舰船186艘,各种飞机184架,总兵力1万余人。一江山岛作战分为以下两个阶段实施:

第一阶段是夺取战区制空制海权(1954年11月1日—1955年1月10日)阶段。按照作战计划,展开夺取制空权、制海权的斗争,从空中和海上对预定战场实施封锁,掩护参战部队进行战前训练,同时制造、围困、封锁大陈岛守敌的战场条件。

第二阶段是登陆一江山岛作战(1955年1月16日—1955年1月19日)阶段,包括集结展开、火力准备与航渡、突击上陆、岛上作战等作战行动。根据下达的作战命令,从1955年1月16日起,陆海空参战部队开始集结展开,18日拂晓前进入了进攻出发地区。火力准备与航渡时间是1955年1月18日8时—13时30分,我轰炸和强击航空兵对一江山岛守敌实施第一次火力准备,同时以部分轰炸航空兵对上下大陈岛之敌指挥所和炮兵阵地进行轰炸,随后进行炮火准备,登岛部队在海空军和炮兵的掩护下,分三路以大队的双纵队队形向一江山岛驶进,在此阶段内敌大陈岛炮兵曾向我航渡编队进行数次拦阻射击,均被我海岸炮兵及航空兵火力压制。突击上陆行动时间是1月18日13时30分—15时,轰炸和强击航空兵对一江山岛守敌实施第二次火力准备,海军作战掩护队、炮艇直接火力支援队、船载随伴炮兵群对敌火力点进行猛烈射击,敌前沿突出部工事大部被摧毁,有生力量被我方压制,通信中断,指挥瘫痪。在火力掩护下,我步兵营先后登上一江山岛,并攻占敌滩头阵地,15时登陆指挥所上陆。整个突击上陆阶段,大陈港内敌人出动5艘舰艇实施反击,均被我航空兵压制,被迫窜回锚地。岛上作战时间是1955年1月18日13时30分至19日2时,敌方虽然凭借有利地形和坚固工事负隅顽抗,但我登陆部队在各军兵种的协同和支援下,发扬了英勇顽强、不怕牺牲、连续作战的优良作风,两个多小时就攻占了敌方的多个高地等核心阵地,至19日2时残敌全部被肃清,共毙敌567人,俘虏519人,胜利地结束了战役。

一江山岛解放后,国民党军队慑于我军威力,避免全歼,于2月8日在美国的直接支援下,将2.5万名守军从大陈岛等撤离回台湾,至此浙东沿海岛屿全部解放。

8.3.2 一江山岛登陆作战中指挥与控制分析

1. 一江山岛登陆作战主要特征

一江山岛进攻战役,虽然规模不大,但却是我军成功实施的陆、海、空三军联合作战。从作战力量、作战目的、作战指挥、作战行动等方面,反映了联合作战的本质特征。主要体现在以下方面:

1)作战力量多元联合

作战力量由陆、海、空军相应力量构成,各军种参战力量支援配合关系不是始终以某一军种为主,而是根据各战役阶段的任务和各军种所起作用的不同相互转换。如夺取制空权作战以空军为主,其他军种配合;夺取制海权作战以海军为主,其他军种配合;登陆作战则以陆军为主,其他军种配合。这种各军种力量的支援配合关系和相互转换,构成了总体上的平等关系。

2) 作战目的一致

各军种力量围绕统一的作战目的行动。一江山岛登陆战役的作战目的，就是通过夺占一江山岛，沉重打击和震撼大陈岛敌军，为最终夺取以大陈岛为核心的浙东沿海其他岛屿创造条件。参战的陆、海、空各军种力量紧紧围绕实现这一目的，展开了夺取制空权、制海权和突击上陆等一系列作战行动。

3) 作战指挥统一

以上级指定的指挥员和指挥机构为主，与参战各军种指挥员和有关人员共同组成联合指挥机构，对作战实施统一指挥。一江山岛登陆战役，中央军委批准了当时华东军区设立浙东前线指挥部的请示，成立了由华东军区参谋长张爱萍任前指司令员兼政治委员，由浙江军区代司令员林维先、华东军区空军副司令员聂凤智、华东军区海军副司令员彭德清、华东军区海军参谋长马冠三等任前指副司令员，华东军区副参谋长王德任前指参谋长的三军联合指挥机构。联合指挥机构下设海军前线指挥所、空军浙东指挥所和登陆指挥所，还设有政治工作组和后勤联合指挥部，具体组织指挥各参战部队的作战准备和实施，从而使所有参战军兵种部队形成了一个强有力的整体。

4) 作战行动相互关联，整体联动

海、空军为了给登岛部队解除空中和海上威胁，从1954年即开始实施夺取制空权、制海权作战，并牢牢掌控了"两权"，为登岛作战创造了条件。1955年1月18日，我军发起一江山岛登陆作战前，以航空兵和炮兵火力，对一江山岛和大陈岛的敌"大陈防卫区司令部"、炮兵阵地和通信设施实施突击；登陆部队在航空兵与炮兵火力的支援掩护下，分两批成三路队形实施航渡，于14时20分，在南、北一江两岛20多个地点实施登岛突击，迅速突破守敌防御前沿阵地，随即采取灵活的小群战术，主动协同，勇猛穿插，逐点逐地进攻，并开展战场喊话等心理攻势，于17时50分全歼守敌。我军占领一江山岛后，当准备攻占大陈岛时，国民党军被迫在美国海空军掩护下，撤离以大陈岛为中心的台州列岛。在一江山岛整个战役中，各军种力量密切协同，整体联动，合力制胜，顺利地实现了作战目的。

一江山岛登陆作战是我军战史上唯一一次多军种联合作战，在登陆地域狭窄和部队缺乏经验的情况下，参战各军兵种部队勇敢顽强、密切协同，一举登岛成功，全歼守敌，展现了联合作战的基本特征和规律，对于理解联合作战的本质内涵具有十分重要的意义。随着人类社会向信息时代迈进，战争形态正在发生革命性变化，联合作战在继承、发展机械化时代成果的基础上，正在朝着以基于信息系统的体系作战方向发展。

2. 一江山岛登陆作战的指挥与控制特点

1) 隐蔽作战企图，达成战役突然性

浙东前指为了隐蔽作战企图，主要采取了隐蔽攻击目标、隐蔽训练和隐蔽指挥机构等措施。

2) 建立了联合指挥机构，集中统一指挥

建立统一的有权威的联合作战指挥体制，是确保联合作战胜利的关键。为统一指挥协同各军兵种行动，华东军区根据中央军委批复，成立浙东前线指挥部（简称浙东前指），任命张爱萍为司令员兼政治委员，下设登陆指挥所、海军指挥所、空军指挥所、政治工作组和联合后勤部，具体组织指挥和协同各参战部队的作战准备和实施。

3）组织作战协同的决心和任务划分明确

（1）浙东前指决心。根据岛上敌情和地形情况，华东军区浙东前指决定作战分两个阶段实施。第一阶段夺取战区制空权、制海权，掩护参战部队进行战前训练，同时制造孤立、围困、封锁大陈岛守敌的战场条件；第二阶段为登岛作战实施阶段，以步兵第60师的4个步兵营，隐蔽进入头门山、高岛一带的进攻出发海域，尔后在海、空军和炮兵支援下，对南、北江同时实施登陆突击，主要突击方向为北江岛的西部和西北部，辅助突击方向是北江岛东北部和南江岛西部。突破滩头阵地后，攻占北江的190高地、了望村一线及南江的160高地，然后迅速向纵深发展，全歼守敌，并组织该岛的防御，准备粉碎敌人可能的反击。

（2）任务划分。登岛部队由步兵第178团及第180团第2营编成，编为两个梯队，各梯队均分两波登陆。各级指挥员均靠前指挥，以便及时了解和处置情况。

炮兵部队编为随伴炮兵群、岸上支援炮兵群、高射炮兵群和火箭炮兵群。其中，随伴炮兵群的主要任务是直接支援第一梯队营作战；岸上支援炮兵群的主要任务是压制和破坏我登陆地段敌人前沿的工事，杀伤敌人有生力量，迷盲敌人的观察所，以及与敌军舰艇作斗争；高射炮兵群的主要任务是与敌航空兵作斗争，掩护我重要目标免遭敌机轰炸；火箭炮兵群的主要任务是在我登岛部队展开前和展开时，有效地杀伤敌有生力量。

海军部队编为登陆运输队、火力支援队和海上掩护队。其中，登陆运输队组成5个大队，分别担负步兵输送、火力掩护和后勤输送任务；火力支援队的主要任务是直接为航渡部队护航，掩护登陆部队展开和登陆，并在登陆部队登陆后，协同海军力量打击可能由大陈岛出扰的敌舰；海上掩护队的主要任务是实施海面警戒，保障登岛作战翼侧安全，并以部分火力对敌前沿火力点实施破坏射击和压制敌侧背发射点及有生力量。

空军部队（含海军航空兵）分为歼击航空兵、轰炸航空兵和强击航空兵，共19个大队，担负夺取制空权、掩护陆海空力量作战以及轰炸敌重要目标的任务。

4）组织作战协同的措施得力

（1）消除三军顾虑。尽管当时我军已成立空军和海军，但首次实施联合作战，部队普遍缺乏现代作战知识，各军兵种对相互的兵力兵器性能不了解，彼此疑虑较多。为消除三军顾虑，"浙东前指"和张爱萍同志从实际情况出发，组织军种部队互访互学。通过互访互学，三军之间有了初步了解，消除了顾虑，为组织作战协同打下了良好基础。

（2）明确协同事项。为搞好协同，将参战兵力"捏"在一起，互相取长补短，发挥整体威力，"浙东前指"多次召开军兵种指挥员会议，逐一明确协同事项。

一是明确了协同重点，包括提出"以陆军（登陆兵）的需要为需要，以陆军（登陆兵）的胜利为胜利"的协同原则，渡海登陆作战中主要是陆军与海军的协同。

二是明确了各作战阶段指挥协同关系。登陆兵上船时，由陆、海军指挥员共同指挥；航渡时，由海军指挥员指挥，在海军内部，同一个舰艇编队内由于舰船类型不一，协同动作以较慢的舰艇为主组织；登陆兵下船时，由海、陆军指挥员共同指挥；下船后由陆军指挥员指挥，舰炮支援步兵登陆战斗，以陆军行动为主组织协同。在海、空协同方面，飞机和舰炮、海岸炮进行火力准备与直接火力支援时，以飞机的行动为主组织协同。在陆空协同方面，对炮兵与强击机，以强击机为主组织协同；对步兵与强击机，以步兵为主组织协同；炮兵、航空兵均派代表、观察员直接到步兵营，保障适时协同动作。

三是明确各军兵种间的具体协同事项。登陆部队与登陆队的协同方面，分为组织准备阶段、登船出航阶段、航渡阶段和登陆阶段，逐一进行明确。登陆部队与支援炮兵的协同方面，登陆作战步炮协同的关键是冲击时刻前何时转移火力的问题，要求炮兵必须了解支援步兵部（分）队的任务及通信联络方法；派出前进观察员跟随步兵营长，以便随时报告登陆部队的真实位置和要求；很好地观察我艇船航行队形及其位置，炮兵火力的准备持续时间及延伸时机，应依艇船航行时间而定；登陆部队必须了解炮兵的射击计划及支援方法，及时将我炮兵火力准备效果及自身真实位置、发展方向告知炮兵，及时正确地发出要求炮兵延伸、停止及射击的信号。登陆部队与航空兵的协同方面，航空兵应了解步兵作战各阶段的任务，掌握步兵到达线的标识方法，注意观察我步兵的战斗队形，派遣目标联络员到步兵营、团，派空军代表到师（登指），及时通报我航空兵的行动及步兵的情况，步兵应随时准确地将本部（分）队到达线标绘出来，将自己的要求告知空军代表。炮兵与航空兵的协同方面，为防止在作战中我曲射火炮可能误伤我机，规定我曲射火炮在强击机临空距目标约1500m时即停止射击。海军舰队与空军的协同方面，空军派出代表到旗舰上，适时向航空兵通报我舰队的行动及对航空兵的要求，并及时将空军情况通知海军舰队。

（3）拟制作战协同计划。张爱萍安排具体人员，在苏联顾问帮助下，对每个协同动作的步骤、时间作精确计算，拟制了《一江山岛登陆作战协同计划表》。对进入进攻出发地域，炮兵、航空兵火力准备及航渡，登陆突破，纵深战斗，组织和巩固防御以及协同保障问题，作了具体部署，提出了明确要求。

（4）组织协同演练。按照先分段演练、后综合演习的程序，选择与一江山岛相似的大、小猫山，多次研究和演练三军联合渡海登岛作战的组织指挥和协同动作。为检验成果，各参战部队还成功进行步兵连、营模拟一江山岛登岛作战演习，重点演习了突击上陆阶段的协同。通过协同训练，统一思想，相互了解，相互信任，配合默契，密切协同，并发现和解决了协同作战中的一些问题。

5）协同作战结果

由于组织协同周密、准确，作战发起后，轰炸机的猛烈轰炸，强击机的英勇冲击，海岸炮兵的准确射击，海上各兵力按计划有组织地航渡，登陆运输队及时地梯次展开，准时在滩头登陆，上陆后步兵勇猛冲杀，舰炮火力及时向纵深延伸射击等，参战部队基本按照预定计划实施。作战过程中，舰艇、飞机、火炮，海上的、空中的、陆上的，像平时实兵演习一样秩序井然，配合紧密。特别是遇到意外情况，主动配合，密切协同。但在作战实施中，也存在个别部队组织不严，个别指挥员未经请示批准擅自改变行动计划等问题，虽然未对整个作战行动造成严重影响，但必须引以为戒。

思 考 题

1. 简述联合作战战场的内涵及构成要素。
2. 简述伊拉克战争中指挥与控制的主要特点及启示。
3. 简述一江山岛登陆作战的作战协同特点。
4. 从21世纪新军事变革要求出发，谈谈信息化条件下联合作战指挥与控制系统的发展方向。

参 考 文 献

[1] 美国国防大学武装部队参谋学院. 美军联合参谋军官指南 [M]. 刘卫国, 阮拥军, 王建华, 等译. 北京: 解放军出版社, 2003.
[2] 王曙光. 现代联合作战 [M]. 北京: 星球地图出版社, 2009.
[3] 马平, 杨功坤. 联合作战研究 [M]. 北京: 国防大学出版社, 2013.
[4] 胡志强. 优势来自联合——关于海上联合作战及其系统实现的思考 [M]. 北京: 海洋出版社, 2012.
[5] 秦继荣. 指挥与控制概论 [M]. 北京: 国防工业出版社, 2012.
[6] 宋跃进. 指挥与控制战 [M]. 北京: 国防工业出版社, 2012.
[7] (美) David Alberts, John Garstka 等. 网络中心行动的基本原理及其度量 [M]. 兰科研究中心译. 北京: 国防工业出版社, 2009.
[8] 唐幼纯, 范君晖, 李红艳, 等. 系统工程——方法与应用 [M]. 北京: 清华大学出版社, 2011.
[9] 张晓东, 王福林, 周康渠. 系统工程 [M]. 北京: 科学出版社, 2010.
[10] 曾宪钊. 网络科学 [M]. 北京: 军事科学出版社, 2006.
[11] 李耐基, 黄锋, 李冀, 等译. 美国未来海军打击群 C^4ISR 系统 [M]. 北京: 国防工业出版社, 2009.
[12] 董强. 指挥所系统 [M]. 北京: 国防工业出版社, 2012.
[13] 苏锦海, 张传富, 刘建国, 等. 军事信息系统 [M]. 北京: 电子工业出版社, 2010.
[14] 童志鹏, 刘兴. 综合电子信息系统 [M]. 北京: 国防工业出版社, 1999.
[15] 曹雷, 鲍广宇, 陈国友, 等. 指挥信息系统 [M]. 北京: 国防工业出版社, 2012.
[16] 周献中, 郑华丽, 田卫萍, 等. 指挥自动化系统辅助决策技术 [M]. 北京: 国防工业出版社, 2012.
[17] 高隽. 智能信息处理方法导论 [M]. 北京: 机械工业出版社, 2004.
[18] 高小玲, 刘作学, 杜刚, 等. 现代军事通信指挥基础 [M]. 北京: 国防工业出版社, 2010.
[19] 凌云翔, 马满好, 袁卫卫, 等. 作战模型与模拟 [M]. 长沙: 国防科技大学出版社, 2006.
[20] 罗雪山, 张维明, 邱涤珊, 等. C^3I 系统理论基础——C^3I 系统建模方法与技术 [M]. 湖南: 国防科技大学出版社, 2000.
[21] 赵倩, 李永红, 李红权, 等. 军事模型服务原理与技术 [M]. 北京: 国防工业出版社, 2014.
[22] 王汝传, 徐小龙, 黄海平. 智能 Agent 及其在信息网络中的应用 [M]. 北京: 北京邮电大学出版社, 2006.
[23] (意) (Bellifemine, F.)、(Caire, G.)、(Green wood, D.). 基于 JADE 的多智能体系统开发 [M]. 程志峰, 张蕾, 刘高峰, 等译. 北京: 国防工业出版社, 2013.
[24] 尤晓航. 国外海军典型 C^4I 及武器系统 [M]. 北京: 国防工业出版社, 2008.
[25] 吴永杰, 周玉兰, 张鸿海, 等. 海上舰艇编队系统 [M]. 北京: 国防工业出版社, 1999.
[26] (日) 柿谷哲也. 宙斯盾舰——高性能防空战舰的秘密 [M]. 宁凡译. 北京: 人民邮电出版社, 2012.
[27] 刘高峰, 孙胜春, 程志锋, 等. 舰艇作战信息显控原理与应用 [M]. 北京: 国防工业出版

社,2012.
- [28] 王小菲,张鸿海. 海上网络战 [M]. 北京:国防工业出版社,2006.
- [29] (美) Jeff Cares. 分布式网络化作战——网络中心战基础 [M]. 于全译. 北京:北京邮电大学出版社,2006.
- [30] 王正德. 解读网络中心战 [M]. 北京:国防工业出版社,2004.
- [31] 张最良,李长生,赵志文,等. 军事运筹学 [M]. 北京:军事科学出版社,1993.
- [32] 费爱国,王新辉编译. 信息优势的度量与效能评估 [M]. 北京:军事科学出版社,2006.
- [33] 郭齐胜,郅志刚,杨瑞平,等. 装备效能评估概论 [M]. 北京:国防工业出版社,2005.
- [34] 李富元,李华. 信息时代作战指挥控制的发展趋势 [J]. 火力与指挥控制,2008,33 (12).
- [35] 宋士琼,刘高峰. 论信息化条件下的非对称作战 [J]. 海军工程大学学报(综合版),2008,5 (4).
- [36] 周云,黄教民,黄柯棣. 美国"深绿"计划对指挥控制的影响 [J]. 火力与指挥控制,2013,38 (6).
- [37] 刘洪青,等. 美军网络中心战指挥控制的特点 [J]. 火力与指挥控制,2007,32 (7).
- [38] 李敏勇,张建昌. 新指挥控制原理 [J]. 情报指挥控制系统与仿真技术,2004 (1).
- [39] [美] 米兰·维戈. 信息时代的作战指挥控制 [J]. 外国军事技术,2005 (5).
- [40] 蓝羽石,周光霞,王珩,等. 韧性指挥信息系统构建机理及实现研究 [J]. 指挥与控制学报,2015,1 (3).
- [41] 朱弘,王付明,杨兵. 基于系统动力学的网络空间信息防御体系能力分析 [J]. 指挥控制与仿真,2015,37 (4).
- [42] 王绪. 基于 NCES 框架的网络中心企业应用服务体系结构与关键技术研究 [D]. 西安电子科技大学硕士学位论文,2009.
- [43] 刘高峰,姜俊. 基于过程的 C^4ISR 系统体系结构 SADT 分析方法 [C]. 火力与指挥控制研究会学术年会论文集,2006.
- [44] 唐蕾,宋自林. NCES 服务发现体系研究及我军发展建议 [J]. 指挥控制与仿真,2006,28 (5).
- [45] 刘高峰,陈佳俊,程志锋,等. 装备虚拟试验系统体系结构及其互联技术 [J]. 计算机工程,2012,38 (1).
- [46] 刘高峰,王霆. 联合训练条件下仿真系统结构技术探讨 [J]. 指挥与控制学报,2015,1 (4).
- [47] 刘高峰,安儒奎,龚立. 一种 FC 式舰艇综合训练模拟系统结构研究 [J]. 计算机仿真,2014,31 (12).
- [48] 刘高峰,孙胜春,龚立,等. 海上联合作战实验教学平台技术框架探讨 [J]. 军队院校实验室建设,2015,13 (3).
- [49] 衣治安,周颖. 一种新型混合 PZP 即时通信系统的设计与实现 [J]. 东南大学学报(自然科学版),2008,13 (4).
- [50] 肖雷,刘高峰. 几种机动目标运动模型的跟踪性能对比 [J]. 火力与指挥控制,2007,32 (5).
- [51] 陈佳俊,刘高峰,辛晋生,等. 机动频率模糊自适应目标跟踪算法研究 [J]. 弹箭与制导学报,2010,30 (2).
- [52] 刘高峰,顾雪峰,王华楠. 跟踪反舰导弹的机动频率自适应算法 [J]. 计算机仿真,2008,25 (10).
- [53] 王华楠,刘高峰. 自适应转弯模型的交互多模型算法研究 [J]. 弹箭与制导学报,2008,28 (5).
- [54] 刘高峰,顾雪峰,王华楠. 强机动目标跟踪的两种 MM 算法设计与比较 [J]. 系统仿真学报,2009,21 (4).

[55] 刘健,刘高峰. 高斯—克吕格投影下的坐标变换算法研究[J]. 计算机仿真,2005,22(10).
[56] 刘高峰. 多目标航迹处理中相关波门的确定[J]. 火力与指挥控制,1995,20(2).
[57] 郭予并,冷东东. 数据融合与聂曼—皮尔逊准则[J]. 雷达与对抗,2004(2).
[58] 刘高峰,李敏勇. 舰载多传感器数据融合系统的层次设计[J]. 海军工程学院学报,1999(5).
[59] 刘高峰,郑伟新. 分布综合式数据融合模式及性能评估问题研究[J]. 舰船电子工程,1998(2).
[60] 王铮,刘高峰. 基于证据理论态势估计中的目标分组方法[J]. 舰船电子工程,2006,26(2).
[61] 杨瑞平,郭齐胜,赵宏绪,等. C^3I 系统建模与仿真[M]. 北京:国防工业出版社,2006.
[62] 李琳琳. 指挥信息系统及应用[M]. 西安:西北工业大学出版社,2013.
[63] 陈利风,等. 复杂大系统中数据分发管理的几种实用方法[J]. 系统仿真学报,2004,16(5).
[64] 王忠思,棵海宁,林明辉. 一体化联合作战精确控制问题[J]. 指挥控制与仿真,2014,36(4).
[65] 阳曙光,时剑. 联合火力打击协同式指挥与控制模式及其军事概念建模[J]. 电光与控制,2008,02(8).
[66] 仇建伟,王川,程向力. 面向服务战场态势感知与协同技术研究[J]. 中国电子科学研究学报,2012,7(2).
[67] 安儒奎,邢昌风,刘高峰. 一种分布式装备作战保障仿真架构设计与实践[C]. 火力与指挥控制研究会学术年会论文集,2013.
[68] 王文普,刘光耀,杨慧,等. 指挥控制系统网络化作战能力评估方法[J]. 指挥控制与仿真,2015,37(5).
[69] 郭予并,孙连宝,王祎. 军事信息应用效能评估研究[J]. 舰船电子对抗,2010,33(5).
[70] 易大进,李克兴. 军事通信系统效能评估的满意度方法[J]. 空军工程大学学报,2004,4(2).
[71] 郭予并,孙连宝,王维. 基于AHP雷达干扰效果评估分析研究[J]. 现代雷达,2009,31(9).
[72] 马广义,刘高峰. 应用改进AHP对潜艇水声对抗的效能评估[J]. 声学技术,2006,25(5).
[73] 邢昌风,刘高峰. 效能分析在作战模拟训练成绩评定中的应用[C]. 火力与指挥控制研究会学术年会论文集,2009.
[74] 李梦汶,杨雪生,刘云杰. 联合作战仿真重在求"真"[J]. 军事运筹与系统工程,2009,23(1).
[75] 刘高峰,宋胜峰. 舰艇实兵一体化作战模拟训练系统的概念原型研究[J]. 舰船电子工程,2006,26(4).
[76] 刘健,刘忠,刘高峰. 基于HLA的海战场综合环境仿真系统的开发[J]. 系统仿真学报,2008,20(11).
[77] 龚立,刘高峰,刘忠. SOA下军用仿真系统集成研究[J]. 武汉理工大学学报,2010,34(6).
[78] 刘高峰,胡荣兵. 大中型综合仿真训练系统工程研制的风险探讨[J]. 情报指挥控制系统与仿真技术,2001(2).
[79] 刘高峰,李敬辉. 海军指挥信息系统教学训练中心建设研究[C]. 全军院校实验室建设与发展学术研讨会论文集,2007.
[80] 刘高峰,李敏勇,程志锋. 推进海军信息作战指挥人才素质教育及能力培养探讨[J]. 海军工程大学学报(综合版),2010,7(1).